管理学基础：理论与案例

孟祥林　编著

对外经济贸易大学出版社
中国·北京

图书在版编目（CIP）数据

管理学基础：理论与案例 / 孟祥林编著. —北京：对外经济贸易大学出版社，2012

ISBN 978-7-5663-0386-8

Ⅰ. ①管… Ⅱ. ①孟… Ⅲ. ①管理学 - 教材 Ⅳ. ①C93

中国版本图书馆 CIP 数据核字（2012）第 160339 号

管理学基础：理论与案例

孟祥林 **编著**

责任编辑： 朱 洋 刘 静

对 外 经 济 贸 易 大 学 出 版 社

北京市朝阳区惠新东街 10 号 邮政编码：100029

邮购电话：010 - 64492338 发行部电话：010 - 64492342

网址：http://www.uibep.com E-mail：uibep@126.com

山东省沂南县汇丰印刷有限公司印装 新华书店北京发行所发行

成品尺寸：185mm × 260mm 18.75 印张 433 千字

2012 年 7 月北京第 1 版 2012 年 7 月第 1 次印刷

ISBN 978-7-5663-0386-8

印数：0 001 - 3 000 册 定价：34.00 元

前　言

随着社会经济的发展，管理人才的较量逐渐成为企业管理过程中的重头戏，没有优秀的管理人才就意味着企业没有辉煌的未来。于是学习管理学知识成为更多人的理性选择，人们要通过系统地学习管理理论为将来成为优秀的管理人才而提前充电，但是干巴巴的管理理论是让人们难以接受的。这不但是学员头疼的问题，也是教师头疼的问题。教师在授课过程中会感觉到，单纯地理论阐述会让授课质量难以提高，并且学生学完后也感觉到收获甚少。将管理学理论让学生容易接受，并且教师授课过程中也轻松省力，就成为更多教师梦寐以求的事情，也是管理学书籍编写的一个重要目标，为此需要在大学课堂上有一本非常称心的读物为学生和教师做参考。但目前就国内的管理学教育而言，大多数综合性院校的文科院系均把《管理学》、《人力资源管理》等课程作为一门理论课来讲授，教师虽然水平很高，在课堂上夸夸其谈，讲述得头头是道，但教师在课堂上讲述的很多玄妙的道理与学生所求并非完全一致，学生学完之后每每感觉好像什么都没有学到。鉴于此，笔者的目标在于将传统的管理学理论转变为工程课，打破传统的管理学教材的编写方法，在简要阐述理论之后主要通过案例分析、读故事学管理等方式让教师单方面的枯燥的理论讲授演变为学生积极参与。学生学习管理学的目的在于能够学会一种思维方式的同时，还在于学会一种技术，这就是管理学技术。就该点而言，在国内同类教材中是比较具有创新性的。希望读者在翻阅该卷后，能够得到一些微薄的收益。如果能够达到这样的效果，那将使笔者感到无限的欣慰。

该著作是在笔者多年开设《人力资源管理》、《管理学基础》、《管理学原理》、《战略管理》、《企业文化》、《企业形象设计》、《人力资源管理案例分析》以及《管理学案例分析》等课程的基础上写就的，自开设如上这些课程以来，每每感觉没有一部比较称心如意的教材辅助教学，所以在教学实践中就有意积累这方面的心得，不但精心琢磨什么样的教材在教学中比较合适，而且琢磨学生希望以什么样的教材为蓝本进行学习能够更好地提高教学效果，也开始致力于编写一部基于自己多年潜心研究管理学原理与案例的适合学生使用并切实能够让学生学到一些管理技术的专著或者教材，使书籍不是停留在泛泛而谈的层次，而是真正能够让学生学到走上社会后的一技之长，履行管理职能时得心应手。让学生切实体会到管理学不是海阔天空的理论思变，而是一种提高组织运行效率的“硬”技术。本书中的案例都是源于实践，并且经过多年的认真揣摩对每个案例分析了具体的可操作性的对策，笔者的目的在于，只要实践者按照案例分析中提出的对策稍加变通就可以实践化，所以从这个角度而言，本著作是一部学以致用的读物。为了使教材达到预期效果，本书在写作过程中将写作精力放在了案例分析层面，而不是案例编写层面，这也是本著作与目前市场上案例分析方面的读物的重要区别，相信读者读了该书之后就会有这方面的感触。由于本书的编写思路有别于一般的案例分析读物的编写风格，这无形中也就加大了本书的编写难度。

本书的编写体例是这样的：全书的十章内容中，每章的开始是对管理学理论进行简要阐述，然后就是与该章内容相结合的管理故事，紧接着就是针对该章内容的两个案例，每个案例后面都辅以案例思考题。案例编写过程中首先是对案例进行精炼地论述，力争用非常简练的文字表达案例中最丰富的内容，然后针对案例中出现的几个典型问题展开分析，主要分析案例中问题出现的诱导机制，这部分为后面的对策探讨做准备，接下来就是对策分析部分，针对案例中出现的诸多问题，分别给出具有可操作性的对策。

由以上分析可以看出，本书的写作特点在于注重分析，而不在于陈述。目前虽然市场上已经有不少版本的管理学案例分析的教材，但大都多只注重案例编写，在案例后面给出几个思考题，主要精力不放在对案例的分析上。本书这样编写案例教材的难度就在于对案例进行了精准的分析，这也是本书的亮点所在。当然笔者的分析并不代表读者的想法，读者完全可以按照完全不同的思路分析案例，并得出完全不同的解决方案。笔者的分析只是作为参考呈现在读者面前的。笔者认为一本得力的管理学案例教材不但应该选择经典案例，而且要对所给出的案例进行分析，关键在于分析。除了案例之外，本书中列举的经典故事也不是简单地将故事堆积在这里，而是从管理学角度对故事中的情节进行分析，让读者感觉到入情入理，在读故事而感到幽默风趣之余也能够体会到其中蕴含的管理学思想，这就是本书中在每章之后辅以管理故事的良苦用心所在。希望读者在读书的过程中能够体会到这一点。案例教材的编写目的不只在于给出案例让学生讨论。学生的讨论往往停留在表面，并且往往处于以理论论证理论的局面。教材的编写者应该给出可操作性的实施方法，让读者觉得按照编者的思路进行切实可行，这样才能达到案例分析的目的。

本教材的目的或者特色就在于避开传统教材的编写方法，而是在尽最大努力在精炼案例内容的基础上，将文章的篇幅放在分析层面。这样与众不同的教材问世必将有很大的发行量，并成为很多一线管理者的必备读物。具体而言本书的特点在于：① 内容紧扣管理专业。本书的结构严格服从管理专业课程体系的需要。不是从管理学的一般意义上撰写，而是专门针对管理学人才培养方向的需要。案例内容涉及管理学理论的各个层面。② 著作内容侧重实战。本书着力于构建管理专业学生的管理技能的培养，内容阐述贴近企业的实际操作，让学生能够切身体会到实用的管理方法，以管理学教学为蓝本延伸开去演绎出具有实战性的管理方法。③ 注重学生技能培养。注重技能培养主要体现在两个方面：在著作的内容中，采用示例方式以便学习者摹仿；在思考练习中，结合教学内容和管理中的热点问题，采用情景题使学生在讨论中提高能力。④ 著作内容务求精练。全书内容力求简洁、明了。力争做到案例分析与理论阐述不重复，案例要经典并且简明扼要，将篇幅的重点放在案例分析层面，通过案例分析能够给读者切实可行的可操作性的解决问题的思路，而不是拘泥于理论层面泛泛而谈。⑤ 教学与学术研讨相结合。本书内容深度介于教材与学术专著之间，使得读者感觉到有嚼头。虽然案例分析是针对具体问题进行探索，但问题的解决方法又不失一般性。本书在满足教学需要的同时还可以作为科研工作者的参考书。

孟祥林

2012 年 3 月 30 日于华北电力大学

目　录

第一章

发展历程

本章内容提要

在单个人行为自己完成一件事情的时候无需管理，管理是在多人做事的时候存在的。组织为了达到高效的目的，就需要在个体之间实现信息对称，并且以建立组织制度的方式对组织中的每个成员的行为进行约束，所以管理是管理者为有效地实现组织目标对组织内部的各种资源进行有意识地协调的行为。管理不是一成不变的，组织所处的环境在不断发生变化，这就需要管理者从变化了的内外部环境出发考虑问题，以便使得组织的发展不断适应组织内外部环境。不断发现管理的内在规律，对管理实践活动中存在的问题进行有效地解决。国内外管理学家在长期研究中，已经取得了丰硕的成果，这些研究成果为人们的管理实践不断注入新的动因。这些为管理科学奠定基石并不断推动管理科学发展的管理界的精英是应该被牢记的：泰罗——科学管理之父、法约尔——经营管理之父、韦伯——组织理论之父、梅奥——人际关系学说的创始人。这些优秀的管理学者成为现代管理学理论的奠基人。近代社会以来，随着社会科学的不断发展管理学科学又有了长足的进步，尤其是第二次世界大战后管理学理论随着社会经济的发展又出现了众多的管理学派，这中间包括：决策理论学派、管理科学学派、权变理论学派、经验学派等。进入20世纪七十年代后，管理学又开始向企业战略理论、企业文化理论、学习型组织理论、虚拟企业理论以及企业再造理论方向发展。

一、管理是什么

管理并不是从来就有的，人们发觉凭借单个人的力量无法实现目标时就需要团结合作，以期通过集体的力量实现目标，在这种情况下人们就会有意识地结成团队，并且在一定的制度下约束自己行为，于是开始产生了管理行为。管理是在人类社会发展中到了一定的发展阶段后，人们开始认识到有组织在一起共同行为的必要时产生的一种职能。在原始的蒙昧时期没有文字更没有管理学，但几个原始人知道怎样在一定的地域空间内配置力量，以期能够在最短的时间内通过消耗最少的体力猎获一只梅花鹿，来满足群体成员的基本生存需要，在猎获梅花鹿的过程中就已经具备了管理思想。这时虽然还没有清晰的语言，但原始人会通过一个简单的手势或者一个简单的发音来保障成员中任何一个个体的行为与其他成员的行为相配合，以便高效率地达到群体成员所要实现的最终目标。这就是最原始的朴素管理思想。所以管理学虽然产生较晚，但管理行为却诞生很早，在没有专门的学问产生以前实际上人们已经在有意识地通过管理学的理念指导群体成员完成一件单个个体所不能完成的目标了。不仅如此，管理思想在近现代以来越来越为众多群体组织所认识，并且将其主动运用到管理实践中。管理思想无孔不入，可以在管理学教材中找到，也可以在文学作品中找到。在现代社会经济发展中，为了提高组织的运行效率是离不开管理的。管理就发生在人们身边，每一个人在一个场合是被管理者而在另外一个场合又是管理者。为了完成更加宏大的任务，人们之间就更加需要精诚合作。这时管理制度的建设就显得颇为重要了。

（一）管理着眼于提高效率

管理存在的意义就在于提高做事的效率。虽然各行各业的管理实践有差别，不同的管理者的管理风格有不同，但管理实践的目的都是一样的，就是实现群体活动的高效率，只要由两个及其以上的人完成同一件事情的时候就需要有管理存在，管理是通过达到管与被管之间的信息对称而实现的。在人们做事的过程中管理者与被管理者之间往往存在信息不对称。这就需要通过合适的信息沟通渠道让被管理者知道管理者需要做的事情，管理者需要让被管理者知道自己的意图，从而让被管理者按照自己的意志作为，通过一定的激励和约束机制让管理者与被管理者结合成为合作的团队。由于个体间的素质有差异，被管理者在理解管理者的思想的过程中可能会出现偏差，这就需要管理者将自己的思想非常详细地传达给被管理者。避免由于理解上的差异造成被管理者不能按照管理者意思行事的问题。如果管理者不能让被管理者清楚地了解自己的意图，被管理者的行为与管理者要求的行为之间就会出现偏差，管理就会无效率或者缺乏效率，这是管理所不需要的。所以从最为一般的意义上讲，管理一般认为包括如下几层含义：管理是有意识的群体活动；管理是动态的协调过程；管理围绕一定的目标进行；管理的目的在于高效率地达到目标；管理的对象是组织资源和组织活动。

（二）管理涵义的多重理解

管理的内涵非常丰富，从不同的方面看管理的涵义就有所不同，根据管理的不同职能可以对管理进行不同层面的注解。就管理的一般涵义而言，管理可以分为管和理两层意思，“管”即管辖、主管，意思是职务的隶属和权力结构，责任的界限；“理”即治理、处理、调理，旨在秩序井然、方法得当、效益明显。将管理单纯地理解为“管”就会将管理的职能停留在组织内部的层级关系，强调上下级之间的隶属关系。将管理单纯地停留在“理”就将管理停留在“和稀泥”水平上。管理既然包涵着“管”和“理”两层意思，就需要对管理的含义进行全方位把握。管理不仅在于节约，更在于创造。管理就是要将既有的组织资源在高水平上创造效率，需要从管和理双方面对管理进行全方位地把握，才能够使得管理工作做到有条不紊。从管理理论和实践的发展历程来看，不同的人从不同角度出发对管理的含义有着不同的理解，关于管理的定义也是五花八门，下面列举几种具有代表性的定义：① 适时完成计划：管理就是为了完成一定的计划而出现的将组织中的资源进行高效配置的行为。组织的存在需要有短期、中期乃至长期计划，组织就是在不断完成各种计划中获得发展的。凡事“预则立，不预则废”就充分说明了计划的重要性。计划就是为组织发展的未来进行的合理规划，在强有力的管理实践中不断地从近期计划到远期计划逐一完成。组织的发展不断趋于高水平。② 高效配置资源：既然管理的目标是为了提高组织的运作效率，那么管理就需要着眼于高效地配置资源。所以管理就是管理者使人、财、物、时间、信息等所有资源达到最大利用效率，为企业创造最大的物质回报的行为。为了达到高效配置资源的目标，管理者就需要使尽浑身解数，理顺组织中各种资源之间的关系。在组织的发展目标问题上分清轻重缓急，及时解决组织中存在的冲突，尤其注意协调好组织中人力资源之间的关系。③ 团队作业行为：既然管理是在管理者的支配下通过群体活动完成组织目标的行为，那么管理就是团队作业行为，很多时候管理者不能依靠自身行为办好企业的事情，需要借助其他人的力量完成组织的目标，借助其他人的力量做事情，很好地组织其他人参与到自己的团队中作业，在做事的过程中可以表现出管理者的管理才能。团队是在一定的制度约束下将一些人有组织地绑在一起的一群人，而不是杂乱无章的一群人。从这个层面对管理的含义进行把握就很好地解释了管理职能中认识人、使用人、调动人、组织人等的核心思想。在这个团队建设中，能够很好地体现出管理者处理组织内部事务的技巧，即通过他人努力完成管理者目标的技巧。技巧的巧妙程度以及实施机制可以体现管理者自身的水平。④ 协调成员关系：一个组织中的个体会由于各种原因产生矛盾，管理者需要对组织中的这些矛盾进行及时处理，在有效地化解各种矛盾的过程中使得组织中的各种资源融洽地相处，只有这样分散的资源才能有效地整合在一起。但是组织中个体之间基于利益之上的矛盾往往非常复杂，这就需要管理者充分展示管理技巧。管理者需要处理好包括由于信息不对称、人际关系等诸方面所造成的问题。所以从这个角度而言管理的作用就是协调，管理就是要认识、调节和处理好人与人、人与组织、部门与部门、局部目标与整体目标间的关系。通过协调使得组织中的人际关系得到缓冲并达到精诚合作的目的。⑤ 优化决策方案：组织处于不断变化的环境中，这需要管理者面对变化的环境不断做出决策。决策水平的高低就是对管理者管理水平高低的最佳评价。所以有事业抱负的管理者总是力求做出科学合理的决策。所以管理就是决策，西蒙坚持这种观点，组织在发展的各个历史阶段无时无刻不在面临决策，没有决策或者没有正确的决策就没有组织的发展。优秀的管理者总是在权衡各种因素的基础上做出科学决策。现实中的管理者总是面临选择并进行决策，从目标的制定、方案的选择、人员的配备、组织的构建、资源的分配等方面都需要决策。决策是需要创新的，因为在决策过程中管理者需要权衡利弊并且承担风险。⑥ 统一组织目标：组织不但有总目标而且有分目标。实现每一个分目标的过程就是在向总目标靠拢。管理就是管理者使所有人的活动趋向同一目标，管理者需要协同各方面的力量实现组织成长需要达到的目标。该种理解强调了目标在管理中的作用。一般而言，管理者和被管理者的目标总是有矛盾的，管理者关注的是整体的、长远的目标，而被管理者所关注的是局部的、眼前的目标，过分关注长远目标而忽略了短期目标的时候，就会使得被管理者失去奋斗的激情。管理者的责任就在于将企业发展中的短期目标与长远目标有机地结合在一起。这需要管理者凭借高超的管理技巧实现目标，有效地将组织目标与员工的个人目标相结合。⑦ 合理进行控制：组织发展中由于各种扰动因素的存在会使得组织发展方向可能产生偏离，这时就需要对组织的发展方向进行及时地控制，以保障组织能够沿着既定的方向发展。所以控制对于组织的发展而言是非常重要的，从这个角度讲管理就是控制。控制是管理的最后一个职能，所以一些学者认为管理的重要含义在于控制，管理就是及时纠正组织发展过程中的各种偏差，保证组织顺利达到预期的目标。能够对组织的发展方向进行适时地控制，是组织管理者优秀素质的表现。管理者通过给组织把舵保证组织发展不会迷失方向。⑧ 整合聚合协同：组织中的资源很多，但这些资源最终作用的发挥不仅限于将各种资源进行简单相加，这些资源组合在一起之后产生的效果较简单相加之后产生的效果要大。所以管理的本质在于不仅将所有资源聚在一起，而且要有机地聚在一起，并且资源的运作要有效率，发挥组织资源的整合、聚合以及协同优势，产生整体协同和规模放大的效果，所以从这个角度而言管理是促使系统整体产生放大效应进而实现整体优化的过程，管理职能要体现出整合、聚合以及协同等功能。

（三）管理具有双重属性

管理具有两个性质即自然属性和社会属性。人们在日常的生产、分配、交换、消费的各种关系中都要存在管理，缺少了管理职能社会经济的秩序就会产生混乱。根据前面对管理学概念的分析，只要社会活动发生在两个人以上，为了使得各种资源得到协调一致地运行，就需要管理。管理是人类社会活动得以高效运转的客观需要。管理是人类社会发展中存在的一般职能。各行各业的情况虽然有所差异，但基本情况是一样的。随着科学技术的发展，管理者会借助科技更加高效地进行管理，但科技本身并不能取代管理。就上述意义而言，管理是不以人们的意志为转移的，管理行为虽然在不同的背景下会表现出不同，但确实是客观存在的，这就是管理的自然属性。管理除了具有自然属性外还具有社会属性。管理是为一定的利益主体服务的，所以管理具有目的性和方向性。在资本主义社会中，管理是以资本家为中心的，资本家通过占有资本从而通过严格管理加大对雇佣工人的剥削。但是在这样的社会制度中，为了缓和资本家与工人之间的关系，资方也在想尽一切办法调动员工的工作积极性，管理过程更加人性化。在诸多管理措施中不但注意到了员工物质层面的需求，更加注重了精神层面的需求。通过恰当的管理方式实现了雇主与工人之间的"精神变革"。在社会经济发展的不同阶段，管理也在发生着变化。管理是调节人与人之间的关系的行为，只有通过管理者与被管理者之间、管理者之间、被管理者之间的沟通才能够在信息对称的基础上实现高效管理，所以管理是在通过创造一定的机制实现组织资源的高效运作。管理本身是一种社会行为，所以具有社会属性。

（四）管理的多角化职能

管理具有多方面的职能，其中主要的包括计划、组织、指挥、控制、协调、决策、激励、人事等职能。计划是对组织发展的各项事宜作出的事先安排。管理者根据组织发展的内外部环境条件，权衡主观以及客观等诸方面的可能而从长远以及短期等多方面对组织的发展进行的事先安排。计划职能将组织发展的短期目标与长期目标紧密结合了起来。组织即通过一定的结构形式将组织资源进行架构并高效率组织资源运行的行为。不同状况的组织具有不同的组织结构，为了适合组织发展的需要，企业需要选择合适的组织结构，合适的组织结构对于高效配置组织资源具有非常重要的意义。企业规模从小到大可以选择直线制、职能制、直线职能制、事业部制、矩阵制、多维立体模式、总分公司制、母子公司制等多种组织形式。指挥职能是管理者对下属分派任务，让下属按照管理者的意图行为自己的行为。指挥职能的高效发挥需要管理者具备较高的素质，否则就会违背管理的一般原则，使得组织发展付出较大的代价。控制职能在于保障组织运行不偏离轨道，及时发现组织运转中出现的问题，并通过一定的方式解决这些问题，保证组织始终沿着正确的轨道前进。协调的目标在于处理好组织中存在的矛盾。组织中各成员都不免会由于利益等各种原因产生矛盾，这些矛盾不进行合理解决就会造成组织发展低效率。及时协调好各方面的关系并处理好各种矛盾是管理者义不容辞的责任。决策是管理的重要职能之一，决策的质量就决定了组织质量。需要管理者在充分占有信息的基础上为组织发展做出合理的抉择，从而在组织的发展方向、轨迹以及运行成本方面进行综合考虑，决策在很大程度上就决定了企业的命运。管理的激励职能即通过各种方式激发员工的创造热情，使得员工不是通过外在强制而努力工作，而是发自内心地愿意为组织的发展做贡献。在恰当的激励措施下员工的工作就会由“要我做”变为“我要做”。员工工作的积极性会更强。激励不是管理者的心血来潮，而是需要通过制度的方式在整个组织中进行。人事职能是管理者通过恰到好处的用人制度将合适的人安排在合适的岗位上，使得人适其岗、岗得其人，保障人岗匹配。人事职能需要管理者从员工招聘开始就要悉心描画，然后进行甄选、培训、考核以及薪酬发放等。人事管理不仅涉及到人，而且涉及到与人相关的诸多利益关系，只要能够将各种利益关系处理得恰到好处，管理的人事职能就达到了目的。

（五）进一步理解管理内涵

就像管理的概念一样，从不同的层面理解时，可以给出不同的表达。但所有这些表达都是围绕“效率”这个核心展开的。离开了“效率”这个核心谈管理就会使得管理停留在抽象空洞的理论层面。所以以上关于管理的各个层面的理解都是从某一个侧面对管理的职能进行了强调，对于管理者而言，由于组织的运行环境有差异，管理者面对的问题也有所不同，所以强调的管理侧面也会不同，于是人们对于管理概念的定义也就稍微有差异。但无论怎样对管理这个概念进行论述，管理思想中都包涵了效率的内涵，提高效率是管理的根本宗旨，虽然各个层面的管理思想关于这个核心内容的表述有所不同，但理解管理的含义应该把握如下几个要点：① 管理主要是在调节人与人之间的关系。不但管理的主体是人而且管理的客体也是以人为主的。所以管理的全过程都是在人的参与下完成的。管理需要人的参与，管理是在人的参与下管理人的行为，离开了人的参与就无所谓管理，管理学研究的核心对象就是组织中与组织效率有关的人。② 管理是为达到一定的组织目标而存在的。离开了组织的目标管理就没有了存在的必要，在管理行为发生之前组织的目标就已经存在了，管理就是着眼于将这个目标由抽象变为现实。目标应该产生在管理行为发生之前，目标创造管理需求，先有目标，然后为完成这样的目标将组织内部的人员按照一定的秩序组织起来，为达成这样的目标行为自己。③ 管理是一个持续不断的活动过程。管理具有计划、组织、指挥、控制、协调、领导、激励、人事等多种职能，缺少了任何一项职能管理行为都会缺乏效率。只不过是在某一时期管理职能有所侧重而已。但是管理过程需要持续不断地进行，否则缺乏了管理后组织就会一盘散沙，组织中一时一刻也不能离开管理。④ 管理致力于创新管理方法。管理者需要在不断变化的环境中创新管理方法，以便使得管理方法能够更好地适应管理实践。管理者是组织发展的掌舵人，在把握组织发展方向的过程中，不断创造管理方法以更高的效率引领组织发展。管理具有过程性或者动态性，在此过程中，管理者为高效率地达成既定目标需要不断变换其工作方法，管理就是实验，但实验成本要足够低，管理成本降低是以员工士气、管理权威和组织形象的提升为前提的。

二、管理理论的发展历程

（一）我国古代的管理思想

悠久的中国古代文明创立了灿烂的中华文化，春秋战国时期我国出现了“百家争鸣”，这是璀璨中华文明繁荣发展的辉煌时期。这些不但影响中国而且影响世界的中国文化不乏优秀的管理思想。这些丰富的文化思想可以概括为墨家、儒家、道家、法家、农家、名家、兵家、纵横、阴阳等九个派别，从不同的侧面对推进中华文化做出了贡献。

儒家思想强调管理者要加强自身的品格修养，强调“修身、齐家、治国、平天下”的“修齐治平”思想。在这四个方面中，强调修身是基础。没有良好的个人素质是不能成就大事情的。这与管理学的思想相一致。管理学认为，管理者需要从德识体能等四个方面在组织群体中起到表率作用，四个方面中德被放在了第一位。儒家思想中以“仁”为核心，强调以“礼”治国，强调“信”，主张“民为本、君为轻”，并在“义”和“利”的关系上强调“义”。只有这样才能出台以民为本的政策和措施，国家才能够获得稳定与繁荣。

道家思想中强调“天下无无用之人”。这与管理学强调的“人人是人才”的思想是完全一致的。管理学认为“只有不会用人的人，没有不是人才的人”。会用人的人可以让自己的手下以一当十，不会用人的人会让属下怨声载道。老子更加强调“信”以及“退让求和”的思想，主张以德报怨。这些思想与管理学中所强调的协调职能是非常一致的。老子强调，美言可以市尊，美行可以加人。意思是说，会说话可以赢得别人的尊重，好的行为可以影响自己身边的人。这说明管理者具有良好的言行是非常重要的。管理者的良好言行可以影响自己身边的人。组织中的成员的言行相对于管理者而言影响面不会那样大，组织中的管理者会通过自身的行为影响整个组织的成员。这就是身教胜于言教的道理。

兵家在阐述用兵的道理时，特别强调“智、信、仁、勇、严”五个层面。这五个层面分别指代智慧、诚信、仁义、勇敢和威严。认为用兵之道一定要强调如上这五个层面，在用兵的过程中这五个方面是缺一不可的。兵家在强调如上五个方面的过程中特别强调君对臣委以重任就需要授权，只有下属在被赋予了相应权力的时候才能够履行相应的职责。主张受命于君的大将需要为君负责，但是在为君负责的过程中并不一定要惟命是从。大将可以在自己权限范围内有充分的自主权。兵家的这些思想与管理学中所讲到的授权、集权、分权等理论是一致的。管理学认为，授权就是上级对下级赋予处理某些事项的权力，下级在自己的权限范围内具有全权处理事务的自由。授权的结果就是分权。分权就是权力在下属成员那里一定程度的分散，集权就是权力在高层管理者那里一定程度的集中。

墨家大多来自社会的下层，注重艰苦实践。墨家的观点具有强烈的社会实践精神，墨者都能够吃苦耐劳，能够做到严于律己，墨者将维护公理看做是自己的神圣责任。墨家的主要思想中与管理相关的内容主要包括兼爱、尚贤、尚同、天志、非命、非乐、节用等。兼爱是完全的博爱，不仅要对自己的至亲以诚相待，付出全身心的爱，而且将这种爱要推及到陌生人身上，墨家认为这是大爱。在墨家眼中这种爱在所有人之间是没有差别的。墨家主张尚贤，意思是唯才是举。这种思想与管理者注重人才的管理方法是非常一致的。人才是撑起组织发展的顶梁柱，注重优秀人才的利用就是为组织的发展未来着想。墨家主张尚同，意思是上下一心为人民服务。这是对管理者的期望也是要求，只有这样才能够使得各个部门认真履行自己的职责，并且将人民的利益与国家的利益紧密地结合在一起。对于一个企业而言，管理者与组织成员之间也是需要上下同心的，只有这样才能够使得管理者与被管理者形成紧密的团队。墨家的天志思想就是告诫人们在做事的过程中要遵循自然规律。墨家的非命思想就是提醒人们在做事的过程中要经过自己的奋斗掌握命运，而不能够听天由命，墨家的这种创业思想与现代企业管理中所要求的管理者应该具备的奋发图强的品质是非常一致的。墨家的非乐和节用思想反对奢侈浪费。这与现代管理学思想中强调的管理者克己奉公思想是非常一致的。

法家在诸子百家中是最为注重法律的一派，在伦理道德、风俗习惯等诸多方面都有系统的思想。法家认为人们都具有“好利恶害”的本性，所以施以顺乎民意的法律法规对人们的行为进行约束是非常必要的。法家认为不能因循守旧，而应该锐意改革，只有这样才能够在不断创新中谋取发展。法家的这些思想都是非常具有进步意义的。这些思想无论对于国家还是对于一个组织而言，都是具有实际意义的。组织管理中应该遵循人的本性对组织成员进行辩证施治，只有这样才能够围绕管理者形成以管理者为核心的团队。这个团队不能够墨守陈规，只有通过变革不断适应变化了的社会环境，才能够使得组织在发展中掌握充分的主动权。当然法家的思想也有负面，主要表现在：忽视德治的重要作用；立法权全部掌握在国君手里；在国家发展中强调弱国强民；施刑用于犯罪之前（即在人们没有犯罪而将要犯罪的时候就要对其施以处罚）。

农家将关注点放在了农业生产方面，所以主张发展农业生产。认为农业是社会经济发展的根本，主张贤者应“与民并耕而食”。名家主要以逻辑原理分析事物，所论辩的内容没有实质的意义，所以人们一直认为名家主要是在诡辩。“纵横”流派中的“纵”指“合纵”，“横”指“连横”。“合纵”即联合抗秦，“连横”即与秦国结盟。“纵横”是当时齐、楚、燕、韩、赵、魏等六国与秦国之间关系的策略。纵横家所崇尚的是权谋策略及言谈辩论技巧，以此在调节各国之间的关系中进行周旋。阴阳家在《周易》经传的阴阳观念上提出了宇宙演化论，并将在《尚书》的“九州划分”基础上提出“大九州”思想和“五德终始”的思想。“五德”即金德、木德、水德、火德、土德，认为人世变迁和王朝更替都是“五德转移”的结果。“土德”即“仁”，强调仁慈、仁厚；“木德”即“礼仪”，强调自然秩序，万物都有生老病死的过程，做任何事情都要遵循自然规律；“金德”即“信”，强调诚信，为人处世应当强调以诚待人；“火德”即“义”，强调“大义”，强调为国家的事业而赴汤蹈火，为了亲情友情而忠贞不渝；“水德”即“智”，强调智慧，智慧可以改变世界。这种“五德”思想与现代企业管理是非常一致的，“仁”、“义”、“礼”、“智”、“信”是传统的中华文化特别强调的，同时也是管理学中所尊崇的。只有“五德”兼备的管理者才能够称得上是出色的管理者。管理者只有具备“五德”才能够将组织的发展视为自己的生命，组织才会因此保持强劲的竞争力。

（二）西方的古典管理理论

在人类社会的漫长发展过程中逐渐积累了丰富的管理学思想，这些管理学思想从最初的只言片语到形成比较系统的管理学理论经历了很长的阶段。伴随社会实践的发展人们开始对管理学理论进行系统研究。对管理进行系统地研究则是始于20世纪初，其中典型的理论包括美国的泰罗创立的“科学管理原理”、法国的法约尔创立的“管理理论”、德国的韦伯创立的“行政组织体系理论”，这些理论使得管理思想进一步深化和系统化，为现代管理学理论体系起到了重要的奠基作用。这些管理思想直到现在仍然具有非常重要的影响。对前人取得的这些宝贵管理经验进行归纳、分析、学习并应用于现代管理实践中，不但可以培养出更多的优秀管理人才，而且可以使人们在管理实践中少走很多弯路。纵观管理学的发展历程，大致可以分为以下三个阶段：19世纪末到20世纪初为第一阶段即古典管理理论阶段；20世纪初到20世纪中叶为第二阶段即科学管理阶段；20世纪中叶到现在为第三阶段即现代管理理论阶段。19世纪末到20世纪初形成的古典管理理论，典型的理论包括泰罗的科学管理原理、法约尔的经营管理理论和韦伯的行政组织理论等。

1. 泰罗——科学管理之父

弗雷德里克·温斯洛·泰罗（Frederick Winslow Taylor）出生于宾夕法尼亚的律师家庭，曾经在美国的哈佛大学学习。19岁的时候进入工厂当学徒。泰罗在工厂工作期间表现非常优秀，因此逐渐被提拔为工长等职务并很快成为工厂的总工程师。泰罗在长期的工作中积累了丰富的实践经验，非常注重考虑提高员工的劳动效率的事情。勤于思考的品格不仅使得泰罗在管理方面有重大的贡献，而且在生产技术方面也有过很多发明和创新，尤其在金属的高速切削和精密切削方面作出的贡献尤为突出。泰罗于1911年出版了其代表作《科学管理原理》，在这部对管理学具有重要奠基作用的著作中泰罗强调了劳动生产率的重要性。在泰罗看来，工人还有很大的潜力提高劳动生产率。因为在长期的观察中泰罗认识到，工人由于对资本家的不满而普遍采取“磨洋工”的方式，以此消磨时间并降低劳动生产率。工人与工厂主之间的这种不合作态度严重损失了劳动生产率，致使劳动生产率的巨大潜力没有展示出来。泰罗认为这是不合理的管理制度所造成的，强调合理评价工人的工作业绩，从而让工人能够得到公平的待遇，这是让工人发挥巨大劳动生产效率的基础。为此泰罗致力于创造一种方法，力求通过这种方法让员工对组织的贡献得到公正的评价，并从组织中得到应该得到的物质待遇，泰罗的方法是选择合适的工人承担合理的工作量，给工人合理的待遇以便激发其很高的劳动热情。泰罗在管理学上的突出贡献是通过一系列的调查研究创立了后人被称为“泰罗制”的管理学理论，在其理论中有很多对管理学的发展产生重要影响的论述。泰罗被后人尊称为“科学管理之父”。

泰罗的著述是建立在科学实验基础上的。在大量的实验中，泰罗通过认真分析员工工作中的每一个环节，对具体的工作岗位得出客观的研究结论。泰罗在实验基础上建立起来的管理学理论使得管理学变成一种可以用数量进行评价的科学，从而使得管理学由经验科学变成了实验科学。在泰罗进行的诸多实验中比较著名的包括搬运生铁实验、铲铁实验、金属切割实验和自行车滚珠轴承试验等。通过这些实验，泰罗总结出什么样的工人、在什么样的劳动强度下、采用什么样的劳动工具可以实现最大的工作量。使得工人工作起来比较轻松同时也不会偷懒。泰罗实验的核心就是提高劳动生产率。通过研究工人的动作，抓住核心问题省去不必要的动作，让工人在合理的工作时间内完成最大量的工作，不但工人从中可以得到更多的报酬，而且可以为组织的发展做出更多的贡献。泰罗的这些思想实际上是围绕如下几个主题形成了自己的理论体系：以科学的标准替代感觉经验，从而使管理更加科学化；用科学的方法选择工人，使得人尽其才物尽其用，这也就是泰罗的“第一流”工人原理；雇主与工人之间的亲密合作是保证工人高效完成工作的基础，工人工作过程中就不会感觉到压抑，工人具有主人翁的感觉；追求最高效率。

“泰罗制”的内容主要包括：① 生产过程标准化管理。通过对具体动作的研究把每一件工作分解成基本动作，然后认真记录对完成每一动作的不同方法及所耗用的时间进行研究和测验，然后据此对生产工具进行完善，目的在于探索高效省力的作业方法。消除工作中的不合理因素，创造一种最佳的管理制度，从而形成最佳的管理方式。② 差别化的付酬制度。泰罗在时间和动作研究的基础上合理制定工人的工作定额，并根据工人的劳动效率分配给不同的工资，开创了计件工资的先河。通过对发放工资的方式的变革真正使得工人的工作热情由“要我做”变为“我要做”。③ 施行工长制度。工长即负责非常具体事务的管理人员。泰罗认为必须将管理工作分成许多较小的管理职能，每个管理人员只负责一项非常具体的事情即可，该管理人员即工长。该种思想为以后的职能部门的设立提供了理论基础。④ 第一流工人。泰罗所谓的第一流工人就是“人尽其才”的工人，每个工人都能找到适合自已的工作。泰罗认为，每个人都具有不同的天赋和才能，只要能够做适合自己的工作，都能够成为第一流工人。与第一流工人相对应，非第一流工人是指那些岗－能不匹配的工人，泰罗非常强调人力资源的科学管理对于人力资源成为第一流工人的重要作用。⑤ 科学地选择和培训工人。在作业方法上对工人进行严格和科学地训练，使得工人按照工作规范进行作业，改变过去单凭经验进行作业的方法，使得劳动生产率成倍增长。⑥ 例外原则。所谓例外原则即企业的高级管理人员把处理一般事务的权限授权给一般的管理人员，这些事项一般都是企业发展过程中的常规事务。企业的高层管理人员只负责对例外事项的决策权。⑦ 组织管理职能化。

泰罗主张将计划职能与执行职能分开，计划职能即管理职能，执行职能即工人的劳动职能。计划职能与劳动职能的分开是管理层面的专业化分工，从而使得一线工人和管理层各司其职。管理人员承担的职能包括科学地选择和培训工人以及研究工作方法等。一线工人只需按照管理人员的计划安排完成相应的工作即可。⑧ 雇主和工人的“精神革命”。泰罗认为，雇主与工人的“精神革命”是工人与管理者合作进而提高劳动生产效率的基础，工人与雇主需要在多方面严格要求自己。工人应该做到：不要将目光聚焦在既定成果的分成上；同意在劳动生产效率提高的基础上将工资提高到一个合理的水平；自觉放弃消极怠工的想法并主动提高劳动生产效率；同意由雇主制定科学合理的作业方法；主动接受雇主安排的为提高企业劳动生产效率而进行的培训。雇主应该做到：制定科学合理的作业方法；培训工人并将合适的工人配置在合适的工作岗位上；放弃对工人的专断权力并主动按照科学合理的制度管理工人。

2. 法约尔——经营管理之父

亨利·法约尔（Henri Fayol）出身于法国的一个小资产阶级家庭。法约尔从一名普通的采矿工程师一直升任到采矿公司的总经理，这中间实现了自己从普通的工程技术人员到专业的管理人员的职业生涯的转变，对企业管理过程中的问题深有感触。法约尔将自己的管理心得写成著作《工业管理和一般管理》。法约尔在企业中担任高层领导职务达30年，具有管理大企业的丰富经验。其管理理论主要以大企业为研究对象，被誉为“经营管理之父”，与被誉为“科学管理之父”的泰罗齐名。法约尔的理论应用广泛，不仅对工业企业具有应用价值而且对于政府、教会、军事组织以及其他各种团体和机构都具有很好的指导作用，法约尔的管理学理论应用范围很广。法约尔在进行研究的过程中主要从经营角度阐述管理学的内涵，认为经营和管理是两个不同的概念，对经营的意思进行了深度解释。经营的意思是指导或引导一个组织趋向于一个目标，包括六项活动，即技术、商业、财务、安全、会计、管理。其中技术活动主要涉及生产、加工等；商业活动主要涉及采购、销售等；财务活动主要涉及资金的运转与控制等；安全活动主要涉及对企业人员以及商品的保护；会计活动主要是指成本的核算等；管理活动包括计划、组织、指挥、控制、协调和控制等活动。法约尔对管理活动的五项职能做出了详细解释，这种解释较前面更加系统和深入。认为管理必须对未来做出判断，为了将未来变为现实更需要为未来的活动制定规则。在管理中需要解决的问题就是保证计划的统一性、连续性、灵活性和精确性。计划是管理的重要职能，其本质就是最有效地利用组织的资源，计划在管理职能中具有基础作用，是管理的首要因素，从一定意义上说没有了计划就没有了企业。法约尔认为组织的本质是确定企业在物质资源与人力资源方面的结构。组织有动态和静态两个层面的含义，其重要区别在于包涵还是不包涵时间因素。就一般意义而言，组织职能需要完成的任务有：检查计划的制定和执行；保证组织活动与企业需要相适应；构建有效的领导群体；对相关事项进行科学的决策；有效地配备人力资源；建立相对完善的奖惩制度；保障个人利益服从整体利益。法约尔认为指挥是管理的第三大职能，其本质就是充分发挥领导艺术运行组织业务，尽量避免无效的耗费。指挥不是管理者对下属简单地发号施令，而是管理者管理能力的综合表现。管理人员为了履行自己的职责最重要的是应该具备很好的管理能力，在这种能力下让下属配合自己工作，通过自己下属的工作成绩来体现自己的优秀管理才能，管理者要通过恰当的管理方法让下属按照自己的意志行事。负责指挥下属工作的管理人员应该做到：对职工进行深入的了解并对下属进行分类；淘汰无工作能力的员工；了解组织与职工之间基于制度之上的协定；管理者作为优秀的成员为他人做出榜样示范；对组织运作情况进行定期检查；适时召集核心助手开会；不要将自己的主要精力陷入琐碎的事务中而将自己弄得团团转；通过各种方式建立组织成员之间的凝聚力。协调是管理的第四项职能，其含义是使事情和行动具有合适的比例，管理人员通过协调，让组织成员达到精诚团结，通过各种方式使得组织内部的各种关系得以协调，避免激化矛盾。协调的目的在于保障组织中的所有活动达到统一与和谐。有效地避免组织中可能出现的各种冲突或者矛盾。法约尔认为，管理人员的每周例会是进行协调的最好方法，这种方法可以将组织内部出现的问题在第一时间内得到解决，使得组织完全避免带病运转。控制是管理的五个基本要素中的最后一种，虽然该项职能被排在了五项职能的最后，但这并不意味着该项职能不重要。该职能确保组织发展不偏离正常轨道，确保组织按照预定的方向前进。控制职能的目的在于检验管理中其他四种要素在实际发挥作用时是否适当。控制的作用在于保障组织的各项行为不能脱离实际，如果出现了脱离实际的问题，就在第一时间内进行纠正。但在控制中，要尽量避免对各部门的工作进行过多干预，避免双重领导或者越权控制情况的发生，管理者的越位、错位和缺位对于管理效率的提升都是没有帮助的。

相对于其他管理学者，法约尔第一次对管理的一般职能做了明确的区分，并对管理的基本要素进行了分析，这对于推进管理理论的发展是具有重要意义的。法约尔在企业工作秩序的管理原则方面做出了杰出的贡献，结合自己长期的工作实践，提炼出了14项管理原则，这些原则成为了管理实践者应该恪守的信条：分工、责任与权力、纪律、统一指挥、统一领导、个人利益服从集体利益、人员报酬、集中、等级链（法约尔桥）、秩序、公平、人员稳定、首创精神、集体精神等。法约尔认为，如上的14条理论不是一成不变的，可以作为一个参考性的指南引领企业的日常管理工作高效率。

3. 韦伯——组织理论之父

马克斯·韦伯（Max Weber）出生于德国，家境非常富裕。韦伯在管理思想上的主要贡献是提出了理想的行政组织体系，有多部著述闻名于世，其中人们熟知的著作包括《经济史》、《社会相经济组织理论》，提出了理想的行政组织理论体系理论，韦伯由于其对管理学做出了重要贡献而被誉为“组织理论之父”。韦伯分析了权威在维持和支配组织中发挥的作用，认为任何一个组织都是以某种形式的权威的存在为基础的，管理者应该是权力与权威的统一，只有权力而没有权威的管理者就会真正成为“孤家寡人”，组织成员表面上对管理者绝对服从，但实际上却会以各种方式背离管理者的初衷。韦伯认为权威的作用在于合理秩序和避免混乱，并且认为权威和权力存在着很大差别，权力以强制为特征，无视人们的反对并强制人们服从，而权威的特征在于人们接受是出于自愿。这种发自内心的服从和表面上的服从的差异，就会使得员工在做事的效率方面产生天壤之别。为了维持组织的高效发展管理者就需要在权力与权威之间的关系上恰到好处地进行处理，权力与权威统一的组织是最为完善的组织，权利与权威完美组合才能够使得组织运转达到最佳状态。只有权力没有权威的组织就会混乱，只有权威没有权力的非正式组织不能高效地完成既定目标。在权威制度下，下级把上级的命令看作合法，从而上级的命令在下级那里会得到很好的确认。

韦伯对权力的类型进行了划分，认为有三种形式的权力：超凡权力、传统权力和理性—合法权力。超凡权力奠基于对个体的崇拜和迷信，管理者拥有的权力是上天的赐予，管理者在下属面前具有难以名状的神秘感。在这种情况下领袖被赋予超自然和超人的权力。该类组织的领导权威仅仅依靠领导者个人的人格，组织成员对命令的服从仅仅依靠管理者的个人感召力。在下属眼中管理者由于具有了这样的神秘权力而对下属具有无比强大的控制力，组织中的下属都要对这样的管理者惟命是从。在这种类型的管理中，管理者是作为神的代言人出现在组织成员面前的。组织成员说到底不是尊敬管理者自身，而是由于对神无比尊敬进而对管理者尊敬。在领袖不存在后而组织仍需要这种权威存续时就产生了问题，因为没有任何其他的个体的个人权威能够替代以前的领袖的个人感召力，所以这种组织就不稳定。传统权力下的组织中，行政命令的基础是先例和惯例。领袖由于其在组织中具有由于继承得来的地位进而拥有了权威，管理者由于继承了前任管理者的衣钵而拥有了对组织成员进行控制的工具，管理者通过继承方式得到了对组织的控制权。这种权力的获得是以传统权力的不可侵犯为前提的。这种权威制度下存在“世袭制”和“封建制”两种形式。韦伯认为封建制权威的关键在于过去的惯例以及已经成为惯例的权力和义务关系。封建朝代在世袭中子代继承父代的事业并因而拥有了相应的管理权。现代经济社会中的“接班制”也是“世袭制”的一种演替。这种管理制度下形成对管理权的垄断，权力的垄断进而也就是利益的垄断。理性—合法组织中被管理者对权威的服从实质上是对组织规则的服从，在这种情况下领导者与被领导者之间的地位是平等的，管理者是在既定的制度下得以产生的，在被任命为相应的管理者时就依法履行对组织发展的控制权和享有相应职位上的收益。这种权力的获得方式是最受人们推崇的。能够使得组织中的优秀成员成为组织发展的领头羊，可以引领组织以更高的效率向前发展。该类组织中存在一系列的规则和程序，组织中担负一定职位的成员必须依据相应的规则和程序行使权威。在如上三种形式的权威中，不同形式的权力造成的管理效率是有差别的。与传统权威相适应的组织类型的效率较差，超凡权力下形成的组织带有更多的感情色彩而且非理性，实际上是通过迷信方式诱导成员服从。管理工作的依据是神的启示而不是规章，理性—合法权力才能作为行政组织的基础，奠基于该种权力之上的组织形式才是“理想的官僚制”。现代企业管理中主要是推崇这种权力模式。

韦伯不但在权力研究方面有重大理论贡献，而且还对理想的行政组织体系做了全面的研究，认为理想的行政组织体系应该包括以下几个特点：明确的分工即组织中每个职位的权力和责任都有明确的规定，只有分工明确才能够产生运作效率；自上而下的等级系统即组织中的各个职位都应该按照等级原则进行安排，在这样的系统中下级要无条件地接受上级的指挥和监督；人员的使用原则即组织内部的人员使用需要根据任务要求进行，每个职位上的工作人员都必须符合职位的要求，工作人员的能力必须符合相应工作岗位的要求；职业管理人员即管理人员具有明确的职位升迁制度规定，以此保证对组织成员具有足够的激励，管理工作要力求专业化；遵守规则和纪律即在组织内部通过制度设计限制管理人员滥用权力，以便能够使得拥权者正确使用权力，组织成员办事应该认真遵循组织制度并严格按照办事程序做事；组织中人与人之间的关系即组织中人员之间的关系不受感情约束而严格按照制度规定进行，组织成员在履行组织制度的过程中是非常理性的。

（三）西方的行为科学理论

古典管理理论使得管理行为超越了经验，使得管理实践由经验管理变成了科学管理，并推动管理理论有了巨大进步。古典管理理论对于管理实践起到了非常巨大的作用，但是其局限性还是很明显的。原因就在于这些理论都是建立在亚当·斯密的古典经济学基础上，在研究中把人当成经济人，以至将人视为机器的附属品，这种“物本管理思想”的结果是，在实践中好像不是人在使用机器而是机器在使用人。在“人是不是经济人”这一问题上还是值得考虑的。在研究中过多地关注了经济层面的因素而忽视了非经济层面的因素，这样的研究成果自然不能全面反映组织成员的情况。管理效率往往也会大打折扣，在这一点上工人自然非常不满。与此同时一些管理学家和心理学家也在开始注意生产社会化的巨大发展需要管理学理论做出相应发展。专家们开始从生理学、社会学和心理学等方面多角度展开研究，行为科学便应运而生。行为科学的产生使得专家学者对组织成员的了解更加深入和全面，人们开始从非经济层面的因素审视组织成员，从而在挖掘人的激励因素方面开始了新的篇章。从时间段上讲，行为科学产生于20世纪20年代末30年代初的霍桑实验，以此为开端进行研究的专家们将管理学的研究方向做了变化，即将对人的看法由“经济人”转向“社会人”。

1. 梅奥与霍桑实验

乔治·埃尔顿·梅奥（George Elton Mayo）是一位澳大利亚人，其重要贡献是对古典管理理论进行了完善和发展，通过大量的实验在非经济层面对人性问题进行了全面研究，一生有很多著述，为人熟知的有《工业文明的人类问题》、《工业文明的社会问题》等不朽名著。梅奥与他的同事在美国西方电气公司完成了著名的霍桑实验。这个实验应该是将行为科学与管理密切结合的一次尝试。由于其实验是在西方电器公司的霍桑工厂进行的，所以被称为“霍桑实验”。霍桑实验可以分为照明实验、福利实验、访谈实验、群体实验等四个阶段：

① 变化照明条件。在当时的条件下人们已经意识到工作环境对工人劳动生产率的影响。所以人们认为生产效率较低是由于工人的工作环境造成的疲劳和单调感而形成的。人们于是开始着手变化工人的工作环境条件，其中照明条件是很容易改变的，于是开始观察不同照明状态下的员工工作状态，以期发现其中的端倪。实验假设的前提是“提高照明度可以在很大程度上减少工人的疲劳程度从而有助于劳动生产效率的提高”，工人劳动生产率提高是因为工作条件改善而造成心情舒畅引起的。但是长时期实验结果与人们的预期并不相同。研究表明，照明度的改变对生产效率并无影响，照明度增加或者降低时工人的劳动生产率并不降低。实验过程是这样的：将接受实验的工人分为两组，其中一组采用固定照明（叫做控制组），另外一组采用变化的照明（叫做实验组）。通过研究控制组和实验组的成员的行为反应就可以来探析不同照明状况的影响。人们通过观察发现，两个组的产量都大大增加，这是专家们没有预料到的。实验结果表明：当实验组照明度增大时，实验组和控制组都增产；当实验组照明度减弱时，两组依然都增

产，产量亦无明显下降。研究人员面对此结果感到迷惑不解甚至对实验失去了信心，因为实验结果与预期的假设存在明显不同。对于这样的研究结果，专家们最后得出一致的结论：照明度与生产率之间并无直接关系，照明变化只是影响工人产量的因素之一。两个组之所以产量都明显增加是因为工人对实验发生了兴趣。被实验的小组成员由于知道自己是实验的对象，从而无论是照明改变还是不改变，都在刻意地努力工作，人们是在被实验的情况下主动改变自己的行为，从而表现出与正常情况下的工作状况完全不一样的局面，使得实验结果呈现前面谈及的样子。

② 改善员工福利。一般而言，员工所处组织的福利状况会影响其在组织中的表现，所以该实验的目标就在于通过变化福利状况研究组织成员在不同福利状况下的行为表现，从而查明福利待遇的变化与生产效率之间的关系。实验是这样进行的：研究人员将装配继电器的6名女工从原来的工作环境中分离出来，让这些人单独作为一个小组从事相同的劳动，但是给这几名女工施以不同的待遇：改变工资支付办法、适当增加休息时间、施行每周五天的工作日制度、撤销监工、休息期间为工人免费供应咖啡等。这样的福利待遇是其他成员正常情况下所不能享受到的。研究结果表明，对这些女工采取了这些特别的待遇后其产量大大增加，并且当逐渐取消这些待遇后生产效率并没有因此而马上下降反而持续上升。这一现象是专家们所没有预料到的。研究认为，产生这种结果的主要原因在于：参加实验的成员具有光荣感；参加实验的成员间具有良好的相互关系。员工对参与实验产生了兴趣并且感到与其他员工不一样的荣誉感，而这与经济利益并非直接相关。所以员工的工作态度对工作效率是有很重要的影响的。实验结论是：督导方法的改变可以使员工态度改善并使得产量得到相应提高。

③ 进行私密访谈。梅奥在实验中进行了大量的访谈，对公司的两万多职工通过访谈方式进行了调查，希望通过这样的调查方式得到第一手材料，并因此能够对企业发展中存在的问题进行合理化建议。梅奥通过这种调查让工人对管理当局的规划和政策、工头的态度和工作条件、管理中存在的问题等问题作出回答。令梅奥感到意外的是，工人并不想回答其事先设计好的这些问题，工人非常想就工作提纲以外的事情进行交谈，这使得实验进展非常顺利。但是梅奥在调查中发现了一个这样的问题，即工人认为具有重大意义的事情与调查者认为的具有重大意义的事情并非完全同一。为了使得调查研究更加具有实际意义，梅奥根据工人的意见修正了调查方法，详细记录工人对工作中的不满和意见，访谈计划持续了两年多。梅奥通过调查研究发现了组织中存在的问题，并通过提出合理化建议解决了这些问题，这在很大程度上与员工的利益不谋而合，工人的产量大幅提高。梅奥的这个调查得出了与先前的研究几乎相似的结论，即影响员工的工作效率的因素不仅仅局限在利益层面，非利益层面的工作环境对员工的工作也是有非常重要的影响的。梅奥得出的最终研究结论是：员工的工作表现都要受到周围环境的影响，所以产量不仅取决于员工自身还取决于群体成员。在调查中由于员工充分发泄了长期以来心中的怨气，这些怨气发泄过后心情舒畅，员工的士气提高，进而产量也有大幅提高。非经济层面的因素对员工的工作效率的影响也是非常大的。

④ 群体行为研究。通过群体实验可以观察群体中的某个成员的行为在多大程度上会受到周围成员的影响。组织成员都是处在一定的微观环境中工作的，所以某个成员身

边工作人员的工作状态会在一定程度上影响到自己。所以梅奥此项实验的目的在于观察社会因素对工人劳动积极性的影响。实验中梅奥选择14名男工人在单独的房间里工作并实行特殊的计件工资制度。本来认为计件工资制度会使得劳动生产率大为提高，在组织中会形成争先恐后的劳动场面，但结果并非如此，梅奥发现这些人的产量只保持在中等水平上，每个工人的日产量平均都差不多，并且工人还存在不如实地报告产量的问题。开始的时候专家对这一状况表示不解，随着调查的深入展开，人们逐渐发现，班组为维护群体的利益，自发地形成了约定：谁也不能干太多以突出自己，同时谁也不能干太少而影响全组产量。人们在这样的工作氛围中就可以保障所有人既不掉队也不会冒尖。组织成员之间的默契形成了一个不成文的约定，在组内成员的这种默契下往往不到下班时间大家就已经歇手不干了。在这样的群体中，人们的一个手势一个眼神都会对其他的组织成员产生影响。当有人超过组内规定的日产量时，组内其他的成员会暗示他放慢工作速度。针对这样的事情，组内成员之间建立攻守同盟不向上司告密。梅奥就此提出"非正式组织"的概念，研究认为在正式的组织中存在着自发形成的非正式群体，这种群体有自己的特殊的行为规范，对人的行为起着调节和控制作用。同时，加强了内部的协作关系并决定了每个人的工作效率。组织的发展在很大程度上受到非正式组织的影响。

2. 人际关系学说提出

梅奥的霍桑试验对管理学做出了巨大贡献，研究结论表明影响人们在组织中的表现的因素并非局限于物质层面，非物质层面的因素发挥的作用也是非常大的，这使得人们的研究视野开始放宽。梅奥在霍桑实验的基础上创立了人际关系学说，人际关系学说的主要内容包括：① 职工是"社会人"而不是经济人。古典管理理论将人视为经济人，并认为金钱是激励人们工作动力的唯一因素。梅奥与古典管理学家观点不同，认为职工不单纯是"经济人"而是"社会人"，认为金钱并不是刺激员工劳动积极性的唯一动力。职工之间的友情、归属感、安全感、工人的工作环境等因素也是非常重要的，职工是复杂社会系统的一员，因此要从社会心理方面来鼓励工人提高生产率，而不是单纯从经济和技术条件方面着眼。霍桑研究证明，除了要注意经济层面对员工工作动力的影响外，还要注意职工在社会心理方面的变化，从非经济层面对员工进行考虑，对员工的认识就会更加全面，这样就会使得组织保持良好的生产秩序和较高的生产效率。②"非正式组织"在企业发展中有重要作用。在企业中除了"正式组织"外，还存在"非正式组织"。研究认为，人们在工作中会产生共同的情感，非正式组织往往是由地域关系、兴趣爱好、亲情血缘等为纽带联系在一起的，非正式组织会在很大程度上影响正式组织的运转。"非正式组织"与正式组织存在重要的区别，即"非正式组织"以情感逻辑为形成依据，而正式组织则以效率逻辑为形成依据。非正式组织在正式组织中发挥正面作用的时候就会促进组织运行效率的提升，反之不但不会促进组织运行效率的上升，而且会阻碍组织的运行效率。管理者的重要责任之一就是适时发现非正式组织的存在并恰到好处地利用好非正式组织。让非正式组织在组织中发挥更好的促进作用。管理者不能够无视非正式组织的存在，组织中的正式关系和非正式关系两种关系相互依存，共同对生产率的提高有很大影响。③ 员工士气具有非常重要的作用。员工的士气取决于某个员工与身边其他员工之间的关系。虽然不同员工在情感诉求、安全归属等方面的具体要求是有差异的，但总会在组织中形成不同的氛围，进而所有员工的工作状态都会受到影响。梅奥认为，提高员工士气是提高劳动生产率的关键。士气来自于员工的工作积极性、主动性以及在工作过程中保持相互间密切合作的关系。梅奥的霍桑实验表明劳动生产率与工作条件之间没有必然联系，员工工作状态在很大程度上受到非经济因素的影响。生产效率提高的关键不在于工作条件而在于工人的工作态度。形成员工工作态度的因素包括很多方面，诸如员工在企业中的地位、员工的工作是否为上级或者同事所认可等。当然金钱的刺激也不能忽视，在相同的其他条件下，对员工的付酬越高，员工的士气就会越高，生产效率自然也会越高。但是霍桑实验表明，金钱在组织的发展中并不决定一切。很多非经济方面的因素也会影响员工的士气。所以管理者在提高员工士气的过程中不但要注意物质层面的因素，而且要注意从非经济层面考虑问题，以期提高员工的士气从而推进组织的发展。

3. 有关人性的研究成果

人性就是人的本性。挖掘人的本性对于提高人力资源的利用效率是非常重要的。所以国内外的专家学者都不断地对人性问题进行探究。随着社会经济的发展，人们对人性问题的研究侧重点也在发生变化，因为在不同的社会背景下，人们对人性的关注点也会存在差别。美国的行为学家道格拉斯·麦克雷戈（Douglas McGregor）于 1960 年发表了关于人性方面的论著《企业中人的方面》，提出了 X—Y 理论，从两个侧面对人性问题进行了全面阐述。西方管理学界的人性研究理论非常丰富，概括起来可以分为四个类型：经济人假设；社会人假设；自我实现人假设和复杂人假设。

经济人理论视角：经济人将金钱等物质利益的东西看得非常重要，这种人就是“唯利人”或者“实利人”，认为只有物质利益才能够对人们产生激励作用，非物质层面的东西不能对人们的行为产生激励作用，人的一切行为都是为了最大限度地满足自己的私欲，这种欲望要通过物质的东西得到满足。员工的工作动机是为了获得最大的经济报酬。为了激发员工的劳动创造热情，就需要在物质利益层面对人们施加影响。美国心理学家麦格雷戈在其著作《企业的人的方面》中提出的 X 理论，从负面的行为特征角度概括了人的几大特征，主要观点如下：① 人天生懒惰并且总是想逃避工作；② 害怕承担责任并且胸无大志；③ 组织为了让员工承担工作必须采取强制办法；④ 只有用金钱和地位才能刺激员工工作；⑤ 员工在本性上会抵制改革。员工的这些人性负面会在很大程度上影响员工在组织中的表现，员工由于受到负面影响而不会努力工作。麦格雷戈认为，企业中的人事管理工作都是以这种 X 理论为依据的。以致在工作中对员工进行全程监督，员工的人格受到了极大的侮辱。古典管理理论都特别强调从人性的负面对人进行约束和控制。根据 X 理论，管理实践中应该采取如下措施：① 实行任务管理即将管理工作的重点放在提高劳动生产率方面，用这种方式强化对人的强制；② 实行少数人对多数人的管理即管理工作是少数人的事情，大多数人只是履行管理者提出的管理措施就可以了。这与古典管理理论中倡导的“将计划职能与管理职能分开”的思想是一致的；③ 在用金钱和物质利益激励员工努力工作的同时要对消极怠工的员工实行严厉地制裁。主张用比较严厉的制裁方式对员工的负面行为进行约束，从而保障员工的个人行为与组织的发展目标相一致。"X 理论"的主要观点在于：管理者以经济为目的；管理通过控制他人的活动、调整他人的行为以满足组织需要；管理的手段是奖惩等严格的管理制度。在最初的时候人们对"X 理论"的观点还是比较接受的，但随着社会经济的发展，人们对人性认识的逐渐扩展，人们逐渐发现实践中的很多事实与"X 理论"并不吻合，人们开始重新思考"X 理论"中的诸多结论，开始对该理论产生质疑甚至认为"X 理论"对人性的假设是错误的，认为这些假设不是人的先天本性，而是工业组织的性质、管理哲学、政策和措施的后果，传统的"X 理论"是建立在错误的因果概念的基础之上的。麦格雷戈也在不断完善自己的理论，在提出"X 理论"的同时，还提出了与"X 理论"相对的另外一个层面的理论即"Y 理论"。在其 Y 理论中主要阐述了如下内容：① 人们先天是喜欢工作的，要求工作是人的本性；② 在适当条件下人们愿意而且能主动承担责任，人们在承担责任的过程中会适当考虑自身的能力；③ 个人追求满足欲望的需要与组织需要没有矛盾；④ 人能实行自我指挥与自我控制；⑤ 大多数人具有解决问题的想象力和创造力。如上这些方面显然与 X 理论是对立的。"Y 理论"与"X 理论"有很大的差异，强调人性的正面作用，这为管理者在管理实践中通过相信员工并与员工一道推动组织的发展提供了重要的理论依据。其管理思想主要集中在：① 管理要通过有效地综合运用人、财、物等生产要素实现各种目标；② 把人安排到具有吸引力和富有意义的岗位上工作；③ 重视人的基本特征和基本需求并鼓励人们参与自身目标和组织目标的制定；④ 把责任最大限度地交给工作者，要用信任取代监督，以启发与诱导代替命令与服从。"X 理论"和"Y 理论"从两个相互对立的方面对人性问题进行了讨论，提出了富有见地的思想，对管理学的发展具有重要的意义。"X—Y 理论"的主要贡献表现在：比较详细地阐述了人性假设与管理理论的内在关系，提出了"管理理论都是以人性假设为前提的"重要观点；动态地分析了人性假设的变化对管理理论的影响，进而提出了管理理论的发展也是以人性假设的变化为前提的研究课题；提出了在管理活动中要充分调动人的积极性、主动性和创造性，实现个人目标与组织目标一体化等思想，以及参与管理、丰富工作内容等方法，对现代管理理论的发展和管理水平的提高具有重要的借鉴意义。该理论虽然对管理理论和管理实践具有很大的推动作用，但其局限性也是非常明显的。"X—Y 理论"的局限性表现在：X 理论过低地估计了人的能动性，以致过于夸大了人性的负面，Y 理论在分析人性问题的过程中走向了另外一个极端，把人完全理性化。在管理实践中只有将两个理论结合起来才能够产生较好的功效，不能过分强调某一方面而忽视另外以方面。X 理论并非一无是处，Y 理论也未必普遍适用。管理应针对不同的情况，科学地选择和综合运用科学理论指导具体的实践。

社会人理论视角：正如前文，霍桑实验是指以哈佛大学教授梅奥为首的一批学者在美国芝加哥西方电气公司所属的霍桑工厂进行的一系列实验的总称。霍桑实验的意义不仅在于得出了四个结论，其对管理心理学及当代管理实践的意义也是非常重大的：在心理学研究的历史上，霍桑实验第一次把工业中的人际关系问题提到首要地位，从而将人们的视点从物的因素方面转移到了人的因素方面，并且特别提醒人们在处理管理问题时要注意人的因素，它让工人开始全方位了解自己，工人是有血有肉有感情的推动组织发展的重要因素，而不全然只是机械的延伸，这对管理心理学的形成具有很大的促进作用；梅奥根据霍桑实验提出了人际关系学说，人际关系学说为西方管理科学和管理工作指出了新的方向，人们开始更加关注非经济因素对组织效率的影响；霍桑实验带动并引发了后来产业界和学术界的一系列相关措施与研究。它替管理学开了一扇通往社会科学领域的大门；霍桑实验也让研究者开始检讨直接访谈方式的缺陷，开始注意到田野调查不能与标的物太接近，否则不但会影响实验的结果而且会影响员工的工作状态，这一结果被人们称做霍桑效应。霍桑试验说明了：人是社会人，是作为社会的一员而存在。一个人的思想、情绪和行为，无时不刻不在受着周围人的影响，同时也会影响其他的人，处在一个组织中的个人，人们的行为会在彼此之间相互传染的。人的积极性产生于和谐有益的社会关系之中，融洽的人际关系对于提高劳动生产率是具有直接影响的；生产条件的变化固然影响着劳动者的生产热情，但生产条件与生产效率之间并不存在着直接的因果关系，单纯从生产条件角度考虑问题就会得出错误的结论；生产条件并非是增加生产的第一要素；改善劳动者的士气（态度）及人与人之间的关系，使人们心情快乐地工作并对自己的工作感到满足，这才是增加生产、提高效率的决定性因素。

自我实现人理论视角：自我实现人假设是美国心理学家马斯洛提出的。该假说中的"自我实现"指的是：人都需要表现自己的才能，只有人的潜力充分发挥出来，人的才能才会表现出来，人才会感到最大的满足。这就是说，人们具有发挥自己自身潜力的欲望。马斯洛通过对社会知名人士和一些大学生的调查，指出自我实现人具有15种特征：敏锐的观察力；有创造性；思想高度集中；只跟少数志趣相投的人来往；喜欢独居；不受环境偶然因素的影响；抵制和批判精神；幽默感；注重有益的培养；民主精神；同情和关爱；强烈的体验欲望；持续的欣赏力；宽容的心态；自发和单纯等等。但马斯洛也认为，在现实中这种人极少，多数人不能达到自我实现人的水平。原因是由于社会环境束缚，没有为人们自我实现创造适当的条件。马斯洛认为自我实现人是需要实现自我的条件的，条件不具备的时候是很难让一个人实现自我的。"自我实现人"假设基础上主张的管理策略包括：① 管理重点改变。把注意的重点从人的身上转移到工作环境上，使人们能在这种环境下充分挖掘自己的潜力，充分发挥自己的才能，也就是说能够充分地自我实现。② 管理人员职能改变。管理者的主要职能是一个"采访者"，而不直接介入到工作过程当中去。管理者的主要任务在于探索为发挥人的智力创造适宜的条件的机制，减少和消除职工自我实现过程中所遇到的障碍，障碍不存在了，员工的自我就能够得到彰显了。③ 奖励方式改变。麦格雷戈认为，对人的奖励可划分为两大类：一类是外在奖励即物质奖励，如工资、提升、良好的人际关系，这种奖励方式可以让员工得到较多的物质收益；另一类是内在的奖励即员工内在素质的变化，内在奖励是指人们在工作中能获得知识，增长才干，充分发挥自己的潜力等。只有内在奖励才能满足人们的自尊和自我实现的需要，从而极大地调动起职工的积极性。这种奖励可以让员工得到内在素质的升华，最终也可以转变为物质的东西。麦格雷戈认为，管理的任务只是在于创造一个适当的工作环境——一个可以允许和鼓励每一位职工都能从工作中得到"内在奖励"的环境。④ 管理制度改变。管理制度应保证职工能充分地表露自己的才能，达到自己所希望的成就。自我实现人假设的提出具有非常重要的意义：第一，"自我实现人”的假设是资本主义经济高度发展的产物。在资本主义经济发展的过程中，在机械化生产条件下，人们之间的距离越来越远了。虽然人们在工作过程中是需要紧密协作的，但高度的社会分工和专业化使得人们只需要做好分内的一丁点事情。工人的工作日益专业化，特别是传送带工艺的普遍运用，把工人束缚在狭窄的工作范围内。工人只是重复简单、单调的动作，看不到自己的工作与整个组织任务的联系，工作的“士气”很低，影响产量和质量的提高。在“自我实现人”假设和Y理论指导下采取了相应的管理措施，如工作扩大化、工作丰富化等，让被禁锢在狭小空间内工作的员工具有了激发个人工作潜能的可能。所以该理论对高效率的作业管理具有重要意义。第二，人的自我实现是一个自然发展过程，人之所以不能充分地自我实现是由于受到环境的束缚和限制。人的发展主要是社会影响，特别是社会关系影响的结果。

（四）西方的现代管理理论

二战以后随着全球范围内经济的迅速发展，第二和第三产业迅速发展，客观上需要管理学理论进一步发展。在这样的背景下管理学思想也迅速繁荣起来，管理学思想的迅速发展使得更多的管理学派出现，下面分别对这些管理流派的主要思想进行介绍。

1. 管理就是决策——西蒙

西蒙是决策理论学派的主要代表人物。“管理就是决策，决策贯穿管理过程的始终”，这是著名管理学家西蒙的观点。西蒙发展了巴纳德的社会系统学派提出的诸多观点，并提出了独具特点的决策理论，其理论体系中特别强调了决策在管理中的重要作用。决策质量的好坏就会在很大程度上影响组织的发展轨迹，决策学派形成了一门有关决策过程、准则、类型及方法的较完整的理论体系，其代表作是《管理决策新科学》，其理论要点归纳如下：① 管理的本质就是决策。决策理论认为，决策贯穿管理的全过程，决策是管理的核心，管理本身就是决策。西蒙认为，任何作业开始之前都要先做决策，这是做好事情的第一步，这一步是最为关键的。这一步如果走错了，随后的各个步骤就会继续错下去。制定计划的过程就是决策过程，组织、领导和控制也都离不开决策，无论是何种级别的管理人员时刻都在面临决策问题。高层管理者需要面临宏观决策，中低层管理人员需要面临微观决策。② 系统阐述了决策分析的过程。西蒙认为完整的决策过程必须包括4个阶段：搜集信息；拟定计划；选定计划；评价调整。只有几个阶段都有条不紊地进行了，最后的决策才能够保障是合理和科学的。每一个阶段本身就是一个复杂的决策过程。③ 决策标准发生了变化。传统的管理学理论都将最优决策作为决策标准，但是决策学派在决策标准上用“令人满意”的准则代替“最优化”准则。管理学上有句名言即“没有最好只有更好”，决策过程中坚持的原则就是尽量使机会成本最小进而让机会收益最大。西蒙认为“管理人”不能考虑穷尽一切可能的复杂情况，管理者即使考虑的问题再周全也会有疏漏的地方。所以在考虑问题的时候只能抓住与问题相关的方面有重点地做出抉择。采用“令人满意”的决策准则，从而可以做出令人满意的决策。④ 将决策行为分为程序化决策和非程序化决策。这种划分方法是根据组织决策活动是否反复出现进行的。对于经常出现的惯常性的事务可以采取程序化决策方式，而对于那些例外事项则实行非程序化决策。非程序化决策可以让管理者掌握充分的主动权，从决策理论可以得到如下启示：从决策角度看决策管理是对管理学的新发展，决策学派提出了新的管理职能，并且在其思想体系中特别强调了决策职能的重要性。该学派首次强调了管理行为执行前进行充分分析的必要性和重要性。管理者的决策并不代表自己，而是为组织的所有成员布局未来的行为，决策不能从管理者自身的好恶出发，其本质是管理者依托自身的权力代表全体职工的决策，所以管理者的每一个决策都需要对所用员工负责，不能将决策行为完全转变为个人意愿，从而使得决策漫无边际和随心所欲，决策需要受到管理目标的约束和受到员工集体意志的约束。管理者一个人做出的决策应该是组织成员集体意志的反映。

2. 以合作谋发展——巴纳德

社会合作学派主张个人目标与组织目标之间关系的协调，主张组织发展的子目标与总目标之间关系的协调，这种观点与系统论的主张是一致的。巴纳德是这一学派的创始人，其著作《经理的职能》对该学派有很大的影响。该学派认为，人的相互关系就是一个社会系统，它是人们在意见、力量、愿望以及思想等方面的一种合作关系，组织成员之间更多的不应该是矛盾而是合作，只有更多的合作才能够形成强大的组织成长力，为了达到这样的目标，管理者具有义不容辞的责任，管理者的重要目标之一就是在组织成员之间形成默契的合作，使得组织成为一个高效运转的系统。管理人员的作用在于围绕着物质的、生物的和社会的因素去适应总的合作系统。该学派的理论有以下主要观点：① 组织是一个社会协作系统。这个系统的发展质量取决于协作的效果、协作的效率和协作目标能适应协作环境，组织中的每个成员都具有创造这样的系统的责任，管理者的责任更加重要。② 正式组织为既定目标而存在。该学派认为正式组织较非正式组织而言应当满足三个条件，这三个条件就是：共同目标；成员自愿为组织作贡献；彼此沟通的信息联系系统。③ 赋予管理职能丰富的含义。该学派认为管理人员的职能主要体现在：建立和维持一个信息联系的系统；激励下属为组织做贡献；明确规定组织目标。除巴纳德之外，美国的怀特·贝克提出的“组织结合力”理论对社会合作理论也具有非常重要的意义，贝克认为企业中的组织结合力包括：职能规范系统；职位系统；沟通联络系统；奖惩制度；组织规程。只有在这些制度基础上运转的组织才能够做到赏罚分明。在明确岗位职责、组织内部的信息沟通以及制度建设等方面都进行了理论层面的尝试，对管理学理论的发展具有重要的进步意义。社会合作系统学派主要研究领域为组织理论，其理论成果对管理学的其他理论包括社会技术系统学派、决策理论学派、系统理论学派都有很大影响。

3. 管理重在过程——法约尔

管理过程学派的主要观点是：管理就是在组织中让别人按照管理者的意志行事或管理者与被管理者一起完成工作的过程。管理过程学派又称管理职能学派，其创始人是法约尔，该理论是在法约尔的一般管理理论的基础上发展而来。除了法约尔外，该流派的代表人物还有美国加利福尼亚大学的教授孔茨和奥唐奈。法约尔认为管理理论是指有关管理的、得到普遍承认的理论，是经过普遍经验检验并得到论证的一套有关原则、标准、方法、程序等内容的完整体系，管理理论是管理实践者的行动指南。法约尔将管理活动分为计划、组织、指挥、协调和控制等五大管理职能。管理过程学派认为，虽然组织的性质是有差异的，组织所处的环境条件也会有所不同，但管理职能却大同小异。在法约尔的理论基础上，孔茨和奥唐奈将管理职能分为计划、组织、人事、领导和控制五项，而把协调作为管理的本质。这虽然与法约尔认识到的管理职能有所差别，但基本思想是一致的。该表述与法约尔的最初表述有一定的差异，但使得管理概念的内容更加丰富了。管理过程学派的主要特点是将管理的学说理论同管理人员所执行的管理职能紧密联系起来，认为无论何种性质的组织，管理人员的职能基本相同。从而将管理的普遍性与特殊性连接在了一起。管理过程学派的主要贡献是：将管理职能的确立作为其理论的核心，强调了正确认识管理职能的重要性；把管理的任务和非管理的任务加以区分，目的在于明确区分管理的职能。该学派存在的主要缺陷表现在：对动态多变的生产环境难以应用；理论所归纳的管理职能不太适合一般的管理实践。

4. 管理被数量化——泰罗

管理科学学派又称作管理中的数量学派，用数量化的东西描述管理实践，主张用数学方式完成管理过程。在这样的管理思路下，将控制论、决策论以及运筹学等的方法逐渐引入到了管理过程中，这使得管理更加严谨科学。该学派的最大特点就是将管理过程数量化，在管理过程中构建了大量的数学模型。科学管理学派的支持者认为，研究和解决管理问题时要重点强调定量分析，只有这样才能使管理尽量精确化，这是与传统的定性管理的最大区别。该学派在二次世界大战初期形成，其本质在于用科学技术解决管理中的实际问题。该学派认为，解决复杂系统的管理决策问题，可以用电子计算机作为工具。电子计算机技术的广泛采用使得管理过程更加轻松，并且使得管理过程数量化的目标更加容易实现。管理科学其实就是管理中的一种数量分析方法。其作用在于通过管理科学的方法，减少决策中的风险，提高决策的质量，保证投入的资源发挥最大的经济效益。将抽象的理论阐述变为精确的数学表述，这是对管理思维模式的重建，对管理学的发展具有开拓意义。孔茨也认为，数学模型和数学分析对于管理实践具有重要作用。从管理科学发展的历史变革看，它是泰罗的科学管理的继续与发展。泰罗通过大量实验总结出的管理方法的本质就在于使得管理由经验和主观判断走向科学化，提倡采用科学的方法，探求最有效的工作方法或最优方案。泰罗最开始采用劳动定额方法运用于管理实践，这实际上就是比较早期的“数量管理”方法。在方法论上，科学管理的基本特征是：以系统的观点，运用数学、统计学的方法和电子计算机技术，解决各项生产、经营问题。随着管理系统日趋复杂化，科学管理的重要性越来越被人们认识到。该学派的主要优点表现在：使复杂的、大型的问题有可能分解为较小的部分，更便于诊断、处理；制作与分析模式必须重视细节并遵循逻辑程序，增进决策的科学性，在很大程度上避免了凭借经验或者感觉进行管理而出现的问题；有助于管理人员估价不同的可能选择，如果明确各种方案包含的风险与机会，便更有可能作出正确的选择，管理者可以从众多的备选方案中做出更加科学的选择。管理科学方法的应用也有它的局限性：并不是所有管理问题都是能够定量的；管理人员可能对复杂、精密的数学方法很少理解，无法做出正确评价；采用此种方法大都需要相当数量的费用和时间。

5. 系统管理视角——巴纳德

社会系统学派认为组织是由个人组成的协作系统，在组织中人与人之间相互作用，形成功能互补的体系。组织中的个体结合在一起能够产生较单个个体简单加和在一起更大的作用。组织中个体之间相互作用的过程中既会产生协同作用也会产生内耗。这就需要管理者通过巧妙的管理艺术对组织成员之间的关系进行协调，以便组织发展能够进入到最佳状态。最早应用系统观点研究管理的人物是美国著名的管理学家巴纳德。系统管理认为企业是一个复杂的社会系统，其他的代表人物还有卡斯特和落森茨，这些学者提出了组织系统的一般模型。该学派认为组织是一个复杂的社会系统，包括了社会心理分系统、管理分系统、目标与价值分系统、技术分系统和结构分系统等五个分系统①，并且认为应从社会学的观点来分析和研究管理的问题。这种提法使得管理学具有了另外一个新视角。该学派提出的理论非常丰富，主要内容可以归纳为以下几个方面：① 组织包含三个基本要素：信息交流；合作的意愿；共同的目的。② 组织是一个是由分散的个人组成的协作系统，这些分散的个人只有通过建立一定的相互作用的社会关系，每个人同其他人进行协作才能实现共同的意志；③ 经理人员作为系统的中心对组织成员的活动进行协调，指导组织运转和实现组织的目标。④ 管理者处于管理系统的中心并联系着各个子系统，管理者要招募和选择能为组织做贡献并且在工作中相互配合的员工。根据组织的要素，巴纳德认为，经理人员的主要职能有三个方面：提供信息交流的体系；促成必要的个人努力；提出和制定目的。巴纳德认为组织的要素只包括人，不包括物和其他要素，所以对组织的研究就转变成对人的研究。系统学派认为构成组织的三个基本要素为：组织成员间能够进行充分信息交流、为组织做贡献的愿望、组织成员具有共同的奋斗目标，三个方面缺一不可，缺少了任何一个方面后就会影响组织的高效发展。

6. 管理应该权变——佛雷德

权变理论的核心观点就是随机应变，主要代表是佛雷德·卢桑斯。事物所处的环境条件是不断变化的，这就需要管理者用变化的观点考虑企业的发展。因地制宜、随机应变应该成为管理者具备的基本素质之一。权变理论认为，没有什么一成不变、普遍适用的“最好的”管理理论和方法。该学派强调在管理中要根据组织所处的内外部条件随机应变，针对不同的具体条件寻求不同的最合适的管理方法。这就要求管理者具有审时度势的优秀品质。管理者虽然更多考虑的是宏观方面的问题，但考虑问题的出发点不能离开具体的组织，不同组织的具体情况是有很大差异的，否则就会将管理思路变成纸上谈兵。权变理论的实质就是要把环境对管理的作用具体化，并使管理理论与管理实践紧密地联系起来；环境是自变量，而管理的观念和技术是因变量；权变管理理论的核心内容是环境变量与管理变量之间的函数关系为权变关系。管理阶层需要主动应变变化了的内外部环境，这会使得企业发展掌握更多的主动权，在主动预测企业发展的各种主客观条件的基础上为企业设计长远未来。权变理论要求管理者根据组织的具体条件以及面临的外部环境采取相应的组织结构设计、领导方式和管理方法，灵活地处理各项具体管理业务。从而有可能使其管理活动更加符合实际情况。实际上权变理论并没有自己的系统观点，权变理论的本质在于融各家学派的观点于一体，并不排斥哪一家学派，这是管理

---

① [美] 弗里蒙特·卡斯特，詹姆斯·落森茨威克著，李柱流等译．组织与管理 [M]．中国社会科学出版社，1985：23－24

学理论中的"老好人"，认为每个学派的理论和方法都是可取的，所以任何一家学派的观点都在不同程度上为权变管理理论做出了贡献。该学派力图在不同的学派之间游走。对权变理论的认识应当是辩证的，管理理论中的权变的或随机制宜的观点应当肯定，但权变学派的根本性缺陷就是没有统一的概念和标准，单纯在"集百家之长"而没有升华和提高。该理论试图为各种类型确认一种理想的管理模式，而这种目标始终不能达到，从而不能形成普遍的管理职能。可以这样认为，权变管理实际上就是管理学上的"空想社会主义"。权变理论使实际从事管理的人员感到缺乏解决管理问题的能力，初学者也无法适从。权变理论试图变各派理论互相"诋毁"为相互"承认"，因此权变理论犹如一只装满管理理论的大口袋，没有自己的独到建树。人们据此可以将该学派作为一个管理学的数据库而获得管理信息，学习管理知识。由于该学派没有自己的独到见解，在管理学理论中"扬名立万"的可能性就不太大。

7. 管理理论丛林——孔茨

现代管理学派可概括分为行为学派和"管理理论丛林"学派。该学派是对诸多学派的核心观点进行分析归纳的基础上形成的。该学派是在早期的行为学派和古典管理理论的基础上形成的。行为学派从人性的非经济层面对组织中成员的行为表现进行了分析。当时资本主义世界正在面临严重的经济危机，为了解决资本主义经济危机问题，专家学者开始把社会学和心理学等学科的最新成果引进企业管理的研究领域，提出用调节人际关系、改善劳动条件等办法来提高劳动生产率的观点。行为学派主要对工人在生产中的行为以及这些行为产生的原因进行分析研究，以便调节企业中的人际关系，提高工人的生产积极性。人们对生产过程的研究视角开始发生了较大变化。该学派的主要研究内容包括：人的本性和需要、行为的动机、生产中的人际关系。该理论早期被叫做人际关系理论。行为科学早期的代表人物主要是原籍澳大利亚而后来移居美国的梅奥，梅奥在人际关系学说的创建过程中所作的工作前文已经述及。二战后，社会经济发展中出现了许多新变化，对企业经营管理提出了许多新要求，单纯从行为科学角度对组织中的成员进行分析已经显得非常不够了。在古典管理学派和早期行为学派的基础上，出现了许多新的管理理论和方法，形成许多新的学术派别，在管理学理论的发展史上出现了学派林立的局面，被称为"管理理论丛林"。1961 年 12 月，美国著名管理学家孔茨在《管理杂志》上发表了《管理理论的丛林》文章，把当时的各种管理理论划分为 6 个主要学派，对诸家学派的观点进行了分析归纳。在此基础上于 1980 年孔茨又发表文章《再论管理理论的丛林》，将管理学流派在 6 个的基础上发展到 10 个，这是对管理学派的一次最完整概括，这些学派包括管理过程学派、管理科学学派、社会系统学派、决策理论学派、系统理论学派、经验主义学派、经理角色学派、权变理论学派、组织文化学派，再加上早期的行为学派共 10 个学派。孔茨把这种管理理论学派林立的情况比喻成"热带丛林"，并称之为"管理理论丛林"，自此以后有了"管理理论丛林"这个概念。这个概念既表示了管理学理论的繁荣，也表示了管理学流派过多，以致出现众说纷纭的情况。"管理理论的丛林"理论在一定意义上具有将各家流派的思想统一起来的意思，但是这是很难做到的。各家学派不但看问题的角度不同，而且有时存在着相互矛盾的情形。孔茨认为，如果"管理理论丛林"继续存在，将会使管理工作者和学习管理理论的初学者如同进入热带丛林中一样，迷失方向而找不到出路。孔茨认为，形成管理理论丛林的主要原因是：对组织、领导、管理、决策等术语在用法和意义上的不同。研究者倾向于抛开过去的观察和分析，当某一项原则不符合于实际时则试图全盘否定既有框架，这对于管理学理论的发展是不利的。人们对诸家管理思想的态度是：既不能全盘接受也不能全盘否定，尺有所短寸有所长。

8. 案例分析方法——德鲁克

管理者成功运转组织需要具备丰富的管理经验，但这些经验并不一定要深入到一线管理实践中进行学习，通过各种方式学习间接经验从而丰富其管理技巧才是行之有效的。美国的德鲁克、戴尔、纽曼、斯隆等最早主张通过分析企业运行中取得的经验（通常是一些案例）来研究管理学问题，认为以大企业的管理经验为研究对象，通过研究成功和失败的管理案例，就可以找到管理的一般方法。失败的教训可以引以为戒，成功的经验可以组委借鉴。该学派认为，通过分析、比较和研究各种各样成功和失败的管理经验，就可以抽象出某些一般性的结论或原理，以有助于学生和从事实际工作的管理者理解管理学原理，并使之学会有效地从事管理工作。用这种方法学习管理，较单纯地学习管理理论，收效会更加显著。在这个过程中就可以将其他人的成功管理方法转变为自己的品质，从而使得自己不断进步，在自身的管理技巧不断得到丰富的同时为组织的发展做出了贡献。很多学者认为，该学派的主张实质上是传授管理学知识的一种方法，称为“案例教学”。为了让学生不走出课堂就能够掌握很多实战性的管理技法，专家学者对案例教学推崇备至。学生在案例教学中也确实能够将干巴巴的管理学理论转变为自己的管理能力，学生走出校园后就能够胜任较高级别的管理职务。实践证明，这是培养学生分析问题和解决问题的一种有效途径。综合起来，该学派的主要观点如下：① 明确企业管理者的领导责任。企业主要领导的任务着重于两方面：有效调动人力资源作用的发挥；作出决策时要把眼前利益与长远利益协调起来。管理者的一言一行对于整个企业的发展都是至关重要的。② 重视探索合理的组织结构。不同规模和特点的企业需要选择不同的组织结构，以便促进企业的高效发展。德鲁克将组织结构模式概括为五种，即集权制；分权制；矩阵制；模拟分散管理；系统结构。主张各类组织要根据其实际特点确定管理结构，不要盲目效仿他人；③ 强调目标管理的作用。该学派非常重视目标管理，将目标管理与组织的高效运转紧密结合起来，在某种程度上认为目标管理是企业的生命。目标管理首先由德鲁克提出，随后有许多追随者参与了研究并更加强化目标管理的重要性。经验分析理论虽然非常重要，但并没有形成完整的管理理论体系，其包涵的内容也五花八门，但其中一些主要观点反映了企业发展中的重要需求，在一定程度上推动了管理学的发展，其产生的积极影响也是很容易感觉到的。

9. 群体行为研究——梅奥

行为科学的研究成果应用于管理实践，对于管理学的发展是一个巨大的促进。行为科学的研究可以分为两个时期：20 世纪 30 年代到 20 世纪中叶为行为科学理论的提出时期，这时期进行了非常著名的霍桑实验；1953 年以后行为科学正式诞生。行为科学有广义和狭义两个层次的不同解释。狭义的行为科学是从人的个体角度考虑问题，指研究个人行为和群体行为的科学，广义的行为科学是从社会群体角度考察问题，指运用实验和观察方法对社会环境中的人进行研究的科学。行为科学不仅应用于管理学层面，事实上其应用范围很广，行为科学是介于心理学、社会学和人类学之间的一门交叉学科，其研究成果广泛应用于管理、法律、行政、教育等各个领域。霍桑试验对行为科学的产生具有重要的奠基作用，其研究结果否定了古典管理理论的对于员工的经济人假设。霍桑试验通过大量研究得出了非常具有见地的研究结论。要求人们在对组织成员进行认识的过程中要从非经济层面进行。试验表明工人不是被动和孤立的个体，影响生产效率的最重要因素不是待遇和工作条件，而是工作中的人际关系。尤其在人们的物质待遇达到一定高度的时候，非经济因素对人们行为的影响更是非常巨大的。梅奥认为：工人是“社会人”而不是“经济人”；企业中存在着非正式组织；新的领导能力在于提高工人的满意度。这一理论被称为人际关系理论。行为科学以人的行为及其产生的原因作为研究对象，在研究手段上借用了很多心理学的成果。具体来说，它主要是从人的需要、欲望、动机、目的等心理因素的角度研究人的行为规律，特别是研究人与人之间的关系、个人与集体之间的关系，并借助于这种规律性的认识来预测和控制人的行为，以实现提高工作效率，达成组织的目标。行为学派虽然没有研究出一套完整的管理知识，却已经为人们提供了许多有用的素材，行为论题主要有激励、领导、群体、组织设计、组织变化与发展等。二战后的行为科学取得了很多重要的研究成果，主要包括以下几个部分：马斯洛的需求层次理论，指出主管人员都必须随机制宜地对待人们的各种需求；赫次伯格的双因素理论（激励因素和保健因素），强调主管人员必须抓住能促使职工满意的因素；麦格雷戈的“X 理论—Y 理论”，X 理论是对“经济人”假设的概括，而 Y 理论是根据“社会人”、“自我实现人”的假设。行为科学对管理学的贡献主要表现在以下两个方面：行为科学引起了管理对象重心的转变，强调要重视人这一因素的作用，应当把管理的重点放在人及其行为的管理上。行为科学引起了管理的方法的转变，由原来的监督管理，转变到人性化的管理。这不但使得管理过程更加轻松，而且让组织成员更能够感觉到做人的尊严。行为学派的主要贡献在于为人们提供了组织发展中行为方面的知识，为人们认识组织即组织中的个体开拓出了一个新的领域。从行为理论层面对组织中的个体进行认识会使得人们对个体的认识更加全面。

（五）管理理论的新发展

管理学理论在漫长的发展过程中形成了系统理论体系，并且由于关注的侧重点不同而形成了不同的流派。但是管理学理论并没有停下脚步，随着社会经济的不断发展，管理学理论也不断在发展，面对管理实践中出现的诸多新情况、新问题，客观上要求更多、更新的管理学理论出现。20 世纪六七十年代，随着科学技术的迅猛发展，西方管理学界开始出现了许多新的管理理论，所有这些新理论代表了管理理论发展的新趋势并进一步指导管理实践的发展，主要包括企业战略理论、企业文化理论、企业流程再造理论、学习型组织理论、虚拟企业理论等。

1. 企业管理虚拟化

社会经济发展已经度过了单纯由实体企业独当一面的局面，虚拟企业逐渐提升到议事日程当中来。虚拟企业是借助现代发达的信息网络建立起来的多个企业基于共同利益或者功能互补等诸方面考虑的企业联合体。随着信息经济日益发展，空间距离较远的企业之间的联系凭借现代通讯手段，管理起来越来越方便。依托计算机衍生出来一种新的管理理念即虚拟经营，虚拟管理实际上就是借用外部力量或者通过有用资源的优势互补，使得企业内部的有限资源能够取得竞争中的最大优势的管理方法。虚拟企业理念使得不同的经济资源能够较先前得到更加高效地开发和利用。说到底，虚拟企业进而虚拟一体化经营就是以信息技术为基础，由多个具有独立利益的企业通过非资本纽带为媒介形成的相对稳定的产品生产、营销以及其他多种服务的分工和协作关系，是一种抽象的一体化结构。虚拟企业的思想使得企业之间的合作又多了一种渠道，使得企业之间联系的通道更加宽广了。不具有资产控制权的企业之间，可以相互渗透管理理念，不同的企业之间可以借助管理这个“幽灵”得以串联在一起。当前虚拟企业的主要形式有合同制造网络和策略联盟等两种方式。合同制造网络通常是那些具有商标、品牌优势的企业只专注于业务环节中最具有附加值的功能而次要环节交付给外部的专业化生产单位完成。在这个协作网络中处于核心地位的是核心企业，这些企业具有技术优势和信息优势。核心企业与外围企业的区分，使得企业之间的主次关系非常明确。策略联盟是为抵御共同的市场风险或者为达到协同互利的目的，由核心企业与其他数家具有相同市场关系的企业而在多个层面结成的合作伙伴关系。所以虚拟企业在经营过程中仅仅保留某些关键功能，而舍弃掉传统的企业概念下的研究、设计、生产、营销、人事、财务等功能，通过借用外部力量在企业间进行整合。虚拟企业大多数都是以技术联盟为核心，具有组织结构的松散性、经营上的灵活性、经营风险的共担性和收益共享性的基本特征。虚拟企业通过多种方式进行，所借用的外部力量，有的是生产商、供应商，有的是营销商或用户，有的还可能是自己的对手。虚拟企业看上去像是个企业，它实质上是由几个独立的企业所组成，来分担不同的生产经营管理功能。虚拟企业思想使得企业发展的空间更加广阔了。

2. 企业战略管理

传统的管理学理论主要从企业的微观层面考虑问题，考虑的是员工的一个动作或者是一个细小的制度设计。但是社会经济发展要求管理者不但要从微观层面考虑问题，而且要从宏观层面对企业的发展未来进行长远设计。企业战略理论就是着眼于从企业发展的长远过程考虑问题的新型管理思维。企业战略是 20 世纪六十年代末至七十年代初出现的一种新的管理思潮，该理论一直处于管理理论的前沿位置，高校管理专业的课堂上目前普遍开设战略管理课程，其理论发源就是在这个时期。该理论大致经历三个阶段：① 确定战略管理基本概念和理论框架。该阶段主要是建立了针对企业内部条件和外部环境进行系统分析的较完整的理论体系。代表性的理论就是 SWOT（四个字母分别代表 Strength（强处）、Weakness（弱处）、Opportunities（机会）、Threats（威胁））分析模型，从四个方面对企业的运转状况进行综合分析，从而得出对企业客观评价，以便能够准确地把握企业的发展战略。在坐标平面内的四个象限中形成了四个不同的组合状态，管理者需要按照不同的状态施以差别化的管理政策。专家学者或者生产一线的营销人员普遍用该模型展开分析，提供了战略分析的一种思路。② 产业结构分析阶段。该阶段的代表理论是迈克尔·波特（Michael Porter）创立的竞争分析模型，该模型对于现代管理理论产生了重要的影响。其主要思想包括三部分：提出了构成行业结构的五种作用力即潜在竞争对手的入侵、替代品的威胁、行业内现有竞争对手之间的竞争、客户和供应商的讨价还价能力（这个理论被称为钻石模型）；提出了企业发展的三种基本战略即成本领先战略、差异化战略和集中战略；提出了价值链分析方法。③ 企业核心竞争力理论阶段。企业核心竞争力是企业发展中最重要的发展力，没有竞争力的企业在发展中是不会有长足的成长力的。一般认为企业的核心竞争力是构成企业竞争能力和竞争优势基础的多方面技能、互补性资源和运行机制的有机融合。普拉哈拉德（C. K Prahalad）和哈默尔（G. Hamel）于1990年在《哈佛管理评论》发表了著名的论文《企业核心竞争力》中首次提出核心竞争力的概念。这个概念目前不仅为管理学所应用，而且其他很多相关学科也普遍采用。经过三个阶段的发展形成了比较系统的战略管理理论。就战略管理的概念来看，一般而言战略管理是在对企业经营条件和外部环境的分析的基础上确定企业的经营宗旨和发展目标，并据以制定一种或者几种有效的战略使企业达到经营目标的过程中所采取的一些方法和行动，所以战略管理应该侧重动态管理。战略管理的核心是立足现在着眼于未来。只有企业的利益更加高远，并且站在更高的位置上着眼于未来的企业，才能够有发展前途，企业因而也才能够达到可持续发展的状态。

3. 企业流程重组

企业流程再造（Business Process Reengineering），缩写为 BPR。该理论强调以业务流程改造为核心，着眼于客户的需求满意度，从业务流程上进行改造和再设计，优化组织结构，从而使得组织的运营成本、运作效率以及运转速度等方面很大程度上得到改善。BPR 理论是在 20 世纪六七十年代以来世界政治经济发展环境出现了较大改善的情况下产生的，面对激烈的挑战，专家们以及企业管理的实践家开始用全新的思路考虑问题。1993 年哈默（Michael Hammer）与钱皮（Jame Champy）出版了《再造企业：管理革命的宣言》一书，该书系统阐述了 BPR 的思想，除此之外，托马斯·达文波特（Thomas Davenport）也对 BPR 的思想进行了完善，三位学者并称为 BPR 的奠基人。BPR 的目的在于提高企业竞争力，保证企业能以最小的成本、高质量的产品和优质的服务提供给企业客户。该理论注重从顾客、竞争、变化等三个方面考虑问题，使得企业的日常管理更加贴近企业发展实际，并且能够伴随企业的发展变化做出适时调整，从而在更大程度上增强企业的竞争力。BPR 必须以先进的信息系统和信息技术为手段，以服务顾客为目标。通过建立科学的组织结构和业务流程使产品的质量和规模发生质的变化。企业强调打破旧有的管理规范，建立新的管理规范，以回归原点的思维方式实现企业的管理创新，使得企业的管理方式实现突破性的变化。企业再造通过如下途径实现：首先以企业生产作业或服务作业的流程为审视对象，然后以效率和效益为中心对作业流程和服务流程进行重新构造。在此基础上对企业旧有的整个流程进行全新的思考，实现革命性的变革。

4. 构建学习型组织

建设学习型组织可以使组织保持强劲的成长力，学习型组织的建设说到底是组织文化的氛围。以管理者为核心协同所有的组织成员构建学习型组织，就成为组织保持强劲成长势头的重要举措之一。彼得·圣吉教授在其著作《第五项修炼——学习型组织的艺术与实践》中非常系统地首次阐述了学习型组织的内容。彼得·圣吉从五个层面对学习型组织的内涵进行了阐释。① 系统思考。系统思考的目的是为看见事物的整体，不从企业的整体角度考虑问题就会使得考虑问题得出的结论优势偏颇。思考问题需要有系统的观点和动态的观点，以便从事情的局部发展事务的整体。② 超越自我。组织成员的最大敌人不是别人而是自己，能否超越自己就在很大程度上决定了个人的成长轨迹进而组织的发展轨迹。所以超越自我包括了超越组织的自我和个人的自我两个方面。无论是个人还是组织要超越自我都需要有创新，为此需要首先树立远大目标，要从长期利益和全局的整体利益出发考虑问题，并有效地将短期目标与长期目标进行有效结合。只有具有不断超越自我的尽头，组织才能在激烈的商战中保持很好的战斗力。③ 改变心智模式。不同人由于成长背景以及思维问题的角度不同导致其对事物的看法有差异，这完全是由于人们的心智模式不同。心智模式能够对个人的发展产生重要影响。用正确的心智模式思考，就不会对事物形成错误的认识。人们分析事物需要以其在以往长期实践中形成的心智模式为基础。人们思考问题时是建立在既有的思维方式基础上的。如果用已有的心智模式考虑问题而既有的心智模式又不能很好地或者完全不能反映现实事物时，主观就会对客观做出错误的判断。在企业管理中就很有可能酿成大错。为了避免这样的事情发生，彼得·圣吉认为需要做到两点：反思自己的心智模式；探询他人的心智模式。④ 建立共同愿景。愿景就是对未来的愿望、景象和意象，就是事物发展的目标。组织发展过程就是管理者与被管理者之间的合作，这种合作就是建立共同愿景的过程。企业管理者的责任在于将企业内所有个体组织为一个有机的整体并建立企业发展的共同愿景，组织成员应该围绕着这个共同的愿景努力工作，即建立全体员工共同认可的目标，在此共同愿景的指引下就能充分发挥每个人的力量，为企业的发展做出最大的贡献。⑤ 团队成员相互学习。团队成员之间有竞争也有合作，合作的愿望要大于竞争。企业发展中所有个体围绕一定的目标有机地组织在一起就形成一个团队，为了达成员工之间的友好合作关系，团队学习就非常必要，通过团队学习使每个人的力量能通过集体得以实现。团队学习的目的在于：避免无效的矛盾并产生不必要的冲突；让个别人的智慧成为集体的智慧从而促进集体高效发展。团队学习越来越成为企业发展中的热点话题，不仅普通员工之间建立团队，更重要的是在企业核心领导的管理下建设高效团队。

5. 营造企业文化氛围

企业文化是企业的灵魂，在激烈的市场竞争中，有实力的企业都在强化企业文化的建设。企业文化理论虽然首先诞生在美国但兴盛于日本，所以谈及企业文化不能不提到日本，因为企业文化的充分发展与日本的经济振兴具有密切关系。二战后，作为战败的日本满目疮痍。日本国土狭小，自然资源匮乏。这就需要在节约利用资源的基础上想出依托较为匮乏的资源发展国民经济的办法，日本企业家要想振兴自己的经济不仅需要有足够的物质和技术力的支持更需要一种方法激励员工艰苦奋斗，这种方法就集中体现在管理理念层面，于是开始从企业文化方面做文章。力争从根本上做文章激励员工努力工作。从不同的层面可以对企业文化做出不同的解释，一般而言企业文化有广义和狭义之分。广义的企业文化是指企业所创造的物质文化和精神文化的总和。狭义的企业文化是指企业所形成的具有自身特色的思想、意识、观念和心理状态，以及与之相适应的制度、组织和行为模式。但是就一般意义而言，企业文化是企业在长期发展中在生产经营和管理过程中形成的独具企业特色的企业精神内涵和物质层面的表现，是企业思想价值观念、行为、制度的总称。企业文化可以在不同的程度上对企业的发展产生影响，对员工的士气、组织的氛围、组织成员之间的关系等方面都会有重要影响。从这个意义上讲，企业文化包含了三个层次：① 精神层。人们从企业表面是无法看到的，这是企业文化的核心层，包括了企业的价值观、理想、信仰等。② 制度层。这是企业文化的中间层。将企业文化的核心层和外围层连接起来。通过一系列的规章制度得以体现。制度文化也是一种内在文化，需要通过物质的东西以及企业的员工行为等再现出来。③ 外围层。这是企业文化的外围层。可以通过产品设计、产品质量、工厂外贸、员工服饰等表现出来。三个层次中精神层是核心层，这是企业文化的内核。该层决定着企业文化的中间层和外围层。企业文化对企业的发展具有非常重要的作用，主要表现在：导向作用、凝聚作用、约束作用、促进作用、激励作用、辐射作用。企业文化不是在短时间内形成的，需要在漫长的时间内一点一点积累，通过企业中的人、物、事、制度等的要素体现出来。但是企业文化对于企业的发展并不总是起到促进作用，企业文化一旦形成既有利于沟通，又会形成排斥创新和新文化形成，这是企业文化的惰性。

本章思考题

1. 什么是管理？怎样理解管理的职能？
2. 阐述我国古代主要的管理思想。
3. 阐述泰罗、法约尔和韦伯的主要管理思想。
4. 阐述霍桑实验的实验过程和主要结论。
5. 阐述人性研究的主要成果。
6. 管理理论丛林中涉及主要流派有哪些？
7. 管理学理论又衍生出哪些新流派？

管理故事

故事1：识别小人——樵夫对狐狸的“救助”

一只狐狸被猎人猛追，狐狸正在觉得无路可逃之际忽然看见一个樵夫，狐狸于是赶紧请求樵夫相救。樵夫动了怜悯之心赶忙让狐狸躲进自己的茅舍中。狐狸在樵夫的茅舍中战战兢兢地观察着外面发生的事情。不久猎人赶了上来，问樵夫刚才是否看见有只狐狸经过。樵夫大声说着没有看到的同时却用手势指着狐狸正在躲藏的地方。但是由于猎人在匆忙之中没有太在意，以致只听见了樵夫的说话而没有看见樵夫的手势，顺着原来自己的追赶的方向径直地追赶了下去。樵夫的这些动作细节虽然没有被猎人察觉，但完全被狐狸看见了。当猎人跑远之后狐狸从茅舍中出来就要离开。这时樵夫责备狐狸不知感恩。狐狸马上对樵夫说：如果你刚才在救我时做到了心口如一，我会非常感谢你的。我之所以没有被猎人抓住，完全是出于万幸而已。由于樵夫没有在救助狐狸的事情上做到心口如一，终究没有得到狐狸的道谢。

樵夫在故事中扮演了两面人的角色，当着狐狸的面说要保护狐狸，而在猎人面前又将狐狸出卖。樵夫在不同的人面前扮演了不同的角色，而两个角色的作用又是相互矛盾的。虽然在这两个相互矛盾的角色中樵夫可能会得到一些好处，但狐狸的利益会受到损失。樵夫认为自己的所作所为没有被狐狸看见，但狐狸却一目了然。樵夫自作聪明但终究还是穿帮了。在狐狸哀求樵夫相救并且樵夫将狐狸掩藏在自己的茅舍中的时候，狐狸对樵夫是心存感激的。但是樵夫与猎人之间的对话以及手势却使得狐狸的心情很差。

狐狸本来还打算对樵夫表示感谢，但在樵夫将自己出卖给猎人的一霎那就完全打消了这样的念头。在狐狸从茅舍中跑出来离去时，樵夫居然还想让狐狸对自己表示感激，这是狐狸所不以为然的。狐狸的分析是对的。狐狸侥幸得以生存不是由于樵夫的好意，而是由于猎人对樵夫手势的不理解。阴差阳错是狐狸得以躲过一劫的原因。

故事中的樵夫扮演着两面人的角色，这个两面人是以出卖第三者的利益为代价的。这个第三者本来应该得到这个两面人的保护，但是这个两面人在扮演着保护者的角色的同时又扮演者杀手的角色。在两面人开始答应保护狐狸的时候并没有想从保护狐狸的行为中得到任何利益，但当面对猎人的时候，突然就想到自己可以与猎人联手共同鱼肉狐狸，从狐狸身上可以得到利益。所以两面人实际上就是伪善君子，见风使舵、见异思迁是其行为的重要特点。两面人的机会主义行为给狐狸的感觉是樵夫靠不住，生命攸关的事情不能托付给他，樵夫由于自己的“两面人”品行而使自己成为了孤家寡人，众叛亲离。

一个组织中也经常会遇到这样的成员，当面做一套背后做一套，在同事面前说同事的好话，以博得同事的好感，但是在领导面前又说该同事的坏话，以通过向领导打小报告的方式表示自己对管理者的衷心。

两面人的存在使得组织中的空气异常紧张。使得每一个认真对待工作而不善于在管理者面前表现的员工会由于两面人在管理者面前的挑拨而不能受到公正的待遇。故事中的狐狸亲眼看见了樵夫的所作所为，从而做出了不感谢樵夫的决定。但是在组织中被两面人陷害的同事很多时候并不晓得两面人对自己的陷害。在两面人对自己进行陷害后还可能与两面人关系非常友好。两面人对在组织中建设健康的文化氛围终究不是好事，其在陷害一个同事之余也可能再以同样的手段陷害另外一个同事。

管理者应该晓得在其向管理者说同事坏话的同时，还可能向同事说管理者的坏话，这将非常不利于管理者的日常工作。所以管理者对两面人应该非常警醒，对两面人的话应该辩证地采纳。当两面人在自己的面前说某个同事的坏话时要在随后做认真调查，以对其谗言进行核实。其对同事的恶意重伤的本质就会昭然若揭。如果管理者在做任何事情的时候都是以事实为依据的，即使有两面人存在，两面人也不会有很大的市场，这对于优化组织的环境是非常必要的。

对付两面人的重要对策应该是管理者要刚直不阿，能够积极甄别下属的言行。管理者在考虑下属的言行时不能以是否对自己有利为依据，而应该以是否对组织的发展有利为依据。管理者不能对组织中的所有成员整齐划一，口蜜腹剑的人必定存在，这样的两面人在大家的面前装出很讲义气的样子，但是在暗地里却给自己的朋友放暗箭，使得整个组织变得乌烟瘴气。两面人有没有市场关键在于管理者本身。如果管理者本身倾向于培养和发展两面人，则两面人就会在组织中很猖獗。这说明管理者自身也具有两面人的倾向。普通员工如果是两面人，其存在与否可以由主管领导进行抉择。

但是如果管理者自身就是两面人的时候，则组织成员在做任何事情时都会谨小慎微。在组织中“不敢多说一句话，不敢多走一步路”，组织成员会感觉到在自己前进的道路上到处都是地雷。只有原封不动并且尽量少地与管理者多接触才能够尽量减少给自己带来不必要的麻烦。组织的成员会感觉到这样的组织环境对自己的成长非常不利，人心思散就成为多数组织成员的思维方式。在两面人的行为有所收敛时，组织成员对其印象也不会有多大改观，因为两面人的本性是很难改变过来的。就像神话故事中所谈的，猫被神仙变成美貌的女郎并与其心爱的王子结婚后，其捕鼠的本性并没有改变。多年后神仙想试一试猫看见老鼠后是否还想捕鼠，就将一只老鼠放在了美女的面前，发现这个美女不假思索地将老鼠捕获并放进自己的嘴里，于是神仙又将这个美女变回猫的样子。两面人即使行为有所改变的时候，组织成员还是要对之加以戒备的。

故事2：本性难移——“猪爸爸”眼中的“西施”

在一个古老的农庄里生活着这样一个三口之家：猪妈妈、猪爸爸和猪儿子。为了使得这个家庭的日子更加好过一些，猪妈妈和猪爸爸整天勤奋工作，但是两个猪家长比较起来猪妈妈显得更加勤奋些。猪妈妈整天在地中劳作，一年到头也算有比较可观的收成。猪爸爸也整天在外面做事，只是由于早年连小学都没有读完导致文化水平不高的原因，导致没有太体面的工作，整天在外面打短工。虽然收入并不稳定，但一年算下来还能够有结余。这天猪妈妈在地里工作的时候，听到黄雀对自己讲，离这里不远的地方搬来了一家很有钱的富人，这家人建起了一幢很漂亮的庄园，很多人都到那里参观呢！听说这家人很好客，无论谁到其家里都会受到主人热情的接待呢！这天中午猪妈妈下班回到家中，赶紧向猪儿子和猪爸爸说明了情况，并责成猪爸爸到这个庄园中一看究竟。猪爸爸不辱使命，凭借自己多年在外面打拼的经验没有费太大的力气就找到了这家人。猪爸爸一进庄园就看到了一个大水坑，于是赶紧迫不及待地一头扎进了水坑中痛痛快快地洗了一个冷水澡，这下可消除了多少天以来的疲劳，其他地方根本找不到这么大的水坑的。在水坑中折腾了很长时间以后，到了一个烂柴草垛的旁边开始晒太阳，猪爸爸感到从来没有过的舒服。又经过了一段时间之后感觉肚子有些饿了，赶紧从烂柴垛旁起来并找了一段土墙蹭了蹭痒痒后便四处开始寻找吃的东西，左找右找终于在庄园中的角落处发现了一个垃圾场，猪爸爸在垃圾场中左拱右拱终于找到了一些自己喜欢吃的东西填饱了肚子。然后大摇大摆地从庄园中出来回家了。路上遇到了一些熟人后还自我吹嘘了一番，说自己见到了世面。回到家中猪妈妈问猪爸爸这个新的庄园是一个什么样子，因为这个新庄园对于猪妈妈和猪儿子都充满了神秘色彩。谁料想猪爸爸说，没什么了不起的，除了一个较大些的水坑和垃圾场之外没有更加特别的，并不像黄雀传言的那样豪华。猪妈妈听了猪爸爸的话之后将信将疑，反驳猪爸爸说，黄雀从来不会骗人的，黄雀说这家的庄园非常漂亮，不但有各种漂亮的花园而且还有很多新式的房子，庄园中的有很多人们从来没有见过的新鲜事物，而且黄雀说起到庄园中参观的时候，人家还赠给了黄雀不少美食呢！猪爸爸一再否认这些，说这是不会存在的，说自己到庄园中游玩一圈除了水坑和垃圾场什么都没有看见。猪妈妈虽然看到猪爸爸的回答非常坚定，但对黄雀的说法还是坚信不疑的。猪妈妈打算亲自前往调查以便将事情弄个究竟。

这个故事听起来很好笑，但细琢磨起来就非常有意思了。按照黄雀的说法，这个新庄园是非常漂亮的，但是在猪的眼中这个庄园只有水坑和垃圾场。这说明猪与黄雀对庄园的判断标准是不同的，在不同的判断标准下同样一个庄园却出现了迥然不同。这说明由于不同的生活经历导致人们在观察同一个事物时得出的结论会完全不一样。猪的生活水准仅限于烂池塘和垃圾场，因为这是其生活的全部，所以在"访问"新庄园的时候就会将自己的精力全部集中在这两个方面，烂泥塘和垃圾场就是"猪爸爸"眼中的"西施"。即使在这样的新庄园中"在墙上蹭两下"的赖毛病也是很难改掉的。一个人在长期的定势的生活方式下就会形成定势的思维方法，在对周围事物做出评价时就会用这种定势的思维方式进行判断，当然这种"我的眼中只有你"的思维方式很多时候就会对事物做出不完善的评价以致得出错误的结论。猪爸爸对新庄园做出的判断就是错误的。

人们判断事物都是从自己惯性思维的角度进行的。在林黛玉忧心忡忡的时候，其内心的苦闷由于没有对他人诉说从而更加感受到人世对其不公，于是将自己的这种感受就会强加到其他的事物身上。在林黛玉看到含苞带露的鲜花的时候，林黛玉并没有看待鲜花的魅力而是联想到鲜花在流泪。这在常人看来是非常不可思议的事情，但是在林黛玉看来这是非常正常的，带露的鲜花就是在流泪。当然在林黛玉眼中的鲜花与顽皮的孩子或者处于热恋中的少女眼中的鲜花是迥然不同的。对于一个组织中的管理者，在认识优秀下属的过程中看法是不一样的。爱才惜才的管理者会认为这样的员工是自己左膀右臂，这样的管理者能够很好地接纳人才并且具有海纳百川的情怀。但是在一些比较专断的管理者眼中，这样的优秀人才日后会成为自己的竞争对手，于是在吸引人才的时候就不会将非常优秀的人才聚在自己的麾下，而是在自己的手下聚敛一批"小矮人"。

人们在判断事物的时候由于个人的知识、阅历、价值观、偏见等原因会对识别的对象产生这样或者那样的偏差。于是产生首因效应、晕轮效应、近因效应等问题。首因效应就是第一印象，人们在对一个人形成第一印象后就很难改变态度，即使此人在日后的表现有很大的不同，在他人心中形成的既有的挥之不去的印象是很难改变的。晕轮效应就是以偏概全，在认识人的过程中用此人某一方面的特点掩盖其他方面，在用好的方面掩盖坏的方面的时候，此人的缺点不容易被看到，在用坏的方面掩盖好的方面后，此人的优点就不容易被看到，于是这样的人才就没有了发展的机会。举个这样的例子，人们往往会认为脾气暴躁的人不容易接纳，因而也不容易被当做人才在组织中得到重用。原因就在于这个人的脾气很坏。但仔细想一想这只是一家之言，脾气暴躁的人往往性情非常耿直，所以这样的人不会有坏心眼。如果其他人对此人能够辩证思考就可以与其和平相处的。管理者如果对这样的组织成员能够合理使用，就可以及时发现组织中存在的问题，这对组织的发展是非常有益处的。

猪爸爸毕竟是猪爸爸，不可能有黄雀的思维方式。一个组织中如果具有一个"猪爸爸"做核心管理者，这个组织就很难有远大的发展前景了。组织的发展中需要能够创造一种相对合理的方式防止"猪爸爸"登上管理层，但这是比较困难的。不同的文化氛围下"猪爸爸"被赶下台来的可能性是不相同的。这就需要创造一种更加良好的机制让组织成员及时与管理者产生互动，防止原来不是"猪爸爸"的管理者成为"猪爸爸"，也要及时让已经是"猪爸爸"的管理者置换思维方式或者干脆退下位来。通过集思广益的方式让更多的组织成员参与组织活动，用群策群力的方式尽量避免单一思维方式给组织发展造成的诸多困扰。"猪爸爸"消失了，组织于是就会得到长足进步。

经典案例

案例1：牵住高飞的"风筝"要有好"线"

案例简介

员工是"风筝"管理制度是"线"，企业管理的用人哲学就在于管理者既要放好"风筝"又要牵好"线"，没有好"线"风筝就会远离"放风筝者"而去，如果"放风筝者"将线牵得过于死板，"天空中"就不会有五彩的"风筝"，空中的"风筝"也不会飞出花样来。N公司是从家族制企业成长起来的大型现代化企业，企业主要股份都由家族的亲信进行把握。但是由于各个主要部门人员素质问题，总经理张钫不愿轻易放手各部门的经理做事，所以除了一些日常琐碎的事情外，公司中的事情都由张钫亲力亲为。公司的成长速度很快，人员数量在不断增长，公司的业务也增长非常快，张钫为了公司的发展每天都弄得心力交瘁。张钫虽然在有意地向各个职能部门下放一些权利，但还是放心不下，每日不是问这就是问那，有时张钫提出的一些问题让一些部门的管理者感觉到莫名其妙，由于大家已经对张钫非常熟悉，于是对张钫的举动只是一笑了之作罢。各部门为了减轻本部门的压力，在公司业务迅猛增长的情况下开始不断招募"新兵"。但由于每个部门的用人风格有很大的差异，导致部门之间的工作衔接上出现了不少问题。为了理顺公司的发展，张钫打算"讨教高人"。张钫通过猎头公司招聘了海归小牛。但是小牛到了公司之后只是帮助张钫处理一些公司内部事务，其实这些事情由秘书完全可以办理。小牛对张钫为自己安排的工作感到非常不满意。一个月之后小牛找到张钫要求调换工作，执意坚持要接触公司的核心工作，并让张钫赋予自己处理一些重要事务的决策权。张钫对小牛的要求感到诧异，并且由此开始怀疑小牛是否图谋取代自己的领导位置。在张钫的影响下其属下的两个部门经理在做事情的过程中也都是疑神疑鬼。市场部的李经理做事一向很谨慎，生怕出了任何小差错，一次自己的助手犯了一个小错误，自此之后李经理就开始对自己的助手不放心起来，任何事情都要亲自过问一下才能放心。李经理的助手在工作的过程中有做"小偷"的感觉，总觉得自己做事情的过程中自己的背后有一双眼睛在盯着自己。做任何事情都存在严重的依赖心理，不敢放开手脚做任何应该做的事情。采购部的崔经理一次将采购设备的任务让自己的助手小赵去做，设备买回来后张钫发现较市场的同类产品高出一万元，于是开始追究崔经理的责任，崔经理推脱说这件事是由小赵全权处理的，当时自己很忙，这不是自己的责任。张钫为此非常生气，对崔经理说：敢做错事就要敢于承担责任，一味地将责任推到别人的身上，是做领导的风范嘛？张钫对崔经理非常直白地批评说：下属出了错误之后就将责任完全推脱到下属身上，下属做出了成绩之后怎么能就一直往自己身上揽呢？

问题分析

案例中的“张钫”、“崔经理”等诸如此类的管理者在管理实践中是普遍存在的。张钫由于是管理的核心人员，在其影响下其属下李经理和崔经理也成为了“小肚鸡肠”的人，凡事都要亲自过问，不敢放手让自己的属下去做，生怕在做事的过程中出了任何差错。将自己塑造成为管理中的“大拿”。这样的管理文化实际上并不是管理者的勤劳或者负责，而是管理者不懂得用人的表现。一个大企业总不能由某个或者某几个管理者自身支撑，而是由组织全体成员共同完成的。管理者的重要责任就在于让自己的下属按照自己的意思行事并在相互配合和命令一致的过程中推动组织的发展。N公司中在这方面还是非常欠缺的，总体看来主要表现出以下几个方面的问题。

（一）未对下属充分授权

案例中张钫的公司在迅速成长，但张钫的管理方式并没有改变，还是拘泥在小公司状况下“事必躬亲”的管理状态。公司规模在迅速成长，但张钫的思维方式并没有改变过来，致使张钫每天忙得焦头烂额。应该说张钫的公司建制还是比较齐全的，专司各方面的部门都是一应俱全，表面看上去张钫也赋予了各个职能部门权力。但是从案例中的情况看公司对各个部门的授权并不充分。公司中的中高层管理者好像都有这样一种心理：将自己的权利下放就意味着自己的威信下降。公司从小到大的成长过程中，公司的中高层管理者已经习惯了拥有重要的权力，授权给下属就意味着自己权力的弱化，从内心而言自然是非常不舒服的事情。张钫以及其他的公司级管理者由此非常“喜欢”忙于公司日常琐事。在张钫的用人思路下，不但张钫很忙而且张钫属下的公司核心管理者也非常忙，大家都非常担心将自己的权利下放给自己的属下时下属在工作中出错，于是不敢将核心工作交给下属做，而是让下属只是成为自己的跟班。管理者尤其是高层管理者在忙得团团转的时候下属却非常“悠闲”。上司对下属心存怨气的同时下属也因为上级对自己不信任而心存怨气，久而久之真正有事业心的员工就会脱离N公司，张钫手下所聚集的不再是人才而是奴才。奴才只能捧臭脚，而人才才能够引领企业发展。N公司的发展前途令人堪忧。

（二）没有做到视能授权

视能授权是管理者需要坚持的一项重要原则。只有视能授权才能够做到岗得其人，不会由于人岗不匹配的问题而造成人才浪费或者工作失误。张钫的公司发自于家族企业，公司的股份都牢牢控制在族人手中。在委任部门管理者的过程中看重的也主要是裙带关系。只要公司的重要岗位都配置了“心腹”，就不会发生“肥水流向外人田”的事情。当裙带关系在公司配置管理岗位中成为思想主流的时候就以关系亲疏取代了公司成长效率，于是违背了科学管理原则。这些依靠裙带关系走上工作岗位的管理者在出现工作失误的时候张钫是很难给予严厉制裁的。这些管理者在管理实践中就会“自由放任”，公司的章程就成为了一纸空文。最重要的是这些管理者在任命自己的下属的时候仍然会按照管理亲疏的方式进行，于是整个公司在运转过程中就被笼罩在一个巨大的关系网中，组织成员为了拥有更多的利益或者为了捍卫自己的既得利益都必须卷入这个关系网中。在这样的组织氛围中相互吹捧就成为了主旋律，任何一个部门都会对其他部门的工作睁一只眼闭一只眼，只有对公司的发展造成重大损失的时候才能够引起公司高层的重视。委派任务过程中没有做到视能授权，说明公司长期中根本就没有一套比较完善的人才评价体系。高层管理者没有准确把握好管理者的一般原则。

（三）没有明确授权内容

张钫看似对下属进行了授权，但在下属完成相应工作的时候还要亲自过问，不但问结果而且问过程。下属在张钫的面前根本就没有尊严可言。张钫的下属是在严格履行自己的责任，但每每做完事情之后张钫都会感觉不十分满意。这就说明张钫对下属交代的工作存在这样的问题：张钫没有明确具体的工作内容或者下属对张钫交代的事情并没有完全理解。在具体的工作过程中张钫与下属之间存在着信息不对称，导致下属没有将工作做好和张钫对下属的工作非常不满意。在没有明确授权内容的情况下让下属去工作，下属就会感到无所适从。管理学认为，上级对下属授权要坚持明确性原则，即下属的权力一定要有明确的边界，在边界内下属具有自行决定的权利。下属必须具有一定的行为自主权，只有这样才能够“放开胆子”做事情。下属不能做自己不应该做的事情，也不能不做自己应该做的事情，如果出现了这样的问题就说明管理制度本身存在问题。上级对下级的授权不是抽象地定性，而是需要具有可操作性。下属在执行上级委派的任务的过程中虽然可以做适当地变通，但这种变通并不是在工作内容上的变通，而是工作方法上的变通，以便通过更加有效的工作方法取得相同的效果。下属如果在工作内容上大肆变通，就会涉嫌投机取巧，管理者对其问责是合情合理的。

（四）缺乏对下属的信任

组织中各成员之间相互信任是团队建设的基础。只有这样团队成员够尽全力做好自己的分内之事。张钫以及两个部门经理在委派下属工作的过程中都表现出对下属的不信任，这对于下属而言是非常没面子的事情。每个人的能力都是在实际工作中锻炼成长的，下属虽然有时候也会犯错，但只要能够及时挽救并且没有给公司造成较大的损失就不应该视为失误。公司的规模在增大，虽然安排了相应的部门，但管理者并不能真诚对待自己的下属。虽然在任的这些管理者的工作能力非常强，但是对下属的工作能力缺乏信任就会让下属非常泄气。“疑人不用用人不疑”这句话在管理学中也具有很好的用处。上级对下级的不怀疑包括能力、人品、诚信等很多方面都不能怀疑。上级对下级的怀疑实际上就是对自己能力的怀疑，因为这些下级管理者都是自己一手提拔起来的。下级做事不利实际上就是对自己提拔的部门管理者不甚合理的证明。由于下级没有做好事情在一定程度上并不是下级自身的原因，而是上级没有对下级做出合理的评价所导致。上级在评价下级以及将相应的组织成员配置到相应的岗位上去的出发点是管理者的思维平台以及组织的发展目标，管理者既然将部门管理者配置在相应的岗位上去，则说明该员工能够胜任这个工作岗位。在员工工作出现问题的时候当然就要首先追究高层管理者的责任。

（五）没有主动承担责任的勇气

崔经理的属下小赵在购买设备的过程中多支付一万元。当张钫对相关事情进行调查时，崔经理却将责任全部推脱到小赵身上。小赵在这件事情上固然有重要责任，但由于崔经理是授权小赵去做的，当出现了相关问题的时候就需要崔经理也要承担相应的责任。就案例中的情况而言，实际上张钫并没有将该件事情定性为工作失误。但是诚惶诚恐的崔经理的第一感觉就是不能够承担任何责任，否则就会使自己大祸临头。小赵自然不是公司裙带关系之中的成员，在崔经理推脱责任的过程中小赵自然会感到无助。设想小赵有过这样的经历后，在再采购设备或者完成其他相关工作的过程中，即使崔经理授权给自己，自己也不会使用这样的权力。崔经理不能够主动承担责任，就会使得其授予小赵的权力完全是一个“陷阱”。聪明的“小赵”们自然不会向这样的“陷阱”中跳第二次。无论是崔经理还是张钫在随后的工作中都会遇到很大阻力，事无巨细就必须亲自过问，即原先没有让上级过问自己工作意识的下属也会等着这些“官”过问并且拍板。任何低一层级的管理者对任何需要做决策的事情都不敢拍板，这样的拍板自然就会最终推到张钫这里，张钫的工作就会变得非常忙。与其说这是张钫的无奈倒不如说这是张钫在作茧自缚。张钫是在不愿意真正下放自己的权力并且不恰当地建立起了层级之间的问责制度，从而为自己套上了这个“茧”。张钫冲破这个“茧”就需要让自己以及各级管理者具有主动承担责任的勇气，从而在建立信任的基础上推动公司发展。

对策分析

根据前文分析，N公司中存在的诸多问题集中到两点就是：高层管理者缺乏对下属的信任，从而没有对下属充分授权；公司中的裙带关系导致管理制度畸形。所以张钫的当务之急就是在公司中建立起相对比较完善的管理制度，逐渐削弱裙带关系在公司中的分量。并且通过相对较为科学的管理制度选拔人才，在公司内部逐渐形成用才、养才、重才、选才的制度体系。不断在公司内部形成完善的公司文化。

（一）充分授权给下属

针对下属的工作要授予其核心权力，下属在做事情的时候就不会再唯唯诺诺。N公司没有给下属充分授权，不但让下属感觉到做事情没有底气，而且也会感觉到上司非常小气。下属在做事情的时候具有一定的行为自主权是应该具有的基本权力，下属只有在自己权限范围内具有充分自由和独立，才能够适时把握机会并做出正确选择，与此同时才会感到上司对自己的能力进行了充分认可并且对自己具有充分的尊重。下属就会觉得自己在公司中有根基。下属就会将自己的聪明才智付诸工作，下属于是就不再是在上司面前唯唯诺诺的奴才，而是具有创新意识的人才。下属可以在上司面前在制度规定的权限内陈述自己的想法，得到上司的认可。下属从而将工作变为自己的事业，下属不再单纯是上司的“使唤丫头”，而是具有独立人格的、为组织发展能够独当一面的人。由于在工作中倾注了自己的聪明才智，同一层级的不同部门之间在发展状态上就会表现出差异，发展状况的差异就会在组织中间形成竞争。中层管理者进而普通员工就会将自己的意识着眼点由人际关系建设转向发展专业技能，同时各成员之间就会更加具有合作的意识，因为在庞杂的任务面前很多时候并不能仅仅凭借个人的力量完成某一项工作，而通过合作完成任务之后，所有的合作者都会从中获益，组织也会在各成员的合作中不断发展。

（二）给下属表现的机会

下属不可能在没有身经百战的情况下就成为“沙场高手”。上司要在对下属信任的基础上给下属锻炼的机会。为了不至于让下属的错误给组织的发展带来巨大损失，公司可以首先将那些有能力的下属安排在一些重要岗位的副职上，让其在“见习”过程中能够将相应岗位上正职的思维方式继承下来，并且从配合正职工作的过程中学习更多的经验。公司可以通过以下几种措施尽量减少下属犯错误：①将“功臣”作为财富。一般的公司中“功臣”们退休之后就没有在公司中彰显的机会，笔者认为这是公司的巨大损失。这些“功臣”虽然退休了，但其思维并没有停止，在退休前甚至退休后应该让这些功臣将自己在职时工作过程中的成功经验和失败的教训进行条理化并总结成文字，以书面材料的方式进行建档，这不但体现了“功臣”对公司的贡献，也体现了公司对“功臣”的尊重。公司要通过这种方式将“功臣”的聪明才智永远留在公司中，并且让后来者作为教材阅读。在让这些“功臣”为公司留下文字材料的同时还要让这些功臣为公司做经验报告，将其在工作中遇到的一些棘手的难题的解决方法作为经验与大家共享。②放手启用下属。授权给下属不仅体现在对下属的信任，而且是在给下属锻炼的机会。很多副职的能力并不比正职差，但是由于副职不像正职一样具有那么多的锻炼机会。所以在机会不对称的发展实践中，正职越来越具有更好的管理才能，而副职的依赖性越来越强。放手启用副职甚至是“名不见经传”的下属，就会让这些人具有的久经压抑而没有得以启用的潜在才智资源得以释放，正职管理者就可以通过充分利用他人的资源达到管理的目的。启用下属不仅表现出管理者的聪明才智，也体现了不同组织成员之间的一种信任和合作。启用下属并不是漫无目的地启用，而是通过长期观察后将下属中非常有能力的那部分人员从其他众多的人中分离出来，发现其长处和短处并且充分利用其长处。

（三）淡出裙带关系影响

裙带关系对组织发展的负面作用是非常大的，这种用人原则下管理者不但不能选贤任能而且眼睛也几乎被蒙住了，管理者在管理实践中就会用感情关系替代制度。正像案例中所提到的，目前这个发源于家族企业的公司已经是重病缠身，逐渐淡出裙带关系就成为该公司的正确选择。张钫可从以下几方面操作：①建立投诉中心，该投诉中心的职能是收集从基层员工到高层管理者的所有人员对管理者的意见，由专门人员对匿名呈交上来的材料进行归类整理然后进行排序，对群众意见较大的前三名管理者进行当面谈话。让这些管理者意识到自己在工作中存在的问题，并给其半年的调整期限，在此期间主要进行工作态度的调整。半年后在着重对这些管理者进行民意调查，如果工作态度已经有很大改观的则继续留用，否则就考虑调岗。对于工作态度已经有较大改观的管理者，则在随后的一年中责成其提升管理水平，在此期间内不能取得显著成效的，则降岗任用，在降岗的岗位上仍然不能称职的，则不再考虑聘为管理职务。在这种制度下就强化了群众对管理者的监督，管理者的家长作风以及高层管理者任命下级管理者的时候就会更加严谨。②严格人才梯队制度。公司发展过程中人才的选拔要严格遵循人才梯队制度。公司的各级人才选拔都是严格按照制度进行的，所以在向上提拔各级管理者的时候都要严格遵照人才梯队制度。这种制度既保障了人才选拔的科学性，也使得各级人才在被提升的“征途”上有盼头。该种制度就避免了在组织发展中某些管理者心血来潮情况下将自己的亲朋故旧安排在某些领导岗位上的可能。于是就在很大程度上保障了干部任免由既定制度说了算而不是某些人说了算。③中层干部以下的管理者实行竞选制度。中层以下的管理者通过竞选方式上岗就可以达到一箭双雕的目的：一方面可以保障有真正才能的人走上领导岗位，另一方面也可以保障把没有才能的管理者及时驱逐出岗位。同时将家族历史中延续下来的真正有才能的管理者继续留用，从而使得企业的制度真正做到“举贤不避亲”。这种竞选制度就能够将张钫不好出面做的事情做好，自己的至亲在竞选中被淘汰后，找到张钫求情的时候张钫就会严格按制度办事。公司履行这项制度的过程中就会做到对事不对人，张钫的至亲如果需要再在竞争中获胜，就需要不断提高自己的能力和在群众中的影响力。于是张钫就巧妙地将自己比较难以处理的事情交给了相关部门完成。

（四）明确岗位责任

张钫公司的各级管理者在实践中严重存在“揽工推过”的情形，这对于公司的进一步发展是不利的。正像前文分析，这种状况发展的结果是任何一个管理者都会拒绝承担责任，而将所有事情的拍板权全部集中到张钫这里，张钫的权力会变得很大，这种权力的集中是畸形的集中，张钫不仅每日忙得团团转，而且在筋疲力尽的情况下很可能做出不正确的选择。张钫只有明确各级岗位的相关职责才能够让自己躲避这些无奈。明确岗位责任实际上就是授予相应岗位权力，责任与权力是对称的，承担相应的责任就必须赋予相应的权力。相关管理者在被付诸相关权力之后就默许其在相关问题上具有拍板的权力。这种制度下每个责任者都是能够独当一面的人。在处理一般问题的时候这些责任人就无需再向张钫请求批示。但是在这样的制度中需要明确规定：责任与权力的对等要求各级责任者在完成相关事情的时候承担相应的责任，在做出不恰当的决策并且给公司造成损失的时候就要承担相应的责任，而不能“揽工推过”。如果出现揽工推过的问题则按照相关岗位的章程进行处理，挖掘相关的责任者。在公司中建立这样的制度的目的就在于向管理者说明：管理者在相应的管理岗位上既要享受相关的岗位待遇，又要承担相应的责任。在就任该工作岗位的时候就要做好承担岗位责任的心理准备。不能只享受相关待遇而推脱相关责任，企业发展中任何一项决策都要面临风险，问责制度的目的就在于约束管理者尽量做出正确的抉择从而为组织的发展带来利益而尽量少造成损失。

案例思考题

1. 你认为案例中的张钫和崔经理是怎样的人？
2. 案例中存在的主要问题有哪些？
3. 你认为管理者应该怎样做才算是对下属进行合理授权？
4. 怎样才能够做到视能授权？
5. 你认为家族企业主要存在哪些问题？应当怎样做才能够克服这些问题？

案例2：“隔靴搔痒”的企业培训管理

案例简介

商场的激烈竞争使得培训越来越时髦，很多企业的老总不断加入到这样的阵营当中来，以便能够更好地了解商场竞争的新动向并将现代管理理论应用到管理实践当中去。X企业的老总关羽就是所有这些老总中的一个，不惜花费了重金穿梭于各种培训课程中间。关羽听了 MBA 的课程后回到企业中开始定期召开会议，向企业的中层以及基层的管理者传输自己在管理培训班上所学到的先进理念。这些下属从来没有见到过这样的阵势，有些管理理念是这些下属闻所未闻的，觉得从关羽嘴中冒出来的全是一些新鲜玩意儿，所以下属们感觉从老总那里学到了不少东西，听课的积极性也非常高。但是随着听关羽传输的理论的时间的延长，这些中层和基层管理者觉得关羽所讲距离自己的工作太遥远，随着听课的深入几乎所有的人都感觉到这样两个问题：关羽讲的这些理论如何落实？这些理论是否与自己的工作岗位相符？中基层管理者越来越感觉到关羽是在讲天书，讲的东西华而不实。有的下属对关羽的评价是：鸟语，鸟语是天上飞的飞禽需要懂的语言，而我们是在地上生活的，我们是不能离开草地和森林的“青蛙”，我们需要的是“蛙语”而不是“鸟语”。“蛙语”和“鸟语”不是同一种语言，又怎么能够形成组织发展的合力呢？大家都觉得关羽是在浪费时间，但又不能表示不爱听。关羽每次讲完后大家都是掌声雷动，并且还有人发言表示学到了很多东西，但实际上关羽的讲课效果已经在下降。培训完后关羽开始重视人力资源部的重要作用，认为公司的人力资源配置既然都是人力资源部“一手遮天”的，所以人力资源部的工作人员的配备就会决定公司整体发展状况。关羽会同人力资源部门开始不惜重金引进“学历高”、“潜力厚”的员工到公司中来。关羽认为这些栋梁之才都是好钢，对其进行悉心敲打后肯定会成就为好材料。关羽仍然让其参加如前所述的“授课”，这些人听了两次后，感觉关羽虽然很严肃地在讲一些管理学理论，实际上内容很肤浅而且还有不少不准确的表述。出于对关羽的尊重还是一直听下去。看到大家都对听课有兴致，关羽于是在公司内部成立培训处专门负责公司的培训业务，每年从公司账上拨五百万元专门用于培训事宜。培训处处长李海突然接到这样一大笔款子，真不知道应该怎样进行消费。如果按照关羽这种讲授方式对员工进行培训肯定不会有什么成效的。但是进行富有成效的培训应该从何处下手呢？李海感觉到这五百万元简直就是一块烫手的山芋。人家没有经费的公司为了筹措培训经费而四处奔走呼号，现在李海面临的问题不是“等米下锅”而是“如何做饭”，常言道“巧妇难为无米之炊”，到目前李海才知道“巧妇”如果没有足够的“烹调技艺”，“有米之炊”也不是那么简单的事情。

问题分析

X 公司的培训出了问题。根据 X 公司的情况可以看出，实际上该公司的第一次培训是由老总关羽进行的。关羽召集公司的人听其对所参加的培训课程的感想。关羽的目的在于通过讲授自己的感想让在场的所有人都受到感染。从而认识什么是培训和让所有的人对培训发生兴趣。但是由于信息不对称使得关羽并没有真正认识自己的“授课”效果。由于在授课过程中存在着“对牛弹琴”的情况，导致关羽的授课被形式化。在这种局面下李海对培训产生了疑虑，毕竟培训事宜对 X 公司而言是一件新鲜事物，X 公司将培训事宜做好并不是一件简单的事情。

（一）没有用“同种语言”进行沟通

公司中不同的组织成员之间进行交流的语言是有差异的。对于不同的人群需要用不同的语言进行交流。关羽走马灯似的在各种培训班之间穿梭，自然学到了不少管理学知识。但是这些管理学知识都是适合关羽的，关羽作为公司的最高管理层其着眼点肯定是企业的长足发展等方面的战略问题。其所关注的重点是：各部门之间关系的协调、用巧妙的办法让下属按照自己的意愿行事、通过一定办法尽量调动组织成员的劳动积极性。关羽看问题都是从上向下看，而这种看问题的方法在公司中只适合关羽本人，以为公司中除了关羽本人外其他任何人都是从下向上看。看问题的方向不同就意味着思维方式不同。关羽按照自己的思维方式向全公司所有人宣讲，关羽所认为的这些有用的东西对于其他人而言根本没有用处。大家听了之后就会感觉到这是纸上谈兵。关羽所了解的那些东西实际上根本就没有必要给全公司成员宣讲，只需要在公司级别的管理层中间进行宣讲就可以了。管理层的责任就在于将这些理论变为适合公司运转的实际对策。关羽的错误就在于将本来应该在公司管理层中间进行交流的语言在全公司成员间进行交流，而非公司级管理层的成员认为这些事情与自己无关紧要，自己就是按照管理层的“命令”做事的，自己就是管理层脚上的“球”，自己只要充当一个好球就可以了，至于球的表现如何就完全看管理层这个踢球者的本事了。踢好球是管理层需要学习的事情，自己作为一个普通员工没有必要在类似的事情上费心劳神。所以关羽虽然讲得非常起劲，但总体效果并不是很好。“听众”为了表现出配合关羽不免就会做出随声附和、装腔作势、虚张声势等各种违心行为，这对公司日后的培训工作蒙上了阴影。

（二）好铁不能炼成钢

案例关羽的授课实际上为全场所有的职工渲染了一种气氛，即形式化。形式化的东西不但不能为组织成员带来实惠，还会造成巨大浪费，最重要的是基层员工就不再信任组织领导。即使是一块好钢的组织成员在这种情况下也会逐渐变得颓废。关羽的目的在于将公司中所有的“士兵”都培养成将军，这种“恨铁不成钢”的心情是任何一个老总都会有的，如果公司中的任何一个成员都成为老总所希望的“钢”，就会省去老总的诸多成本。关羽就是希望通过培训将所有的组织成员锻造成好钢。目前公司的问题是没有形成将员工这块铁锻造成好钢的环境。不求实效的培训只能将铁慢慢烂掉，根本就谈不上将铁锻造成钢了。关羽在“授课”过程中没有将“怎么管”和“管什么”严格区分开。“怎么管”是方法问题，“管什么”是管理对象问题。实际上按照目前的公司状况看，“管什么”的问题都没解决“怎么管”的问题自然也就无从谈起了。“恨铁不成钢”只是从一般情况而言，为了将铁炼成钢就首先需要找到能够炼成钢的好铁。但是目前公司中并没有将“铁”分选出来的方法，就关羽而言好像根本就不太在意这方面的问题。在关羽的眼中所有的人都是好铁，所以对所有的员工都要放在一个锅里熬，但是这样的熬法就会让一锅汤变味，其结果是好的不好、坏的不坏。关羽随后引进的高学历员工应该说是不需要进一步“炼”的好钢，但是这些“好钢”并没有发挥应有的作用。关羽还是按照同样的思路对其进行培训，这些具有“钢”潜质的员工并没有发挥出相应的作用。目前公司的局面是：“废铁”混日子，“好钢”存怨气。组织中鱼龙混杂，并且不能将好钢用在刀刃上。

（三）将花钱看作任务

关羽为了强化公司的培训事宜，每年特别拨出五百万元用于落实培训计划。但是专司培训事宜的李海对于如何花费这笔钱根本没有底气。李海根本没有接触过培训事宜，也更谈不上如何操作这件事情了。李海面对这样一大笔钱，将其花出去已经是一个不小的负担了。关羽认为只要能够在培训事宜上投入金钱就能够见到成效，但是没有想到花钱也需要有计划，并且需要让一个懂得有计划花钱的人去花掉这笔经费。目前的问题是关羽不知道如何花钱而且李海也不知道如何花钱。正像案例中所言：人家等米要下锅，本人不知咋做饭。等米下锅所发愁的是没有米，只要有米就一定能够做得一桌好饭。不知咋做饭发愁的是做饭技艺，米已经有了但是没有做饭的技艺。所以X公司发愁的是没有专门人才，没有能够善于花钱的人才。关羽对培训部门只管拨付款项而没有花钱章法的花钱实际上就是乱花钱，这种方式的花费不仅不能够为公司带来收益反而会造成巨大损失。如果李海无节制地的将款子花掉，并且关羽没有对李海进行监督，李海就会大肆"挥霍"经费，将经费用在一些冠冕堂皇的事情上，而不能见到实际的成效。关羽是在将自己的思想强加在李海身上，而李海实际上对关羽的思想并不非常清楚。因为关羽长时间与外界接触，知道其他公司如何做培训工作，而李海对外面的事情并不是很清楚。李海与关羽之间缺乏交流。关羽并没有让李海呈交一个比较完善的培训方案，只是为李海准备了丰厚的"川资路费"后就全权交给李海去做相关事宜。在这种情况下没有足够经验的李海就在完成任务与巨大开销之间感觉到不知所措，关羽对李海的状况却全然不知。李海如果随意消费而没有被关羽适时制止，就会引领全公司范围内不健康的消费趋势，这对公司的发展是非常不利的。

（四）将分层培训变为混一

公司中的成员可以粗略地分为四个等级：普通员工、基层管理者、中层管理者和高层管理者。每个层级的组织成员的需求是不同的。普通员工需要掌握一门专业技术，使自己在在任的岗位上的技术水平更加精湛，该群体总是处于被管的心态，只需要做好自己的一丁点事情就可以了。基层部门的管理者手下只有几个人或者十来个人，管理者只需要协调好本科室的成员之间的关系即可。基层部门的管理者勿须考虑整个部门内部各科室之间的事情，这是中层管理者需要考虑的事情。中层管理者需要将部门内部各科室之间的关系处理好，需要从全局角度掌控好整个部门的资源配置状况，最重要的是要保证整个部门协同发展，不能以某个部门的慢发展或者不发展为代价来换取某个部门的快速发展。高层管理者需要纵览全局，不是更多地关注某个部门的发展，而是从全局角度关注整个公司的发展，各个部门在整个公司的发展中所扮演的角色不同，各部门在公司的发展中具有核心与边缘的区分，高层管理者在判断各部门的角色的过程中不能感情用事，而是要从客观角度进行。案例中关羽在做事的过程中完全处于个人主观判断，没有认真分析各个层级的组织成员的需求。并且在委托李海操作相关培训事宜的过程中并没有在这方面做具体要求，致使五百万元打了水漂。关羽的思想实质上是将本来应该进行的分层培训沦为混一，致使培训效果下降。再加上组织成员后期的逢场作戏，使得关羽根本不清楚实际培训效果。致使这种没有建立在充分调查基础上的培训在公司愈演愈烈。

（五）管理疏于感情用事

关羽在自己参加了各种培训之后感觉受益良多，于是就赶紧对下属开始"传经布道"。关羽这种激情实际上就是心血来潮，高层管理者的言行会影响到所有组织成员。应该说关羽将自己的见闻向属下宣讲是没有问题的。但是由于关羽面对的并不是为数不多的几个下属而是全公司职工，这种没有周到安排的兴师动众不仅劳民伤财而且招致怨声载道。关羽实际上是在用自己的感受替代了公司制度。前文述及，关羽并没有对"听众"进行人群划分，也没有在讲课技巧上做文章，千人一面的授课方式使得关羽是将"热脸"贴在了"冷屁股"上。因为不同层级的组织成员的需求是不一样的，而且公司中众多的普通员工并没有寄希望成为中层甚至是高层管理者。对于这些没有"远大志向"的组织成员进行"高谈阔论"实在是没有多大用处的。感情用事就会导致思路不开阔、考虑不周到，将个人的愿望凌驾于所有的组织成员之上，在没有调动起组织其他成员的积极性的基础上，关羽就会陷入孤军奋战的局面。就管理学的一般理论而言，任何一项涉及公司整体发展的事宜都需要召集公司中层以上管理层以及职工代表会商。每个人的关注点不同，所以认识事物的角度就不同。在综合考虑各方面意见和建议的基础上得出的结论才是最为全面的。案例中的关羽接触到某种新事物之后马上就在全公司范围内"刮风"。关羽以自己的情感替代了公司中的制度就会为公司的发展蒙上一层阴影：其他成员为了溜须关羽就会极力放大关羽感兴趣的事情。在公司内部所刮的风就不会是定向风而是阵风。公司的成员不知道关羽下一个喜欢的"项目"是什么，大家就会在揣测管理者的心情中过日子。所有人就会由"钟情"于制度成为"钟情"于关羽。关羽于是就会更加飘飘然，公司发展于是很难步入正轨。

对策分析

X 公司在培训事宜上存在很多问题，这些问题必须及时纠正，否则就会给企业的发展带来深度障碍。前文提到的几个方面的问题或者已经存在或者将会产生，所以以关羽为核心的管理层当务之急就是发现这些问题并通过集体协商的方式找到解决问题的方法，在公司中建立一种健全的培训机制。

（一）重大事情集体协商制度

案例中关羽的做法以感情替代制度，以个人的想法替代了集体的意见。在没有征得集体意见的同时断然开始了自己对组织成员的培训。这种做法使得组织的日常运行缺失了章法。培训是组织中前所未有的事情，这种从零做起的事情没有丰富的经验是不能做好的。需要组办相应的一班人马开始着手运作相关方面的事情。这种新生事物的出现对于组织而言是重大事件，通过重大事项集体协商的制度遏制关羽的行为从而让更多的人提出正确建议，在集思广益的基础上形成重大议案，才能够最大限度地优化配置组织资源，为此可以通过下列机制进行完善：① 提案制度。在重大决策执行前必须经由提案委员会进行立案讨论通过后才能执行，未经过该程序认可的任何决策都认为是非法决策，组织中的任何成员都可以对之进行否决。提案委员会具有最高权利，任何个人的意志都不能改变提案委员会的决议，该决议体现了组织中集体的意志，其效力是最高的。② 匿名提议制度。提案委员在会议上不愿意做当面陈述的，可以通过匿名意见箱的方式向议案委员会提出，匿名意见箱中的意见与议案委员在会议上提出的意见具有相同的效力。匿名意见箱中的意见较在会议上提出的意见更加具有针对性并且更加深入，可以一针见血地提出公司中存在的问题，大家平心静气地讨论后在继续执行以及停止执行之间做出决断。③ 避开人身攻击。组织内部在讨论事情的时候，难免将对事情的批评与对人的批评掺杂在一起，这就需要将对人的讨论和对事情的讨论严格区分开。人们在讨论问题的时候往往将对人的看法与对事的看法混一，从而将对事情的批评演变为人身攻击。这种方式讨论问题就完全脱离开了核心问题，并且会激化组织成员之间的矛盾，所以在讨论问题的过程中需要避开人身攻击。

（二）完善分层培训制度

前文述及，关羽授课效果较差的原因就在于没有对员工进行分层培训，即整齐划一的培训没有对不同需求的组织成员进行对症下药，致使关羽的授课效果不大。为了使得即将开展的培训工作效果达到预期目标，关羽就需要在公司内部首先进行培训需求摸底，按照不同员工对培训的需求不同将员工进行分类，在该项工作的基础上实施分层培训制度。为了使得这项工作更顺利地开展，需要从以下几个方面着手做起：① 在员工中间进行需求排查。搞清楚不同层次的组织成员的需求差别。通过书面或者召开座谈会的方式让所有的组织成员以班组为单位展开讨论，发现本班组存在的问题和优势，将存在的问题非常明确地列为几个方面，并按照由重到轻的顺序进行排序。然后将不同班组中的相同问题进行归类，确定下来几个专题。这是确定科学培训的重要依据。② 对中高层管理者进行排查。管理者的需求与基层员工有很大的差异，管理层的关注点是让他人按照自己的意愿工作，而基层员工的关注点是正确地按照其他人的意愿干活。但是在工作中，对于同一句话的理解有时会存在很大的差异，有时甚至是相反的。这就需要在管理者与被管理者之间进行有效的沟通。管理者需要让被管理者准确地理解自己意思，从而让被管理者更加高效地工作。同时让被管理者准确地把握管理者的思想，在管与被管之间实现信息对称。③ 认真选择培训师。对于不同需求的组织成员需要选择不同的培训师进行授课，即使是同一内容不同的培训师的表述方法也会有很大的差别。所以要认真选择培训师，让具有合适风格的培训师为相应的组织成员授课。对于基层组织成员要加大基本技能的培训，主讲老师要强化基本技能方面的讲授，从事该方面培训的培训师不能从高校中聘请，而应该从一线的工程技术人员中选拔优秀的人员作为培训师。这样的培训师进行的技术培训具有实战性，对于改善基层人员的技术状况很有帮助。对于中高层管理人员，不但要从高校中聘请培训师对其进行理论熏陶，还要让这些管理层走出本公司，到其他企业中进行临摹，了解其他企业的培训工作是如何做的，有什么成功的经验或者失败的教训。选择培训师的工作需要责成李海完成。关羽不但要将自己的见闻传输给李海，而且要创造机会让李海真正见识别的企业的不同。

（三）将培训与考核结合起来

只有培训而没有严格的考核，学员是没有动力的。将考核与学员的学习紧密联系在一起，才能够强化学员的学习动因。学员通过培训，目的在于通过学习掌握更多的技能，并且在工作中具有更强的竞争力。在学员中间形成一种这样的氛围：只有参加培训才会有更多的机会，这不但可以在其他员工面前展示自己的才能也是树立自己威信的开始。不参加这样的培训就可能会被淘汰或者失去更多的机会。为了强化培训的效果，关羽可以在公司中采取如下措施：① 在公司中建立严格的岗位淘汰制度。在这种制度下严格规定每种岗位的任职资格，根据公司的发展状况以及各个岗位的人员状况，提出岗位任职以及职业资格晋升的条件，条件逐渐提升，与此同时公司提供针对每种岗位任职资格的岗位培训，使得每种岗位的在职人员只要想提升自己的素质就有参加岗位培训的机会。职工将自己的岗位晋升、经济待遇等都与岗位培训紧密地联系在了一起。职工要想在同仁中拥有较多的机会，就需要在培训层面走在前面，越是走在前面的人就越能够具有更多的机会。在公司的制度中可以这样规定：只要是技术不能达标的就要降岗或者转岗，当技术达标之后就可以继续提升或者转回到自己原先的岗位上去，这种灵活的岗位聘任制度不但可以将一些有能力、勤劳的员工配置到最核心并且待遇优厚的岗位上去，而且对后进的员工也是一种激励，让学习在组织中形成一种风气。② 建立严格的绩效考核制度。用严格的绩效考核约束员工的行为是目前很多企业的做法。绩效考核不仅是激励也是约束，是约束后进激励先进。考核结果与员工的收入直接挂钩，会很快在组织内部树立先进典型，公司在制度层面要激励这些先进典型。在考核制度中要通过分等级的方式将不同状态的员工进行分层然后进行分门别类地处理。将绩效考核制度与公司的培训制度紧密联系在一起，使得培训在公司的发展中具有了制度保障。

案例思考题

1. 案例中的关羽在组织培训的过程中犯了什么错误？
2. 你觉得让李海做培训主管合适吗？为什么？
3. 请结合案例谈一谈分层培训的有关问题。
4. 你觉得案例中谈及的解决措施合理吗？你有其他新举措吗？
5. 怎样将培训与考核紧密结合起来？你是怎样考虑的？

第二章

计划管理

本章内容提要

管理过程是通过管理职能完成的，管理具有计划、组织、指挥、控制、协调、激励、领导等多项职能。虽然不同学者在看待这一问题时有不同的见解，但基本思想还是一致的。计划是管理的最基本的职能，也是首要职能。“凡事预则立不预则废”这句话充分说明了计划的重要性。没有周密计划的企业是不能得到长远发展的。计划实际上就是对企业的未来做出的精心安排。计划工作的特征包括八个方面：目的性、首要性、普遍性、效率性、创新性、协调性、预测性、控制性。由于着眼点不同，计划的分类依据也是不同的，根据计划的广度不同，可以分为战略计划和作业计划；根据计划的时间跨度不同，可以分为短期计划、中期计划、长期计划等；根据任务的明确程度可以划分为指导性计划和具体计划等。哈罗德·孔茨和海因·韦里克将计划从低到高分成如下几个层次：预算→规划→规则→程序→政策→战略→目标→使命。只有计划科学，组织才能够长远发展。为了使得计划具有足够的科学性，制定计划就需要遵循严格的程序。在制定计划的过程中不同层次的管理者以及从不同角度考虑的员工都应尽量参与进来，只有这样才能够保证计划尽量完善。

一、计划的概念和制定计划的原则

（一）计划的内涵

“凡事预则立不预则废”这句话充分说明了计划的重要性。在做任何事情之前首先要进行周密计划，否则就可能出现意想不到的结果。计划就是在做事情之前做出精心安排。不同的人在理解计划概念的时候由于侧重点不同，会给出不同的解释：从时间顺序方面看，计划是管理的首要职能，没有计划的管理就会一盘散沙；从计划的产生基础看计划是在充分调查和研究的基础上产生的；从对未来的影响来看，计划是对未来事情做出的安排，立足现在着眼于未来；从各部门之间的关系看，计划具有很好的协调作用，计划是在充分协调各部门之间的关系的基础上产生的。从各种解释看，计划在管理的多种职能中是最重要的，其他的各项职能只有建立在计划职能基础上才能够发挥很好的作用。计划是管理的最基本的职能也是首要职能，主要职责是确定任务和目标。计划工作可以认为是管理者确定目标、预测未来以及制定实现这些目标的行动方案的过程。通俗地讲计划工作就是预先确定要做什么、如何做、何时做、何处做和由谁做的一种工作程序。在制定计划的过程中一定要加入时间因素，在考虑时间因素的时候就可以将计划的概念从动态和静态两个层次进行理解。动态层面的计划，是指为了实现决策所确定的目标，预先进行的行动安排。这是从一个长时间过程角度考虑问题的方法。静态层面的计划，是把人完成计划的行为进行文字表述的过程。这是从一个横断面考虑问题的方法。计划工作的核心任务是要回答 5W1H：第一个 W 代表 what 即做什么，涉及计划的目标和内容；第二个 W 代表 why 即为什么做，涉及计划的原因；第三个 W 代表 who 即谁去做，涉及计划的人员；第四个 W 代表 where 即在何地做，涉及计划的地点；第五个 W 代表 when 即何时做，涉及计划的时间；H 代表 how 即怎样做，代表计划的方式、手段。

（二）制定计划的原则

制定一个完善的计划至少需要坚持八个方面的原则：锁定目标、第一重要、普遍存在、注重效率、开拓创新、相互协调、着眼未来、及时控制。① 锁定目标：计划失去了明确的目标就没有了意义，任何组织或个人制定计划都是为了有效地达到某种目标。虽然在计划工作开始之前，这种目标还并不十分具体，计划就是开始于这个不具体的目标并最终要完成这个目标。② 第一重要：在所有的职能中计划被排在了第一位。计划是管理的首要职能，所以计划工作在所有职能中处于首要地位。“凡事预则立不预则废”就是说的计划的重要性。如果没有计划，随后的工作将会杂乱无章，从这个角度讲计划职能具有统领其他职能的重要作用。群体成员完成任务就需要付出更大的代价甚至最终不能完成任务。③ 普遍存在：企业内存在不同层级的管理者，但任何管理者或多或少都有某些制定计划的权力和责任，每个层级的管理者在完成相应的任务时都需要制定本层级相应的计划，以保证任务的顺利实施。④ 注重效率：计划需要以效率为前提，计划的责任在于保证最终目标的高效率实现，要保证从众多备选方案中选择最优的方案。计划通过优化资源的配置保证组织目标的实现。⑤ 开拓创新：制定计划不能因循守旧。计划需要针对企业不断变化的内外部环境做出相应变化，计划工作必须时刻警醒企业发展中可能出现的新问题、新变化和新机会，所以计划的制定过程就是创造过程，计划本身具有创新性。⑥ 相互协调：计划需要在协调各方面关系的基础上才能做到科学和合理，在制定计划的过程中各个部门之间由于利益以及其他方面的原因会存在这样或者那样的矛盾，所以在制定计划的过程中需要协调好存在矛盾的各方面之间的关系，只有这样才能够把各方面的关系理顺。所以制定计划的过程本身就是关系协调的过程。没有协调好各方面之间的关系，计划是有名无实的计划。⑦ 着眼未来：计划是站在目前的立场上看未来，而未来的情况是不可知的。但是根据事情的发展规律，在很大程度上是可以推断未来的情况的。所以制定计划的过程就是立足现在推断未来的过程。从这个角度看计划具有预测性。管理者就是要充分利用好各种条件达到预测目标。⑧ 及时控制：计划是根据组织发展的条件对未来的发展轨迹进行设计的行为，为了实现预期目标就需要对组织的发展轨迹进行很好地把握。周密的计划能够防止组织发展中可能出现的各种问题。对可能出现的或者已经出现的问题进行及时把握，防止出现大问题，所以从这个角度而言，计划具有控制性。

二、计划的类型

计划由于着眼点不同，根据不同的依据可以划分为不同的类型。根据计划的广度不同可以分为战略计划和作业计划；根据计划的时间跨度不同可以分为短期计划、中期计划、长期计划；根据任务的明确程度可以划分为指导性计划和具体计划。

（一）按照范围广度分类

战略计划与作业计划的区分是以计划的广度差异为依据的。战略计划是相对于整个企业而言的，着眼于企业发展的长过程。这样的计划需要根据企业发展的长远目标制定较为宏大的方针、政策以及具体的实施步骤等。战略计划是着眼于企业的长远发展而言的，一般可以跨越五年至十年甚至更长的时间。作业计划相对于战略计划而言是非常微观的，是着眼于短时间内的计划，像月度计划、季度计划甚至年度计划等都属于作业计划。作业计划甚至可以将时间缩短到一周甚至是一天。相对于战略计划而言，作业计划需要着眼于非常微观的事情。战略计划与作业计划由于着眼点不同，所以实施相应计划的人也是有差异的。一般而言企业的中高层管理者倾向于制定战略计划，基层管理者倾向于制定作业计划。

（二）按照时间跨度分类

短期计划、中期计划与长期计划是根据计划的时间跨度进行区分的。长期计划是着眼于长远的未来时间内所需要实现的目标而言的，长期计划往往就是战略计划，规定未来长时期内企业发展需要实现的目标以及为了达到这样的目标所需要采取的措施等。短期计划一般是指一年以内的计划，主要是针对目前的实际情况而在最近时间内需要达到的基本目标。短期计划在很大程度上就是作业计划，但一般情况下较作业计划规定的时间要稍微长一些。中期计划在时间层面是指介于长期计划与短期计划之间的计划，较战略计划的时间跨度短得多但是较短期计划的时间跨度要稍微长一些。针对不同行业不同企业而言短期计划的时间跨度会有所不同。某些行业或者企业的短期计划有时较另外一些企业或者行业的中期计划的时间跨度还要长些。

（三）按照明确程度分类

指导性计划在制定计划的时候只是针对一些问题做出一些方向性的安排。主要把握好其中的核心层面和基本方向，至于在某些方面如何操作并不做出具体的规定。指导性计划只是确定出做事情的调子，计划的具体执行者可以有充分的自主权。具体计划相对于指导性计划而言就非常具体了，包括做事的步骤、方法、时间、人员、要求等方面都规定得非常具体，要求计划的执行者严格按照计划的具体安排去做，具体计划的重要特点是计划的任何一个细节都非常明确，不存在模棱两可的问题。计划的实施者只需要按照事先的周密安排行为自己就可以了。具体计划的执行者不会在执行计划的过程中出现含糊不清、疑神疑鬼的问题。

三、计划的层次

计划是组织根据发展目标对未来做出的发展设计，计划包括组织将来行动的目标和方式，所以计划与未来有关。哈罗德·孔茨和海因·韦里克将计划从低到高分成如下几个层次①：预算→规划→规则→程序→政策→战略→目标→使命。① 组织使命。任何企业都必须有其发展的目标和宗旨，宗旨是指社会对组织或企业最基本的要求，是一个组织需要达到的最根本的目标，回答了组织应该做什么和怎样做事情的问题。使命是组织存在的最高目标，即组织存在的目标价值是什么，在这样的价值目标下企业应该为社会提供的产品或者服务就成为企业使命的具体化。不同企业的使命是有差别的。电力企业要为消费者提供稳定持续的电流，交通部门需要为消费者提供安全便捷的交通，餐饮部门需要为消费者提供安全合理的食品。② 目标宗旨。目标是在宗旨指导下，组织或企业在一定时期要达到的具体成果，组织的宗旨的实现是在各个具体目标逐渐实现的过程中趋近的。随着企业发展的内部和外部环境的变化，具体目标会发生变化，所以目标是追求的结果是动态的。目标是将企业使命的具体化，使命相对于目标而言显得更加抽象，是着眼于战略层面进行的长远考虑，目标则非常具体，无论是远期目标还是近期目标都要具体化和精确化，这样才便于管理者操作。③ 发展战略。根据组织的环境条件及其变化方向所确定的组织行动和资源配置方案，是组织为实现目标而采取的总体纲要。战略一词来源于军事用语，目的在于作战双方战局做出全局性思考以便使得战势向有利于自己的方面发展。战略是管理者为组织的发展规定的长期内的发展方向，为组织在未来较长时间内规定了一个大致的蓝图。在这样的蓝图框架下，组织在发展中的每一小步都要在这个蓝图内行为自己，每一个分目标都是对总目标的趋近。组织发展战略设计会使得组织发展具有强大的竞争攻势，从而在资源整合、资源配置、用人育人等方面具有长远打算。④ 实施政策。政策是在组织进行计划和决策时进行各种沟通活动的一般规定，其间对组织或企业在处理问题时做出了一些具体的明文规定，通过这些规定指明了组织的活动方向与范围，具体而言就是指组织鼓励做什么、限制做什么、反对做什么，制定政策的过程中需要保持完整性和持续性。政策是组织在做事情的过程中的具体规定，政策较战略更加清晰和具体。政策是组织发展思路的进一步具体化。组织的发展政策在一定时间内是相对稳定的，这样可以使得组织成员对组织的发展思路具有稳定的预期。政策必须相对透明，以便保证组织发展环境的公平性。政策是组织成员为组织的发展做贡献的环境。只有该环境相对合理组织成员才能够全身心地投入到自己的工作中。⑤ 组织程序。程序规定了处理那些重复发生的例行问题的标准方法，实际上就是一种办事的顺序或手续，程序详细列出了完成某种活动的相对确定的方式，这样做能够提高组织活动的效率与质量。程序是一种工作步骤，也是一种制度。组织成员在做任何事情的时候都会按照预先设定好的步骤按部就班地做，这样不但会显得组织有秩序，而且每个组织成员都要承担相应的任务，每个成员在组织中都会有成就感。在严格程序下

---

① 哈罗德·孔茨和海因·韦里克著．郝国华译．管理学．北京：经济科学出版社，1996．

组织各个部门之间以及各个成员之间可以相互监督，程序本身就具有控制的功能。⑥ 具体规则。规则规定了在具体问题上允许或者不允许采取的某种硬性规定。规则与政策的区别在于前者具有自由处置权而后者则没有。规则与程序的区别在于前者不规定时间顺序而后者则强调这一点。规则实际上也是一种计划，只不过是一种简单的计划而已。规则是一种简单的计划，是对组织成员所作出的某些方面的具体规定，更加微观和细致，明确规定组织成员什么可以做和什么不可以做。⑦ 未来规划。规划是一种综合计划，是为实现既定方针所必需的目标、政策、程序、规则、任务分配、执行步骤、使用的资源等而制定的综合性计划。组织为了完成一系列的任务必须对组织内部各个层面进行总体协调，这种系统地思考问题并采取行动的方法即规划。规划是一种综合性计划，是对组织发展未来在目标、程序、政策等各个方面作出的综合性的战略设计，就时间层面看具有长远性，相对于规则而言规划就显得并不那么具体，而且很多时候并非着眼于当前。⑧ 数量预算。预算是用数字方式表示出来的预期结果的报表。从这个角度讲，预算就是数字化的规划。预算有各种类型，包括现金预算、费用预算等等。预算是一种数字化的计划，该层面的计划可以帮助企业的管理者详细地了解资金流，并可以准确地把握企业所处的环境，以便为企业的发展做出正确的决策。从一定程度上讲，预算就是控制。管理者在充分了解信息的基础上把握企业的发展方向，为企业发展做出科学的决策。

四、计划的程序

计划职能是管理的最基本职能，计划是作为行动之前的安排，但管理的环境是动态的环境，管理活动也必须是一个发展变化的过程，因此计划工作应是一种连续不断的循环。科学的计划需要建立在相对完善的信息的基础上，虽然不同组织的计划会有一定的差别，但就一般意义而言计划是具有相似性的，所以任何计划工作的步骤都是相近的，概括起来计划依次包括以下内容：① 准确把握机会：在制定计划之前首先要分析发展机会，只有充分掌握各方面的信息才能够很好地把握机会。制定计划的过程就是把握机会的过程，这就需要管理者具备灵活的头脑，不断发现和分析出现的新问题和新现象。机会判断在实际的计划工作开始之前就着手进行，通过对各种主客观因素的估量，对将来可能出现的机会加以估计，在弄清楚各方面具体情况的基础上，进行分析归纳，从而对自身所处的状况有一个比较清晰的了解，以便为日后做出科学的计划提供依据。严格来讲，既然机会判断是在计划工作开始之前进行的，那么机会判断就不是计划工作过程的一个组成部分。虽然如此，机会判断却是计划工作的真正起点，只有在机会判断的基础上才能确定可行性目标，才能有把握地进行其他各方面的工作。② 详细制定目标：只有进行充分的机会判断才能够制定出合理的目标。制定目标不能空穴来风，无论是大目标还是小目标、无论是长远目标还是近期目标，都需要建立在科学的机会分析的基础上进行才可以。所以机会判断之后紧接着的工作就是确定目标，应该说这是计划工作的第一步。机会判断只是前提，准确把握了机会之后还需要确定出针对自己企业的目标，目标是具体的而不是抽象的、这一步是在估量机会的基础上为组织及其所属的下级单位确定计划工作的具体目标，即确定组织在未来发展的一定时期内所要达到的效果，通过确定明确的目标对组织行为进行约束。目标确定下来之后，就需要各个部门按部就班地执行，不能有任何政令不一的问题出现。这中间涉及的工作一般应该包括：将总目标细分为各个部门的分目标；将分目标落实到责任者，实行目标归口管理；对组织内部资源进行合理分配；通过完善组织制度调动组织成员的工作积极性和潜力；在理顺各种关系的基础上进行团队建设，团队成员要做到优势互补；完善组织文化使得组织对外享有良好的声誉。当然在组织目标制定的过程中需要考虑组织自身的目标不能与社会经济发展的总方向和总要求相冲突，同时还需要了解和掌握社会动向、用户要求，还要顾及到组织发展的短期目标与长期目标之间的关系，适时发现组织发展中存在的问题并及时解决这些问题。掌握本组织上年度目标达成情况及存在的问题。组织目标的设计过程中不仅要保障可行而且还要保证具有一定的挑战性，让组织成员在完成目标后具有成就感。只有这样才能够将企业的目前发展与未来发展紧密结合在一起。③ 明确实施前提：计划工作的第二步是确定前提。前提是指完成计划工作的假定条件，即执行计划时的预期环境。组织计划的制定需要充分考虑各种主客观条件，任何计划的制定和实行都需要建立在一定的前提基础上。在组织发展的不同时期，组织的内外部环境条件在不断发生变化，只有用动态的眼光审视组织存在和发展的前提才能够保障计划的合理性。只有在一些基本条件具备的情况下，计划才能够付诸实施。由于组织处于发展的初期，没有足够的资金条件，所以只能够适应现存的环境条件。在制定目标的时候一定要根据当前条件量力而行。当前环境是否有利于组织发展需要依靠预测完成。预测的范围应尽量广泛。当然计划工作应该选择那些对计划工作具有关键性的、有战略意义的、对计划执行情况最有影响的因素，只有这样，计划工作才能够针对核心问题进行，以防出现“丢了西瓜捡芝麻”的问题发生。④ 框定备选方案：在对各种条件进行充分估量的基础上就要制定操作性的可行方案，这需要高层管理者拍板定夺。为了使得计划实施得比较稳妥，针对一个计划往往同时有几个可供选择的方案，然后通过各方面的分析在可供选择的方案中进行筛选，最后从众多的方案中选择一个最好的方案付诸实施。⑤ 评价各种方案：前面提到的各种方案都是在考虑各种具体情况下做出的，但是每个方案具有不同的特点，因为最后付诸实施的只有一个方案，所以需要对现存的诸种方案进行评价。按照前提和目标来权衡各种因素，以此对各个方案进行评价，为最终选择方案做好准备。方案的选择实施计划的准备阶段，方案的优劣直接涉及到计划完成效率的高低。⑥ 选择实施方案：在对各种方案进行详细评价的基础上，发现各种方案的优缺点，最后选定适合组织运作的方案的过程。组织的发展目标不同，选择备选方案的依据也会有差异。在组织选择备选方案时不可能面面俱到，组织要根据发展的核心业务和战略方向选择理想的方案。只要前面在评价方案过程中的工作做得足够详细，选择方案就变得相对轻松。⑦ 制定派生计划：派生计划就是总计划下的分计划，分计划实际上就是各个部门需要完成的子计划。只有将总计划分解为具体的分目标才能将计划付诸施行，这些分计划是主计划的基础，只有派生计划完成了，主计划才有保证，派生计划的质量在很大程度上就决定了主计划的完成质量。⑧ 将预算数量化：在确定下来实施方案后，还需要对其进行经济核算，预算就是使计划数字化的过程。在完成上述各步骤的基础上，要将整个计划转化为数字即预算，以确保完成计划遵循经济高效原则。预算是汇总各种计划的工具，预算的质量是检验整个计划工作的最后步骤，在很大程度上决定着计划最终完成质量。计划得以数字化后并且在可行性分析的基础上就可以付诸实施了。

五、计划的性质

根据前面的分析，可以将计划的性质概括为五个方面：目的性、普遍性、经济性、创新性、前瞻性。计划的目的性是指计划是围绕一定的目标展开的。没有目的或者目的不明确的计划就是盲目的计划。目的不明确就会使得计划在实施过程中付出较大的成本。计划的目的应该是在组织成立之始就已经确定下来的。计划的普遍性是指组织发展中各个层次的管理者都面临计划，只不过不同层次的管理者制定计划的着眼点不同。高层次的管理者制定的计划是战略计划，中低层管理者制定的计划是战术计划或者作业计划。计划是决策的基础，没有科学而明确的计划，组织就不能做出合理的决策。所以计划的普遍性是针对组织发展过程中职能划分明确而言的。计划的经济性是指制定计划过程中要尽量讲求成本节约，用较少的花费做更多的事情。同样一个任务在不同的计划方案中所需要付出的实施成本是不一样的。计划的创新性是指组织的发展计划不能够抱残守缺、因循守旧，应该针对组织的发展环境做出创新型决策。拘泥刻板而不图创新的发展计划就会使得组织总是局限在既有的框框内，不能谋得突破性的发展。图谋创新是管理者的一种品质，只有具备这种品质的管理者才能够制定出较为合理的具有创新性的发展计划。计划的前瞻性是指组织制定的计划必须具有一定的超前性。计划是根据以前的情况制定出来的，但这并不是要求计划只能着眼于过去规划现在，而是要对未来相对较长时期内的情况做出规划，以便使得计划在保持具有刚性的同时保持相对的弹性。

本章思考题

1. 简述计划的概念和制定计划需要坚持的原则。
2. 简述计划的分类依据和计划的主要类型。
3. 简述计划的层次有哪些？
4. 简述制定计划的程序。
5. 简述计划的性质。

管理故事

故事1：锁定计划——拾麦穗中的玄机

很早以前听朋友给我讲过一个故事，回想起来耐人寻味。一个人在田间拾麦穗，麦田非常广大，但是拾麦穗的过程中有这样一个规定，即每个人只能够拾到一个自己认为最大的麦穗，当拾麦穗者拾起这个麦穗后就不能够再拾其他麦穗，如果想再拾起其他的麦穗就必须将其手中已经拾到的麦穗扔掉才可以，每个人捡拾麦穗的时候需要始终沿着一个方向前进，一直到麦田的尽头为止。当然每个人都希望自己拾到一颗较大的麦穗，于是捡拾麦穗的人的表现各不相同：有的捡到第一颗麦穗的时候就非常满足了，不愿意再尝试有更大的麦穗；有的人沿着麦田一直向前走，不断地捡起麦穗又不断地放下，始终认为捡到的麦穗不是理想中最大的，但一般都是在麦田的1/3处到2/3处就开始罢手；有的人沿着麦田一直向前走，但直到麦田的尽头还是犹豫不定，结果最后手中持有的只是一个小麦穗。朋友给我讲过这个故事之后说，还有一个故事与这个很相似，说的是“坐火车看风景”的事情。一个人坐在火车上看风景，火车沿着铁路的车站不时地停下，只要认为是自己理想中的风景，就可以下车了。但是坐在火车上的人心情是很复杂的，谁都盼望着下一站的风景较这一站更好些。于是人们坐在火车上过了一站又一站，很多人最后下车的地方是风景并不怎样的车站，在下车的一霎那非常惋惜先前已经错过了那么多绝好的风景，但时间已经逝去，后悔也是来不及的。

拾麦穗和坐火车的故事实际上就是给人们阐述这样一个道理：生活就是欲望与机会的博弈。人们的生活就像是在“拾麦穗”和“坐火车”。时间是沿着一个方向前进的，人们在诸多事情上只有一次选择的机会。人们会存在各种欲望，但这种欲望满足的程度仰赖于生活所赋予的机遇。只有在欲望与机遇对称的时候，人们的欲望才能够得到满足。但是这种能够耦合的随机事件是非常少的。每个人都盼望着这种“天上掉馅饼”的事情能够发生在自己的身上，但是在欲望的驱使下，即使有馅饼眼看就要掉到自己的身上，但由于这个馅饼与自己理想中的馅饼有一定的差距，所以还是盼望着更大的馅饼掉到自己的身上。谁也不知道下一个馅饼比当前的馅饼是大还是小。

在一个组织的发展中，管理者扮演着拾麦穗和坐火车的角色，但是在扮演这个角色的过程中不要等到火车走到最后一站或者在麦田中走到尽头的时候才作罢。如果管理者这样做，结果或者是让人感动的或者是让人失望的。管理学上有一句名言即“没有最好只有更好”，但是在“拾麦穗”和“坐火车”的过程中管理者追求的是最好。但这或许是需要以失去既有选择中的“更好”为代价的。这就需要管理者在为组织的发展做出安排的同时做出周密的计划，这个计划一旦确定下来就应该相对稳定。毕竟组织的发展与人们到市场上买豆角不一样，买豆角的时候是可以将所有的豆角尽收眼底的，在这种情况下人们可以在所有的豆角中进行选择，这种选择过程关键是可以“从头再来”的，即将所有的豆角选择一遍之后，如果发现后面的豆角不如前面的话，则可以卷土重来继续从前面的豆角中选择出心仪的豆角。但是拾麦穗和坐火车的规则决定了不能够卷土重来，这样使得坐火车和拾麦穗的人在选择中就具有了风险，这种选择就与赌博没有太大的差别。这种选择也非常类似于人们选对象。人们在选择对象的过程中，不可能将所有的异性都穷尽，然后从中选择一个最好的，只是在选择的过程中人们感觉与自己心中所需要的那种相差不大的时候就做出决定。这样的决定需要放弃后面可能有的较现在更加好的可能性。

管理者在指导组织发展的进程中也存在不同程度的冒险，在选择了某个合作伙伴的时候就要放弃其他的合作伙伴，虽然其他的合作伙伴（新欢）可能比已经选择了的合作伙伴（妻子）更加优秀，但由于这是对“妻子”的承诺，所以就不能在另择新欢。

作为组织中的成员，在选择了某个管理者成为自己的合作伙伴之后（因为人们不能总是在企业间游来游去），就丧失了与其他的合作伙伴合作的机会，虽然此间也可能会做出几次“跳槽”的选择，但终究不能总是将跳槽作为人生的主题。在某个组织成员感觉到管理者对自己不公正的时候，还是要对其强颜欢笑。在见到这样的管理者的时候，管理者的下属虽然都在对其笑，但这些笑可以分为几种不同的类型：受到了公正待遇的人会开心的笑，受到委屈的人会勉强的笑，小人得志者会奸笑，对管理者有所求者会谄笑。被管理者就是要通过不同的笑来制定自己的计划，这样的计划需要在管理者与被管理者的博弈中得以实践。

计划对于组织的发展是非常重要的，“一年之计在于春，一天之计在于晨”，任何事情都是要从计划开始。但是在计划执行的过程中会受到各种扰动因素的影响。管理者需要具备排除这种扰动因素影响的能力，就像拾麦穗的时候要不断排除欲望对自己的干扰一样，如果人们在做事的过程中能够有效地控制自己的欲望，就会坚定不移地进行自己的计划。管理者在“拾麦穗”的时候会有很多诱惑，因为在管理者看来其他的“麦穗”都有可能较自己手中的“麦穗”更大，于是时刻都有将手中的“麦穗”扔掉而去拾取其他的“麦穗”的愿望，但机会与管理者的努力并不总是成正比的，在由随机性决定事物状态的情况下，管理者使得组织能够发展的程度很多时候并不取决于管理者的努力程度而是机会，这就会出现“管理者越努力反而事情越糟”的问题，因为在这种情况下成功并不总是属于努力程度高的人，而是属于能够把握机会的人。机会融于计划之中，只有“咬定青山不放松”的管理者才能够在推动组织的发展过程中“任尔东西南北风”，才能够带动组织高效发展。

故事2：从我做起——总裁率先降薪计划

史密斯先生是一家大公司的老板，在其领导下公司发展得非常顺利。回想起当时创业的情形真是不堪回首。在几年前，史密斯为了扭转公司不利的发展状况，带头将自己的薪水从年薪100万元降到了1万元。这个巨大的差距让所有的员工感受到了史密斯先生的牺牲精神，并且这种牺牲精神让很多员工感动得流泪。史密斯的这种牺牲精神在所有的员工中间树立了榜样，在史密斯的带动下公司不但拥有了公司发展需要的起步资金，而且所有员工在公而忘私精神的支配下达成了高度的团结。事情过去很多年，回想起这一段非常痛苦的经历，史密斯非常感慨：在公司处于困境的时候，老板一定要能够挺住，老板的精神就是企业的精神，只有老板身先士卒才能够让下属感觉到充分的自信和保障，也才能够坚定信心追随老板度过难关，史密斯认为：我在这期间只是做了一点我力所能及的事情，单纯依靠我的力量是不够的，我只是起到了一个带头的作用，让所有的员工以我为目标做我希望大家能够一起做的事情。有人在问史密斯为什么能够将自己的薪水降到这样低的时候，斯密斯说：因为这样才能够显示我的诚意，我的诚意就是公司的诚意，最能够显示一个人本质的地方就是看看这个人在利益诱惑面前能否拿得起又放得下，在公司面临危难的时候不是考虑拿得起的问题而是考虑放得下的问题，我能够在巨大的利益面前做到放得下，我的下属就会相信我并且看到我做事情的诚心，所有的成员就会效仿我，因为他们相信只要公司发展好了，公司一定不会亏待他们的。

史密斯说得非常对。在降薪过程中一点也没有吝惜自己的得失，并且通过这种诚心真正能够带动自己的属下效仿自己，属下的行为确实如史密斯所愿，而正是在这样一位富有远见卓识的管理者的领导下，公司的业绩逐渐变好。在这中间，史密斯的行为对组织的成员具有非常重要的影响作用。史密斯的魄力在于敢于放弃，这种放弃意味着更多的所得，史密斯对成员的影响并不在于放弃的经济收入，而在于透过巨额经济收入的放弃让他人感觉到的必胜信心。

如果是单纯的放弃而没有能力将所放弃的再拿回来，这就表示了管理者的无能。史密斯放弃的最多，这样巨额的财富都敢于放弃就说明史密斯将其收回来的信心，相比之下，普通员工的小财富当然也一定能够在史密斯的带领下收回来。暂时的放弃财富只是表示了总裁的一种信念，通过这种信念感染其他的所有成员，让所有的成员在这样的氛围下努力做自己应该做的事情，并尽全力高质量地做好自己的本职工作，整个组织中的所有成员要相互紧密地配合完成各项工作。在这样的团队士气基础上所形成的企业竞争力是任何竞争对手所不能匹敌的。

史密斯这样做的关键是在企业内部形成了一面旗帜，在这种以诚信为基础的旗帜下，所有的员工对史密斯坚信不移，这是史密斯所希望达到的结果。因为史密斯知道，在一个组织中只有成员之间有诚信，并且能够在核心领导的指引下向一个共同的目标前进，组织的发展才会有希望。为了做到这样一点，管理者需要首先以身作则，只在口头上说得非常好听而实际行动上不能很好地做起来的管理者，是不能得到组织成员的信任的。

企业管理实践中，有些管理者文字功夫非常好，说话抑扬顿挫、理直气壮，但是在关系到实质性问题的时候就顾左右而言他。在最初的时候组织成员也会被管理者的语言所打动，但随着时间的推移当组织成员发现管理者是“侃大山”型的管理者的时候，就会产生“上有政策、下有对策”，不会用实际行动对管理者的命令进行呼应，或者不主动去做或者不用全心去做。组织的这种发展状况其实已经失去了凝聚力。管理者由于失去了对组织成员的凝聚力而成为形式上的管理者。管理者可以通过多种方式树立其在组织成员中的威信：令出即行；以身作则；牺牲个人利益；关心他人生活；让成员有展示自己的机会；公平地对待所有的员工而无任何偏袒。总裁降薪在所有的这些措施中应该是效果最好的。当然组织中有的成员会对总裁的这种做法不以为然。

因为总裁降薪以前的收入非常高，降薪甚至无薪都不会对其生活产生影响。而对于组织内的普通成员而言就有些不同了，这些普通成员一直以来收入并非很高，如果追随总裁降薪自己也会主动降薪，由于先前并没有很厚的积蓄，追随总裁降薪会在很大程度上影响自己的生活，这些人对降薪而言是有抵触情绪的。所以总裁降薪的主要影响对象是公司管理层，而不应该对普通成员进行硬性规定。毕竟组织中的不同成员对降薪的承受能力是有差异的。总裁降薪本来是好事，但是由于总裁属下的操作不合理很可能会适得其反。企业管理中往往会发生这种适得其反的事情。如果组织的管理者有任何举动，其下的“跟屁虫”马上就会将总裁的个人行为演变为组织内部所有人的行为，通过行政命令的方式责令所有人执行。

其实总裁的初衷也许并非这样，只是想通过改变自己而对其他人产生潜移默化的影响而已，并不需要整个组织内部成员整齐划一。“整齐划一”后就会使得有能力和无能力的成员都要“言听计从”，无能力“享受”这种整齐划一的成员自然就会有怨言。所以我国的企业管理者往往都会谨小慎微以避免将自己的个人行为演变为组织行为，以致为组织带来不必要的损失。组织管理者的这种“严谨”实际上就演变为了“拘谨”，组织的发展效率以及团队士气就受到了严重的影响。

经典案例

案例1：迪斯尼的员工培训计划

案例简介

迪斯尼乐园的生意非常火爆，这得益于其独到的员工培训。迪斯尼的管理层认为，人们到迪斯尼乐园中游玩时游客频繁碰到的不是经理也不是门票的售票员而是清洁工。所以迪斯尼对清洁工的培训非常讲究，因为游客从清洁工的身上就可以看到迪斯尼的影子，清洁工的工作看起来无关紧要但实际上可以与迪斯尼的企业形象紧密联系在一起。迪斯尼在培训员工的时候从扫地开始，而且光是这一项培训就要持续大概三天时间。对这些清洁员的培训主要包括如下几方面的内容：① 学习扫地。迪斯尼要求学会用三种扫把分别用于扫地、刮纸屑和掸灰尘。学会在扫树叶的时候不让树叶飘起来，学会在刮纸屑的时候让纸屑全部得以打扫，学会在掸灰尘的时候不让灰尘重新飞扬到空中。迪斯尼对这件事要求得非常细致，为了不影响游客在园内旅游，规定在游乐园开门、关门以及中午吃饭时都不能打扫卫生，还规定距离客人十五米以内的情况下不能扫地。迪斯尼的这些规定不但是对清洁工的严格要求而且是对游客的负责，这为迪斯尼赢得了很好的声誉。② 学习照相。迪斯尼要求每位清洁员都要学会照相。各种不同品牌的世界上最先进的照相机摆在清洁工面前，清洁工要学会熟练地操作这些照相机。清洁工学习照相技巧的原因是：在游乐园中游客会不时地找人为其照相，而在所有的人中间清洁工是最经常碰见也是最让人容易信赖的人，如果清洁工不会照相，而在游客请求其照相的时候就会非常尴尬。游客看到清洁工能够熟练地操作顶级的照相机的时候丝毫没有感到惊讶，而这无疑会提高消费者对迪斯尼员工的整体形象的认识。③ 学包尿布。在游乐园中经常会发现游客让清洁工帮忙照看小孩的事情，而每当这个时候清洁工都会欣然同意，并且非常熟练地为游客担负起暂时照看小孩的任务。为了让每一位员工都能够掌握照看小孩子的技巧，迪斯尼特别推出包尿布的培训。员工不仅要学会抱小孩的正确姿势，还要会给小孩换尿布。这不仅能够体现迪斯尼对游客无微不至的照顾，而且能够从最基本的层面提升迪斯尼的企业形象。④ 学认方向。在清洁工工作的过程中，会经常遇到游客问行路方向的问题，这时员工不能用东南西北等字眼对游客进行讲解，因为游客到这个新环境中并不明白东南西北。这时员工就需要用“左前方约150米，第三号景点东便是”等类似的语言为游客指明方向。游客按照员工这样的指示去做就非常清楚并且很容易地找到自己需要去的地方。员工能否用最简短的语言将问题说清楚不但需要员工在为游客指明方向时有清楚的思路，而且还要将游乐园的地图熟记于心。这对于员工而言并不是件非常容易的事情。迪斯尼除了对清洁员工进行培训外，还特别对会计人员进行培训。在一般的企业中管理者认为会计人员不会抛头露面，所以其并不会在多大程度上影响企业的发展，但迪斯尼不这样认为。迪斯尼规定：会计人员在其到岗工作的最初三个月中，每天早上上班时必须站在大门口对所有进来的客人鞠躬道谢。迪斯尼认为，会计与钱打交道，而这些钱都是来自顾客，所以这些为迪斯尼管理财务的员工应该代表迪斯尼对所有到游乐园中消费的员工表示感谢，因为这些消费者都是迪斯尼的“衣食父母”。会计们怀着这样的心情工作的时候就会对消费者非常负责。除此以外迪斯尼还在很多微观方面对其员工提出了特别的要求，包括对小孩子讲话的方式以及在游乐园内送货的方式等。幼儿园内经常会有很多小孩，迪斯尼要求其员工在与所有小孩讲话的时候都要俯下身躯，这样才能够保障员工的眼睛与小孩的眼睛保持同一高度，只有这样小孩在与迪斯尼员工讲话的时候才不至于仰起头。迪斯尼认为这是对消费者的尊重。迪斯尼用这种方法“买断”了这些消费者，为其日后的生意兴隆做好了准备。在迪斯尼乐园中从来看不见送货的，因为迪斯尼规定客人游玩的区域内是不准送货的。送货都在围墙外面进行。迪斯尼乐园内部的所有货品都是通过围墙外面的地下通道进行搬运，然后由电梯运送到相应的售货点的。在迪斯尼乐园中与顾客打交道的都是普通的员工，而管理人员都是作为“幕后”支持者成为员工工作的靠山的。这相对于其他组织中管理者总是抛头露面成为“有头有脸”的人的情况形成了鲜明对比。在迪斯尼的管理金字塔中顾客跻身于金字塔的塔顶，然后是普通员工，最后才是各级管理者。只有这种尊重普通员工的管理思路才使得日本的迪斯尼乐园生意异常火爆，并且成为全世界人民瞩目的对象。

案例分析

日本的迪斯尼乐园的诸多管理精妙之处是很值得思考的。迪斯尼对员工的培训计划是细致入微的，也只有这样做才能够将培训事宜落到实处。由迪斯尼的培训可以知道，其培训并不是在做理论文章，而是需要让自己的员工做些务真求实的事情。所有的这些培训都是围绕为消费者服务而进行的，“消费者是上帝”这样的理念在这里毫无折扣地得以贯彻执行。管理层虽然是位居二线，但其独特的管理思路左右着迪斯尼的发展方向。迪斯尼的很多管理方法是值得深入挖掘的。

（一）顾客就是上帝

“顾客就是上帝”在迪斯尼乐园中得到了实践。迪斯尼为了做到这一点是通过严格细致的培训计划进行的。消费者所需要的就是企业所要做的，而且并不需要消费者提出这种需要，在消费者想到之前迪斯尼就已经想到了。迪斯尼的这种做法体现了企业对消费者无微不至的关怀。在迪斯尼员工的眼中，消费者无论年龄多小都是上帝，虽然站在员工面前的是一个三岁的小孩，但这是迪斯尼的“衣食父母”。所以一定要诚心对待每一位消费者。迪斯尼这样对待自己的消费者实际上就是在善待自己。迪斯尼正是通过这种严格的管理制度才能够让所有的员工真正在脑海中树立“消费者是上帝”的意识，并且在行动上得以认真实践。著名管理学家德鲁克认为，企业唯一有效的目标是创造顾客。为了做到这一点，商家就要用真情对待顾客，包括为消费者提供货真价实的产品或者服务。只有这样才能够让消费者通过以货币反复投票的方式认可该产品，在消费者得到较大消费效用的同时，商家也得到了满意的回报。既然顾客是上帝，就需要商家在做任何事情的时候都要以顾客为中心。消费者在选择商品的过程中并不是以一个专家的身份出现的。商家才是生产产品的专家。商家生产产品虽然是为他人生产，但一定要像为自己生产一样尽心尽力。迪斯尼所提供的服务做到了这一点。将消费者想不到的很多地方都想到了，消费者在迪斯尼乐园中消费的时候感到非常惬意，迪斯尼认为这是所有消费者所追求的一种状态。既然如此，迪斯尼就要为所有的消费者打造这种状态。迪斯尼在奉行“消费者是上帝”的理念中实现了消费者与商家的双赢。

（二）严格培训标准

迪斯尼对员工的培训细致入微，细微到员工的一个眼神。在培训中迪斯尼要求员工在做清扫工作的时候针对不同的清扫对象用不同的扫把，并且如果在15米范围内有游客的时候不能清扫，以免给顾客带来不必要的麻烦。由于迪斯尼制定了严格的培训标准，使得迪斯尼为消费者服务落到实处。从案例中可以看到，迪斯尼在做培训工作的时候并没有喊口号，而是从非常微观的、可操作的方面将培训计划落实到每一个细微的动作上去，让员工按照这样的要求认真完成就可以了。相比之下，很多企业在高声呐喊让企业去做一些事情的时候，并没有将做这些事情的方法具体化，最终的结果是：要么员工不愿意去做，要么不知道怎样去做。最后企业中的很多事情就完全停留在高层管理者大声瞎嚷嚷，普通员工我行我素的状态。管理者的思路最终只能停留在口号层面。严格标准是使员工做好工作的根本，迪斯尼在培训过程中提供了很好的例证。为了将培训做到位，就需要管理者首先在大脑中有一个轮廓，包括做事情的步骤、要求、方法等都要非常详细，不能让员工猜管理者的心思。管理者如果在最初的时候没有将制度设计好，员工的做事结果就会与管理者理想中的要求有差距。管理者在感觉到不满意的同时员工也会感觉到很委屈。员工确实是在用心做事，只不过员工对制度的理解与管理者对制度的理解存在偏差，说到底这是管理者在相关制度层面规定得不够具体所导致的。制度本身应该是确定的，不应该存在模棱两可的问题。

（三）创新发展思路

迪斯尼的培训方式就是一种创新，社会经济发展中虽然其他的企业也存在这样的管理方法，但迪斯尼是非常经典的。创新是企业发展的生命，但创新不应该单纯体现在宏大的方面，微观方面的进步也应该是创新的表现。迪斯尼不是从宏大方面创新而是从微观层面创新，实际上将微观方面的事情做好是非常不容易的。管理学家西蒙认为，管理就是决策，管理无时无刻不处在决策之中，决策贯穿管理的全过程。宏观层面的决策只是规定企业的发展方向，而微观层面的决策才是触及个人利益进而推动企业发展的实质性一步。微观层面的创新往往对企业的发展是最具有实质意义的。迪斯尼乐园的创新关键在于制度设计层面，从培训这一件非常细小的事情就可以看得出来。从学习扫地、包尿布、辨识方向、学习照相等这些非常细小的方面看，在一般企业中一般不会对员工提出这样过细的要求，但是在迪斯尼乐园中却将其提到议事日程上来。就辨识方向而言，一般人给别人介绍方向采用的方法是向左、向右等方向词汇或者是向东、向西等方向词汇，但是这是建立在问路人对当地的方向比较熟悉的基础上的。但是问路人往往对当地并不非常熟悉，正是由于这样，即使员工对其讲述得非常清楚，但是由于表达方式不对，所以问路人最终并不容易将自己需要得到解决的问题进行解决。迪斯尼对员工进行培训的目的就在于让不同素质的员工能够在同一个水准上为游客解决问题，为游客解决问题应该从游客的角度出发而不是从员工的角度出发。

（四）打造优秀员工

俗话说“强将手下无弱兵”，优秀的“士兵”需要有优秀的管理者，因为优秀的管理者才能够出台相应的管理制度并将其属下训练成为理想中的“士兵”，只有“强将”才能够具备较高的管理素质，并且能够从组织整体得以发展的角度出发用创新型的管理思路和方法对员工进行约束，才能够使得组织成员按照组织的发展目标进行协同作战。优秀员工是组织发展的根本，但是优秀员工并不是自然形成的，需要组织设计相应的制度，并且让员工以自身的条件为基础进行充分发挥，将组织的发展目标与自身的发展方向紧密结合起来。员工感觉到自己的职业生涯与自己的发展方向紧密结合在一起了。自己的命运与组织的命运紧密融合起来。在这样的组织中，每一个成员看重的是组织的发展环境以及这种环境与自己发展目标的一致性程度。每个员工都有不断提高自己的愿望，从而在组织发展中不断有新的观点和想法出来。员工的品质在不断提高的过程中组织的品质也在不断提高。优秀的员工在合理的组织制度下组成优秀的团队，在集体力量作用下可以完成单个人所不能完成的重要任务，从而不断提升组织的进步效率。这种健康的成长环境对组织中的任何一个成员而言都是绝佳的教育机会，所有的组织成员在这样的环境中成长都能够对优秀员工的行为耳濡目染。每个成员都是这种环境的受益者和贡献者，新加入到这个组织中来的成员也会以优秀员工这个高标准看齐，并为成为优秀的员工而努力工作。这些员工为自己设立的成长目标相对更加高远。既有的优秀员工可以为所有的其他员工提供榜样和示范，在这样的氛围中组织不断发展。

（五）管理服务意识

管理者就是员工的“服务员”。管理学认为“管理者一定要做好下属的助手”，只有这样的管理者才能够为组织成员实现自己的才华创造条件，而不是一味地进行“瞎指挥”。管理者一定要树立为自己的属下服务的意识。管理者不一定是某一方面的技术专家，管理者的技术水平也不一定需要在自己的属下之上。但一定要懂得让属下按照自己的意愿行事的方法。在《西游记》中的“孙悟空三打白骨精”片段是孙悟空第一次打妖精，但孙悟空为了挽救西天取经的这个团队而蒙受唐僧对自己的误解。在唐僧与孙悟空之间存在信息不对称。唐僧是管理者而孙悟空是员工，但孙悟空具有火眼金睛而唐僧没有。唐僧具有对孙悟空的管理权。在唐僧眼中是“好人”的人在孙悟空的眼中却是妖精。在唐僧与孙悟空没有进行有效沟通的情况下，孙悟空将妖精打死后就招致了师傅给自己念紧箍咒。当然孙悟空非常有怨气，一气之下辞职回了花果山。而孙悟空的离开和唐僧对孙悟空的误判差点导致唐僧给自己带来灭顶之灾。经历这次磨难之后，唐僧已经学得非常“乖巧”。在孙悟空再次打死妖精的时候，孙悟空已经具有了充分的主动权。而且很多时候唐僧也会用唐僧的眼神琢磨眼前的可疑之人。唐僧已经由一个指手画脚的管理者变成了为自己的手下服务的“仆人”。唐僧已经学会了为自己的手下服务的技巧，在唐僧这个管理者为自己的属下服务的过程中，管理者与被管理者之间形成了很好的沟通。唐僧自此以后虽然没有再向以前一样念紧箍咒，但孙悟空完成工作非常好。

此后唯独一次念紧箍咒是在孙悟空再三要求之下进行的，这就是在“真假美猴王”辨识过程中出现的场景。孙悟空让师傅念紧箍咒是心甘情愿的。这说明师徒二人之间在工作上已经非常默契。这种默契是以唐僧由一个不问青红皂白的单独发号施令者变成了一个体谅下属的服务者为前提的。

案例启示

（一）从消费者角度考虑问题

为消费者考虑从表面上看好像对商家无异议，但实际上这正是为商家的长远发展而进行的战略设计。所以从短期看商家是在为消费者做事情。但从长期看商家是在为自己做事情。著名管理学家德鲁克曾经说过，企业唯一有效的目标是创造顾客。企业的产品只有有了顾客才能够实现其价值，产品在得到了消费者的认可后才能够实现企业资金的周转，进而推动企业再运行。所以从这个逻辑上看，企业为消费者服务就是在为自己服务。在企业生产产品的过程中，往往会主要从生产者的角度考虑问题。在“皇帝女儿不愁嫁”的年代里，这样的企业及这样的产品也许还有一定的生存空间，在这样的情况下消费者选择这种产品是出于无奈。但是只要市场上出现了竞争性产品，并且这种竞争性产品更加适合消费者消费的情况下，既有的那种产品就会受到挑战。应该说市场就是在这样的竞争中使得产品不断升级换代并使产品不断丰富的。在此过程中产品不断否定自己原来的状态并不断发展到新的状态。产品虽然在此过程中是为了提高自己从而不断强化自身的竞争力，但在客观上为消费者提供了更大的方便和更多的选择空间。商家在主观上是为了追逐更多的利益，但在变革自己的过程中是以服务消费者为中心的。离开了消费者这个中心，企业及其产品就失去了生存的原因。在激烈的市场竞争中，商家奉行“消费者是上帝”的理念，这不但需要在销售服务方面奉行这样的理念，而且需要从产品的生产开始做起。消费者是企业的“衣食父母”，只有明白这一点，商家才会“孝敬”这个父母，并且从内心做起遵守这个“孝道”的本分。从消费者角度考虑问题的时候，就需要企业首先为消费者提供更多货真价实的产品，与此同时也就自然而然实现了赢利的目的。只有这样才能让消费者心甘情愿地买账。

（二）把管理思路转化为行动

管理者为了促进企业进步需要有好的管理思路。但是管理者扮演着决策者、实践者的角色，管理者需要将好的创意和想法转化为行动。管理者不应该是理论家，而是需要将好的理论付诸行动。著名管理学家西蒙认为“管理就是决策”，决策贯穿管理过程的始终。管理者带领组织全体成员的每一次行动都需要以管理者为核心从将最开始的理论创意转变为行动。只有这些行动才能够为组织的发展带来转变，这是具有实质意义的一步。管理者将具有创新性的管理思路付诸实践不但需要管理者的努力，而且需要以主要管理者为核心建立起管理团队，不同的组织成员会从自己所关注的方面考虑问题，从而使得最终所得出的操作方法是最为科学和完善的。在将管理思路转化为行动的过程中，管理者通过群策群力的方式使得实施方案尽量周全。案例中对基层员工的培训从表面上看好像没有多大的新意，但很多时候一些管理者并不能将事情做到这样微观，使得管理者的属下不知所措。管理者表面上看是在做决策，但实际上这种决策不具有可操作性。在不同的下属对管理者的这种决策的理解有差异的时候，就会出现不完全相同甚至完全不相同的做事方法，而且在此期间可能会出现冲突。这说到底不是组织成员的失误而是管理者的失误。管理学上有一句名言即“只有不会用人的管理者，没有不是人才的下属”。只有管理者通过恰当的制度设计调动所有下属的工作积极性，才能够使得管理层形成一个团队，核心管理者在集思广益的前提下将好的管理思路付诸实践。管理者在此过程中不需要也不能够“孤军奋战”，管理者的责任就在于以自己为核心建立起携手共进的团队，将组织的发展思路变成现实。

（三）让管理者做下属的助手

管理者学会做自己的下属的助手不但会减轻自己的工作负担，而且还会让下属在做事的过程中充满智慧。下属做事的主动性会得到极大的释放。管理者学会做下属的助手就意味着管理者能够主动为自己的下属创造宽松的工作条件。让下属心情舒畅地做事情。管理者与自己的下属之间的关系在很大程度上是一种合作而不是一方对另外一方的发号施令。如果管理者单纯是向自己的下属发号施令而不顾下属的具体情况，下属在做事情的过程中就会有很多怨气。在下属的眼中，管理者是权利的象征，下属只能够在自己的上级为自己创造的既定条件基础上工作，而不能主动向上司提出要求。这就要求上司能够礼贤下士，主动到自己的下属中间了解问题，并创造尽可能好的条件为下属解决急需解决的问题，上司在此期间并不需要向下属说更多的关照的话，而在实际行动中已经体现出了对自己的下属的关照。上司通过主动与下属进行沟通，并且主动为下属创造条件，使得下属能够在相对宽松的工作条件中创造出较高的工作效率。管理者这种行为不应该认为是可做可不做的事情，而是必须要做的事情。管理者在做这样的事情的过程中自然会增加自己的工作量，但管理者的这种工作会让下属与上级的心贴在一起。聪明的管理者不会将自己陷入繁杂的日常事务中，并且通过合适的方式让自己的下属认真完成自己希望下属完成的事情。上司不必怀疑和担心自己的下属。这样管理者就可以从繁杂的日常事务中抽出身来做关系组织发展的重大事情。在组织的发展中要做到“权利向上，服务向下”，组织的发展就不会有障碍。

（四）要将培训做到细致入微

随着组织的发展，组织的内外部环境在不断发生变化。既定岗位对员工的要求也会逐渐发生变化。管理者就需要不断调整自己的管理理念，以便能够使得组织的发展状态能够跟进社会需要。培训对于提升组织成员的素质进而企业的竞争力就显得非常重要。但是培训的形式和内容是多种多样的，对于不同的组织成员应该采取不同的培训方式。对于高层管理者而言应该强化管理理念方面的培训，对于中层管理者而言就应该侧重执行力方面的培训，而对于普通员工就应该加强技术操作方面的培训。基层员工和普通的管理者更多时候并不需要理论层面的提高，而是需要将事情具体化，这个层面的组织成员所需要的不是说而是做。这就需要组织的管理者在选择培训师的时候恰到好处，能够有针对性地对组织成员进行培训。就像案例中对迪斯尼乐园中的清洁工进行的培训一样，让这些清洁工感觉到培训与自己的工作是紧密地联系在一起的。企业层面则会通过培训使得员工的素质得到相当程度的提高，而在这种提高过程中也使企业的形象得到提升。在培训过程中，管理者不但是培训项目的发起者而且是设计者，被培训的组织成员在这个过程中只是单方面的接受者。培训能够取得预期成效与管理者的事先安排具有重要关系。在不需要组织成员付费的情况下，培训具有福利性质。这时培训更应该与组织的战略发展设计紧密结合在一起，管理者在设计培训的时候不仅要从宏观方面考虑还要从微观方面考虑。

案例思考题

1. 日本的迪斯尼乐园对清洁工的培训有什么不同？
2. 你从案例中得到那些启示？设计计划怎样才能做到“细致入微”？
3. 你对“让管理者做下属的助手”这句话是如何理解的？
4. 你认为应该如何从管理入手打造优秀员工？
5. 结合案例谈一谈企业如何实践“顾客就是上帝”？

案例2：董事长的“空降兵”用人计划

案例简介

最近一段时间内AV公司的董事长英雄总是愁眉苦脸，英雄已经认识到了公司经营中存在的一些问题：公司的很多成员都是来自于20年前创业初期的村民，致使公司员工的素质普遍较差；公司从基层到高层的管理人员都在一定程度上有亲缘关系，致使管理中需要考虑的人际关系较多；长期以来固有的公司观念导致公司管理缺乏科学的制度。长期以来积累的这些陋习如果不改变势必会影响公司的进一步发展。为此英雄特别将小王作为人才引进到AV公司，将改变公司局面的赌注全部压在了小王身上。小王从事管理工作已经有非常丰富的经验。小王刚到公司上班就被英雄任命为运营部经理，主要负责公司内部的人事安排并且进行人事管理的相关制度建设。小王不辱使命，上任之后就开始按部就班地展开工作。但是小王工作一段时间以后发现自己精心设计的人事制度就如同废纸一张，根本没有任何人真正地履行。除了英雄对自己的工作表示支持外，其余的公司管理层人员很少有人表示支持自己的人事调整政策。小王为了维持正义，曾经多次与公司高层发生了争执，但都是以不愉快而告终。小王发现公司的员工实际上都不按照公司章程办事，一般都是领导说了算。很多员工表示已经对公司制度失去了信心，虽然英雄表示对小王全力支持，但并没有采取相应措施实质性地对小王的工作进行支持。小王已经认识到这样一个问题：家族企业文化以及悠久的乡情使得企业管理非常复杂，在这种情况下外来文化很难植入公司的实质性管理过程当中去。英雄有将公司管好的愿望，也对小王进行了授权，但小王仍然感觉开展工作非常困难。相对于具有错综复杂关系的AV公司所有的“元老”级员工而言，小王只是一个“外来的和尚”。小王并没有让英雄满意，因为这个“外来的和尚”并没有将“经”念好。小王认为这不是因为自己的工作能力问题，自己在企业中多年的管理经验表明，AV公司的固有文化出了问题，20多年的积习在短时间内完全改变过来也并非是非常容易的事情，小王觉得英雄应该为自己撑腰并且应该为自己做一些实质性的事情，英雄在与小王探讨该问题的时候也感到很为难，英雄到底应该怎样做呢？

案例分析

从案例中可以看到小王工作非常努力，英雄也确实想通过小王的努力改变公司的状况，使得公司从低效运营的迷局中尽快走出来。但是根深蒂固的公司文化需要改变，而这不是短时间内能够改变的。AV的老总英雄确实想改变公司的状况，但在支持小王工作的策略方面还是存在一些问题的。

（一）权力与职能不对称

案例中英雄将小王从其他地方引进后委任以运营部经理的职务，专司人事任免以及公司的制度设计，但运营部经理只是公司下属的一个职能部门。一般而言该部门只具有为公司高层管理部门进言献策、起草文件的职能，并不具有人事任免的权力，这样的权力只有公司高层才具有。小王虽然作为人才引进到该公司，但相对于公司高层而言仍然是个“小衙役”。英雄对其寄予的希望很高，但并没有赋予其相应的权力。致使小王“巧妇难为无米之炊”。英雄的最大失误是没有让小王走进AV公司的高级决策层。从而不具有与其他高管进行分庭抗礼和据理力争的资格，这样即使小王有好的建议，但由于没有在厂务办公会上具有彰显的机会，小王的思想也不能摆到台面上。管理学认为，不在其职不谋其政。英雄是想让小王在低职上履行高职的责任，但由于小王没有权柄，所以很难成全英雄的“一片好心”。权力是履行职责的基础，权力是使得权力占有者在其下属面前树立威信的基础，没有权力而让下属听从自己的指挥，下属在服从与不服从之间就会自由做出选择，发号施令者在不具有权力的情况下指挥下属，这样的“命令”只代表自己而不代表组织，下属听从发号施令者完全是出于二者之间的私人关系。但是当发号施令者具有相应的行政权力的时候，其命令就代表组织而不代表自己，这时下属就需要无条件地服从。小王在英雄没有赋予相应权力的情况下，小王不但要管理下属而且要管理上级，再加上公司中裙带关系盘根错节，小王的“威力”就很难施展了。

（二）“旧文化”架空“新和尚”

案例中已经很明显，家族企业的成长史以及元老级员工都是村民这样的特点就决定了小王到AV公司来实际上是在啃一块硬骨头。小王只有改变了公司的文化才能够使自己对公司的发展设想彻底得到实现，但这种旧文化是很难改变的。一个人的行为方式、思维习惯、知识结构等在年轻的时候形成后就很难再发生改变。小王初来乍到，相对于从创业到现在一直为公司的发展做出贡献的“元老”还处在“咿呀学语”阶段，在这些资深的元老面前小王说话是没有多大分量的。包括英雄在内的老员工实际上都在潜意识中维护着旧文化。小王作为“空降兵”是在用全新的思维方式思考AV公司，在小王的思维方式中有一个前提：既然英雄将我引来，目的就是让我发现问题并且解决这些问题，那么就一定要努力工作。但是面对小王排山倒海的举措，就更加坚定了这些老员工紧紧“团结”在一起的愿望。元老虽然有过昔日的辉煌，但在年纪比较大时再提高自己的全方位素质是非常困难的事情，所以“吃老本”自然就会成为其共同的思维方式。元老多年打拼才有现在的“辉煌”，仅凭小王这个毛头小伙的一番道理或者“改革新思路”就将自己“拉下马”，当然是元老不能接受的事情。虽然在内心中也感觉到小王的变革有道理，但在正面交锋的时候还是要努力抱团捍卫自身的利益的。元老在AV公司有“根”，并且英雄也是与这些人一同打拼过来的，英雄自然不能在公众场合与小王站在一起，这样小王实际上就成为了摆设，小王被架空了。这种架空是旧势力对新思维的架空，也是对公司未来发展机会的架空。如果不变革这种旧文化，小王的“新政”就始终不能实践，公司就会仍然沿着老路行走而不会有任何新起色。

（三）人际关系处理不当

小王完全是以一个高高在上的管理者的身份出现在元老面前的，但是没有认识到英雄给自己的“尚方宝剑”并无任何作用。在企业管理中制度固然重要，但很多时候并不是制度就能够奏效的。案例中企业的独特成长方式导致人际关系的力量高于制度，即使英雄在元老面前执行制度时也还要给元老们面子，小王作为一个“毛头小伙”，刚刚到这里来之后就想在这些“太岁爷”身上动土，在没有触动到这些元老的利益的时候这些元老也就不言语了。但是小王为了改变公司的运营状况，出台的新政自然都是针对这些元老们来的，元老在这种局面面前自然就会从原先创业的功臣变为了当道的“势力”。小王在推行新政的时候没有较好地处理公司中的人际关系是造成这种局面的重要原因。按照案例中的逻辑，实际上作为公司老板的英雄对公司中人际关系的处理已经很头疼了，英雄就是想借助小王这个“外来和尚”达到自己的心愿，但没成想这个“外来和尚”还不如自己亲自说话顶用。这些元老表面上是在反抗小王，实际上是在反抗英雄。如果英雄亲自出面，来自元老的反抗可能还会有些避讳。在小王面前这些元老根本就无需避讳了。小王年轻气盛，想凭借自己的权力对元老级员工形成震慑，殊不知自己手中的权力需要得到这些人的支持才能够发挥效力。小王长期在其他企业中工作，能力自然没的说，英雄看重的也正是这一点。但是公司中的其他成员对小王并不了解，小王在出台新政之前并没有依托自己的能力与不同层级的组织成员之间建立起较好的人际关系，即小王并没有得到组织成员的认可。在这种情况下开展工作容易想像，小王就会遇到诸多不必要的麻烦。

（四）新官上任求胜心切

小王来公司没有多长时间就燃起了改革之火，虽然勇气可嘉但碰壁就在所难免。AV 公司的老毛病并不是一天养成，治病也就无需寄希望于短期内医好。想吃到味道醇厚的炖菜就需要小火慢炖，只有这样才能够将各种“作料”的味道完全渗入到菜品之中去。治病讲究西医与中医的结合，中医疗效慢但可以通过调理五脏达到去根的作用，西医虽然可以立竿见影但往往是治标不治本。“新官上任三把火”不但需要非常了解问题的新官，还需要有不断向火中添柴的人，只有这样才会将火烧得更加旺盛。但是案例中的英雄虽然为这把火添柴了，相对于众多元老级成员釜底抽薪的负面效应实在是反差太大。小王是在“烧火”但这种火的威力只能相当于烛光，这样的光明又能够在多大范围内驱散黑夜呢？小王虽然有过比较成功的管理经验，但在 AV 公司中表现得过于心切，这也是其受挫的重要原因之一。这个“空降兵”来到了 AV 公司，虽然想抡起板斧大干一场，并怀着报答英雄的心情想将自己的一腔热血付诸 AV 公司，但被元老们的“一瓢冷水”浇了一个透心凉。小王做事过于张扬，自己脚跟未稳就急于表现自己的能力，并以自己的微薄之力与众“顽石”相碰撞，这实际上是在做“天下之大不韪”的事情，“刃愈锐则锋必断”，小王亮剑过早导致对方对自己群起而攻之。小王在处理问题的时候并没有分清主次，进而在做事过程中采取“避重就轻、先虚后实”的策略，打算通过“擒贼先擒王”达到一劳永逸的目的。这无异于在没有给病人打麻药的情况下给病人割掉脚掌上的“老茧”，当手术刀稍微动作大一些的时候病人当然就会因为疼痛难忍而做出反抗，小王这个“医生”这时候连给“病人”把脉开方的机会都没有了。

（五）领导支持涉嫌做秀

案例中的英雄表面上对小王的工作非常支持，但当小王真正开展工作的时候英雄却躲在了台后，英雄虽然赋予了小王开展工作的权力，但这些权力对于小王而言却成为了“烫手的山芋”。小王是在真心做事，但初来乍到的小王却缺乏了来自英雄的实质性的支持，致使小王在做事的过程中处处碰壁。英雄在为小王提供支持的过程中涉嫌做秀。就一般逻辑而言，英雄也非常希望小王的革新能够奏效，因为小王以往的工作经验表明其具备这样的实力。但是殊不知小王要施展自己的才华就需要工作平台，这个平台是没有办法自己搭建起来的。小王革新的实质是将部门内部成员的利益或者权力进行重新调整。英雄花费高昂的成本将小王引来也应该是真心的。但小王在开展工作的过程中却被公司中诸多无形的东西捆住了手脚。英雄在为小王提供工作环境的过程中，将工作环境单纯地理解为具有单独的办公室、完善的办公设备以及头顶的乌纱帽等，但这些都只是开展工作的基本条件。小王为顺利地开展工作，还需要在英雄的协助下为小王初步理顺公司中的人际关系，并且需要在非常正式的场合给小王授权。在小王做任何决定的时候，只要英雄觉得是应该做的事情，就应该尽最大努力让小王的决定付诸实行。但英雄并不愿意打破既有的裙带关系，也不希望小王的改革对自己“旧部”带来较大的震动。这实际上是在告诉小王：做事不要来真格的，做做样子就可以了，只要能够起到敲山震虎的作用就可以。但是由于小王的“四肢”全部被困，根本就不能够“敲山”又何以来“震虎”呢！

对策分析

AV公司在日常运营中存在诸多问题，这些问题导致的结果就是英雄的目的没有办法达到，小王在公司中也没有用武之地。如果公司给小王的薪水较高，小王也许会在公司中多待一段时间。但是就像小王这种在以往工作中“战功卓著”的人，很难在公司中滞留太长的时间。小王的行为实际上在公司中可以产生示范效应。英雄如果不尽早改变小王的这种工作局面，不但会影响到公司的进一步发展，而且会影响到公司进一步网罗人才。英雄可以尝试从以下几个层面展开工作，使AV公司尽快从目前的“泥沼”中挣脱出来。

（一）理顺职位与权力的关系

根据前文分析，小王目前的困境是“官小责大”。让一个没有相应权力震慑力的人去完成高于其权力范围内的责任是比较困难的，所以英雄当务之急就是要调整小王的职位。如果能够将小王由目前的部门经理调整为公司的副总，小王开展工作就顺理成章并且如鱼得水了。小王的核心职责范围可以不变，但其管理的直接对象就不再是普通员工了，而是其职能范围内的职能部门了。其属下的职能部门可以按照其思路开展工作。为了使小王的工作更好开展，在将小王提升为副总之后让其管理运营部、人力资源部等部门，使得小王有足够的权力在公司的人事任免上按照自己的规划行事。小王在工作中遇到“坎”的时候英雄一定要为小王提供最后的支撑。应该说这样调整小王的工作后，小王的权力是很大的。必须在公司内部建立一套相关的制度约束小王的工作，保证小王能够按照公司的思路行为自己，这些相关的制度包括：① 定期的常务办公会制度。在厂务办公会上对小王提出的行动方案进行讨论，只有八成以上的办公会成员通过的议案才能够付诸执行，并且实行到会成员签字制度，不签字的议案不能生效，不生效的议案小王不能付诸实行。在这种制度下小王的积极性可以尽情发挥，同时小王的权力也在很大程度上受到约束。保障小王不能在常务办公会不知情的情况下进行重要决策。② 例外制度。为了保障小王在做事过程中的主动性，公司需要赋予小王一票否决权。公司在用人、财务以及一些重大事情的决策方面，公司赋予小王一票否决权。这种制度是公司对小王的信任，因为小王见多识广，并且公司正在处于危难时期，小王的丰富阅历对公司的发展是很宝贵的财富，为了体现对小王的尊重和信任，就需要赋予小王这样的权力。③ 匿名提案制度。匿名提案即每个人都可以将自己的意见或者建议向厂务办公会提出，公司的专门人员对这些提案进行分类汇总。这些匿名提案都是意见提出者的意思表露，需要公司领导对其进行认真考虑，只有匿名提案变得越来越少了之后才表示公司已经步入正轨了。④ 降岗不降薪制度。公司为了理顺各种关系就需要调整内部的人际关系，一些人占据高位但不能很好地履行其职能，就需要对其岗位进行调整。此人在岗位调低的时候其待遇势必也要降低，当然就会对小王的工作带来很多阻力。为了和缓人际关系，在改革的初期阶段就需要实行“降岗不降薪”制度，离开重要岗位的人员虽然岗位被调整了，但经济收入并没有受到太大的影响，这种方法比较容易让人接受，虽然公司短时间内需要付出较多的改革成本，但从长远看还是利大于弊。随着公司各种制度得以理顺，可以逐渐弱化这种制度，因为那个时候调整人事关系已经不是问题了，小王的威信也已经建立了起来，并且那时的小王已经由“外来和尚”变成“局内人”了。

（二）转变企业文化

企业文化体现在人们的一言一行中，简单讲可以这样认为，管理者尤其是高层管理者的行为举止、思维方式就是公司的企业文化。转变企业文化说到底就是转变公司管理者的思维方式。为此就需要以小王为突破口打开 AV 公司与外界接触的窗口，这不但可以强化小王在公司中的威信进而提高其地位，而且在公司与外界交往过程中不断强化公司的外部影响力。公司为了强化这项工作，可以成立类似企划中心这样的部门，由小王负责日常运营，其中的具体工作内容可以完全委托小王筹措。小王在委任这样的头衔后可以从如下几个层面展开工作：① 聘请专家到公司给高层管理者授课。案例中的高层管理者大多来自村民，虽然在管理岗位上，但所有的管理方法都是在长期的实践中摸索出来的。这些管理方法虽然会比较有效，但在管理中过分强调了以管理者为中心，忽视了被管理者的情感。这些管理高层需要在理论层面进行提高。通过专家讲课让这些没有接受过系统管理学教育的管理者在处理问题的时候考虑得更加周全，并且可以更多地了解其他大型成功企业的管理经验。这些管理者在接触信息多了之后就会在潜意识中将其他企业的成功做法嫁接到 AV 公司，这对企业文化的改变会产生潜移默化的作用。② 管理者及骨干员工到外面参观。开拓视野的方式除了请专家到企业内部讲学之外，还可以让公司内部的人员到外面参观访问。利用小王的人脉通过与企业之间建立起互访机制，让公司内部的中高层管理者以及骨干员工首先有走出企业看外面的世界的机会。通过参观发现自己的不足从而坚定改造公司管理的信心。③ 鼓励管理者让贤。一些管理者知道与小王相比较自己存在的不足，但是就是不甘心“败”在这样一个年轻后生的面前，除此之外还比较担心自己从既有的岗位上退下来之后待遇会降下来的问题。为此可以出台让贤奖励制度，主动让贤的管理者不但可以继续享受原先的待遇而且还可以得到数额不菲的“贡献荣誉奖”，这样不但可以让这些管理者感觉到非常有面子，而且还及时地将岗位让与了能人贤士。公司短时间内看似吃了亏，但从长远看由于能人贤士在相应岗位上可以做出更大的贡献。由此可以给公司带来更大的收益，公司是利大于弊的。这种方式不但不容易引起公司内部人际关系的恶化，而且可以形成一种鼓励能人贤士为公司发展做贡献和老辈人培养后辈人的传统，公司的企业文化自然会发生较大的变化。

（三）强化高层领导职能

正像前文分析，小王发自内心地想为公司做些事情，但由于不具有相应的权力，所以心有余而力不足。在小王的职位没有调升至副总的时候，将小王的好想法变为现实的最好决策就是以英雄为首的高层管理者必须成为小王的坚强后盾，为此英雄需要与各部门进行沟通，在小王对相关部门有需求的时候就需要相关部门为之开绿灯。经过前面分析知道，小王目前的局面是权力被架空。包括部分高层管理者在内的组织成员都在为了维护自身的利益而与小王“顶牛”，在英雄的意志“不坚定”的情况下就使得小王感到很无助。小王努力干工作而不能得到英雄的鼎力支持，致使小王有冤无处诉。所以目前解决问题的关键就是强化高层领导的职能，使得各部门的高层管理者各司其职并且尽全力为小王做支撑。英雄为了将这样的管理思想做到位并且尽量授权给小王，英雄需要在办公会上做如下几项决定：① 授权小王特殊的权力。因为小王的职位只是部门经理，相对于同级各部门而言是级别相同的经理之间共事，小王无权对之进行发号施令，对于公司的高层管理者而言小王是下级，更无权对之发号施令，在英雄不在场的时候这些小王的“对立面”就会让小王很难堪。如果英雄赋予了小王一些特殊权力后，这些“对立面”就会稍微消停许多，小王需要有的特殊权力包括：对管理者暂停职的权力；提拔有能力的下属的权力；对不能决定的事项直接向英雄请求决断的权力。这些权力使得小王变成了英雄的影子，其他的管理者就会对小王比较敬畏。② 组建临时策划组。以小王为中心组建临时策划组，目的主要在于彰显小王的影响力。小王在策划组中具有安排其他各个职能部门的权力。英雄可以在全公司宣布，临时策划组是全公司的最高权力机关，英雄任组长，小王担任副组长，小王可代行组长的权力。这样的授权让其他的管理者感觉到，小王是除了英雄以外的任何人的顶头上司的印象。在小王开展工作的时候，虽然这些元老内心可能对小王还是心存芥蒂，但表面上就不能不配合小王的工作。小王也不能希望所有的人都从本心非常支持其工作，首先从表面上做到就可以了，等到各种事情逐渐摆平之后，这些人就会从内心到外表全力支持小王的工作了，这时已经不再是迫于小王的权力震慑，而是从内心屈服小王的能力，小王的个人魅力从而在全公司建立起来。

案例思考题

1. 案例中“空降兵”的用人策略的含义是什么？
2. 案例中的小王虽然拥有权力但为什么有名无实？
3. 为了强化英雄对小王的授权，你认为英雄应该做哪些工作？
4. 你对“‘旧文化’架空‘新和尚’”这句话是怎样理解的？
5. 你认为管理者对下属授权涉嫌作秀的问题应该怎样解决？

第三章

目标管理

本章内容提要

目标管理的概念由美国管理学家彼得·德鲁克在其著作《管理实践》中提出。泰罗最初提出的“任务管理”思想与德鲁克的目标管理思想是一致的。企业目标是在分析企业外部环境和内部条件的基础上为组织活动所规定的奋斗方向，目标是组织经营思想的具体化。目标管理就是依据目标而进行的管理，包括三个层面的内涵：全过程、多层次的管理；各个领域都要设定管理目标；强调整体绩效和自我控制。目标管理有多重特征：同一时间内多个目标重叠；目标集中反映管理者意图；目标具有轻重缓急的层次；目标要与环境变化同步；目标要在限定时间内完成；责任目标应与考核相连接。目标管理的作用表现在：为科学的考核标准提供依据；指明了管理工作的方向；提高组织的凝聚力；对组织成员形成激励。目标管理大致需要经历四个步骤：目标设立；目标分解；目标控制；目标评定。

一、目标管理的提出

目标管理的提出者是美国管理学家彼得·德鲁克（Peter Drucker），德鲁克在其著作《管理实践》中提出了“目标管理”的概念。德鲁克认为，先有目标后有工作，人们努力工作是因为已经确定了具体的工作目标，而不是因为有了工作之后才确定目标。企业为了获得长足发展，就需要首先确定明确的目标，包括短期目标与长远目标、总目标与各部门的分目标等。目标管理可以很好地将企业的总任务分解落实，责任到人，将员工的个人贡献与组织的发展目标紧密地结合在一起。科学管理理论之父泰罗最初提出了“任务管理”思想，虽然这种观点与德鲁克的“目标管理”思想还存在一定的差距，但著名管理学家邓肯认为泰罗的“任务管理”就是“目标管理”。泰罗在其思想体系中提出了“将计划职能与执行职能分开”的观点。这实际上都是在具体规定计划职能的目标与执行职能的目标。随后法约尔将计划作为管理的一项重要管理职能提出，并给予目标和计划高度重视。德鲁克认为，目标管理就是依据目标而进行的管理。为了更加深入地阐述这个问题，德鲁克从三个层面阐述了目标管理的内涵：全过程、多层次的管理；各个领域都要设定管理目标；强调整体绩效和自我控制。德鲁克的目标管理思想在于强调员工自我控制，从而用自我控制替代了外在强制。“让合适的人分担合适的工作”取代了既有管理思想中的“大家共同做事”的“不分你我”的情形，使得管理效率进一步提升。

二、目标管理的含义

（一）企业的目标是创造顾客

目标是一个组织奋斗的方向，适当的目标对于组织成员而言就是一种激励，由于其在管理实践中发挥了很好的作用，所以被管理者推崇备至。任何一个组织的存在都必须有自己的目标，目标是组织得以存在的前提，也是管理存在的前提，没有目标的管理就没有存在的必要，所以一项科学合理的管理都需要围绕着既定目标展开。企业目标是在分析企业外部环境和内部条件的基础上为组织活动所规定的奋斗方向，目标是组织经营思想的具体化。传统管理理念一般认为企业的目标包括三种：企业利润最大化、股东财富最大化、企业的市场价值最大化。市场经济体制下的企业作为自主经营、自负盈亏、自我约束、自我发展的微观经济主体，将企业追求的目标定位在追求利润最大化方面是很容易理解的事情。但是这样一种很容易的理解方式，在长期的计划经济条件下曾经一度认为：企业的目标是为了完成计划。这个答案具有当时的时代背景，将企业的生产行为等同为革命行为也是非常有道理的。当代人在理解企业使命的时候已经不再单纯定义为完成计划了，而是理解为实现利润，将企业目标定位在利润最大化方面，认为企业是一个经济组织，其最根本的目标在于追求企业利润最大化。但是，目标管理理论的提出者德鲁克认为企业目标唯一有效的定义应该是创造顾客，这个理解应该是最全面的。只有这样理解才能够将为消费者提供满意和周到的服务作为企业发展的根本，从而使得消费者的利益与企业的发展目标统一起来。如果将企业的目标单纯定义为追求利润就会使企业发展轨迹有偏差，为了获得最大的利润企业就会唯利是图，不免会做出损害消费者利益的事情。厂商生产的产品就会以劣充优、以次充好。厂商就不免会做出蒙骗消费者的伤天害理的事情，消费者就会因此而叫苦不迭。唯利是图的人们就会相互欺骗，整个世界就会最终演变为一个大骗局：生产商品的不使用该商品，使用商品的不生产该商品，消费者消费该商品感觉受骗后会以类似的手法欺骗他人。人们觉得这个世界是不可信的，每个人都具有这样一种愿望，即将与别人打交道过程中失去的东西再通过打交道骗回来。社会从表面上看起来是在社会分工中更加高级化和精细化了，但人们之间却多了一层信誉障碍。社会分工需要以高水平的信誉为基础，但社会失去了诚信以后就会加大每个人进行交易的成本，人们会觉得其他人的行为都不可信。一不留神间自己就被他人欺骗了，当然自己也会通过巧妙的方式欺骗他人。社会的诚信水平就会在这种骗与被骗过程中下降，人们参与社会分工的心理成本和经济成本就会太高。但是德鲁克坚持的企业目标唯一有效的定义是创造顾客就没有如上所述情况发生的可能，在这种思路下，企业首先以诚信为基础为社会提供货真价实的服务，然后才是赚钱获利，企业不会将关注点放在利益层面，人们就会这样认为：利益是结果而不是前提，即利益是人们为社会提供优质服务的结果。顾客会以钞票为选票反复地为厂商投票，投票的次数越多，厂商的生意就能越发达。厂商与顾客之间达到了平衡。所以企业经营的目标在于通过一流的产品买断顾客，有了稳定的顾客群企业就不会缺乏利润。

（二）企业用妙招买断消费者

企业为了给消费者提供服务，就需要切实将消费者的利益放在心坎上。企业创造顾客意味着企业管理应该着眼于高效地利用资源，在很大程度上满足消费者的不同要求，企业要通过对产品的精心设计从内心深处打动消费者，通过高质量的产品赢得消费者的信赖是企业能够长期发展的根本。在这一点上有很多非常生动的案例。迪斯尼乐园和海尔兄弟就是众多例证中最为典型的两个。前文述及，迪斯尼乐园产生于美国，但生意做得最好的不是美国而是日本。日本在迪斯尼乐园的经营方式上花费了很多心思，日本的迪斯尼乐园不但接纳日本的消费者也广泛接纳海外的消费者，所以游乐园要抱着这样一种态度：挣全世界消费者的钱。为此就需要用真诚的服务为来自世界各地的消费者打造金子般的服务。在日本的迪斯尼乐园中，管理者对员工有这样的规定：员工即使与3岁的小孩对话也要保持目光平视，以视对顾客的尊重。但做到这一点是非常不容易的。管理者心中的逻辑是：3岁小孩虽然年龄很小，但是这个小孩却是迪斯尼乐园全体成员的衣食父母，员工对顾客的尊重就是对自己的生意的尊重，就是尊重企业的未来。管理者这样考虑问题就真正做到了以消费者为本，这样的服务给消费者留下的印象是非常深刻的。小孩在自己非常小的时候在迪斯尼乐园中都得到这样的待遇，等到小孩成人并且有了自己的小孩后一定也会到迪斯尼中游玩。消费者总是抱着这样一种心态在代际之间产生影响，迪斯尼的生意不可能不兴隆。迪斯尼实际上通过自己对消费者的尊重找到了买断消费者的方法，并且找到了尊重自己的方法。海尔集团也是非常贴切的案例。海尔实际上在为消费者创造着一种文化，消费者不但消费着海尔生产的家电产品，而且还享受着《海尔兄弟》创造的文化。海尔产品就是要通过这种消费文化让消费者乐于消费海尔的产品。这部动画片不但小孩愿意看，成人也非常喜欢，小孩在观看动画片的过程中不但长了见识，而且还对海尔充满了“迷”一样的感觉。海尔的目标就是要对各年龄段的人群都产生深远的影响。年轻的父母抱着小孩在超市中游走的时候，小孩不经意间发现了电冰箱门上的“海尔兄弟”，马上就会产生与“海尔兄弟”进行零距离接触的“冲动”。虽然小孩还不会说话，但会对这样熟悉的形象有感觉。小孩一定要示意自己的母亲将自己高高举起，要亲手摸一摸这个在动画片中活力四射的偶像。小孩在自己成长的过程中可能会对其他的产品有陌生的感觉，但对海尔的产品不会陌生。海尔的形象已经深深地印在了自己脑海中了。海尔花费巨资拍了一个动画片看上去是“浪费”，但实际上是从消费者很小的时候就与之建立起了非常深厚的情感。这是产品的聪明，是管理者的聪明。海尔要通过这种方式让海尔文化在消费者代际之间相传，让人们成为海尔产品的忠实消费者。

（三）目标制定讲求科学合理

根据前文可知，目标管理非常重要。目标实际上决定着企业的命运。目标的制定必须及时和清楚。在管理过程中要及时把握目标并创造条件实现目标，但也不应该为目标所茫然。目标是组织经营思想的集中体现。目标具有多重性、层次性和多变性，所以要在组织的动态变化中把握目标。目标制定的过程中就需要讲求艺术性并坚持必要的原则，要坚持现实性、关键性、定量化、协调性和权变原则。在目标制定的过程中需要把握好度，目标过高或者过低都是不科学的。用一句形象的话讲就是“跳一跳能够摘到树上的桃子”。制定的目标过高会使员工感到可望而不可及，所以不会努力达到目标，因为即使再努力也不可能达到这样的目标。如果目标制定得过低会使员工感到没有挑战性，从而目标的制定成为一种闹剧。让员工感觉到实现目标要费一定的力气，但也不至于花费相当高的甚至是得不偿失的成本，目标制定得科学合理可以尽量激发员工的工作热情，使员工的个人目标与组织的目标达成一致。这也是目标管理的本质所在。

用好目标管理方法对于组织的成长具有非常重要的作用：能够激发员工的创造力，让员工清楚自己需要做的事情；能够有效地提高管理效率，让管理者能够享受片刻“清闲”；能够有助于企业组织机构的改革，让员工愿意挑起重担子；可以有效地实施监督与控制并且尽量减少无效劳动。目标管理说到底是量化管理，量化管理在表面上看比较精确但有时很难做到。如果对目标进行了不合理的量化还不如不量化。因为员工的工作任务能否精确以及科学精确化的程度还取决于管理者自身的素质，当管理者本身素质不是很高时，目标管理不但不会提高效率反而会适得其反。同时为了使得目标更加利于操作，还需要对目标进行分解，目标分解是费时费力的事情，而且即使在这方面的工作非常到位，员工自身的素质也是千差万别的，这也会增加目标管理具体实施的难度。在对目标分解的过程中，不但要从方便分解的角度考虑问题，而且要从有利于员工工作的角度考虑问题，否则目标分解就会流于形式。

三、目标管理的特征

详细了解目标管理的特征，对于合理使用目标管理方法是有重要意义的。目标管理的特征取决于目标的特征，目标具有多重性、能动性、层次性、变动性、时间性、相关性等多方面的特征：① 同一时间内多个目标重叠。企业在发展过程中需要同时完成多重目标，这些目标之间有些相互冲突有些并不冲突，这时在制定目标计划的时候就需要分出轻重缓急。目标具有多重性的例子是非常多的。目标不冲突的例子如，企业必须提供顾客需要的优质产品同时还要为企业自身赚得丰厚的利润，这两个目标之间并不冲突，因为企业在为顾客提供优质产品的同时必然销售量增加进而企业也就能够获得丰厚的利润。目标相冲突的例子如，企业在增加销售量的同时必须尽量降低成本，企业生产的产品在做到物美的同时还必须做到价廉。企业为了发展必须合理地处理这些相互矛盾的目标。为此企业就需要在改善经营管理策略方面做文章。目标的多重性特征需要管理者能够做到“一心二用”。为了完成所有目标，要求管理者在完成既定的目标的同时必须兼顾其他目标。彼得·德鲁克认为，必须在八个层面做出绩效目标，这八个方面是：市场地位、创新生产率、物资和财务资源、人力资源开发、可赢利性、经理人员的业绩及培养、工人的工作与功过态度、社会责任心等。② 目标集中反映管理者意图。管理者的思想要通过具体的工作目标体现出来。完成目标就是管理者在职期间的责任。目标是企业发展和存在的前提，管理者担负着制定企业目标的神圣职责，所以目标是管理者意志的反映也是企业意志的反映，或者说管理者是代表企业的广大职工的意愿而制定了企业未来的发展方向，这种思想返回来还需要组织成员配合管理者完成。目标不能抽象，否则就会让完成目标的人不知所措。企业的经营思想有时过于抽象和不容易被把握，需要管理者将这些抽象的思想具体化，并通过制定具体的任务表现出来，从而将企业的意志再现为所有职工的具体行动。员工不需要做管理者应该做的事情，这就是所谓的“将计划职能与管理职能分开”的道理。被管理者就是在明确自己的目标后执行，而不需要花费很多精力辨识目标。③ 目标具有轻重缓急的层次。企业发展过程中的总目标需要最终分解为各个分目标，各个分目标的最终实现使得总目标得以实现。每个部门以及企业在不同层级侧面都有其发展目标，这些分目标的制定都紧紧围绕企业发展的总目标进行，所以企业的目标具有层次性。不同层级的目标之间以及相同层级的不同分目标之间相互支撑，共同促进企业的发展。低层次的目标支撑高层次目标，高层次的目标需要被分解为低层次目标得以彻底实现。④ 目标要与环境变化同步。企业所处的环境在变化，企业的目标也要做相应变化。任何企业要想保证持续的竞争力就必须不断地适应周围变化了的或者变化着的环境。企业的发展目标的变动性是企业能够很好适应环境的再现。⑤ 目标要在限定时间内完成。根据目标的时间跨度可以将目标分为短期目标、中期目标和长期目标。短期目标是企业发展过程中眼前就应该实现的目标。中长期目标则是企业从长远角度考虑确定需要实现的目标。短期目标是长远目标的基础，企业为了实现长远目标，就需要首先将短期目标实现。⑥ 责任目标应与考核相连接。目标责任到人后就可以很好地将员工个人的工作业绩与年终考核联系在一起。员工完成目标的程度是考核的重要依据。考核的结果能够与员工的个人收益紧密衔接在一起，所以目标具有可考核性。目标作为员工个人潜能与企业发展目标衔接的桥梁，实现了员工报酬与其对组织贡献的统一。

四、目标管理的作用

人们对目标管理非常看重，是因为目标管理方法在实际工作中发挥了非常重要的作用。目标管理的作用表现在多个方面：① 为科学的考核标准提供依据。将员工考核为合格还是优秀，考核的依据就是其完成目标的程度。目前很多企业的考核流于形式，关键在于没有科学的考核标准，以至不能进行实质性的考核。考核过程没有与目标管理很好地结合起来就会造成如上问题。目标管理在一定程度上解决了这个问题。让高质量完成目标的员工得到丰厚的奖赏，员工在这样的预期基础上就可以按照事先确定的目标尽力完成自己的工作。目标不但是对员工的激励也是约束，对于具有较高工作能力的员工而言是激励，对于不努力工作的员工就是约束。员工在做好相应工作的同时也得到相应的报偿。如果员工不能完成相应的工作任务，则会受到相应的惩罚，从而为科学的考核标准的制定提供依据。有了这样的考核依据，管理者在管理实践中就变得非常轻松了。② 指明了管理工作的方向。管理工作的核心就是完成目标。在这样的指挥棒的指导下，就需要组织成员结合自己的能力设计好自己的职业生涯。在什么时候完成什么样的目标就非常清楚了。目标管理为组织的发展确定了近期和远期目标，这些目标只有通过群体成员的共同努力才能够达成，这是组织的发展方向，在此方向的指引下组织的管理者和所有成员会形成一个坚实的团队为实现目标而奋斗。③ 提高组织的凝聚力。有了明确的目标，组织成员就会在核心管理者的领导下为完成目标而奋斗。目标就是组织以及员工个人的奋斗方向。设定目标不但可以激发员工的潜在劳动热情，而且可以使其紧密地团结在一起，从而增加团队的凝聚力。因为组织的目标是不可能通过某个人的力量完成的，只有组织成员拧成一股绳，才能够保证目标实现。当组织目标正确反映了所有员工的共同利益追求时，组织的凝聚力就会达到顶峰。组织的这种凝聚力进而成为组织文化的一部分在组织的发展中传承。④ 对组织成员形成激励。目标的完成过程也是组织成员实现自我价值的过程。如果没有明确的目标，组织就失去了发展方向，员工也会迷失方向。当确定了发展目标后能够激发组织成员工作的潜在积极性，目标不但与员工的利益挂钩，而且员工也将会将目标的实现理解为自己价值的体现过程，目标实现后，使得员工会产生满足感。员工在工作中会有挑战的感觉。员工在此过程中也会感觉到有提高。在完成了既定目标后，组织成员就会向更高的目标迈进，员工越发会感到自己的不足，学习的欲望会更加强烈，这样的组织不知不觉中就演变为了一种学习型组织。

五、制定目标的原则

目标制定的合理与否关系到组织的未来发展问题。为了使得目标制定更加科学和合理，就需要在制定目标的过程中坚持现实性、关键性、明确性、协调性、权变性、经济性、挑战性等原则。① 现实性原则。制定的目标必须保证切实可行。目标是站在企业当前基础上制定出来的，不能好高骛远。必须站在企业目前的客观条件基础上制定出相对符合情况的目标。② 关键性原则。组织的发展目标是多种多样的，但是在一定时期内目标有轻重缓急之分。表面上看起来很多目标复杂地交织在一起，实际上最关键的目标并不多，这些关键性目标的解决可以为其他目标的解决创造条件，并且使得其他目标的解决看上去更加轻松。③ 明确性原则。目标的制定必须明确，让组织成员看了其承担的责任后就会感觉到非常明白。不会出现模棱两可的问题。分工明确的组织成员之间就不会出现相互扯皮的问题。每个人按部就班地做好自己的分内之事，这同时也就是对组织中其他成员工作的配合。④ 协调性原则。组织中确定每个成员的目标以及各个部门的目标的时候，是在协调一致的基础上进行的。各个分目标之间不能出现相互矛盾的问题。先实现哪些目标以及后实现哪些目标都需要在协调一致的基础上并根据组织发展长远目标进行。在没有协调好各方面利益的基础上制定目标就会形成严重的组织内耗。⑤ 权变性原则。在制定目标的时候虽然要坚持一些基本前提，但是由于企业所处的环境条件时刻在发生变化。在制定具体目标的过程中一定要坚持权宜应变的原则。在坚持刚性原则的同时要保持相对弹性，这样就不会使得制定的目标过于僵化。⑥ 经济性原则。在目前的基础条件还没有达到的时候实现较高层次的目标就显得力不从心。在完成这样的目标的过程中就需要付出更多的代价。这很可能会影响企业其他方面的工作顺利开展。所以在制定目标的过程中一定要将可行性与经济性结合起来。⑦ 挑战性原则。目标不能制定得太高也不能太低，目标过低就会使得组织成员懈怠工作。因为过低的目标使人们感到没有压力，从而就不会有较大的工作动力。所以在制定目标的过程中要在保证切实可行的同时，适当将目标设计得稍高一些，让组织成员感觉到具有一定的挑战性。

六、目标管理的应用

（一）目标管理与传统管理的区别

目标管理之所以在管理实践中备受瞩目，是因为该种管理思想较传统管理具有更大的进步性。目标管理与传统的管理方法的重大区别在于：① 员工权责更加明确。目标分解将目标责任到人，完成相应目标的人同时也就具有了相应的权力。在目标管理实践中责任和权力更加明确。目标管理是按照自上而下或者自下而上的顺序层层制定分目标，从而在组织内部建立纵横交错的网络体系，将每个员工的工作直接与组织的发展目标结合起来。从而使得每个职工都非常清楚自己的分内之事，员工的精力更加集中，有利于组织的发展。② 职工参与积极性强。没有职工的参与，目标是没有办法完成的。目标分解的过程就是为每位员工规定具体工作任务的过程。目标明确之后，员工之间就不会产生扯皮的事情。目标管理可以在职工之间、职工与管理层之间进行更加顺畅的交流和沟通，将员工的个人利益与组织的发展目标有效地结合起来，在尊重员工个人愿望的基础上，充分调动员工的工作积极性。员工就会竭尽全力做好自己的分内之事，不会无偿地替别人做事，也不会随便地让别人替自己做事。施行员工自我控制。真正实现了“要我做”变为“我要做”，员工充分参与到企业管理过程中来。③ 以结果作为衡量标准。管理者需要的结果是员工完成目标，并不管完成目标的方式，在完成目标的过程中员工就可以尽力发挥自己的聪明才智。既然已经将目标分解到人，所以对员工的评价就以其最终是否完成既定的任务为评价标准。目标管理不注重过程管理而注重结果管理。这个结果又进一步可以作为对员工进行考核和工资、奖金的发放依据。从这个意义上讲目标管理又被称为结果管理。

（二）目标管理的实施过程

所以目标管理在实践中广泛应用，其实施过程一般可以分为目标设立、目标分解、目标控制和目标评定四个阶段：① 目标设立。目标设立就是目标的制定，这是目标管理的开始，这一步非常重要，这个阶段的工作科学与否直接关系到后续各阶段的工作。该目标是企业的发展使命和宗旨。企业的管理者和所有员工都要参加到目标的制定过程中来。一般有自上而下的目标制定法和自下而上的目标制定法两种类型。在实践中很少单独采用某种方法，两种方法紧密结合起来才是最有效的方法。自上而下法即首先由高层管理者提出目标，然后在广大职工间讨论，最后修正成企业的最终执行目标。这种顺序下高层管理者占主动，其他各层管理者复议。自下而上法与前面的顺序相反，首先由职工讨论形成目标，然后由上级汇总批准最后形成企业的发展目标。这种情况下，由于职工是根据本部门的情况进行考虑后制定目标的，所以目标会更加接近实际。但是这种方式制定的目标不符合领导的意图，所以两种方法都要经过反复修改和充分讨论最后形成。为了使得目标既符合管理者的意图也适合基层部门的实际情况，在目标设定的过程中需要注意以下一些问题：目标的高度适中以提高员工的工作的热情；目标制定要同时注意数量与质量的结合；要合理控制目标施行的时间期限；要合理确定目标的数量；目标一定要循序渐进。② 目标分解。总目标确定下来之后就要对目标进行分解。目标分解即将企业发展的总目标分解为企业内部各部门的分目标的过程。通过目标分解，企业的各部门认领自己应该完成的目标定额。在目标分解过程中确保各分目标之间无矛盾并且能够相互协调一致，所有的分目标都为完成总目标服务。目标分解并不是简单地将总目标划分为分目标，如果不能处理好各分目标之间的关系，目标分解的过程就成为了矛盾制造的过程。为此在目标分解过程中要特别注意以下几个方面的问题：由各分目标形成的目标体系一定要形成严密的逻辑，前续与后续目标之间需要有较好的递进关系；各分目标对于总目标的分量是有差别的，分目标的制定要突出重点；鼓励所有职工积极参与到目标分解和目标制定的工作中来，这样制定的分目标才会量化合理；分目标的确立最终要经过上级的审核和审批才能最后施行，这中间需要经过反复磨合。③ 目标控制。由于企业各种环境条件的变化，在完成目标的过程中会有各种不确定因素的存在，进而扰动分目标的顺利完成。管理者需要具备适时甄别变化了的因素的本事，并且让相关责任者尽快适应已经变化了的环境。所以对分目标完成过程中的各种行为进行有效的控制就非常重要。目的在于及时发现目标完成过程中存在的问题，并及时解决这些问题。在必要的情况下还可以根据变化了的情况对既定的目标实施修正（如果发现分目标确实已经存在很大的问题就要做出更正、完善甚至取消的决定）。在目标控制过程中需要注意以下几个问题：要不断跟踪变化着的组织环境；要将管理者对下属的信任与完善的监督检查有效结合；通过建立专门的目标控制职能部门对目标的完成情况进行把握；保障各部门、上下级之间信息的有效沟通；为员工提供良好的工作环境确保员工在好的氛围中工作。④ 目标评定。目标制定过程实际上是一个反复磨合的过程，目标完成的情况如何要经过评定认可，各方面的意见要尽量吸收到目标制定的过程当中来。为了尽量做到评定的公正客观，可以采取自我评定、群众评议以及领导评定相结合的方式进行。评定的目的在于肯定成绩和总结经验教训，以便改善随后工作。在评定过程中要注意以下几方面的问题：评定过程要做到民主，不能用核心管理者的意见替代所有其他人；多种评定方式相结合以确保评定工作的科学；评定过程要坚持公正和公开；目标评定的结果与工资、奖金、人事调整结合起来；及时在各层面进行有效的沟通；建立相对完善的信息反馈机制。

七、目标管理方法评价

（一）目标管理的优点

目标管理是管理学发展进程中的一个巨大进步，相对于传统管理理念而言，目标管理具有目标明晰、员工主动、自我控制、整体协同、领导减压等优点。① 目标明晰。目标管理使得组织的发展目标更加明确，在目标进行层层分解的过程中使得组织的整体目标逐渐被分解为每个组织成员分担的目标。这使得每个组织成员对自己承担的责任就会非常明晰，在工作中不会发生责任推诿的问题。目标管理可以与岗位说明书、岗位责任等紧密地结合在一起，可以强化组织成员做事情的责任心。② 员工主动。在目标管理理念下将员工的个人收入水平与其承担的相应责任紧密结合在一起，在利益驱动方式下会使得员工愿意承担更多的责任。这会使得管理者向下属委派工作的时候更加顺利。员工在积极主动承担责任的过程中将组织的发展目标与员工的个人利益紧密结合在了一起。在目标管理下员工承担责任的主动性更强，员工在做事情的过程中由传统管理理念下的“要我做”变为了“我要做”。③ 自我控制。在传统管理方式下员工都是在组织的各项规章制度下进行被动约束，员工不但不会主动地配合组织完成各项工作，而且在某些时候还会成为组织发展的阻力。在目标管理模式下，员工会主动进行自我控制，自觉约束自己的行为与组织的发展要求相一致。所有的组织成员在做事的过程中都会自觉绷紧一根弦。④ 整体协同。组织的发展总目标需要分解为各个部门的分目标，只有这些分目标都能够保质保量地完成后组织的总目标才能够得以实现。这就需要各个分目标在设计过程中要相对合理。使得分目标之间不但不会存在冲突而且相互之间要互补，进而产生部门之间的整体协同作用。从而在很大程度上消灭了由于部门之间关系不协调所造成的内耗问题。⑤ 领导减压。管理者在实践目标管理的过程中的主要工作就是将目标设计得科学合理。这需要管理者具备较好的管理素质，在制定目标的过程中群策群力，以防目标设计的不合理而出现各种不可预料的问题。管理者将科学合理的目标设计出来之后，就会将相应的责任落实到具体的责任者身上，然后管理者需要做的就是对责任者完成目标的情况进行适时地监督。只要履行监督职责的部门认真履职，就能够保障目标管理顺利实行。管理者就能够比较“悠闲”的喝茶看报了。

（二）目标管理的缺点

目标管理相对传统管理方法而言确实存在诸多优点，但其缺陷也是非常明显的。主要表现在：① 科学合理的目标难以制定。目标管理要求进行数量化，在人们的印象中一般认为进行数量化的目标较定性的目标更加精确，但是这个数量过程是比较困难的。目标被数量化以后就会变得过于刚性，而刚性的目标在操作过程中就不好实施。责任者在完成目标的过程中就会畏首畏尾。就像《红楼梦》中的林黛玉一样“不敢多走一步路，不敢多说一句话”。组织发展长期处于低位徘徊。② 制定目标耗时费力。目标管理过程中制定目标需要建立在充分调查的基础上。这个调查过程是需要大量时间和精力的。调查是一个非常繁杂的事情，不但需要管理者亲自过问很多细节的事情，而且需要各个部门配合完成，其中有任何一个方面出现了疏漏，都会影响目标的科学性。所以目标的设计过程往往不是能够一次完成的，加以企业处于动态变化的环境中，目标也要不断进行调整，这就更加加剧了目标制定的难度。③ 目标做到动态调整的难度较大。企业所处的环境变动不居，尤其是竞争对手会频繁出现。但是企业的各项目标需要有相对稳定性，而且每年一次进行目标调整难度就会很大。大量的重复性劳动需要投入其中。人们会由于频繁地制定目标而感到厌倦。这个本来应该是非常严肃的问题，到了最后大家不再会认真对待。④ 长期目标与短期目标不容易协调。目标是具有层次的，长期目标与短期目标应当协调一致。但是很多时候因为短期目标而忽视了长期目标。短期目标与长期目标、分目标与总目标之间不能进行很好地协调的情况下，目标制定得越具体则各个分目标之间的矛盾就会越大。

本章思考题

1. 什么是目标管理？你是如何理解的？
2. 简述目标管理的作用。
3. 简述目标管理的特征。
4. 简述目标管理的实施过程。
5. 简述目标管理的优缺点。

管理故事

故事1：目标管理——猴子的不同做法

有人曾经做过这样的一个实验：将六只猴子两两一组分别放置在不同的房间中，房间里在不同高度上放置些食物，然后观察不同房间中的猴子的行为。第一间房子中的食物放在地面上，第二间房子中的食物以悬挂方式处于不同的高度，第三间房子中的食物放置在房顶的高度上。过了些日子后，专家到三间房子里面查看猴子的情况。发现第一间房子中的两只猴子一死一伤，伤者已经是体无完肤，第三间房子中的猴子已经全部饿死，只有第二间房子中的猴子还是活得非常健康。后来专家们对出现如上情况的原因进行分析，但是无论怎样分析也不能得出结果。无奈之余专家们只好在三个房子内安装摄像头重新进行相同的实验。人们在观察中发现：第一间房子内的猴子看到地上唾手可得的食物就大打出手，地上的食物谁都能够抢到，只是在力量上进行较量而已，谁在争斗中够狠谁就能够得到更多的食物，但是在争斗中力量较弱的一方不会甘心失败，即使自己不能得到食物也会与力量较强的一方争个高低，于是虽然力量较弱的一方在最后被战死但力量较强的一方也弄得遍体鳞伤；第三间房子里的食物由于被挂在了房顶，导致房间里的猴子都不能得到房顶上放置的食物，即使大家都做出了最大努力，但还是不能取到食物，最后猴子们都被活活地饿死；第二间房子中的食物被挂在了不同的高度上，房间里的猴子会根据自己的能力取到不同高度的食物，由于食物不是放置在地上，所以食物并不能轻而易举地取得。为了得到不能唾手可得的食物，两只猴子需要相互协作取得较高位置的食物，对于取得的食物再进行分食。虽然两个猴子还会因为食物打架，但在获得食物问题上两个猴子必须精诚合作才能达到获取食物的目的。在这样的合作状态下，两只猴子最后都能够生存下来。

这样的实验虽然发生在猴子中间，但猴子的行为与组织中员工的行为是一样的。组织中员工的能力是有差异的，需要根据员工的能力设置合适的目标，保证对员工的工作积极性具有较好的激励作用。目标设置得太高是使得所有员工都不能达到目标的要求，就会导致第三间房子中猴子的情况发生。如果目标设置得太低，所有员工不用经过努力就能实现自己的愿望，于是就会出现第一间房子中的情形。只有目标设置的相对合理时，才能出现第二间房子中出现的情况。任何一个组织的存在都必须有自己的目标，目标是组织得以存在的前提，也是管理存在的前提，没有目标的管理没有存在的必要。企业目标是在分析企业外部环境和内部条件的基础上为组织活动所规定的奋斗方向，目标是组织经营思想的具体化。传统的企业目标定位在利润最大化方面，认为企业是一个经济组织，其最根本的目标在于追求企业利润最大化。

但是，目标管理思想的提出者德鲁克认为企业目标唯一有效的定义是创造顾客。这个理解应该是最全面的，如果将企业的目标定义为追求利润就会使企业发展轨迹有偏差，为了获得最大的利润企业就会唯利是图，不免会做出损害消费者利益的事情。厂商生产的产品就会以劣充优、以次充好，从而整个世界就会最终演变为一个大骗局：生产商品的不使用该商品，使用商品的不生产商品，消费者消费该商品感觉受骗后会以类似的手法欺骗他人。所以社会分工需要以高水平的信誉为基础，但社会失去了诚信以后就会加大每个人进行交易的成本，人们会觉得其他人的行为都不可信。一不留神间自己就被他人欺骗了，当然自己也会通过巧妙的方式欺骗他人。但是德鲁克坚持的企业目标唯一有效的定义是创造顾客就没有如上所述的情况，顾客会以钞票为选票反复为厂商投票，投票的次数越多，厂商的生意就能越发达。厂商与顾客之间达到了平衡。所以企业经营的目标在于通过一流的产品买断顾客，有了稳定的顾客群企业就不会缺乏利润。

目标设计得合理与否能很好地体现管理者的技巧。岗位难度过低，不但体现出员工的能力与水平，而且会在一定程度上加剧成员之间的内耗甚至残杀，难度太大的目标设计无异于抹杀人才。岗位设计的难度必须适当并且能够体现循序渐进，这样才能真正体现员工的能力与水平，并且能够充分发挥人的能动性，成员之间就会产生合作的愿望，所有的成员就会抱着合作的愿望共度难关。

企业目标是在分析企业外部环境和内部条件的基础上为组织活动所规定的奋斗方向，目标是组织经营思想的具体化。在管理过程中要及时把握目标并创造条件实现目标，但也不应该因为目标而感到茫然。目标是组织经营思想的集中体现。目标具有多重性、层次性和多变性，所以要在组织的动态变化中把握目标。目标制定的过程中需要讲求艺术性并坚持必要的原则，要坚持现实性、关键性、定量化、协调性和权变原则。在目标制定的过程中需要把握好度。管理实践者需要远期目标与近期目标紧密结合，从而创造出最有效地实践方式，单纯重视近期目标而忽视远期目标就会使得组织不会持续发展，单纯注重远期目标而忽视近期目标就不会使组织有稳定的发展基础。只有将二者有效地结合起来才是最有效的行为方式。

故事2：痛中求乐——明确目标锁定未来

在与朋友聊天的过程中，朋友给我讲了一个有关朱利斯的故事。有一个记者前往采访朱利斯，记者在采访70岁高龄的朱利斯博士的时候，朱利斯博士说自己之所以能够活下来是因为曾经遇到了一位朋友，这位朋友不经意之间说过的一句话使其受益终生。记者非常不解，朱利斯说，自己当时在战俘营里度日如年，那种非人的折磨每每使得自己想到要死去，实际上在当时的那种环境条件下选择死亡比艰难地活下去要更容易些。但是有一次不经意间遇到了改变自己想法的一位朋友，这个朋友突如其来的一个问题使得朱利斯不得不重新思考自己的想法，这个问题就是：从战俘营中出去后，你想要做的第一件事是什么？当时朱利斯看着眼前这个比自己年龄大很多的人突如其来的问话，感到有些不知如何回答。虽然如此，朱利斯还是很果断地回答了这个问题：我一定要首先看看我的老婆和儿子。这个回答使得朱利斯突然感觉到具有了让自己选择活下去的勇气和动力。如果没有这个问题说不定下一刻的朱利斯已经选择了自杀，因为在这样一个生活非常恶劣的环境中选择自杀是非常容易的事情。"看一看自己的老婆和孩子"成为了自己继续活下去的理由。朱利斯认为这个朋友是拯救自己的恩人。朱利斯对记者说，这个朋友实际上对自己上了一堂"目标就是力量"的教育课。记者对朱利斯的观点似乎有些表示赞同。朱利斯进一步对记者说，人们为了达到目标就需要不断地忍受痛苦，并且说，肚子痛对于一个人而言是难以忍受的，但是如果肚子痛的频率越来越高的时候，这个人如果是个孕妇的话，感觉到的应该是幸福而不是痛苦，虽然在孩子出生前由于肚子痛而造成的痛苦是难以忍受的，但是孕妇知道只要能够挺过这个难关，自己面临的将是小宝宝的问世，这个小宝宝就是孕妇的奋斗目标。这个目标就是孕妇忍受剧痛的动力。人们经历过磨难之后才会感觉到目标成功之后的快乐。

目标就是奋斗的动力。有了目标之后人们就会不断地为实现这个目标而奋斗。在通向目标的过程中人们也许会遇到很多的艰难险阻，但是想到实现目标之后的光明，就会有使不完的劲。在此过程中不断学习、不断挖掘自己的潜能。在其他人眼中可能自己经受着的"痛苦"是无法忍受的，也许一些人会认为自己是"狂人"，但这正是人生的意义所在。目标就是值得奋斗的事情，有了目标之后人们的生活就会更加有意义。有了目标之后人们才会知道向哪个方向去。通向目标的征途也许是远的，也许是近的，但这都需要人们专注于目标。越是在目标临近实现之前，人们越是要更加能够忍受让人难以忍受的痛苦，就像故事中朱利斯谈及的孕妇生孩子那样。整天游手好闲人们就会感觉到自己的时间过于充分，整天不知道应该如何打发时间，这自然不会有稳定的人生目标。但是一旦目标锁定，这个人的性格就会非常坚毅，在追逐目标的过程中由于过多的付出而造成的压力和痛苦就会荡然无存，这个人反而会觉得非常幸福和快乐。

目标对于一个人而言非常重要，对于一个组织而言也是非常重要的。管理者的责任就在于为组织中的所有成员确定合理的奋斗目标。组织的组织成员就扮演着孕妇的角色，孕妇的角色就在于：肚子中一定要有"货"；一定要能够忍受住痛苦；在生孩子之前要有长期的准备过程；自己就是生孩的决定者。孕妇并非只是生孩子这样简单，实际上体现出了一种能够忍受痛苦和为达到目标而英勇献身的精神。因为有些孕妇就是因为生孩子而"殉职"的，孩子是生下来了，却是以自己的生命为代价的。所以孕妇还体现出了一种奉献精神。孕妇所生的孩子是丈夫和妻子合作的结果，在妻子怀孕之后孕育孩子的工作全部由孕妇承担了起来，但孕妇在承担这个神圣的责任的过程中丝毫没有表现出不耐烦，虽然在此过程中丈夫并不能够分担自己的痛苦，但妻子可以通过丈夫的眼神和对自己关怀备至的心情所感动，妻子承担这样的责任是无怨无悔的。孩子生出来之后丈夫和妻子都感到高兴，妻子更加具有成就感，因为这不但是对丈夫的贡献，而且是对整个家族的贡献。丈夫于是会对妻子更加照顾备至。妻子的贡献得到了丈夫的认可。

组织成员与管理者之间是合作关系，只有在双方的默契合作下才能够达到管理者预期的目标。管理者负责构思组织的整体发展规划，并且在全局考虑的情况下为下属制定出具体的工作方向。在管理者制定出各种具体目标后就由下属去执行了。虽然在此过程中下属的很多工作是默默无闻的，就像孕育婴儿的孕妇那样，很多“痛苦”都由自己默默承受着。这时候管理者一定要理解下属的这种承受，如果管理者过于注重结果而忽视了在过程中的付出，下属这个“孕妇”就会有很多怨言，虽然表面上不表示出来，但是在内心深处却是在真正地承受着不是来自生理的而是心理的痛苦，这种痛苦让下属感到苦闷。尤其是当下属在“生出孩子”之后，管理者全然不顾下属的功劳，而将下属全然抛之脑后的时候，下属更加没有感受到“生孩子”之后的幸福，而是越发感觉到自己只是为管理者“生孩子”的工具。下属在管理者为自己锁定目标之后一直在努力奋斗，并且全身心地投入到工作中去，一本正经地为管理者“生孩子”，但“生孩子”之后全然不能感觉到幸福就会让下属大失所望。管理者为下属锁定的目标只能是锁定了痛苦，这不是目标管理的原则。只有在目标锁定之后并且在组织中的所有成员在鼎力协助的情况下才会“痛并快乐着”。

锁定目标就是在首先为组织锁定痛苦的同时锁定了快乐，一定让人们能够感觉到苦尽甘来。痛苦是一个过程，快乐才是终极目的。组织中的管理者在对待下属的过程中不仅要能够让下属在承担工作任务的时候感受到痛苦，并因此为组织的发展做出贡献，而且要让成员感觉到对组织有贡献之后感觉到幸福和欣慰，这也是管理者需要做到的。管理者与下属需要做到同痛同乐。

经典案例

案例1：着眼于互动课堂目标的创新管理思维

案例简介

A学校是国内一所知名的专业院校，近几年该学校的生源一直看好，招生分数线以每年十分的速度向上攀升。为了提升学校的知名度并且办一所对社会负责任的大学，近年来该学校实行了一系列的教学改革措施，目的在于强化教师的责任心并且提升教学质量。在诸多措施中以学评教措施最为惹眼，学评教即学生评价教师，从学生的角度评价教师的教学效果。教师为了改进教学效果，在互动课堂上动了很多脑筋。但是教师发现建设互动课堂并不是非常容易的事情，因为不同学科不一样，而且不同教学班中的学生数量也有很大差别。这样按照统一的标准建设互动课堂就有些形而上学。教师发现在课堂上即使用尽浑身解数，也很难集中所有人的注意力。教师虽然认真备课，但还是有旷课、上课说小话以及完成其他作业的情况发生。老师在课上多次重复这样一个道理：老师授课虽然经过精心准备，但还是有很大程度的即兴演说成分，教师授课不是背书，需要学生的精心配合。学生精心配合教师授课，教师授课时的心情就会舒畅，教师就能够有更好的即兴表演，教师授课就会声情并茂。教师普遍反映，现在的学生不如从前了，不但学生的学习态度不一样了，而且也不像先前一样对教师那样尊重了。教师提问学生问题的时候，一些学生非常理直气壮地向教师说：不会。教师拿这样的学生没办法。教师每当遇见这样的事情的时候心情是非常糟糕的，但还是要硬着头皮将课程讲下去。由于有学评教存在，教师恐怕对学生要求过严后会在期末的时候学生给自己打低分。但是看见课堂上乱哄哄的样子又确实感到自己非常没面子，无奈很多教师在上课时就抱着这样一个态度：睁一只眼闭一只眼。学生花钱买消费，教师在讲台上做到良心上过得去就可以了，只当自己就是给那些愿意听自己讲课的那部分学生讲课就可以了。A 学校强调互动课堂自然是一件好事情，其管理目标也是非常明确的，但是没料想形成了这样的局面。在传统意义上课堂是由教师创造的，但是随着社会经济的发展人们越来越认识到课堂不简单地是由教师创造，学生在其中也扮演着非常重要的角色。教师们认为，严格区分师生边界并且还给教师一个安静而纯真的课堂是当务之急。

案例分析

互动课堂在实践中受到很多因素的制约，包括学生能力、学科性质、教师水平、学校思路、教师地位、运作机制等多方面的因素。这些制约因素若不进行全面分析，就会使互动教学流于形式。

（一）互动教学管理存在的困境

1. 学生的知识准备不足：互动课堂的前提是师生都要对将要讲述的内容有知识准备和较为深入的思考，如果只是教师能够做到这一点而学生未做到，则在课堂上的学生只能被动接受教师的单方面灌输，互动教学的课堂效果难以形成。学生需要学习多个学科，在每个学科上花费的时间是有限的。如果教师刻意创造互动教学的学习环境，学生的唯一选择就是应付教师，从而使得互动教学流于形式：或者拿出老掉牙的问题反复谈，或者只是肤浅地谈一些常识性的东西，课堂上的宝贵时间被浪费。

2. 不同学科的就业影响：随着就业竞争的白热化，学生在校学习的功利性特点更加突出。学生在与专业相关的核心课方面花费的时间会远远高于其他课程，因为这是学生的看家本事，学生走出校门在社会上择业的杀手锏就是这些核心课。学生对核心课之外的课程的兴趣由此大为削弱，这些课程的任课教师在授课过程中于是很被动，即便教师拿出浑身解数也很少能够打动学生。就业是学生学习的指挥棒，如果课堂上所学不是就业所需，学生就会认为学习这样的课程就是浪费时间，教师面对这样的情况也不能管理很严格。

3. 教师把握课堂难度高：从理论上讲，教师把握着课堂的质量从而教师在课堂上具有很大的权威，教师在授课方式、课程内容进度、课堂时间分配、学生参与占比、课程讲解程度等多方面具有主动权。但是由于学生对学科的重视程度不同，学生重视程度低的学科，教师在授课时就需要付出更多的精力，通过改变教学内容的表现形式、采用更为灵活的方式让学生参与到授课环节中等方式调动学生学习的主动性。这就要求授课中的学生不但要有充足的知识储备，而且还必须是一个“艺术家”以便艺术地把握课堂进展。

4. 学校的学科建设思路：高等教育是将学生与社会进行连接的桥梁。为了更好地让学生适应社会，学校的课程设置虽然是在国家的制度设计框架内进行，但同时还会根据“实用性原则”在不同学科间区分出轻重缓急，即有些学科优先发展和重点发展，而弱化甚至忽视了其他一些学科的发展。讲授弱势学科的教师虽然在尽力做好分内工作，但面对学校的不利于自己从事学科的大环境仍然感觉在苟延残喘。学校在学科建设层面上的不均衡发展思路使学生在学习过程中也会将学习的天平倾向于重点学科，弱势学科成为了“被爱情遗忘的角落”。

5. 教师的地位与影响力：同样是在讲台上授课的教师，由于其在学校中的地位和影响力的差异也会导致不同的教学效果。教师的影响包括：学术影响即由于个人的学术造诣较高并在学生中间产生很好的影响而具有的影响力；权力影响即科层制度下由于行政赋予的权力而对学生乃至被管理者产生的震慑力；魅力影响即由于个人的学识以及人格魅力等因素而对被影响者施加的影响力。教师的这种影响力可以在学生中传播，上届学生会对下届学生行为产生影响，教师的影响力进而被进一步弱化或强化。

6. 勤快学生表现机会多：互动课堂的目标是使所有学生都能够参与到教师所组织的教学过程中去，但是由于学生的天赋不同，造成学生真正参与到互动教学过程中去的机会并不相同，语言表达欠佳、基础较差或者内向的同学相对于具有较好的语言表达能力、基础较好且外向的同学在互动课堂上的表现机会少了很多，最终的结果是：课堂上的大部分时间成为了这些同学展示自己才能的阵地，表现好的同学和表现差的同学呈现两极分化趋势。如果教师有意让表现差的同学在课堂上具有更多的表现机会，则课堂的质量就会有所下降，这并不是教师追求的目标。在教师追求高课堂质量和气氛活跃的互动课堂测度指标下，学生的两极分化现象会更加明显。

7. 小组代表成全权代表：文科教学更加适合互动课堂方式教学，不仅可以充分调动学生的积极性，而且可以将学生学习由课堂内延伸到课堂外。教师将学生划分为若干学习小组，让每个小组完成教师规定的论题，经过充分准备后让小组代表在课堂上做主题发言，学生发言后教师做综合讲评。这种方式便于教师控制课堂局面，同时按照教师规定的进度进行，但教师不容易控制各小组成员课外学习的程度。在小组成员共同学习过程中，由于需要推举一名成员代表大家发言，这个成员往往也会成为小组所有工作的全权代表，小组代表不仅成为小组工作发言的代表而且成为了承担小组所有工作任务的代表，这不是任课教师安排小组讨论的初衷。

8. 教师教学减负有托辞：教师的教学任务很重，教师授课过程是体力和脑力共同发挥作用而与学生一起共同创造教学产品的过程。互动教学中教师的作用在于让更多的学生动起来，于是教师可以在授课期间支付较少的体力和脑力。于是一些懒于授课的教师就会以互动教学为托辞给自己减负，以至教学中不能担负起教师的责任，不能及时纠正学生在学习中出现的问题，于是互动教学就成为部分教师偷懒的幌子。这种状况下，虽然学生对教师有看法但碍于教师与学生的角色不对称，只能在没有做实的教学模式下承担着低效率教学的成本。学校高层在没有认识到这种状况时还会认为互动教学是教师正在努力进行教学改革，学校高层对教学过程监管不力使得教学损失进一步放大。

（二）互动教学管理的预期目标

1. 学生是主体：传统理论认为学生是主体教师是主导，该种理念下很容易让教师成为课堂的全部。不利于学生在课堂上主体作用的发挥。互动教学关注的重点在于让学生由被动接受教师灌输知识转变为主动探求知识，发现旧知识的不完善之处和使之进一步完善的途径。教师和学生在学习过程中都应该表现出主动性和创造性，让学生通过自身行为改变课堂单纯由教师主宰的局面，学生与教师共同参与课堂建构。课堂质量不但由教师决定，学生在课堂上的主动性和参与课堂建设的愿望也同时决定着课堂的质量。

2. 师生要平等：在互动教学中，教师由传统理念下“传道、授业、解惑”的单一角色转变为带领学生共同学习的参与者，教学中教师的指引作用虽然不能改变，但师生已经成为知心朋友，教师通过对话、讨论等方式鼓励学生发言，师生在平等的交流过程中让学生自主完成学习。互动课堂中反对教师彰显自己的教师权威，教师能够让学生信服的地方在于教师的知识权威和组织能力，教师不是以约束和强制的方式而是以平和、平等、开放的方式处理课堂上出现的事情。主张学生通过自己的思考得出教师教学所需要得出的结论，反对以教师的思维成果和书本上的结论刻板地传授给学生，以至使学生失去富有个性特征的思维方式。师生平等理念下的教学更加注重对学生的理解和支持而不是批评和束缚。

3. 创新与探索：互动教学在激发学生主动学习的过程中激发学生的学习兴趣，教师的责任在于诱导学生发现问题和不足，从而使学生认识到学习的责任不仅在于继承旧知识而且在于发现新知识，鼓励有创造潜能的学生在此过程中开拓创新，发现新问题并探索解决新问题的方法。从师生的角色看，教师年长于学生并且在相应领域内先于学生涉足，但是在创新思维方面教师并不一定优于学生，教师的思维方式已经固定并且对很多事物已经失去好奇心，这会使教师在很大程度上失去创造愿望和激情。学生正处于成长阶段，没有固定的思维方式，对于学生而言很多事情都是未知，对诸多事情充满好奇心，具有探索未知的激情和愿望。

4. 教师再学习：互动教学不仅要求学生动更要教师动，教师不仅要在课堂上动还要在课堂外动。互动教学对教师的要求是提高了而不是降低了。针对课堂上学生可能提出的问题，需要教师事先精心准备各方面的材料，需要教师掌握大量信息以便能够游刃有余地解答互动教学中学生可能提出的任何问题。所以互动教学的质量取决于教师的责任心和组织能力。教师在课堂上的角色既是导演又是指挥，引导学生按照自己事先精心设计的教学方案讨论课堂上需要解决的核心问题。教师的学习不仅在于从书本上学习，还在于在课堂上向学生学习，了解学生在学习中需要什么以及通过什么样的方式满足学生的这些学习要求，从而达到师生共同进步的目的。

5. 过程型管理：传统学习方式下的高校教师不很关心学生的到课情况，教师的教和学生的学有时不能紧密地联系在一起，学生在整个学期中的大部分时间可以不将主要精力放在学习上，而是在期末考试之前的短时间内依靠其“聪明才智”刻苦攻关几个晚上，在教师有重点的复习指导下也可以弄个高分。这种只注重期末考试的成绩管理方法使学生不注意平时学习。但互动教学几乎可以完全避免这种情况，教师可以根据学生在互动教学中的表现给每个学生打成绩。使学生不但要在期末考试前努力学习而且要注意自己的平时表现。教师在评价学生成绩时可以适当扩大平时成绩的占比。从而增加学生参与互动教学的积极性。

（三）互动教学的师生行为边界分析

互动教学从理论上讲是高效的教学模式，但对于不同师生而言可能在实践中的效果并不相同。所以传统教学模式与互动教学模式应该针对不同情况权宜实行。如果不考虑实际情况而对全部课堂都整齐划一地实行互动教学，有可能事倍功半。摸清互动课堂内师生的行为边界并制定具体的量体裁衣的互动教学才能将互动教学做实。

互动教学中的师生行为边界即师生高效互动的契合点集，边界上的任何一个契合点都是在师生行为博弈的基础上形成的。偏离该点的教学就会导致或者过分强化教师的作用或者过分强化学生的作用，前者的本质是传统教学复归，后者的本质是“放羊式”教学。在师生素质允许情况下互动教学需要在师生各自角色中找到平衡点，师生在课堂内外的作用都不能超过平衡点很远。正如前文所述，高效的互动课堂不但需要教师具备高素质，而且需要学生的积极配合，教师或者学生的单方面愿望不能促成互动教学。如图3－1表示了不同情况下互动课堂的师生行为。整个平面被$O_{10}O_8$和O_7O_9分为四个部分，其中每个部分根据师生状况的不同又各被分为两个部分，但平面右上角的正方形区域整体状况较为相似，所以整个平面被分为7个区域，每个区域内由于师生状况的差异导致课堂内师生表现强弱不同。图3－1中横坐标的向右方向表示学生能力增强，纵坐标向上表示教师水平增加。按照学生能力与教师水平的不同组合状况划分出了A区、B区、C区、D区、E区、F区、G区多种情形，每种情形分别代表了不同效率的课堂互动。按照教师水平和学生能力的不同组合状况沿O_1O_2方向可以将整个平面切为很多层，所有这些层从左下角向右上角方向师生互动的水平逐渐提高，其中越接近O_3O_4线表示课堂上师生的任何一方都不会牵制另外一方。采用互动课堂教学需要师生双方达到自身能力状况的底线，笔者称之为互动临界，教师和学生的互动临界分别用互动临界T和互动临界S表示。互动临界S以右和互动临界T以上的区域在一定程度上能够达到较好的课堂互动，最好的互动教学需要在$O_3O_7O_5O_4O_6O_8$所包围的范围内。$O_7O_5O_4$以左直到纵坐标轴的区域所表示的课堂为教师为主导的课堂，教师占有了课堂的绝大部分时间并且几乎没有学生展示的机会，学生学习知识属于被动接受。$O_4O_6O_8$一直到横坐标轴的区域表示了以学生为主导课堂教学，教师将课堂全部交给了学生，学生虽然具有充分表现的机会，但教师则完全处于无足轻重的地位，教师失去了对课堂的控制，这是不负责任的教学。$O_{10}O_4O_9$线与两个坐标轴包围的整个区域为根本不能够实行互动教学的

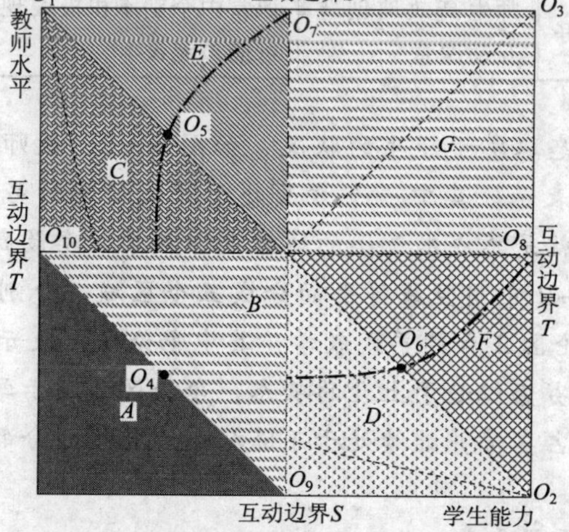

图3－1 互动课堂师生行为能力示意图

区域，在这个区域内教师的水平较低同时学生的能力很差，互动教学会导致“冷场”，教师不能完成教学任务，学生也不能按照教学进度学到知识。这种情况下不但要对学生加强管理，而且要对教师加强培训。按照师生状况可以将各种情况的互动教学按照如上区域分别进行如下考虑，如表 3-1，各种情况下的师生情况需要通过具体的测算指标进行评价。如图 3-1 中所示，$O_7O_5O_4O_6O_8O_3$ 所围成的面积与平面内的其他面积分开，这个分界线可以表示师生的行为边界。如果师生素质普遍较低则这个被围起来的面积将会缩小即平面的较小面积被边界围起来，这种情况下师生的行为边界缩小并且实施互动教学的可能性缩小。相反师生的素质如果整体提高则这个被围面积可以扩大即平面内的大部分面积被边界围起来，这种情况下实施互动教学的可能性扩大，师生行为边界也进而延展。

表 3-1　　不同师生状况下的课堂互动效率与改善策略

区域	学生能力	教师水平	课堂状况	存在问题	改进对策
A 区	多数很差	多数很低	学生不主动且教师不积极	互动课堂形式化，变学生主动学习为自习	严格考核增强教师责任心
B 区	少数很差	少数很低	学生有主动愿望但无质量	学生具备一定潜质但教师不具备挖掘潜力	有针对性地加强学生培训
C 区	多数较差	多数较好	教师积极但学生表现冷淡	教师几乎完全占有课堂资源学生不能表现	适当弱化教师课堂上行为
D 区	多数较好	多数较好	学生积极但教师表现欠佳	教师将课堂完全交给学生形成放羊式教学	以学生为本完善教师素质
E 区	多数较好	多数很好	以教师为主进行课堂互动	互动课堂表现为教师牵着学生的“牛鼻子”	变换方式激励学生多参与
F 区	多数很好	多数较好	以学生为主进行课堂互动	学生高水平的表现使得教师无法把我课堂	师生应在课堂外进行磨合
G 区	全部很好	全部很好	师生高效地创造互动课堂	课堂中个别不积极表现的学生可能被淹没	发现学生并进行积极诱导

教学质量的不同状态取决于师生的状况，如图 3-2，教师主导型教学和学生主导型教学分别由两条曲线表示。其中一个方面处于降低趋势时另外一个方面处于上升趋势。两条曲线的交点处就是总成本最小的地方也即教学效率最高的地方。按照两种变化趋势状态的差别在图 3-2 中用竖线将平面分成五个区域，分别表示填鸭式教学、争论区 1、互动式教学、争论区 2 和放羊式教学，其中争论区 1 表示教师主导作用占优势但趋于下降和学生作用占劣势但趋于上升的状态，争论区 2 表示学生主导作用占优势并趋于上升而教师主导作用占劣势并继续处于下降状态。竖线划分的几个区域分别与图3-1中的区域相对应。

（四）师生互动的愿望分类

学生的学习能力不同进而对互动课堂的愿望也不同，如果学生不愿意在课堂上积极

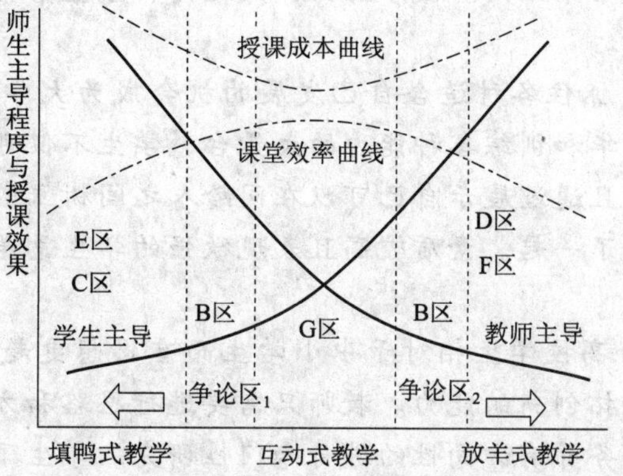

图 3-2 课堂上师生主导程度与授课效果示意

思考并且习惯于接受教师单方面的知识灌输，这时对学生实行互动教学并让学生独立完成一些规定中的教学项目，很可能不能达到预期的效果。表 3-1 展示了互动教学目标下不同师生的参与愿望以及各种状态下互动教学的效果。互动教学从理论上讲相对于传统教学更加高效，但这种高效对于不同愿望的师生而言并不相同，如果将师生参与互动教学的愿望分别分为强烈、一般、反对等三种程度，则可以组合为九种情况，各种情况下师生发挥的主导作用以及课堂效果如表 3-2。

表 3-2 互动课堂目标下的师生参与愿望

学生＼教师	强烈	一般	反对
强烈	课堂效率很高，师生都很主动。图 3-1 中的 G 区域	有一定的效率，教师较为主动。图 3-1 中的 F 区域	教师主动而学生不配合，互动效果较差。图 3-1 中的 D 区域
一般	课堂效果一般。教师表现很主动，但学生不能积极配合。图 3-1 中的 E 区域	课堂效果较差。师生对互动课堂都不感兴趣，互动教学流于形式。图 3-1 中的 B 区域	互动教学不能进行。教师有一定愿望进行，但学生非常不配合。图 3-1 中的 A 靠右下区域
反对	互动课堂不能进行。教师愿望很强烈，但是学生根本不配合。图 3-1 中的 C 区域	互动课堂不能进行，教师具有一定愿望，但学生不配合。图 3-1 中的 A 靠左上区域	采用传统模式教学。师生对互动课堂持反对态度。图 3-1 中的 A 靠近直角区域

对策分析

（一）充分利用有利条件

1. 学生知识面广。大学生相对于中学生而言思想更加成熟，捕捉社会热点问题能力更强。学生的群体生活使其更方便得到热点信息，在某些热点问题上更容易达成认识一致。学生可以把这些热点问题带进课堂，引发师生共同考虑。教师在这样的互动课堂上可以及时把握学生的思维倾向。让学生提出问题并引导更多的人思考问题，在教师的引导下给出正确的答案。

2. 参与愿望强烈。抓住各种适合自己发展的机会成为大学生的共识。课堂虽然是个小天地，却是展示才华和训练各种能力的大舞台，学生不仅可以在互动课堂上锻炼自己及时表达的能力，而且通过展示自己可以在同龄人之间树立威望，从而将在校学习与未来的职业生涯联系在了一起。素质较高且表现欲强的学生总是希望能够抓住这样的机会并尽量展示自己。

3. 具备自学能力。高校学生相对于中小学生而言思想更趋于成熟，具有较强的辨别是非的能力和主动开拓创新的能力。教师只需要进行思路和方法上的指导，学生可以自主完成教师安排的任务并有方向性的进行专门性研究。学生了解一定的学术规范并可以自觉遵守。同时高校的学习资源普遍相对中学有优势，学生可以借助这个科研平台广泛接触学界同仁，更加能够激励学生的创新激情。于是在学校学习氛围上可以更好地熏陶学生自觉地将课堂内与课堂外的学习行为有效地结合起来。

（二）不同学科差别使用

不同学科性质不同，课堂互动的情况也应该有差别。实践表明理工科的基本理论课如果过多采用互动课堂授课效果不好，如果在授课前让学生精心准备授课过程中的内容，学生在课下花费时间很长，并且诸多内容也很不容易在短时间内弄清楚。结果互动课堂会让学生将主要精力花费在某一门课上，如果很多课程都加大互动课堂的授课力度，学生就会穷于应付，结果会使互动课堂流于形式。文科类学科相反可以适当加大互动课堂的分量，教师需要做的就是在理论层面上拔高，对学生的研究方向及时把握。由于学生参与的激情很高并且可以较好地梳理自己的思想。如果该课程是热点主干课程并且与学生未来的就业可以很好地结合在一起，课堂内外学生之间相互学习的热情会更高。

（三）不同学生区别对待

既然不同素质的学生对互动课堂的认可程度不同，那么在组织互动课堂时不同学生就要区别对待。对互动课堂持积极态度的学生要鼓励并通过这些学生对其他学生产生积极影响。如果不同品质的学生出现在同一教学班中，教师就需要通过适当弱化互动教学和强化传统教学的方式在不同学生中间权衡，通过对互动教学持积极态度的同学的课堂行为影响其他同学并逐渐地将对互动教学持中性或者负面态度的同学转变为对互动教学持积极态度。

（四）教师学生双向互选

传统教学都是学校规定学生在事先规定的班级中，学生在选择教师层面上完全处于被动，教师虽然也在尽力适应学生，但教师的知识底蕴以及授课风格等都很难在短时间内改变，师生之间能够相互适应时学生能够产生很好的学习效果，否则互动教学就成为教师动而学生不动。为了不浪费学生的时间，一定要让学生具备选择教师的主动权，同时教师也找到适合自己教学并喜欢听自己的课的学生。喜欢接受传统模式教育和接受互动教学模式的学生都可以找到自己的教师，学生的听课效率在一定程度上可以提高。

（五）师生分群实验教学

既然不是所有的学生都能够接受或者愿意接受互动课堂的教学方式，那么学校的责任在于发现并将那些能够主动参与互动教学的学生从众多的学生中选拔出来，在不影响其他学生接受正常授课的情况下，让这些学生在“课外课堂”中实现师生互动。将图3-1中位于G区域的师生从其他师生中分离出来，即不但要对学生分群而且要对教师分群，教师实验性的进行有特色的互动教学，从创新方法、思维方式、学习能力等多角度培养学生。让师生体会到优越感，在新的教学模式下培养出更多的精英教师和精英学生。

（六）对比性的考核分析

同一个学校的同一个学科可以在不同的班级同时用如上两种不同的教学模式，这种差别教育应该在学生的学习成绩以及学生的全方位素质上得到表现。所以对学生的评价除了要重视考试分数外，还要对考试分数以外的学生其他素质（如参赛成绩、个人发明、学术研究等）进行全方位评价。让更多的师生认识到互动教学在培养优秀学生方面的优势。对毕业生进行跟踪调查，对比两种教学模式下培养出来的学生在走上社会后的工作能力以及取得的成绩。以此来判定学校对在校生教育施行互动教学的程度甚至是否继续施行互动教学。

案例思考题

1. A学校在教学管理中存在怎样的问题？
2. 你对案例分析中“互动教学中师生的行为边界”的分析有何看法？
3. 除了案例中提及的解决对策外你还有其他的对策吗？
4. 你认识的“互动课堂”应该是什么样子的？
5. 如果你是教师，谈谈你如何解决课堂上学生“不守规矩”的问题？

案例2：优秀教师甄选中的立体网络考核措施

案例简介

X学校是位于某大城市的国内有名的一所高校，在激烈竞争的市场环境下教师除了在学校正常教书外还有很多求财的机会可以选择。各个年龄段的教师都会通过各种途径在校外赚得不菲的收入。由于授课非常辛苦，所以越来越多的教师选择了在校外发财这样一条道路。作为名牌大学，课堂质量是学校立校的根本，如果教师都不重视课堂质量不但会耽误学生的宝贵学习时间，而且会严重损失学校的声誉。为此学校决定制定一系列的措施以改变目前众多教师在校外兼职的状况：（1）建立学评教系统让学生给教师打分数。学校通过一定的软件设置，学生可以通过网络查成绩，但是在查阅自己的成绩之前，需要首先对相应科目的任课教师的教学效果进行评价，学校在软件中已经规定了若干评价指标，学生只需要点击相应的方面就可以为教师打分数。学生为教师所打的分数作为年终优秀教师评选时的重要依据之一。最开始的时候学校的学评教软件设置为学生职能查看自己的成绩，后来改为学生在查阅自己的成绩的时候也可以看到其他同学的成绩。（2）对教师进行年度教学优秀评选。由学校给每个院系一定的优秀教师比例，每个院系按照这样的比例在本部门评选出优秀教师上报到学校，学校将各个院系的优秀教师结果汇总张榜公示。（3）进行年度考核。年度考核分为科研和教学两个方面。科研－教学双轨评优模式，简单讲就是以教学和科研两个成果为标尺，对教师的年度表现进行评价。其操作过程是：规定不同职称教师的年度额定教学和科研工作量；按照教师担任课程的多少计算年度实际完成教学工作量；给不同级别的文章打分，计算总分，分数总和为被考核者年度实际完成的科研工作量；分别以实际完成的科研工作量和教学工作量除以额定科研和教学工作量；根据以上计算分别得出教学指数 a 和科研指数 b。所有以上工作完成后就要完成最后一步，就是判断计算结果，主要有以下两个步骤：① 指数确定：指数判断分别按照教学和科研两条线进行；指数≥1 者为合格，并且按照指数由大到小排序，同时按照一定比率进行优、良、合格的等级划分；指数<1 者年度考评为基本合格、连续两年为基本合格者为不合格；② 评价等级：a 和 b 在良以上、其中之一为优秀者当年考评为优秀；a 和 b 其中之一为不合格者当年考评为不合格；当年考评结果应该满足如下条件：优秀者和良好者数量不超过被考核群体的一定比例，施行标准各单位不同，比如优秀不超过 5%，良好者不超过 10%；③ 考评为优秀者在下一年度考评时可以在实际计算的 a 上增加 10%，作为下一年度的考评依据。新的改革措施出台后，教学效果有了一定程度的改进，但是教师们对于学校的改革措施褒贬不一，学校制度改革的实际成效并不像预期的那么大。学校的改革错了吗？

案例分析

（一）部分真正优秀教师被边缘化

高校教师都要进行年度教学考核，按照传统的考核制度，都要评选出一定比例的优秀教师，不但要进行荣誉奖励，而且要有相对比较丰厚的物质奖励。评选结果一般都可以作为晋升职称的参考条件之一。这种利益诱惑会将很多教师卷进优秀教师评选竞争的过程中来，能否评选出真正优秀的教师就成为优秀教师选拔的关键。如果评选过程将不优秀的教师选上，这会造成两种结果：被选上的教师会暗自庆幸，会将自身的精力进一步偏离工作方向，通过进一步强化与管理者的人际关系谋求自身利益，为下次的优秀评选做准备，而管理者由于受到教师的“尊重”而将自身的精力进一步倾向于“尊重”他的这些教师，于是不优秀的教师将始终成为部门的核心教师，管理者与非优秀教师之间的关系越发默契，管理者与非优秀教师之间的共谋使非优秀者成为部门利益的垄断获得者；未被选为优秀教师的真正优秀教师则由于非优秀教师与管理者之间的默契关系而被边缘化，被边缘化的结果使得更多的优秀教师对部门的发展失去信心，由于自身付出与受益之间的不对称让真正优秀教师作出的选择是远离管理者和不配合管理者，这会使管理者进一步亲近非优秀教师，优秀教师被进一步边缘化。优秀教师的初次边缘化和二次边缘化使得部门的发展没有了核心竞争力，部门发展中用感情标准替代了效率标准。

（二）弱势部门与强势部门的考核平台有差别

在一个高校中存在着多个院系，各院系间的发展状态不同，强势学科是学校品牌的基础，学校在制定发展政策或奖励政策时会有倾向性，所以强势学科的部门管理者往往会制定更高的且具有挑战性的发展目标赢得学校管理者的赏识（依据自身的实力也完全有能力完成这样的高目标），强势学科部门管理者的表现会为本部门的教师带来很大的益处，教师也会在更大程度上配合部门管理者的工作。学校管理者、部门管理者和教师间的这种关系会使部门管理者更好开展工作，学校管理者对部门管理者也会更加充满信心，教师甘愿为部门的发展做贡献并知道这种贡献一定会有好的回报。弱势学科与此相比有很大不同，部门管理者会在更多的时候向学校管理者那里讨要优惠政策，并且将讨要得到的利益大部分据为己有（因为这样的利益来之不易），或者将这些优惠利益转让给与自己感情最为亲近的人，以增强自身的“核心领导力”，这种不公平的利益所得进一步在部门内部进行不公平的利益分配。根据前文，这些与其感情最为亲近的人往往都是想通过感情成本套牢部门利益的非优秀教师，弱势部门管理者在对自己亲信考核时就不能把标准定得太高，于是使考核标准一降再降，以便使自己的亲信被划定在优秀教师的范围内。这种低标准之下考核出来的优秀教师与强势部门的优秀教师所得收益相同，但并不能促使本部门产生健康和竞争的文化氛围，部门于是发展很慢或者永远得不到发展。

（三）中层管理者的考核制度缺失

高效管理中，学校管理者一般会通过强化部门管理者的权利，使教师绝对服从中层管理者，在部门内是一种纯粹的管理与被管理的关系，部门管理者因为掌握着利益分配的绝对权力从而使教师做到惟命是从，中层管理者是“永远不会出现错误”的正确管理者，于是普通教师的诸多怨气永远得不到申诉，部门一直徘徊在低效率的管理水平上，这中间最重要的原因在于学校管理者对中层管理者的绩效考评模式存在问题。目前学校的一般考核模式是：中层管理者对教师考核；高层管理者对中层管理者考核。由于高层管理者对中层管理者的考核缺乏具体考核指标和没有教师的参与权利，所以只要中层单方面地对高层负责就可以保证自身工作的合格或称职，但中层管理者在普通教师看来不一定是称职的。所以中层管理者只对高层管理者负责，中层管理者的业绩与教师的表现没有直接关系，中层管理者并不体察教师对其评价如何。教师对中层管理者的意见只能存在于教师之间和部门内部，高层管理者并不了解中层管理者的表现及教师对其评价。这样的制度设计不对称使得中层管理者具有了在高层管理者与教师之间进一步制造信息不对称的可能性。

（四）“双轨制”评优方法的制度设计不规范

据调查，很多高校在年终的优秀考核过程中是将教学和科研分开进行考核的，并且考核按照指数排序进行。现在以 A－D4 个被考核者为例建立一个虚拟考评系统来说明问题（如表 3－3）。假设该四名被考核者在正常情况下，在某一被考评年度完成了自己被分配给的教学任务并且积极参与了科研工作，那么存在以下几种可能性：① 如果在年度考评中决定有一个人为优秀，是 A 还是 B 被评为优秀就会成为问题，A 的教学指数与 B 的科研指数相同，如果确定 A 为优秀，就意味着考核中更加重视教学，而教学工作量的安排带有很大的个人倾向性，即每个教师承担的教学工作量不是均匀分配的，为了争取期末的优秀指标，具有教学任务分配权的个人就具有为自己安排更多的教学任务的倾向，所以这种考评方法实质上就是承认了主观性可以代替客观性，会产生制度的逆向激励，即一方面加大制度的主观性创造，另一方面对 B 会产生创造压抑，使得 B 觉得事情的发展对自己的未来成长没有希望，其发展途径有二：其一是混日子，其二是从该组织中退出，寻找更加适合自己成长的环境，最后使得原组织中缺乏优秀人才。② 如果在年度考评中决定有两个人为优秀，A 的 a 指数排序是第一，b 指数在合格以上，同时 B 也满足条件，A 和 B 就应该被评为优秀。在这种情况下不合理的因素就相应产生，因为 C 和 D 的 b 指数均高于 A，这样对于 C 和 D 被考评者就会产生不满情绪，因为两者知道自己之所以没有被评为优秀，是由于被安排的教学任务较少，而教学任务的安排是由于人为因素造成的，考核结果会激励被考核者在下一年度分派工作量时争抢教学任务，从而导致个体之间产生基于评优的摩擦，使得问题走向了预期的反面。

表 3-3　虚拟被考评人实际指数及考评结果

被考评人	教学指数 a	科研指数 b	a 排序	b 排序
A	7.2	3.2	1	6
B	5.0	7.2	2	1
C	4.8	6.3	3	2
D	4.4	6.1	4	3

对策分析

（一）立体网络激励模式的构建思路

立体网络激励模式构建的目的是建立一种公平激励的制度体系。要对传统的教师激励与考核制度进行完善，不但体现重视资历而且重视能力。在公平的考核制度体系下让年长而资历深的教师与年轻、资历浅但能力强、贡献大的年轻教师之间展开竞争，不但体现维护年长教师的资历、贡献，而且体现不同年龄段之间的公平竞争，打破年长者凭借资历吃饭和长期垄断优秀教师评选权的局面，给年轻教师崭露头角的机会。在此基础上，把教学和科研相分离的双轨考核制度通过一定折算方式整合在一个考核体系中，取消双轨考核制度下出现的诸多不公平。以往的考核往往会出现科研成绩突出的教师不能被评为优秀，在这种体系下可以通过折算方式将两个指标整合为同一个指标。所以不同学校可以根据自身情况按照重视科研或教学的不同程度在科研与教学之间设定一个权重，两个数值按照这个权重折合为同一个数值。在折合为同一个数值的过程中可以实行分级累进的制度，即按照每个教师在自身完成的科研和教学任务量的基础上划分为若干个等级，数量越多的阶段认为是较高的等级。对于科研，可以在划分若干等级的基础上在越高级的等级上给予较高的权重，从而体现较高的科研难度获得较高回报的思想。对于教学，在划分若干等级的基础上，在较高的等级赋予较低的权重，以体现每个教师不能担任过多的教学任务的思想，因为每个教师的精力是有限的，担任的教学任务越多，其教学质量就越难以保证。从而不鼓励教师承担过多的教学工作。

在考核教师的制度设计过程中要尽量降低不同管理层的行政干预力度。传统的考核都是中层干部扮演着重要角色，中层干部为了容易开展自己的工作在很大程度上将对教师的考核演变为人情或人际关系的考核，当考核的标尺发生偏移后，没有真正为组织做贡献而专注于与领导干部拉关系的“势力小人”便成为年度考核中的得利者，从而会使整个组织弥漫着不公平的气息。众多“有能力”的人就会专注于“走关系”。组织中利益分隔的制度进而继续发生扭曲。所以本激励模式下所要讨论的制度设计要避开行政干预。使得教师成绩考核过程完全成为一个民间评价方式。通过民间的方式从组织中选取能力强和乐于奉献的教师担任绩效考核的评委（成员中不能包括具有行政头衔的中层领导，在很多高校中有规定，中层干部不参与年终教学优秀的评选，既然不被评选，干脆也不要评选别人)，这个民间组织的决策结果就是中层领导的决策结果。这种评价标准就在很大程度上避开了教师评价过程中的行政评价标准，使得评价组织真正成为一个学术性组织和教学性组织，使得评价结果也就越发接近所有教师所期望的结果。在此基础上，将对教师的考核结果成为高层管理者对中层管理者进行考核的一个重要指标，即在高层管理者对中层管理者考核的时候，在考核的全部内容中有一部分是教师的表现，并且对该部分内容赋予很高的权重，体现“只有不合格的领导，没有不合格的教师”的思想。通过这一指标的设计使得中层领导的成绩直接与普通教师的成绩相关联。这样，中层管理者就会非常注重培养有突出成绩的教师，会创造尽可能多的发展机会使有才能的教师尽量展示其才华，使中层管理者的利益、组织的整体利益、普通教师的利益紧紧地捆绑在一起。

（二）立体网络考核方法理念下考核指标细化的策略

高校对教师的考核出现不公平的原因往往是考核工作本身做得不够细。如果想做到考核尽量公正，就必须体现一份耕耘一份收获。教师的每一丁点儿劳动都是在为整个院校的发展做贡献，所以考核应该尽量体现教师对院校的每一丁点儿贡献。为了做到这一点，就必须是考核做到足够细。考核越细越能体现那些为院校多做贡献的人。因为在考核非常粗的情况下，就会使有些教师浑水摸鱼，使那些本不该受到同样高级别奖励的低贡献教师受到了同样高级别的奖励。这些低贡献教师在暗自庆幸之余还增加了继续浑水摸鱼的希望，并且不希望学校改革既定的考核制度，以便自己在没有作出更大贡献的情况下与高贡献教师得到同样等级的待遇。而高贡献教师则暗自叫苦，碍于同事情面虽然不说什么，但心底却抱怨既定的考核制度。所以从这一点上而言，考核制度做细就是奖勤罚懒，从根本上对高贡献者给予制度上的承认。

高校教师的工作主要有两个方面：科研和教学。所以综合评价教师在科研与教学方面的表现就可以真正评选出对学校有真正贡献的教师。如图3－3为一个简单科研测算图。评价教师的科研能力可以从学术论文、学术著作、科研项目、成果获奖、教材出版等几个方面进行。一般院校也主要是从这几个方面进行，由于工作做得不到位，所以不能从根本上体现公正。这里所以要强调公正，就是为使真正高质量的科研成果走上大雅之堂。而从根本上避免滥竽充数者。以学术论文为例，有些院校在科研评价中将不同级别的论文赋予不同的分数值，在评价教师的科研状况时，以所有论文的分数综合为标准，乍一看非常合理，实际上很不合理。原因在于不同级别的学术论文在学术界的认知程度以及发表的难度有很大的不同，尤其是涉足学术圈的“初来乍到”者发表高级别的学术论文就更加不容易，但发表的级别降低一些就很容易了。假如一篇高级别的文章A的写作难度和发表难度是一篇较低级别文章B的写作难度和发表难度的20倍，但五篇B的分数值可能与一篇A的分数值相当。所以很多人就会发表五篇B而不考虑发表A，这是一个策略问题。发表B多的人年终考核时反而称为优秀。所以这种考核制度本身实际上助长了次等品文章的泛滥，不利于学校学术品位的提升。为此，设定考核体系时就要通过指标设计从根本上杜绝这一现象的发生。在考核体系的设计过程中要考虑论文级别和论文转载两种情况，相同级别的论文要从作者排序、文章所在页码、文章字数以及文章是否上封面等多角度进行测评，在相同条件下这几个方面也是衡量文章含金量的重要尺度。每一个基层指标赋一个初值，如A_{111}、A_{112}等，由这些初始值加总后得到

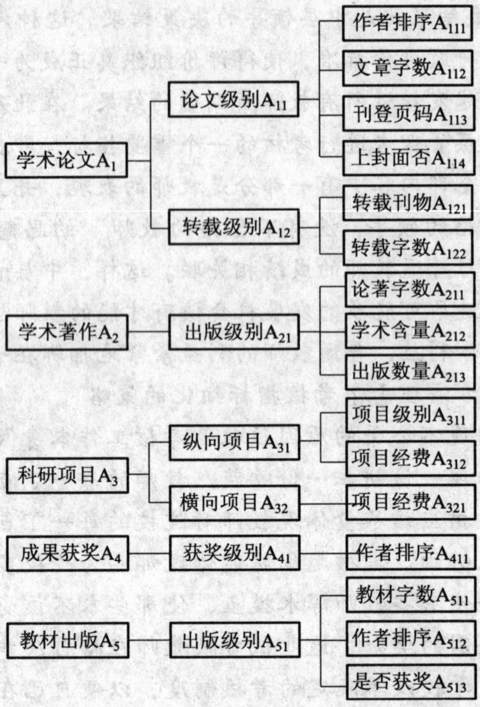

图 3-3 科研测算指标示意

较高一个级别的数值，如 $A_{11} = A_{111} + A_{112} + A_{113} + A_{114}$，为了反映论文级别，要给予不同级别的论文一个权重 W11，这个权重要根据不同级别论文的写作难度和发表难度给予权重值（这需要真正的行业专家来定，局外人定局内事只能使事情更糟），写作难度和发表难度最大的文章可以是最容易文章的 50 倍，这样就可以在很大程度上避免了滥竽充数者独领风骚的局面。如果论文被转载，则要从转载刊物和转载字数两个层面衡量，参考权威专家的评价在两个方面分别赋予初始数值。将该两个方面的和加总就得到 A_1。对于学术论著，要考虑出版级别，不同级别的出版社出版的著作的影响力度不同，学校可以根据权威专家的评价给予不同出版社以不同的赋权值，最高级别的出版社的赋权可以是最低级别的出版社的赋权的 30 倍，同时要考虑论著字数、学术含量、出版数量等，因为有些教师出版著作的目的不是为了学术交流而是应付差事。这样一来，在论著字数、学术含量以及出版数量等方面就会大打折扣，所以在制定考核指标时学校要在这几个指标方面邀请有关专家严把质量关。对于成果获奖，测评就相对比较简单，主要考虑获奖级别以及作者排序。不同级别奖励之间给予的权值级差要尽量大，这样可以鼓励更多的教师去争取更高级别的奖励。对于出版的教材，也要特别考虑出版的级别，同时要考虑教材字数、作者排序、以及是否获奖等。在作者排序方面要尽量拉开第一作者与其他作者之间的差别，用这种方法鼓励更多的教师以第一作者身份或独立作者身份发表教材。对于教学，主要从常规教学和教学成果获奖两个方面考核，常规教学主要考虑授课学时、受益学生、授课级别、学生反馈、抽查结果等几个方面。对于教学成果，主要考虑教学获奖、教研论文和教法改革等（如图 3-4）。

在综合测算最终结果时，要充分考虑职称问题，为此设计职称权重系数 C，不同职称的教师要乘以不同的权重系数 C。为此规定，正高职称 C_1：岗位职责内 $C_1=1$，当工作量超额完成本职工作任务时则超额部分取不同的 C 值，每超额完成 10%，C_1 递增 0.1；副高职称 C_2：岗位职责内 $C_2=1$，每超额完成岗位职责 10% 则 C_2 递增 0.15；中级职称 C_3：岗位职责内 $C_3=1$，每超额完成岗位职责 10% 则 C_3 递增 0.2；初级职称 C_4：岗位职责内 $C_4=1$，每超额完成岗位职责 10% 则 C_4 递增 0.25，不同职称教师的指标系数增进量不同可以让优秀的年轻教师把握住更多的机会。各指标之间的关系和求和过程如表 3－4。

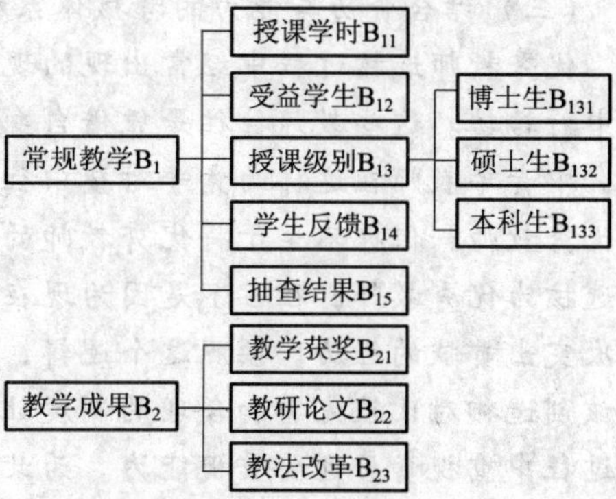

图 3－4 教学测算指标示意

表 3－4 教师考核综合测算表

结果	Z 值	得分	一级指标求和	赋权求和	赋权数值	基础数值
最终考核结果：T=ZC	科研型院校：Z=（70%S+30%T）C 教学型院校：Z=（30%S+70%T）C	科研 $S=W_1A_1+W_2A_2+W_3A_3+W_4A_4$	$A_1=\sum W_{11}A_{11}+\sum W_{12}A_{12}+\cdots$	$\sum W_{11}A_{11}$	$W_{11}A_{11}$	$A_{11}=A_{111}+A_{112}+A_{113}+A_{114}+\cdots$
				$\sum W_{12}A_{12}$	$W_{12}A_{12}$	$A_{12}=A_{121}+A_{122}+\cdots$
				…	…	…
			$A_2=\sum W_{21}A_{21}+\cdots$	$\sum W_{21}A_{21}$	$W_{21}A_{21}$	$A_{21}=A_{211}+A_{212}+A_{213}+\cdots$
				…	…	…
			$A_3=\sum W_{31}A_{31}+\sum W_{32}A_{32}+\cdots$	$\sum W_{31}A_{31}$	$W_{31}A_{31}$	$A_{31}=A_{311}+A_{312}+\cdots$
				$\sum W_{32}A_{32}$	$W_{32}A_{32}$	$A_{32}=A_{321}+A_{322}+\cdots$
				…	…	…
			$A_4=\sum W_{41}A_{41}+\cdots$	$\sum W_{41}A_{41}$	$W_{41}A_{41}$	$A_{41}=A_{411}+\cdots$
				…	…	…
			$A_5=\sum W_{51}A_{51}+\cdots$	$\sum W_{51}A_{51}$	$W_{51}A_{51}$	$A_{51}=A_{511}+A_{512}+A_{513}+\cdots$
				…	…	…
		教学 $T=M_1B_1+M_2B_2+\cdots$	$B_1=\sum M_{11}B_{11}+\sum M_{12}B_{12}+\sum M_{13}B_{13}+\sum M_{14}B_{14}+\sum M_{15}B_{15}+\cdots$	$\sum M_{11}B_{11}$	$M_{11}B_{11}$	B_{11}
				$\sum M_{12}B_{12}$	$M_{12}B_{12}$	B_{12}
				$\sum M_{13}B_{13}$	$M_{13}B_{13}$	$B_{13}=B_{131}+B_{132}+B_{133}+\cdots$
				$\sum M_{14}B_{14}$	$M_{14}B_{14}$	B_{14}
				$\sum M_{15}B_{15}$	$M_{15}B_{15}$	B_{15}
				…	…	…
			$B_2=\sum M_{21}B_{21}+\sum M_{22}B_{22}+\sum M_{23}B_{23}+\cdots$	$\sum M_{21}B_{21}$	$M_{21}B_{21}$	B_{21}
				$\sum M_{22}B_{22}$	$M_{22}B_{22}$	B_{22}
				$\sum M_{23}B_{23}$	$M_{23}B_{23}$	B_{23}
				…	…	…

（三）结合资历与能力的考核体系构建

优秀教师选核过程中经常出现的现象是优秀教师指标总是在老教师或者中层领导圈层中打转转。这些教师往往是凭借自身的资历或者是在中层领导中间的影响力而被选核的，中青年教师在这样的竞争对垒中往往败下阵来。资深的老教师固然大部分都称得上是优秀教师，但也不至于将优秀教师的选核权总是垄断在自己身上，老教师有更多的机会选核为优秀教师，往往不是因为现在的表现非常突出，而是因为在以往的工作中有过多次突出贡献的经历。按照这个逻辑，老教师不应该垄断更多被选核为优秀的机会，而应该创造相对比较完善和合理的制度让优秀的中青年教师有公平地参与竞争的机会。选核过程中重视资历也要重视能力。为此，可以考虑如下的思路让优秀的青年教师有崭露头角的机会并且立志留在该学校长期工作。

（四）完善聘任的刚性制度让优秀教师看到希望

教师作为学校的一名教师到一个组织中来是为了实现自己的诸多希望，包括通过努力取得成绩从而得到组织的认可，实现自身价值的提升，得到相应的回报，从而使自己的生活质量得到提高。在如上两个希望得到实现的同时进一步加大社会对自身的认识度，从而扩大自身的社会影响，以便在更高层次上体现自身的价值。一个组织是由众多个体组成的，这些个体中只有一部分是具有抱负的优秀教师，组织高层需要进行完善的制度设计让所有教师在这个平台上竞争，在竞争中败下阵的教师也不会有任何怨言，所以公平竞争的人事聘任制度就对于组织的高效发展就非常重要。优秀教师跳槽的原因之一就是看不到自己施展才华从而在众多教师中崭露头角的机会。学校的中高层领导都是在论资排辈的传统思维方式下聘任的，由于这些人在各个管理部门间已经具备了很好的人际关系网，虽然成绩平平，还是身居高位。庸才管理者手下的贤才看不到在组织中成长的希望的时候，离开组织是教师的最好选择。为此，组织留住人才的有效方法就是进行相对较完善的制度设计，为教师创造一个公平竞争的平台，这样，教师从成为这个组织成员的第一天起就可以按照这样的方向努力，使自己能够清楚地感觉到自身的能力距离这样的目标还相差多远。这样的制度设计不仅使某个教师看到希望，而是使所有的教师看到希望，大家的注意力就会更多的集中在向目标的奋斗上，从而避免了教师之间互相拆台从而使组织笼罩在不良的成长氛围中的局面。组织领导的日常工作从而也就会轻松许多，使自己从纷繁复杂的关系网中挣脱出来，创造了大家都按照实现规定的制度办事的公平工作氛围。

如图 3－5 所示，横轴方向表示能力和才智增加，纵轴方向表示年龄和资历增加，从普通教师到学校高层按照从左下到右上的顺序用圆圈表示，圆圈所在的位置表示了年龄资历以及能力才智得到同种重视程度情况下的一种排列状态，这是一种绝对状态，通过所有圆圈的虚线可以认为是一条绝对线，一般学校的人事聘任制度都不能做到这一点（在绝对线上，能力和资历得到同等重要的重视）。传统条件下的案例更加侧重于 L^1，图中 L^1 位于绝对线的左端，是一种过分注重年龄和资历的人事聘任制度，这种制度下越是企业管理的高层越发注重年龄和资历。L^4 表示过分注重能力和才智的情况，随着学校管理层次的提高，虽然也非常注重能力和才智，但对年龄和资历的注重程度越来越高。L^4 表示在普通教师到部门管理者的任命中非常注重能力和才智，在部门管理者以

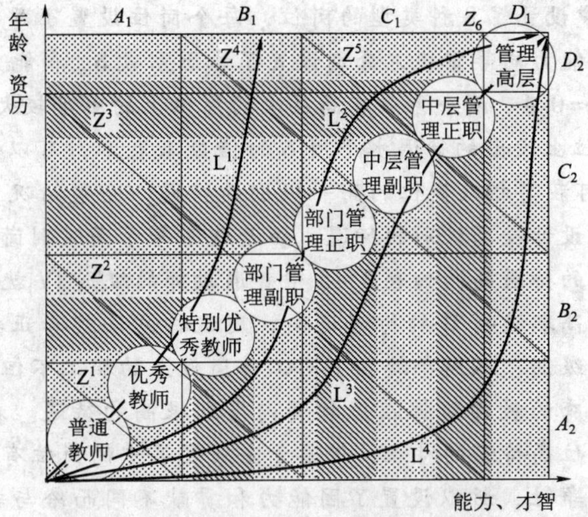

图 3－5 复合标准下的人事聘任制度示意

上的中高层管理者的任命中对资历和能力同等注重。L^2 表明以部门管理正副职为分界，部门管理副职以下以能力为标准，部门正职以上则以资历为标准。在四条选择线中笔者认为 L^3 是一种最好的选择。学校人事聘任制度设计中，在中高层管理者中要同时体现资历和能力，部门管理以下的职位设计中要充分体现能力标准，所以沿 L^3 的制度轨迹应该是最理想的设计。坐标系中沿 A_1、B_1、C_1、D_1 的纵向区域的垂直方向分别表示了在同等能力重视程度下对资历重视程度的增加。同样，A_2、B_2、C_2、D_2 的横向区域的水平方向分别表示了同等资历重视程度下对能力重视程度的增加方向。同一岗位的设制过程中可以根据实际情况在能力或资历之间有所侧重地选择。坐标系中的 Z_1、Z_2、Z_3、Z_4、Z_5、Z_6 等线之间的间隔表示了同等岗位条件下在资历和能力之间有所侧重的选择余地，如 Z_3 和 Z_4 之间表示在选择部门管理者时可以使选择线尽量地向右下方向偏也可以使选择线尽量地向左上方向偏，选择线偏离绝对线的程度有多大直接涉及到企业人事聘任的公正程度。学校可以利用这种偏离制定较为完善的岗位聘任制度，即同等岗位的设定中可以在资历与能力之间展开竞争，如果有资历者也具有相当的能力或者能力更高自然偏重资历选择标准，这时选择线向左上偏移，如果有资历者没有相当的能力则要侧重能力标准，这时选择线向右下偏移。同样的制度设计可以在各个层次的岗位上进行，于是使得能力与资历之间真正能够产生竞争。为非常优秀的年轻职工在同龄教师中出类拔萃甚至能够挤入资历较深的老教师群体中并且身居同等重要的职位。

因为教师的基本素质不同，所以需要通过分层滚动的绩效考核制度将真正优秀的教师选拔出来，这种考核制度的优点在于打破了传统的分部门进行考核的方法，而通过岗位调节指数和部门调解指数将企业内部的所有教师进行排队，从而将部门内部教师之间的竞争转变为了企业内部所有教师之间竞争的格局，从而有利于企业整体实力的提高，将教师的目标从利益的追逐转移到个人素质的提高上面来。在滚动考核的基础上进一步加强对教师的资历和能力的双重重视，以便将教师区分为技术型优秀教师和管理型优秀教师两类，然后再将管理型优秀教师逐渐提拔到企业管理的中高层。如表 3－5 示意了这一思想，表 3－5 中设置了 8 种类型的岗位，每个岗位设置了 5 个级别的待遇。用人过程中考虑到资历与能力同等重视，分别设置了资历系数 δ_m 和能力系数 δ_n，考虑到综合因素的影响，令 $\delta=0.4$。两个系数在高层次的岗位上的难度较大（表 3－5 中 δ 的倍数在增大），同一岗位上设置的待遇水平用 δ 的倍数来表示，可以规定：岗位级别系数大于 $(\delta_m+\delta_n)/2$ 可获得相应岗位的高一级别的待遇。一般情况下，高级别岗位由于完成的难度较大所以设计较高级别的待遇，但是这不等于高级别岗位的待遇就一定要比低级别岗位真正获得的待遇高，如表 3－5 中普通教师的级别 IV 就比优秀教师的级别 II 待遇高，甚至比中层高职级别 II 的待遇还高。用这种方法就真正打破了论资排辈的岗位待遇做法，使不同级别、不同年龄、不同工作岗位上的职工不但要重视其资历而且要重视其能力，使得优秀的教师能够在短时间内得到很高的待遇。在这个参照系的设置中，基本反映出高岗位高待遇的特点，但鉴于企业发展中的岗位有限，同时还必须增强同一岗位上教师的竞争性，所以设置了因能力和贡献不同而给与非同等待遇的差别工资。从而保障了低岗位的高贡献教师同样可以拿到较高的待遇。有能力的教师虽然在短时间内不能提升到较高的岗位上，但可以得到较高的待遇。教师可以感受到学校给与的相对公平的待遇。在此基础上再采用梯级组团的方法对教师进行升迁或者贬值处分。

表 3－5　资历与能力双重重视参照系下的岗位待遇

基本标准		A	B	C	D	E	F	G	H
与 A 比较			1.5A	2A	2.5A	3.5A	4.5A	5.5A	6.5A
资历系数 δ_m		δ	δ	δ	δ	2δ	3δ	4δ	5δ
岗位待遇级别	级别 V	6δA	5δB	6δC	5δD	6δE	6δF	7δG	7δH
	级别 IV	5δA	4δB	5δC	4δD	5δE	5δF	6δG	H
	级别 III	4δA	3δB	C	3δD	E	4δF	G	
	级别 II	3δA	B		D		F		
	级别 I	A							
能力系数 δ_n		δ	2δ	3δ	4δ	5δ	6δ	7δ	8δ
岗位设置		普通教师	优秀教师	特别优秀	部门副职	部门正职	中层副职	中层正职	学校高层

这种待遇分配方法真正让不同的人得到不同待遇，并且让真正为组织作出更大贡献的人享受到更高的待遇。在设计该种制度体系时初期工作非常繁琐，一旦制度建立起来后对教师的评价就具有科学依据，可以使所有教师在良性竞争的文化中具有充分发展机会。后期制度实施过程只是进行逐步完善和监督。真正有才能的教师能够迅速得到较高待遇并提升到管理高层，教师在得到公正待遇的同时也使整个企业注入旺盛的生命力。低职位高贡献的教师得不到相应待遇时，教师会感觉到不公平，同样，高职位高待遇教师没有做出相应的贡献时，其他教师同样会感觉到没有给与公平的待遇，而且这时的团队成员会因为庸才当道而感觉到组织发展无望，选择离开自己抱有很高期望值的学校是被迫无奈的选择。

案例思考题

1. X学校在教师评优方法上存在哪些问题?
2. 你对案例分析中提及的立体网状的评优方法是否赞同，为什么?
3. 你认为在优秀人才评选过程中如何将能力与资历两项指标结合起来考虑?
4. 你身边是否发生了或者发生着类似的事情，谈谈你的看法?
5. 你对案例分析中的量化方法是否认同，你有无更好的办法?

第四章

决策管理

本章内容提要

决策是管理的一项重要职能，此项职能是决定做不做和怎样做的问题，这一步如果不能做好，管理者就会满盘皆输。决策就是企业为了实现既定目标而为使未来行动目标优化或至少达到某种满意程度，在两个或两个以上备选方案中选择一个最佳方案并组织实施的过程。就一般意义而言，决策应该包含以下几层含义：目标明确、方案选择、过程完整、行为超前、操作可行。人们对决策看重的原因在于决策对组织的发展具有很重要的作用：决策是企业管理工作成败的关键；好的决策才能够保证企业的各项职能顺利进行。按照决策的重复程度划分可以分为：程序化决策和非程序化决策。按决策的作用范围可以分为：战略决策、战术决策和业务决策。按决策问题所处的条件可以分为：确定型决策、风险型决策、非确定型决策。决策应该包括以下几个基本步骤：调查问题、确定目标、拟定方案、方案评价、方案选择、方案实施、监督反馈。在管理学发展过程中，专家学者们发明了多种非常有效率的决策方法，这些方法包括了定性决策方法和定量决策方法两种类型。定量决策方法是利用数学模型对预测的事项进行决策的方法，一般分为确定性决策、风险性决策和不确定性决策三类。

一、决策的概念

著名管理学者西蒙对决策理论的提出做出了重要贡献。西蒙认为，决策是管理的心脏。随后很多管理学者对决策的内涵不断进行完善和发展，使得决策的内涵不断丰富。一般而言，决策就是企业为了实现既定目标而为使未来行动目标优化或至少达到某种满意程度，在两个或两个以上备选方案中选择一个最佳方案并组织实施的过程。它包含以下几层含义：① 目标明确：决策是围绕一定的目标进行的，决策就是为了实现这样的目标而进行的抉择。任何决策都要以实现组织总目标并使目标优化为出发点。决策者往往会面临多个选择，决策的原则就是花费尽量少的成本做最多的事情。所以决策的质量就会影响企业的未来发展状况。② 方案选择：为了提高决策的质量，决策者需要综合各方面的情况将各种可能性尽可能全面地考虑进来，在此基础上可以设计多个备选方案，不同方案具有不同的优势，决策行为需要决策者在多种可能性之间进行抉择，所以决策的中心含义是“选择”，如果在决策中只有一种方案，这时的决策就成为了在做与不做之间进行的决定，这与原始意义上的决策的含义就相差甚远了。决策于是失去了应有的意义。③ 过程完整：一般来说包括决策前提出问题、搜集资料、预测未来、拟定方案、优选以及决策实施中的追踪反馈等在内的完整过程。其间如果缺失任何一个方面，都可能使得最终的决策失去科学性进而导致企业的未来收益受到损失。只有各个步骤都能够按部就班地完成，才能够保证决策的科学和合理。④ 行为超前：决策是根据现在对未来事情进行的抉择，要求决策者具有超前意识，能够凭借自身的经验、丰富的知识以及敏锐的观察力做出正确的选择。决策水平的高低是管理者全方位素质的展现，决策者要力求充分占有各种资源，做出最高质量的决策。决策者需要具有很好的判断力，并且能够较好地将可能出现的各种问题事先进行预料，并提前采取一些防患性措施。⑤ 操作可行：决策虽然是在不可知中进行赌博，但并不是盲目地赌博。管理者的决策应该距离成功并不遥远，并且基本上是确定的。管理者的目的是为了进行成功抉择，于是要求决策者的决策操作可行。决策是科学判断而不是捕风捉影的判断。不能明知不可行而为之。决策不能好高骛远，需要在切实可行的基础上进行。可行指的是能解决预期的问题、具备执行方案的条件、能够达到预期的效果等。由以上分析可知，决策的过程是有一定的复杂性的，这是因为决策非常复杂，所以很多决策并不是能够轻易做出的。人们对决策看重的原因在于决策对组织的发展具有很重要的作用：决策是企业管理工作成败的关键；好的决策才能够保证企业的各项职能顺利进行。正是从各个角度而言，著名管理学家西蒙说过，管理的本质就是决策，决策贯穿管理过程的始终。决策质量直接影响到企业的发展未来。为了有很好的未来就需要从现在做起，做好任何一项决策。

二、决策类型划分

不同企业面临不同的决策，同一企业在不同时间也面临不同的决策，所以对决策类型进行细分有利于深度把握决策。按照不同的标准可以将决策划分为不同的种类。① 按照决策的重复程度划分可以分为：程序化决策和非程序化决策。程序化决策就是在日常管理中以相同或者近似的形式出现的决策。决策者可以根据先前已经做出决策的样子按照惯常的方式做出决策，程序化决策由于在决策过程中省去了诸多复杂环节，所以决策相对简单。非程序化决策是具有巨大偶然性的甚或只出现一次的决策。这样的决策一般不会重复发生或者很少重复发生。需要决策者根据决策的具体问题进行决策。这样的决策由于偶然性非常强。所以在做其他的决策时不能够作为盲目效仿的样板。② 按决策产生作用的范围可以分为：战略决策、战术决策和业务决策。三种决策的作用范围顺次减小。战略决策是关于组织全局利益和长远利益的决策，对组织的生存与发展将产生决定性影响，战略决策着眼于企业发展的长期过程，这是一种宏观尺度的决策。所以对企业的发展会产生很大的影响。这种决策决定了组织的发展方向，是高层管理者必须履行的职责。企业的投资方向、产品更新、设计等重大问题的决策属于战略决策。战术决策是关于实现战略决策过程中的具体实施方法，相对于战略决策而言其作用范围比较小，影响的时间也短，这是一种中观尺度的决策，决策内容已经比较具体，但相对于业务决策而言还是相对比较宏观的。在企业日常经营中涉及的物资采购、资源配置等都属于战术决策。业务决策是为改善企业的业务活动质量而进行的决策，该决策涉及的对象较前面更加具体，在实践上操作的灵活性更强。组织成员需要按照这样的决策进行日常工作，业务决策可以细化到工作说明书的程度。这实际上就是员工的工作指南。③ 按决策问题所处的条件可以分为：确定型决策、风险型决策、非确定型决策。三种决策的决策质量依次降低，决策中可以掌握的信息的确定性也逐渐降低。确定型决策是指在可供选择的方案中只有一种决策是合理的，不存在概率问题，决策者可以掌握充分的信息，信息资料确定，决策条件确定，可供选择的方案之间的优劣比较和预期结果明确，可以通过数学方法来确定合理的决策。决策者可以通过确定性的数量模型进行计算、推导，最终得出结论，结果是唯一的。实践中为人们所熟知的确定型决策主要有盈亏平衡点决策。风险型决策相对于确定性决策而言决策就需要建立在一定的概率基础上了，这时决策者面临两个或两个以上的可能状态而每种状态都可能出现，决策事件未来出现哪种自然状态的概率，决策者不能肯定，但大致可估计出其出现的概率，决策者需要根据各种情况出现的概率情况做出判断，在综合分析的基础上得出一个期望值，决策者在选取方案时会出现一定的风险。但是这种决策的风险相对于非确定性决策而言还是相对较小的。风险型决策的方法主要有决策树方法。非确定型决策是指外部条件不可预测，未来哪种状况出现不可知（概率也不可知），因此无法按照期望值标准进行方案选择。进行非确定型决策的决策者这时候基本上是蒙起双眼做决策，决策者的第六感觉如果相对较好，则决策质量就会相对较高。非确定型决策尽管也有数学方法，但作出最终决策主要还是依靠决策者的经验和判断。非确定型决策方法主要有冒险法（大中取大法）、保守法（小中取大法）、折衷法（乐观系数法）、后悔值法。

三、决策的基本程序

虽然不同行业、不同决策者、不同事务的决策稍微有差异，决策的环节也会有所不同，但就一般意义上讲，决策应该包括以下几个基本步骤：调查问题、确定目标、拟定方案、方案评价、方案选择、方案实施、监督反馈。下面就简要阐述一下如上几个基本步骤：① 调查存在问题。没有调查研究就没有发言权，调查分析是决策的基础。决策的第一步是分析现状并发现其中的问题，任何决策都是从发现和提出问题开始的，只有发现问题后才能够作出对症下药的决策，发现问题后必须明确问题发生的时间、地点及可能产生的影响、原因、严重性和必要性等，管理者在处理这些问题时可以分出轻重缓急并尽快理清解决问题的头绪。管理者在调查问题的时候不应该将眼睛只盯在某一点上，在处理相关问题时需要通观全局，从整体的角度思考和比对，并且尽量发动组织全体成员参与到问题的调查当中来，从而运用集体的智慧更加容易尽快地发现问题的关键原因所在。② 明确决策目标。调查问题的目的在于理出工作的头绪，从一团乱麻似的问题中理出工作的头绪，集中精力做最需要做的事情。决策目标是指企业在进行充分的市场调研的基础上预期达到的研究成果，决策目标弄错了，就相当于搭乘的列车班次错了，如果返回来重新买票坐车，成本就非常大了。确定决策的目标是决策中最重要的环节。在确定决策目标时要注意以下一些问题：目标要尽量数量化和具体化以便于操作；充分考虑各种可能性之后确定目标；要明确目标实现的前提条件；在制定目标的过程中要分清主次。③ 草拟备选方案。为了使得决策行为有弹性，就需要在综合考虑多种情况的基础上酝酿出多个可供选择的备选方案。所以决策目标一旦确定就要在收集组织内外部各方面的相关信息的基础上确定备选方案，此间力求收集到的资料丰富、准确，在此基础上就可以考虑尽量多的可能性并因此确定更多的备选方案，在众多备选方案中选择出的方案就越加合理有效。决策者在多个方案进行比较的过程中，发现方案的优劣，并比较实施方案的成本。④ 评价各种方案。选定备选方案后就要对备选方案进行评价，评价过程也是很重要的，如果在评价过程中带有主观偏见，就使得评价失去了意义。决策者需要根据组织的发展状态选择合适的评价手段，客观公正地对诸种方案作出客观的评价。评价的方法有经验判断法、数学分析法、实验法。经验分析法是根据决策者以往的经验进行判断的方法，不同决策者由于经验以及知识背景不同，可能导致的评价结果不同。数学分析法是运用一定的数学模型对方案进行分析判断的方法，该方法表面上看起来更加客观，但如果数学模型选择不合理或者最初的调查数据不够客观，评价的结果也不会合理。选择最优方案是决策的关键环节，也是领导职能重要性的体现。实验方法是指人们根据一定的科学研究目的，利用科学仪器设备，在人为控制或模拟的特定条件下，排除各种干扰，对研究对象进行观察的方法。很多情况下只需要对方案进行定性评价，相对于定量评价，定性评价就可以省下很多的成本。⑤ 选择最佳方案。选择方案就是在对各种备选方案进行权衡之后，决策者最终选择最优方案的过程。根据方案的重要程度不同，在最终选择方案时可以采取集体决策或者主管领导拍板等不同形式。重大决策需要多次召开会议由所有主管领导最后集体决策商定。对于一般性的决策只是在会议上有主管领导在会上通知一下有关人员而主管领导自主决定即可。⑥ 实施已选方案。方案定下来后就要付诸实施，决策的结果是否正确需要通过实践进行检验。在方案实施的过程中，要注意确定合适的人选实施方案。方案的实施者选择不恰当的时候，也会为组织造成不必要的损失。⑦ 反馈监督信息。前面各种工作还流于理论论证，实施方案才是真正的操作。为了适时把握方案实施中的信息，监督反馈过程是不可缺少的。方案的执行过程及时反馈给决策者相关的信息，以便于决策者及时判断方案的优劣。方案执行中出现的一些小问题需要在现场控制中得以解决。如果未出现各种问题，这当然是方案选择最为理想状态。如果出现了重大问题，则需要采取即刻制止的决策，以免方案继续执行为企业带来的重大损失。

四、决策方法类型

西蒙认为，管理就是决策，决策贯穿管理的全过程。在管理学发展过程中，专家学者们发明了多种非常有效率的决策方法，这些方法包括了定性决策方法和定量决策方法两种类型。

（一）定性决策方法

定性决策方法不是通过数量化方式进行的决策方法，专家学者通过整合各方面的信息，在充分讨论的过程中逐渐形成比较一致的观点，从而形成对具体事物的决策结论。定性决策方法表面看上去不如定量决策那样精确，但这种通过综合思想进行的决策往往在决定事物的发展方向方面具有重要的作用，与定量方法结合起来往往会达到事半功倍的效果。德尔菲法和头脑风爆法是两种比较成熟的定性决策方法。① 德尔菲法（特尔菲法）。德尔菲法的本质是通过多轮匿名函询专家，组织预测小组在总结整理专家的意见后再发给各专家以便专家提出新的判断，等到几轮讨论后专家的意见趋向一致后，提供给决策者进行最后决策。德尔菲法一般经过如下几个步骤进行：明确研讨论题；选择与会专家；制定调查表格；确定预测过程；做出预测结论。在整个过程中，德尔菲法表现出专家匿名、多轮讨论、统计结果的特点。② 头脑风爆法也叫思维共振法，与会专家通过信息交流，大家在毫无拘束的前提下畅所欲言，产生思维组合效应，从而创造共振思维的管理方法。一般而言思维共振方法分为三个阶段进行：质疑既有思想；编制意见评价表格；总结归纳各种意见。头脑风爆方法如果控制不得力，在讨论中大家会海阔天空离开主题进而浪费大量时间，为了避免在讨论中发生类似的事情，必需坚持如下原则：明确具体要求；不能诽谤他人意见；鼓励提出可行性建议；讨论环境不能受约束；发言要力求简短；专家不能念发言稿；严格控制与会人数。

（二）定量决策方法

相对于定性决策方法而言，定量决策方法是根据具体的数量指标对事物进行决策的方法。定量决策方法是利用数学模型对预测的事项进行决策的方法，一般分为确定性决策、风险性决策和不确定性决策三类。

1. 确定性决策

确定性决策不存在概率问题，决策是在完全由把握的基础上进行的。最常用的方法就是盈亏平衡点决策方法（也叫量本利分析方法）。该方法的基本特点是：把成本分为固定成本和可变成本两部分，通过数学模型方法分析确定盈亏平衡点时的产量。其基本思想可以通过几何图形表示也可以通过数学方程表示。如图 4－1，Y、C、F 分别表示总收益、总成本和固定成本。图 4－1 中 Q^* 为盈亏平衡点时的产量，E 点左边表示亏损，E 点右边表示盈余，MN 表示亏损数量，PQ 表示盈余数量。图 4－1 中的关系可以用如下方式表示：

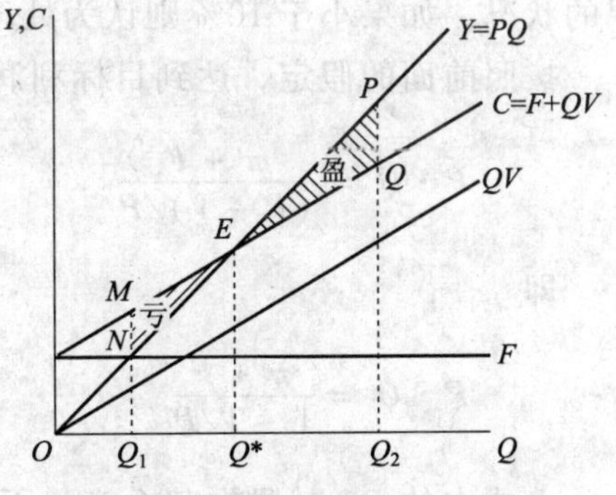

图 4－1 盈亏平衡点分析示意图

$$PQ^* = F + Q^* V$$

据此得到盈亏平衡点时的产量为：

$Q^* = F/(P-V)$

例如：某公司生产收音机，每台售价 100 元，每台变动成本 50 元，固定成本 40 000 元，则盈亏平衡点的产量应该是多少？

解：由题意得 $F = 40\ 000$ 元，$V = 50$ 元，$P = 100$ 元。根据公式有

$$Q^* = \frac{F}{P-V} = \frac{40\ 000\text{ 元}}{100\text{ 元/台} - 50\text{ 元/台}} = 800\text{ 台}$$

因此，盈亏平衡点时的产量为 800 台。

如果在此基础上增加一个利润变量，就可以将该模型扩展到任意产量决策的模型，如果利润为 π，有：

$$\pi = Q \cdot (P-V) - F$$

其中 π 表示利润。

由此可以得到

$$Q = \frac{\pi + F}{P-V}$$

接上例，如果该企业预计今年的利润额为 1 000 万元，在其他条件不变的情况下，最低产量的计算方法如下：

$$Q^* = \frac{F+\pi}{P-V} = \frac{40\ 000\text{ 元} + 100\ 000\text{ 元}}{100\text{ 元/台} - 50\text{ 元/台}} = 2\ 800\text{ 台}$$

盈亏平衡点方法除了对产量进行决策外，还可以用于判断企业的生产经营状况，用经营安全率 S 来表示：$S = (Q - Q^*)/Q$。一般认为，S 的值大于 30% 认为是安全的，25% －30% 之间认为是比较安全的，15% －25% 之间认为不太好，10% －15% 是需要警惕的状况，如果小于 10% 则认为处于危险状况。

按照前面的假定，达到目标利润的销售额可以用下面的方法计算得出。

$$P \cdot Q = \frac{\pi + F}{(P-V)/P}$$

即

$$P \cdot Q = \frac{\pi + F}{1 - V/P}$$

上式中的 PQ 就是在某个产量下的销售收入，如果定义销售收入为 S_E，则

$$S_E = P \cdot Q = \frac{\pi + F}{1 - V/P}$$

2. 风险性决策

风险型决策发生在各种可能出现的情况的概率已知，各种概率下的损益值也知道，在这种情况下对事物进行决策。这时候就需要根据已知的概率与损益值情况计算出损益

值的期望值，然后根据这个期望值进行决策。当管理者面临的决策方案对应着两个或两个以上相互排斥的可能状态时，管理者在做决策的时候只能从多个方案中选择出一个。但每种状态都有一定的可能性出现，并且对应的结果已知，管理者针对这种状况的决策就是风险性决策。决策者可以根据各种可能的情况确定出发生的概率，然后根据概率情况计算出期望值，风险性决策的标准是期望值，期望值实质上是既定方案下各种状态的可能性收益的加权平均值，期望值可以是收益也可以是成本，按照成本最低和收益最大原则，当决策指标为收益时，选取期望值最大的方案（以下实例中都是以收益为例），当选取指标为成本时，应选取期望值最小的方案。例如：某家公司开业决定计算机系统的租用问题，备选方案有：A_1（租用小型系统）和 A_2（租用中型系统）。据预测，租用系统以后开拓信息市场成功的概率为 0.7，不成功的概率为 0.3。在两种情况下各方案的损益值如表 4－1，请根据以上条件绘出决策树（如图 4－2），并根据决策树选出最佳方案。

表 4－1　　不同方案、状态下的损益值

状态 / 方案	S_1：开拓成功	S_2：开拓不成功
A_1	120	60
A_2	150	－20

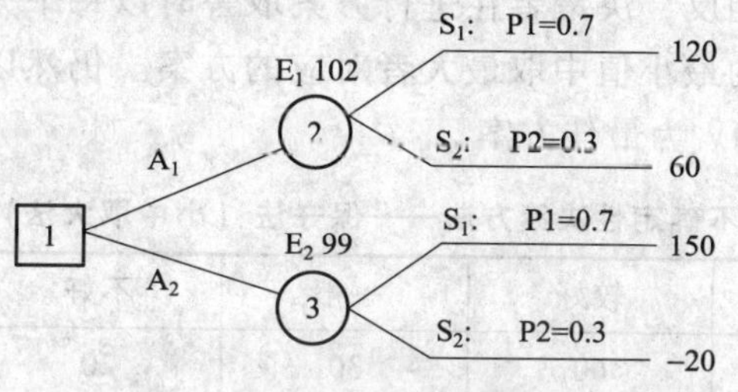

图 4－2　决策树模型

解：决策树如图 4－2 所示。

状态点②$E_1 = 0.7 \times 120 + 0.3 \times 60 = 102$

状态点③$E_1 = 0.7 \times 150 + 0.3 \times (-20) = 99$

应该选择方案 A_1

3. 不确定性决策

决策树决策方法是已知某种情况发生概率基础上进行的决策，不确定型决策相对于风险型决策而言，概率是未知的。这时就不能够凭借概率对事物进行决策。因为现实状况中很难知道某种状态下可能发生的概率，既然如此，就无法计算期望值，进行方案选择时就取决于决策者对待风险的态度。目前比较常用的方法包括冒险法（大中取大法）、保守法（小中取大法）、折中法、后悔值法等。

冒险法：该种方法也叫做大中取大法。该种方法的基本思路就是“天上掉下个馅饼正好砸在了自己的头上”，但事实上这种事情发生的概率是非常小的，所以在做出这种决策的时候是需要冒着很大的风险的。这种决策者是风险喜好型的，决策者甘愿冒着较大的风险，以期能够得到这个“馅饼”。这种决策者属于风险偏好型的，即做事情喜欢冒风险。决策者在方案取舍时愿意承担较大的风险，所以方案选择时以各种方案各种状态下的最大损益值为标准，在各方案的最大损益值中取最大者对应的方案。例如，某企业开发新产品的过程中有四种方案可以选择，每种方案对应着很好、较好、一般、不好等四种市场状态，各种情况下的损益值如表 4－2 所示，最终选择方案 III 为最佳方案。

表 4－2　　不确定性决策方法——冒险法（大中取大法）

	很好	较好	一般	不好	最大值	方案选择
I	90	60	30	20	90	
II	50	100	20	10	100	
III	120	40	－20	－25	120	√
IV	100	90	60	30	100	

保守法：该种方法也叫做小中取大法。该种方法的决策者不喜欢冒险，决策行为趋向于保守。在决策中尽量将各种不利的因素考虑在内，以便能够将决策可能带来的损失降低到最小。与冒险法相反，决策者在进行方案取舍时以每个方案在各种状态下的最小值为标准，再从各方案的最小值中取最大者对应的方案。仍然以上例说明，得到结果如表 4－3，最终选择方案 IV 为最佳方案。

表 4－3　　不确定性决策方法——保守法（小中取大法）

	很好	较好	一般	不好	最小值	方案选择
I	90	60	30	20	20	
II	50	100	20	10	10	
III	120	40	－20	－25	－20	
IV	100	90	60	30	30	√

折中法：该种方法也叫做乐观系数法。冒险法和保守法都是走极端的方法，理性的决策者既不愿意损失更多的收益，也不愿意承担更多的风险，所以最为可靠的方法就是折中法。与前两种方法不同，保守法和冒险法都是以各种方案下不同状态下的最值为标准的，多数情况下的决策者并不是完全的保守者或者冒险者，而是介于两个极端中间的某一位置处的方案，这就是折中法，这时候就需要通过创新管理方法对事情做出抉择。一般而言，折中法的步骤如下：① 找到各方案各种状态下的最大值和最小值；② 决策者根据自身的偏好选择乐观系数 α，最大值和最小值分别乘以 α 和 $1-\alpha$；③ 在②的基础上计算出各方案的损益值的加权平均值；④ 选择损益值的加权平均值最大的方案为

最终决策方案。如表 4－4，最终选择方案 III 为最佳方案。

表 4－4　　不确定性决策方法——折中法（乐观系数法）

	很好	较好	一般	不好	最大值	最小值	平均值（α＝0.75）	方案选择
I	90	60	30	20	90	20	72.5	
II	50	100	20	10	100	10	77.5	
III	120	40	－20	－25	120	－20	85.0	√
IV	100	90	60	30	100	30	82.5	

后悔值法：后悔值是指在某种状态下因选择某方案而没有选择该状态下的最佳方案而少得的收益值。由于没有得到最大收益，会让当事人后悔不已。当然后悔程度越小越好。如该例中，在“很好”状态下因选择状态 I 而没有选择在该状态下的最佳方案 III 而少得的收益值为 120－90＝30 即为“很好”状态下选择方案 I 的后悔值。同样，在“较好”状态下如果选取了方案 IV，这时对应的后悔值应该是 100－90＝10，意思是在“很好”状态下由于没有选择最佳方案 II（对应的收益值为 100），而选择了方案 IV（对应的收益值为 90），少得了 10 个收益。按照这种思维可以得到各种情况下的后悔值如表 4－5，在这个矩阵中，对应每个状态下都有一个后悔值为 0 的单元格。操作步骤如下：① 根据给定的损益值数据计算损益值的后悔值矩阵；② 从各方案中选择最大的后悔值；③ 从已经选出的最大后悔值中选择最小者，该后悔值对应的方案就是最终的决策方案。再如：根据下面的损益值表计算出后悔值表，并判断四个方案中哪个是最优的。根据后悔值表可知，方案 IV 是最优方案。

表 4－5　　不确定性决策方法——后悔值法

	很好	较好	一般	不好	最大值	方案选择
I	30（＝120－90）	40（＝100－60）	30（＝60－30）	10（＝30－20）	40	
II	70（＝120－50）	0（＝100－100）	40（＝60－20）	20（＝30－10）	70	
III	0（＝120－120）	60（＝100－40）	80＝［60－（－20）］	55＝［30－（－25）］	80	
IV	20（＝120－100）	10（＝100－90）	0（＝60－60）	0（＝30－30）	20	√

五、决策中应该注意的问题

为了使得决策具有科学性和可操作性，在做出决策的过程中需要把握以下几点要求：① 把握关键问题。在做决策的过程中需要考虑很多因素，但这些因素并不是同等重要的。往往某个关键因素决定着其他的非关键因素，这时候如果能够很好地把握这些关键因素，在做决策的时候就能够达到事半功倍的效果。不但能够使得决策的科学性得到提高，而且还会减少很多不必要的麻烦。② 认准决策的目标。决策都是围绕一定的目标进行的。如果决策偏离了预定目标，决策就失去了意义。为了达到认准决策目标的目的，就需要决策者充分考虑各种因素，并力求掌握更多的信息。在决策过程中尽量发挥群策群力的作用。③ 从多个方案中进行抉择。决策应该是从多个备选方案中选择出一个最为合适的。选择方案的过程就是比较的过程。各个方案应该是不同的专家从各个方面考虑后得出的结论。在方案比较的过程中发现各方案的优势或者劣势，从所有方案中选择一个最为合适的方案。④ 决策者要承担一定风险。决策并不总是有百分百的把握达到预期的结果，所以任何决策都含有一定的风险。决策者就是要通过自己的综合实力将这种风险降到最低，但降低风险并不能够消除风险，决策者拥有决策的权力，也就应该承担决策的风险。决策者不应该因为预测中有风险而在决策过程中畏首畏尾，以致有可能耽误组织发展的良好机会。⑤ 组建咨询专家团。决策虽然最终由核心管理者拍板，但决策需要由专家团完成。组成专家团的成员必须是来自各个岗位的一线管理者，这些人考虑同一个问题的时候思考的侧重点会有差异。这样就会将问题尽量考虑得比较全面。避免遗漏本不应该遗漏的地方，以致在决策的后期出现一些不必要的问题。

六、决策需要坚持的原则

虽然在决策过程中会尽量考虑各种情况，以免出现一些不必要的问题，但是决策中还是不免会出现这样或者那样的问题。为此在决策过程中坚持一些必要的原则是非常必须的。总结长期以来的管理经验，可以概括出如下几条原则：① 保证决策的系统性。决策不是断章取义，而是站在组织整体发展的角度进行的。在决策过程中不能因为组织某一方面的决策形成对其他方面决策的障碍。组织本来就是一个整体，组织发展过程中每一个方面的情况都会影响到其他的方面。所以在做出任何一个微观决策的时候都要着眼于组织整体发展。② 决策应该达到满意效果。“决策的结果相对满意”是决策的一个标准，决策是站在相对完善的信息基础上进行的，不可能占有所有信息。同时也不可能将所有的方案都试过之后才做出决策，所以决策的标准应该是“比较满意”而不是“最满意”。决策都是在一定的条件下进行的。在某个时间段或者某种环境条件下认为是比较满意的决策，在条件发生变化后就可能成为并非理想的决策。③ 决策结果应当可行。决策是站在实践角度而不是站在理论角度谈的。决策的结果应该是可行的。如果决策的结果虽然现在不可行而在未来某个时间是可行的，这也不能算作是合理的决策。决策的结果是着眼于企业现在的状况的，是为了解决现在的问题并着眼于未来发展的。决策结果的可行性是指企业目前的发展状况而言的。④ 适时反馈决策结果。决策一旦定下来就要在组织内部各部门间、各成员间进行广泛宣传。组织的成员实际上对决策结果也是非常期待的。好的决策结果对于所有的群体成员而言无形中是一种激励。成员可以将决策结果与自身的奋斗方向很好地结合在一起，从而将组织的发展方向作为自己奋斗的动力。这样就会将组织行为与员工的个人行为紧密结合在一起。⑤ 占有充分信息的基础上进行决策。决策虽然不能够占有全部信息，但应该尽量占有相对较多的信息，为此决策者应该通过各种渠道收集相关信息，力争使得占有的信息尽量全面。只有建立在占有充分信息基础上的决策才是相对科学的决策。在搜集信息的过程中应该尽量撇开决策者自身的主观因素影响，避免由于主观倾向造成一些信息在统计时疏漏。

本章思考题

1. 简述决策的含义？
2. 简述决策的主要类型。
3. 简述决策的基本程序。
4. 简述后悔值决策方法的操作步骤。
5. 简述决策应该坚持的原则和需要注意的问题。

管理故事

故事1：忘乎所以——狂妄老鼠的下场

老鼠本来应该住在墙洞里面的，阴暗潮湿的环境是其非常熟悉的生活场景，一旦给其调换了比较舒适的生活环境，很有可能会忘乎所以。就有这样一只四处流浪的老鼠偶然溜到了佛塔中，并在佛塔的最高层安了家。佛塔中的生活环境对于老鼠而言简直太好了。老鼠可以在佛塔的各层之间来回穿越，并且可以任意享受佛像前供奉的美味食品。前来敬佛的善男信女由于都不敢正视佛像，所以老鼠借助这个有利条件可以为所欲为。可以任意地咀嚼经书，使得这些千百年来人类积淀下来的知识财富遭到亵渎。老鼠在佛堂中居住久了，甚至认为自己就是佛像，可以具有佛所具有的任何权力并可以受纳跪拜者的忠诚。老鼠有时甚至表现出对佛爷的不敬，在自己较狂妄的时候在佛像的头上拉屎的情况都是存在的。老鼠这样忘乎所以已经忘记了自己真正身份。突然有一天有一只小猫闯了进来。老鼠不但面无惧色而且对小猫用词非常严厉：你不能吃我，赶紧向我跪拜。小猫哪管老鼠的这番胡言乱语，径直扑向了老鼠并将其当成了自己的一顿美餐。

老鼠意外地闯进了佛堂并安家后，随着时间的延长就认为自己具有了佛像的身价，从而忘记了自己的真正身份。以致在面对自己的天敌时都面无惧色，这是长期以来对自己形象的认识存在偏差的原因所致。老鼠虽然身居佛堂，但其内在素质并没有变化，所以在小猫的眼中老鼠仍然是下酒菜。久居佛堂上的老鼠被小猫一眼就可以辨认出这是自己的下酒菜。在一个组织中处于科层体系高级位置的彼得似的管理者就类似于佛堂上的老鼠。这样的管理者虽然身居高位，但由于自身的素质没有发生质的变化，还是很难服众的。人们之所以能够对之惟命是从，是因为该管理者手中把握着权柄，依靠这些权柄管理者就能够呼风唤雨，并能够对下属发号施令，进而决定被管理者的命运。

著名管理学家韦伯曾在其行政组织理论中提出管理者具有三种形式的权力：世代沿袭的权力、君权神授的权力和理性合法权力，世袭的权力通过祖祖辈辈传承下来，如封建帝王的权力就是通过该种方式获得的。君权神授的权力是通过迷信的方式获得的，人们迫于神的威慑而服从管理者。理性合法权力是通过管理者自身的魅力在成员间形成一定的影响力而获得的，成员从而愿意服从管理者使管理者拥有的一种权力。三种权力中只有理性合法权力才是最有效率而且能够得到持久维持的权力，理性合法权力的获得需要在员工与管理者之间实现双赢。员工选择该管理者成为大家的主心骨，不是出于强迫而是出于该主心骨能够为大家衷心服务的愿望，成员服从的是管理者的工作能力而不是其绝对权威。组织成员寄希望于管理者能够将组织作为自己奋斗的事业并能够带动整个组织高效率的向前发展。管理者为组织的发展着想就是为自己的“宝座”着想。

故事中的老鼠不具有任何权力，但能够依托佛像具有的权力使自己的生活得到很大的改变。故事中的老鼠虽然不具有权力，但在现实中的彼得似的管理者却具有权力。这种权力不属于理性合法权力，而属于通过组织授权后维系下来的世袭的权力。组织中的员工俯首的是这种权力而不是管理者的个人魅力。但是管理者一般并不这样认为，员工对自己的毕恭毕敬实际上就是对自己的尊重，从而将员工对权力的俯首理解为对自己管理才能的认可。从而认为自己在任何方面都是优于手下的员工的，进而对自己的属下大呼小叫。其实员工对管理者的这些行为一点都不感冒。这样的管理者身居管理者的位置，可以凭借其有利条件享受由于职位而给自己带来的收益，就像老鼠在佛堂上可以尽情享受善男信女给其带来的诸多美味佳肴一样。

小猫代表了组织中新加入者的角色。这个角色不但具有较“老鼠”更高的专业技术，而且其加入到组织中来就是针对“老鼠”的，其到佛堂中来的直接目的就是捕鼠。小猫作为捕鼠能手将老鼠撕碎后佛堂上就不会再有捣乱者，不会有寄生虫再无尽地享受善男信女供奉给佛像的美食，于是组织发展中用于培养人力资源的投入会大为降低。美食可以为佛像所享用了。善男信女代表着组织中的诸多普通员工，其对佛像的供奉相当于对组织的贡献。员工为组织努力工作，劳动成果却被老鼠窃取，老鼠的行为自然为组织的所有成员所不齿。

但由于这些员工很少正视自己的顶头上司，于是顶头上司身边的势利小人（老鼠）便乘机窃取了诸多成果。员工实际上还全然不知。小猫作为组织发展的监督者及时履行其监督职能。即使老鼠借助佛像的威严在极力抬高自己，但小猫的火眼金睛还是能够将老鼠一下子看到底，及时将老鼠捕获并为组织的发展挽回损失。老鼠终究是老鼠，即使与佛像靠得很近，也不能替代佛像的位置。能够凭借自己的小聪明粘些佛像的灵气并能够享受一些美味佳肴，这完全出于偶然。在享受美食的过程中不要过于张扬。否则有朝一日被“小猫”见到，就不仅会失去自己曾经享受着的所有美食，而且还会赔上自己的身家性命。

故事2：刚愎自用——曲突徙薪的思考

曲突徙薪的故事很多人都听说过，讲的是一位客人到朋友家中做客，看见朋友家中做饭用的灶台的烟囱是直的，并且在灶台的旁边堆积了很多的干柴，于是对朋友建议说，赶紧将这些干柴移走，并且将烟囱改曲，否则可能会引起大火进而给家中造成不必要的损失。但是朋友并没有太理会这位客人的意见。柴照样在灶台的一旁堆放着，朋友认为柴草这样堆放非常方便，做饭的时候柴不够用了就可以随时拿取。但是不久后不幸的事情发生了。朋友家中果然酿成大火。看见大火后街坊四邻赶紧到朋友家中救火，经过紧张的忙碌大火终于被扑灭。但是朋友家中的财产也损失大半。朋友非常后悔当时没有听那位客人的劝告。为了表示众邻居给自家救火的感谢开始杀猪宰羊款待乡邻。但是在宴请的宾朋当中并没有发现当初给自己提“曲突徙薪”建议的客人，经过乡邻的提醒朋友才将当初的那位客人请到现场表示感谢。并且当面向客人表达了自己非常后悔当初没有采纳客人的良好意见。

故事中的朋友如果当初采纳了客人的建议，家中的大火就完全可以避免。但是朋友并没有采纳客人的建议而是一意孤行，并且图方便而将柴草继续堆放在灶台的旁边，朋友的决策是造成失火的重要原因。故事中的客人所提出的建议是非常中肯的，但是朋友并没有采纳客人的建议。在整个故事中客人有几个决策：第一个是决定不采纳客人的建议；第二个决策是失火后召集乡邻扑火；第三个决策是没有请提出良好建议的客人参加宴会；第四个决策是在乡邻提醒朋友后决定让客人参加宴会；第五个决策是在知晓过错后决定以后进行改正。但是所有这些决策并没有与时间很好地对称起来，有的应该是当机立断的决策，但是在“享受”了损失之后才做出正确决策为时已晚（如曲突徙薪）。有的是在事前就应该做出正确的决策，但在事后经过别人点播之后才对自己曾经的决策进行了纠正（如经过点播后才知道请客人吃饭）。有的决策是正确的，但这样的决策实际上是在证明自己的错误（如大火扑灭后请大家吃饭）。

著名管理学家西蒙说过，管理就是决策，决策贯穿管理的全过程。故事中的“朋友”在不长的时间内连续做出了自己认为是正确的决策，但是这些决策有些是合理的但有些并不是合理的。在对一个组织进行管理的过程中，正确的决策能够将组织带向正确的发展方向，错误的决策往往会给组织的发展造成不必要的损失。“朋友”不采纳客人的建议而继续保持原来烟囱的样子，同时也不改变柴草的放置位置，最后终于酿成了大火。这说明“朋友”最初的决策是错误的。在组织的发展中，管理者经常要面临决策，但是管理者介于自身的知识水平以及思考方式的影响等，考虑问题总是有欠周全的地方，这时充分思考他人对自己的提醒就非常重要。兼听则明，偏信则暗。组织中其他成员对管理者的提醒优势是非常重要的，组织中某些地位卑微的成员很多时候就扮演着“客人”的角色。就像故事中的“客人”对“朋友”的建议一样。他人的建议虽然是非常中肯的，但管理者（当事人）有时并不一定能够听到心中去。故事中的“朋友”就扮演了闭目塞听的管理者的角色。在自己已经做出了错误的决策的时候还全然不知，这时候实际上已经埋下了不安全的种子。

决策决定了组织的命运，管理者在组织的决策中扮演了非常重要的决策，这就需要管理者尽量掌握比较全面的信息做出正确的决策。就一般意义而言，决策就是在掌握尽量充分信息的基础上，通过对各种主客观情况的估计而对事物的发展方向做出估量的基础上而做出的决定组织未来发展方向的决断。这个决策虽然有核心管理者做出，但应该是组织中所有成员集体意志的反映。只有在尽量听取各方面意见基础上做出的决策才能更加接近客观情况。决策实际上也体现了预防的含义，合理的决策本身就是对错误的预防。管理者虽然在极力做好这方面的事情，但由于事物总是处于变化过程中，捕捉信息的渠道和方式更加多元化才能够将决策做到更加完美。

在组织成员帮助管理者做出了正确的决策的时候，管理者应该以恰当的方式对其表示感谢才可以，这是符合人之常情的。故事中的“朋友”在宴请乡邻对其帮助自己扑灭大火表示感谢的时候，居然忘记了当初给自己提供良好建议的人。在邻人的提醒下才将这个被忘却了的恩人请到了宴席上。虽然客人当初的好建议没有被“朋友”采纳，但客人的建议的价值是存在的。组织中类似“客人”的成员对管理者提出的建议是应该在管理者的“情感档案薄”上备案的，管理者一定要始终记住“客人”对自己进而对组织的贡献。“客人”对管理者进言献策后能够得到公正的回报，对组织中的其他成员就会产生示范效应。否则当某个提出合理化建议的人受到冷落后，其他的人也就会因此而保持缄默，管理者于是在组织中就没有了真正的“朋友”。懂得感恩也是管理者需要具备的一个基本素质。管理者对“客人”的感谢就意味着所有组织成员对“客人”的感谢。管理者不仅具有“力排众议”的专断而且还需要有“集思广益”的民主。只有这样，管理者才能够让组织中的优秀成员愿意张开自己的嘴巴向管理者讲出自己的真心话，从而能够真心地与管理者共同建设自己的“家园”。

经典案例

案例1：M公司为提高培训效果出狠招

案例简介

M公司是从事产品销售的商业企业，多年来在行业内享有很高的信誉，不过老总A总是觉得在培训员工方面还是存在一些问题，M公司的其他公司领导也有同感，于是公司在全企业内部进行了一次调查，调查结果发现公司在培训员工中主要存在以下一些问题：培训内容与员工实际工作没有太大关系；培训时间与员工上班时间相冲突；外聘专家理论性太强很多内容甚至一些词汇让员工有“丈二和尚—摸不着头脑”的感觉；每次培训后没有进行很好的培训评估致使员工在接受培训的过程中没有压力感；培训的大多是年龄较大者使得年轻人倍受冷落。由于在培训过程中没有进行严格的管理，致使学员的积极性不高，公司在培训中投入了大量的费用但没有达到预期的效果。为了改善培训效果并强化公司形象，公司打算在培训问题上出狠招。经过征求培训专家和公司内其他领导的意见，为了做好培训工作公司制定了以下几条措施：① M公司决不让未经培训的人到销售第一线去，因为销售人员的所说所做对公司形象和信用有很大影响，公司此举的目的在于将培训与员工的绩效考核结合起来。② 学员需要脱产培训比较长的时间，采用现场实习和课堂讲授相结合的教学方法进行。③ 培训内容包括学员素养、价值观念、信念原则、生产过程中的基本知识等内容，要求学员在实际工作中体会所学内容。④ 学员初期学习经营方针、后期学习营销方法培训内容分步进行。⑤ 加大学员的作业量，通过加大压力并辅以严格的考核措施强化员工学习。⑥“模拟销售角色教学”成为培训的核心部分，要求对产品的特点、性能以及可能带来的效益进行清楚说明，学员们要学习问和听的技巧。在以上措施的基础上要求学员相互间非常尖锐地提毛病，直到对方无法接受时为止。公司在培训企业的后备人才方面通过施猛药，使得员工们感到公司确实要在培训方面动真格的了，说不定要以培训成绩作为以后晋升职称和评定工资等级的依据。在新的培训制度约束下学员不仅感觉到培训内容、培训方法等更加贴近员工实际，更重要的是员工觉得培训后能够切实使能力在各方面有很大提高，并对改善自身的未来收益状况方面有帮助。学员的学习由原来的“要我学”变为了“我要学”，学员尤其感觉到相互提毛病环节使自己提高很快，学员普遍将培训作为增加自身竞争力的契机，没有任何人想放弃这样的学习机会。公司对新的培训制度所取得的成效感到非常满意，并且还要继续改善培训措施，下一步就要将培训与企业文化相结合并在打造企业形象方面下功夫。

问题分析

（一）培训内容不能与员工发展相结合

培训的目的是提高员工在相应工作岗位上的技能，只有这样的培训才具有动力。员工在工作过程中具有做好本职工作的内在约束，因为做好本职工作不仅可以使自己在收入层面得到改善，而且可以在其他员工面前展示自己的工作能力，从而可以满足员工的多层次需要。但是案例中的M公司在培训过程中由于管理不严格，致使培训内容没有很好地与员工的工作情况相联系。员工在参加培训的过程中需要付出较多精力的同时还需要放弃很多其他方面的选择。培训过程中不但企业方面付出了高昂的成本，员工方面也承担了较高的非付现成本。当员工参加了培训感觉收效不大时，自然就会降低兴趣。案例中的问题在于没有将培训内容与员工的具体工作岗位结合起来，员工虽然在参加培训，但教师所讲授的或者是自己所不需要的或者是自己所不熟悉的。一线员工学习都非常实际，不可能像在校生那样非常系统地学习理论知识，员工希望教师能够直接解决自己在实际工作中的问题。以上情况的存在在不同侧面减弱了培训效果。

（二）培训对象的年龄结构设计不合理

案例中在选择参加培训的人员方面存在着问题，年纪大的人参加培训的机会多于年轻人。公司的考虑前提与员工的考虑前提是不同的：公司认为参加培训是一种荣誉，年长职工对公司的贡献较大且工作经验丰富应该更多具有享受这种荣誉的机会，于是在选择培训人员的过程中有更多的年长者参加了。员工的思维前提是：培训的目的在于让员工掌握相应岗位的工作技能，年长者已经具备了较丰富的工作经验就不应该参加这样的培训，而应该将机会更多地让予年轻人。年轻人接受新事物较快并且在企业的未来发展中承担生力军的角色，企业从这些方面考虑应该在参加培训的年龄结构层面给予更多考虑。如果在培训过程中有培训补贴，这时参加培训就有了利益纷争。由于年长者在企业中已经具备的较好的人情关系网络，当被选择为参加培训对象后，虽然这些培训对象在技术层面已经不能有任何提高，而且接受新事物的能力也相对较差，但参加培训能够得到相应的补贴，于是还是很乐于参加培训。这时的培训就完全背离了培训目的的初衷。

（三）培训结束后未进行严格的评估

培训热火朝天，但在培训结束后没有进行严格的评估，使得培训过程显得有始无终，培训彻底流于形式。完整的培训程序需要做比较严格的培训评估，但M公司没有进行培训评估，这说明公司在培训制度的程序设计上存在问题。培训评估的意义在于对培训后的效果与培训前的预期效果进行比较，分析培训存在的问题并发展培训中的成功做法，以便在随后的培训过程中弘扬先前比较成功的做法并杜绝类似的错误继续发生。所以培训评估不仅在于总结还在于探索随后的培训道路。培训评估是培训过程中的最后一道关口，如果把握不好，最终就使得培训流于形式。该次培训结束后没有进行培训评估，就会使后续学员继续产生不进行培训评估的预期，在参加培训的过程中就会懒于到课、听课并且不积极配合培训师完成本来应该完成的各项工作。当然M公司没有做培训评估的原因还在于参加培训的成员都是公司的元老级职工，既然将培训作为一种“福利”对待，自然就没有进行培训评估的必要。不然就等于为这些享受“福利”的员工戴上了“枷锁”，公司的培训职能部门也会因为评估而陷入进退两难。

（四）培训师讲授内容过于理论化

案例中的培训师是从外部聘请的。一般而言培训师或者从大专院校聘请或者从企业内部选择，两种选择方式各有优缺点。从高校选择的培训师的理论基础非常扎实，而且往往在国内相关专业也有足够的威望，在提高员工的理论素养方面有足够的把握。但培训师在讲述过程中往往是针对一般情况进行讲解，针对公司本身具体的问题相对较少，培训师讲得天花乱坠但对于员工实际工作的影响较小，这样就会使得培训产生潜在损失。从企业内部选择培训师，优点在于培训师对企业非常了解，在讲解中可以针对日常工作中存在的具体问题谈，这种对症下药的培训可以产生立竿见影的效果，学员在培训中的兴趣也会被强化。但也可能发生如下的情况：由于学员与培训师会在工作和生活中经常接触，使得培训师在学员中间缺乏“神秘感”，也可能在日常接触中培训师总是在谈其在课堂上讲述的这些“生意经”，加上学员对培训师的生活癖好、性格特点等都了如指掌，老生常谈的话题不免会使得学员在培训伊始就会先“泄气”，以致培训还未开始就产生潜在损失。但内部选择培训师的优势还是可以体会到的，公司M单纯强调从外面聘请培训师的抉择并非妥当。

（五）培训时间的选择不够妥当

案例中的学员对培训时间的安排都表示有异议。M公司安排学员在下班后或者周末进行培训，以免耽搁正常的上班时间。但是学员在一天的忙碌后一般都会感觉到身心疲惫，很难以饱满的精力投入到受训环节中去。从理论上讲，培训可以选择岗前培训、在岗培训、岗位轮换、脱产培训等多种方式。岗前培训一般是针对新招募的员工进行的培训，在岗培训、岗位轮换和脱产培训是对在职职工进行的培训。岗前培训和脱产培训的时间安排相对较集中，其他两种方式的培训需要培训对象“忙中偷闲”。在岗培训需要员工在有限的精力中分散出较多的部分学习，员工需要在做好本职工作的同时接受培训，如果培训要求比较严格，则员工整天处于紧张中，员工接受培训时就会穷于应付。甚至在某些情况下会出现“员工为应付培训而在工作岗位上出问题”的情况。案例中公司在培训时间的选择上不够妥当，说明管理人员在安排培训时只是从培训角度考虑问题，没有考虑到培训的目的是为了让员工有所长进，而在目前的培训安排下员工穷于应付的心态很难说能够有太大的长进，这为安排培训的管理者提出了新课题。

对策分析

（一）将培训与绩效考核挂钩

学员不关心培训过程，关键在于没有将培训做实。案例中将培训演变为变相为“元老”发放福利以及没有进行严格的培训评估是培训效果不高的关键。为强化培训效果，需要将培训与绩效考核相挂钩。为此可以采用如下方法将培训过程做实：① 培训完成后统一考试并公示考试结果。培训完成后由培训师或者公司层面针对培训应该达到的结果进行命题，题目的形式可以多样化。可以有理论性质的题目，通过书面问答方式完成。也可以有具体操作的题目，即由命题组根据员工的岗位不同为员工规定要完成任务，任务要相对具有挑战性。任务完成后则通过培训，否则学员要接受在公司的培训章程中规定的惩罚。② 培训成果作为考核培训部门的重要指标。培训部门担负着相关的培训工作，负责提高培训员工工作技能并为企业输送优秀员工的职能。如果每次的培训效果都不尽理想，则培训部门要受到相应的惩罚。这种方法可以强化对培训部门的激励，让相关管理者在安排培训事宜时有压力，不能将关注点放在形式上而是要放在成效上。

（二）现场实习与课堂讲授相结合

为了解决学员在学习时间上的问题，公司需要安排比较充分的时间让学员全身心地投入到学习过程中去，让学员树立"参加培训是公司的制度规定"的想法，不能在想参加还是不想参加上面有选择自由。由于实行脱产培训方式，学员可以将全部精力投入到学习过程中。同时改变只有在教室内才设课堂的想法，要在实际工作中开设课堂，让学员通过亲身实践学习，将学员以前的工作经验与课堂上对其存在的问题进行分析和讲解，让学员结合其实际工作发现先前工作中存在的问题并在培训师的帮助下找到解决这些问题的思路。针对同样的事情让学员再次在实践中去体会。通过多方面的探索让学员找到问题的症结，通过培训开拓学员的思路，使其在以后的工作中不会再受相同问题的"折磨"。现场实习与课堂讲授相结合的培训方式对培训师的要求较高，要求培训师不但有较高的理论素养而且具有丰富的实战经验。这样的授课需要培训师将学员拉到工作现场亲身历练，让学员在观摩中学习。培训不但不会给公司提高培训费用而且每次的受训对象也不会太多，在一定程度上有些传统模式"师傅带徒弟"的经验教学特点。

（三）培训内容应尽量多元化

案例中从高校聘请的培训师为员工授课只是在讲述理论，理论虽然面面俱到并不能提高学员的实际操作技能，学员不会感兴趣。所以培训内容要力求丰富化，除了前文谈及的加强培训过程的实践特色外，还要对学员的素养、价值观念、信念等方面进行渗透，只有这样的培训才能使员工达到全方位发展的目的。单纯强调学员的技能培训，在利益的驱使下就会使得员工由技能竞争过渡到晋职等相关方面的利益竞争上来。培训的目的在于使员工的整体素质得到提高，不仅要提高每个人的技术水平而且还要建立更加默契的团队协作。所以在突出技能培训之余还要对员工的价值观念在内的整体素质进行熏陶。每个员工的价值观念汇聚在一起就会成为组织文化的重要成分或者对主流的组织文化会在不同程度上产生影响。价值观念的培训在于相互协作、良性竞争，在这个过程中需要管理层加入到培训师的行列当中来，因为员工的价值观念在很大程度上就是管理层的价值观念的反映。管理层的身体力行会对员工产生潜移默化的作用。从这个角度来讲，员工在企业中的任何地方、任何时刻都在接受着不同形式的培训，这种培训不一定是语言的。

（四）通过完成作业的方式强化实践

为了解决案例中发生的问题，可以在培训过程中给学员留大量作业，公司派专人负责对作业成绩进行登记。用作业的方式可使学员行为在一定程度上进行约束。鉴于 M 公司是专门从事营销的商业企业，所以学员的作业可以是两次甚至过多的营销实践。以公司正在从事的经销商品为售卖对象让学员在社会上寻找对象进行销售。在学员销售商品的过程中公司暗中派出一些学员不熟悉的员工作为顾客（暗访者）“纠缠”学员，让学员在销售商品的过程中经历各种考验，以此来考察学员面对不同顾客的灵活变通能力。学员在应付各种各样的顾客“刁难”的过程中将理论学习与实践过程相结合起来。公司随后将暗访者对学员的打分进行综合分析，发现学员在相关侧面存在的问题，将这些问题分类汇总后交给培训师，在培训师的点评下与学员共同探索解决实践中面临的问题的最佳解决方法，使得学员获得最大程度的提高。作业的完成需要学员身体力行，每个学员根据自身的情况完成与自身岗位相关的作业，在完成作业过程中取得的经验可以学以致用，把学习与工作紧密地结合起来。

（五）“模拟销售角色”法使得培训过程工程化

模拟销售角色方法与前文所谈的实际进行销售的“作业完成”方法有较大差别，该方法不是让学员实际在销售的第一线完成作业，而是模拟销售人员的样子在所有的学员间开展“销售模拟”游戏。这种教学过程就将培训工作工程化了。因为作为专司销售方面的企业最终需要让所有员工都要有相对过硬的销售本领。在培训中理所当然应该将模拟销售角色教学成为培训的核心部分。通过教师的讲解和学员的互动让所有学员学习“问和听”的技巧。通过对顾客察言观色体会顾客的心理，以便使得营销过程胜算的把握更大。在培训师的指导下其中一个学员唱主角（主角学员），其他的学员（配角学员）作为顾客参与到培训的过程中来，配角学员的责任在于为主角学员出难题，用非常尖厉的言行与主角学员对峙，在配角学员“难为”主角学员的过程中，配角学员也可以从主角学员那里学到一些应付尴尬局面的才智。培训教师可以规定所有的配角学员最后都要作为主角学员应付尴尬局面。由于每个学员思考同一问题的角度不同，所以对同一种场面最后的处理效果也会有差别。学员在这样的相互学习中不仅气氛活跃而且真正地参与到中间来。不仅避免了“师傅带徒弟”状况下只能有较少学员受益的问题，而且培训师在学员互动中扮演了非常重要的角色，是一种比较值得推广的培训方法。

案例思考题

1. 案例中为提高培训效果出台了哪些狠招？
2. 你认为案例分析中提及的问题完善吗？除了这些问题外还存在哪些问题？
3. “模拟销售角色”法可行吗？你是怎样认为的？
4. 对于案例中的存在的问题，如果你是管理者，你需要出台什么样的培训决策方案？
5. 你身边的培训是否有类似的问题，这些问题是怎样解决的？

案例 2：A 薪酬制度改革酿成的心病

案例简介

A 公司在发展初期非常注重管理规范并在调动员工工作积极性方面做文章。多年来形成了比较完善的薪酬管理制度。随着公司规模扩大员工数量也在增加。公司领导原本以为在既有的实践证明非常有效的管理制度下，公司规模发展后业务量和公司绩效自然会不断上升。但令公司没有想到的是：伴随着公司业务量的增长，客户投诉数量也在增加。原因在于：优秀员工失去了原有工作热情，技术骨干由于感觉到薪酬水平长期低于市场水平而离职。由于员工流失和员工工作缺乏主动性，使得公司的经营出现困难。公司的总经理认识到事态的严重性。在公司领导的集体决策下率先改革了研发人员的工资发放机制。面对工资水平的改善，员工工作热情又被调动了起来，但这种状况并没有持续很长时间，员工的工作态度又退回到了老样子。深入调查后发现，该公司研发人员的待遇采取基本工资加奖金方式。传统经济下虽然基本工资普遍偏低，但奖金数额由于不大，所以不同部门、不同岗位的收入差别并不大。但是工资制度改革的思想是，奖金发放与技术研发相结合，研发人员可按照研发产品在市场的销售额的一定比例提成，部分研发人员薪水马上有所提高，但是新问题也马上产生了：研发人员为了争得较多薪水，只对自己开发出来的产品负责，对自己产品之外的事情不感兴趣，研发部门形成单兵作战局面。为了在竞争中保持有利地位，老员工不愿意与年轻员工共享经验，致使年轻员工进步很慢。公司为了谋发展，需开发较有难度产品，但因员工大多目光短浅，致使难度大的产品无人开发。这种不健康发展状况不但导致员工间的收入差距加大而且使优秀员工纷纷离开。因老员工不愿共享其工作经验，导致新员工需自己重新摸索，不但浪费了大量时间而且使公司重复投入大量实验材料。公司除了实行奖励政策外，本来还想实行一些惩罚措施，即对研发产品不适应市场的研发人员给予一定的惩罚。政策还未出台就引发了广大员工的争议。大家普遍认为，开发产品的计划是上级制定的，产品遇到了市场风险不能由研发者承担。步履维艰的管理措施使公司领导陷入了困惑。

案例分析

1. 薪酬制度改革只瞻前不顾后

案例中述及，公司为了激励员工努力创造，在了解员工的呼声后对奖金制度进行了改革，但是公司领导并没有料想薪酬制度的改革会引发更多的深层次问题。这样的工资制度变革实际上并没有促成员工的集体荣誉感和坚定其为公司持续不断作出努力的信念。工资制度变革虽然在短时间内给员工注入活力，但没有过多长时间员工的状态又回到了起点，这说明工资制度改革并没有产生持续的良性影响。公司工资制度改革走入了短视的误区。这种工资改革思路让员工感觉到公司在临时抱佛脚，对公司的病症治标不治本。缺乏了具有后续效力的工资制度改革让所有员工对公司未来的发展轨迹很渺茫：如果这次改革有利于自己，未来的改革就不一定；这次改革不利于自己，将来改革是否会有利于自己。自己在公司内部不能找到较好的发展空间，结果是：要么懈怠工作，要么离开公司。

2. “小算盘”瓦解公司发展潜力

认真研究案例可以发现其中存在两个利己：其一是有能力的优秀员工故意保守工作经验以使自己持有竞争力；其二是管理者将所有的风险全部推到员工身上以体现管理者的“睿智”。前者导致员工之间的明争暗斗，后者导致员工对于管理者阳奉阴违。因为只有这样处于劣势的一方才能够最大限度地减少自己的损失，同时又尽量可以避免与利益相关方发生正面冲突。每个员工都处于这样的环境中工作，不但员工的压力很大，而且还要将自己的精力分出一部分时刻提防着其他人可能给自己下的套。新员工初到公司时，也会通过自身的体会或者亲近的朋友点播而接受这样的企业文化，这种不健康的风气于是会在公司内部代代相传。公司的发展于是长期沉浸在这样的阴霾中。最终的结果是好的员工不好，坏的员工更坏，公司的发展未来断送在这种不健康的文化氛围中。

3. 分配不公导致合而不谋

“基本工资＋奖金”的工资分配制度在很多企业施行，其不合理性也以各种方式存在。基本工资在总工资中占绝大比例的情况下，由于奖金对员工的总收入不具有主导作用，员工之间相处能够做到心平气和。随后公司对奖金的分配方式做了变更，将研发者的产品市场销售与研发者本人的收入直接挂钩。大家意识到工资总额中的绝大比例来自奖金后，就会将目光仅仅盯在奖金的分配额度上。研发者就会在多得到奖金的额度上花心思。研发者的产品市场销售越好自然就会为研发者带来更多的回报。研发者的研发潜能自然能够得到最大限度的发挥。在给公司发展注入更多活力的同时产生的附加问题是：员工之间的竞争取代了合作。有能力的员工都想通过自身的努力很快在员工中间脱颖而出并获得更多的奖金。为了保持这种竞争力，优秀员工不愿意与同行分享自己的经验，作为公司宝贵财富的工作经验于是不能作为公司的宝贵财富而为更多的员工分享。这种带有利己性动机的竞争取代合作的状态使得公司成长后劲乏力。

4. 薪酬制度省略了时间因素

案例中强调，公司在发展之初非常注重管理规范并在长期中形成了能够很好地激发员工工作热情的薪酬管理制度，这说明在发展之初公司在管理制度方面是非常在意的，以至于既有的管理制度在公司发展中发挥了很好的作用。但随着公司规模的扩大既有的薪酬制度并不是完全奏效，而公司还是一味沿袭。孰不知员工已经对既有的薪酬制度产生了厌倦。顾客的投诉量日渐上升就是很好的说明。这时员工的注意力已从精于工作转变到精于比较收入差距。不合理的薪酬制度所导致的结果是：员工的收入差距很大程度上不是由于个人努力程度的差异所致，而是由于制度设计不合理所致，所以员工自然会对公司制度牢骚满腹。由于管理者与被管理者之间的信息不对称，员工对既有管理制度的诸多怨言并不能马上传播到管理者那里进而让管理者尽快完善管理制度。员工虽然不具有通过改变制度从而使自己收益最大化的能力，但具有尽量降低自己的劳动成本而使自己劳动付出最小化的能力。员工在工作中通过少付出从而达到心理上的平衡，客户的投诉量自然会上升。所有员工如均持有这样的工作态度，公司发展自然陷入泥潭。

5. “公鸡下蛋”、“母鸡打鸣”

案例中研发人员对管理层的质疑是正确的，因为研发工作不属于研发人员的个人行为，虽然具体的研发工作由员工完成，但说到底这是在管理者领导之下完成的，所以研发出来的产品如果不能适应市场不能说是研发者自身的行为造成的，管理者应该承担主要责任。如果管理者委任研发人员开展工作，被委任的工作在规定的时间内没有如期完成，这样的责任应该由研发者独自承担。这是由于研发者懒于工作或者能力不够所造成。但产品已经研发出来而在市场环节出了问题，这样的风险自然不能由研发者承担。

管理者的初衷在于通过这样的管理制度促使研发者的工作效果更好。但在研发者的眼中管理者只是将自己视为完成企业任务的工具。当完成任务出现问题时管理者又将责任全部推脱到研发者身上，不公平的感觉自然会产生。不合理的制度设计让管理者和研发者完全站在了对立面。“公鸡下蛋”、“母鸡打鸣”的局面使得“公鸡”与“母鸡”均不能履行自己的份内职责。

对策分析

案例中存在的问题很明显，所以必须寻找办法使得公司做到“薪”平“企”和。制定相对完善的薪酬制度，并逐渐改善公司文化，让公司员工在健康的文化氛围中不但为公司的发展贡献力量，同时也实现自己的人生目标，达到公司与个人的目标双赢。

(一)“基本工资+团队工资+公司奖励”的薪酬制度

案例中出现的各种问题说到底均产生于工资制度不合理，为此需要从根本上完善工资制度设计。笔者认为应该实行“基本工资+团队工资+公司奖励”的薪酬制度即“三组合”工资制度，这种由基本工资、团队工资和公司奖励三部分组合在一起的工资新模式基本可以消除基于工资制度不合理而产生的诸多问题。“三组合”工资制度中，三部分工资可以发挥不同的作用。

1. 基本工资层面。按照员工的工作年限和职称进行发放，这部分工资不具有竞争性，如果说存在竞争，则竞争来源于职称评定，如果职称评定工作不合理，则会影响到基本工资的分配公平性。工资发放遵循的原则是：只要员工到达了相应的年限并且具备相应的职称就可以拿到相应的工资。该部分工资总体水平虽然不高，但能够保障员工的基本生活。由于其中很大程度上体现员工的工作年限，所以一般而言年轻员工工资低，年长员工工资高。工资由公司统一发放，与年度内员工的工作业绩无直接关系，并且工资每年对基本工资做小幅度地向上调整，以便让员工感觉到员工的个人基本收益与公司的发展状况有直接关系。

2. 团队工资层面。团队工资是给作为一个团队的小组发放的工资，其数额按照一定期间内产品的销售额的比例提取，与案例中的做法不同的是，销售额的提成不是奖励给某个员工，而是奖给做研究开发的小组群体。由小组的负责人在小组内部进行二次分配。当然如果二次分配不合理，同样会在小组内部引起纷争。为了避免此类情况，需要在公司层面进行薪酬设计的同时对小组内部奖金的分配方式进行设计，只有制度在先分配在后才能在很大程度上体现分配的公平性。为此在小组内部首先确定组长和副组长人选，组长和副组长就是工作中带领全体组员进行项目攻关的负责人，需要具备的条件是：具有专业技术精湛；创新精神；作风正派；无私奉献；敢于挑战风险。小组的科研状况在很大程度上取决于组长的全方位素质。组长就是小组的领头羊，小组的发展状况完全取决于小组长。所以作为组员或者公司都希望能够评选出真正能够胜任并且乐于胜任组长的技术骨干，组长评选出来后具有分配团队工资的权力，由于组长在小组中发挥了重要作用，组长和副组长自然在分配中可以得到较多的份额，具体分配方案可以通过小组讨论后确定，公司层面不加干涉，各个小组的分配方法可以有差别，根据小组的具体情况而定。团队工资的发放方式具有重要意义：① 首先是增加了团队的凝聚力。前文述及，无论是小组层面还是公司层面都希望小组内能够推选出能够作为小组领头羊的人，一方面可以为小组的所有成员带来经济实惠，其次可以为拉动公司发展起到支撑作用，公司和小组在双方的利益层面达成了一致。② 其次是公司层面可以最大限度地分权。将分配工资的权力由传统理念下工资由公司统一分配的模式转变为小组二次分配，即将工资分配权下放到小组层是对管理制度的创新。这不但会增加小组的团队凝聚力，而且使公司的工作容易展开。公司的重大科研任务只要分配给组长并责其拿出方案即可，小组长由于具有工资分配权，在小组内部很容易展开工作。小组长非常清楚小组成员中不同员工在集体中的贡献，分配工资的合理程度最高。从根本避免了公司统一制定工资分配制度情况下由于信息不对称而出现的“多劳者不多得，少劳者不少得”情况的发生。工资发放制度的创新也会最大限度地发挥激励作用，而这种激励也才会从根本上激励先进和约束后进。通过以团队工资发放机制为契机带动了公司内部一系列状况的改变。公司也达到了留住贤人、赶走闲人、提高效益的目的。③ 再次是团队工资可以最大限度地克服员工层面的利己动机。团队工资使得所有团队成员都成为绑在一条线上的蚂蚱，为了获得较高的工资，团队中的每个成员都成为其他成员的监督者（传统思维下只有管理者是监督者）。同时因为团队工资并非总是数额固定，其数额要随团队业绩的跌涨而有相应幅度的变化，所以优秀团队能够得到较高数额的团队工资。为了得到高水平的团队工资，小组成员就需要竭力合作。包括组长在内的经验丰富的优秀员工就会主动将其宝贵经验奉献给组员，组员也会尽力在最短时间内掌握这些技巧。在这种情况下，利己与利他在很高的层次上达成了一致。互帮互敬、健康竞争的学习型团队由此形成。

3. 公司奖励层面。公司奖励既要奖励集体也要奖励个人。公司每年度要对所有的小组（团队）进行评比，按照一定的名额限制评选出对公司发展做出突出贡献的小组。奖金同样由小组长负责在小组内分配。同时每个得到奖励的小组和所有没有得到奖励的小组由小组长报送一定名额的小组成员在公司层面给予奖励，奖金直接发放到小组成员个人。公司层面规定，曾经得到奖励的小组与没有得到奖励的小组在向公司层面推荐受奖励的小组成员候选人的数额是有差别的，曾经得到团队奖励的小组长有权从本小组推荐更多的小组成员数额作为公司层面的受奖候选人（如图 4－3）。这方面制度规定的目

图 4－3　A 公司刚性＋弹性的薪酬制度设计

的在于鼓励小组多出成果，优秀的小组得到公司层面的奖励的机会会更多。这不但会使小组长在自己的组员面前更有面子，而且会在组员面前强化自己的威信，以利其日后更好地开展工作。未完成任务的小组不但不具有向公司推荐受奖成员的权力，而且公司要考虑撤换组长。完成公司任务的小组最多可以推荐一名受奖成员。所有推荐人之间不再具有竞争性。

（二）设计适度惩罚公司领导的管理制度

正人先正己是管理学中要求管理者的基本原则。案例中当新产品推到市场上遇到风险时其责任全部由研发者承担自然是没有道理的。员工认为管理者应该承担主要责任甚至是全部责任是有根据的。为了让管理者精于管理并且不能将研发项目失败的责任推卸到员工身上，需要在公司内部设计公司领导问责的管理制度。这样的管理制度的推出既是约束管理者也是安慰员工。约束管理者的目的在于让管理者感觉到虽然自己在公司里面是最高统帅，但仍然有制度对其进行约束，但自己决策失误时仍然会受到公司相应制度的制裁。让员工感到安慰的是当研发出了问题时员工的行为可以得到公正的对待，优秀的员工可以安心跟着管理者进行研发工作，员工的任务就是发挥自身的全部潜质做好研究工作，领导是自己的坚强后盾。公司领导在工作出错时都能受到制裁的制度规定也会使员工惊醒，即员工必须精于本职工作，在其懈怠工作而导致工作出差错时就可能受到更加严厉的制裁。公司管理者责任问责的制度不能流于形式，严格的公司领导责任问责制度可以消灭公司内存在的另外一个利己，即管理者将项目失败的责任全部推卸到员工身上的利己。这种制度规定也是公司健康向上文化的开始。

（三）弹性制度与刚性薪酬制度相结合

案例中的A公司在发展初期非常注重管理规范的建设，已经建立的管理制度曾经发挥了很好的作用，但随着公司规模的扩大不但业务量在变化而且工资的职工数量也在增长。一味地沿袭传统的制度设计不能再发挥原有的效率。由于公司员工首先是既定制度的接受者，在管理者未曾感觉到制度设计的不合理时，员工已经具有让公司改革既定制度的强烈愿望，只是没有提到公司管理高度而已。公司制度是在长期发展中形成的，尤其是薪酬制度不能随意变动，必须保持相对稳定性才能让所有员工具有安全感。但工资制度的相对稳定并不意味着永久不变，公司领导正是在这样的思维前提下以至公司各方面都发生了很大变化时还是不肯改革既有的制度。为了保证公司制度的持续性同时又要保证其合理性，就必须执行弹性与刚性相结合的制度设计。图4－3中只设置了连续两年的情况，还可以设计连续三年及以上的情况，这是可以将相应两年的提成额度提高五个百分点，并且推荐受奖的的数额相应提高一个名额，公司在硬性制度规定的基础上可以在每年初做相应的完善，体现弹性也体现刚性。制度设计的刚性原则可以保证公司制度的连续性，制度设计的弹性原则可以保证公司制度适度变化。每类人员的工资水平要根据变化了的工资制度也做相应变化，从而达到鼓励良性竞争和团队竞争的目的，强化公司发展的后劲。

案例思考题

1. 案例中由于薪酬制度改革酿成了怎样的心病？
2. 案例分析中谈及的“‘公鸡下蛋’、‘母鸡打鸣’”是什么意思？
3. 你对对策分析中给出的应对方案有什么看法？
4. 你身边有没有发生类似的事情，是怎样处理的？
5. 如果你是管理者，针对该案例你会有什么好的解决方案？

第五章

预测管理

本章内容提要

预测是通过分析过去和现在的各种情况，在探索事物发展变化规律的基础上，对未来情况做出的逻辑推断的行为。预测不是未卜先知。科学的预测结果是建立在充分信息的基础上、并依据科学的推算方法得出的。管理者为了做出科学的预测，就需要不断历练自己，从各方面不断完善自身的素质。完整的预测过程包括发现问题、确定目标、收集信息、选择方法、进行预测、结果评价、结果修正等几个步骤。按照不同的依据可以将预测分为不同的类型，比较常见的预测分类是以预测过程中的量化程度为依据进行的，按照这种分类原则预测方法可以分为定性预测方法和定量预测方法。定性预测方法主要是以个人经验和知识为基础对事物发展状况进行的判断。比较常见的包括群众集思广益法、管理人员判断分析法、销售人员意见综合法等。定量预测方法是运用数学模型预测事物发展趋势的方法，常见的包括时间序列法（包括简单平均法、移动平均法以及指数平滑法等）、回归分析法、计量经济学模型法、投入产出法等。选择预测方法时应该注意：以容易获取资料为准绳；以经济承受力为前提；以方法的有效性为出发点。预测的类型多种多样，根据预测的内容、范围、性质、时间等不同可以将其分成不同的类型。

一、预测的含义

人们在做事情的时候都非常希望在做事之前知道做事的结果，但这是不可能的。没有发生的事情是具有很大的不确定性的。人们对未来的事情做判断都只是一种预测。不能将预测的结果与事实同等看待。预测是对未来进行的估计，是对未来事物或事物未来的发展趋势预先做出的推测，预测不是未卜先知。预测具有不确定性、科学性、近似性、局限性的特征。人们都希望事务的发展结果与预测的结果相一致，为了达到这样的目的就需要在预测过程中占有相对完全的信息。信息越完全、经验越丰富，预测就越加准确。严格讲，预测是通过分析过去和现在的各种情况，在探索事物发展变化规律的基础上，对未来情况做出的逻辑推断的行为。不同的人即使掌握的信息是一样的，但由于个人的经验以及思维偏好不同，做出的预测也会有很大差异，所以预测结果中带有强烈的主观色彩。诸葛亮草船借箭就是在对未来天气状况进行充分预测的基础上做出科学判断的，而要做出这种判断需要诸葛亮具有丰富的气象知识。在这一点上，周瑜相对于诸葛亮就逊色了许多。诸葛亮的知识结构与周瑜的知识结构是不相同的。虽然周瑜也非常聪明，但并没有想到到诸葛亮有这样的"绝招"，所以诸葛亮对天气的预测不是算卦。预测是建立在充分的科学依据的基础上的，算卦则没有科学依据。这就是预测与算卦的最本质区别。一些人将预测等同为算卦，这是非常错误的。科学的预测结果是建立在充分信息的基础上，并依据科学的推算方法得出的。管理者为了做出科学的预测，就需要不断历练自己，从各方面不断完善自身的素质。预测对于一个组织的成长具有非常重要的作用：可以为企业的其他各项工作提供科学依据；作为计划工作的前提条件预测使得企业的计划得以实现；预测为企业制定科学的营销策略提供保证；在充分预测的基础上提供企业对新事物的应变能力和企业的竞争力；在变化的外部条件下可以使得企业保持足够的创新力；预测可以使企业防患于未然、及时把握企业的经营方向并及时处理企业经营过程中出现的诸多问题。科学的预测可以给企业减少诸多不必要的成本。

二、预测的基本程序

预测并不是管理者心血来潮就能够做的事情，不但需要建立在充分信息的基础上，而且需要有计划、分步骤地进行，这样才能保证预测的科学性。任何一个管理者都希望自己的预测是科学的，并且能够给组织的未来发展起到很好的指导作用。能够"预知"未来，不仅是企业的福分，而且也能够尽量彰显管理者的价值，科学的预测是展示管理者个人魅力的重要途径之一。完整的预测过程包括发现问题、确定目标、收集信息、选择方法、进行预测、结果评价、结果修正几个步骤：① 发现问题。发现问题是预测的第一步，发现问题并处理可能出现的问题是预测的基本职能之一，所以预测首先需要找出管理中存在的问题，这些问题往往出现在管理的实际成果与管理所要达到的预期成果之间，将实际成果与预期成果进行比较就能发现管理中存在的问题，然后对症下药找到解决问题的各种方案。因为既定方案实施后产生的结果还没有成为现实，所以对多个方案产生的预期结果进行预测就很有意义。② 确定目标。根据企业目前的状况，并且在对各种情况进行充分估计的基础上，提出相对明确的预测目标，目标虽然是虚拟的，但对组织成员当前的奋斗热情会产生很大的激励作用。虽然预测的目标并不具有现实性，但在其他因素相对确定的情况下，这些预测目标往往与现实目标没有太大的区别。这对于激发员工的斗志是很有帮助的。预测的目标包括企业发展的趋势、产品的市场前景、产品价格相关情况、消费者需求的未来变化等。与企业发展的现实可能性之间进行比较，能够动态地设计企业的发展目标，也成为考察管理者素质的一个重要标尺。③ 收集相关信息。根据预测目标的要求，收集相关的数据资料，在充分掌握相关信息的基础上进行预测。管理者需要通过尽量多的途径收集相关信息。在收集相关信息时特别注意原始材料的收集。只有这样才能保证预测结果的准确性、科学性。在这样的信息基础上做出的判断才对企业具有重要的参考价值。④ 选择方法。不同的预测方法的准确程度有差异，但是不同预测方法需要管理者付出不同的经济代价，预测的方法有很多种，有定量的也有定性的，有适用于短期的也有适用于长期的，但适用于企业自身具体情况的不会太多，要结合企业自身的情况选择预测方法，选择出合适的预测方法后建立预测模型进行预测。选择预测方法的过程中应该坚持定量方法与定性方法相结合的原则，定量方法虽然可以将预测结果数量化，但并不一定较定性预测更好。所以选择预测方法的时候不能过于机械。⑤ 进行预测。在前面的准备工作都比较充分时，就要组织人马进行预测。一个预测过程有时需要投入很多的人力和物力，所以需要对相关人员进行明确的分工，以便能够最大限度地提高预测的工作效率。⑥ 结果评价。得出预测结果的时候，不要马上采用。需要将这一预测结果与生活经验相对照，如果二者之间存在较大的差距，就要找出原因。预测是在各种扰动因素的影响下做出的，对得出的预测结果进行分析评价时就需要考虑这些相关因素。预测结果是否符合企业的实际还需要结合现实情况进行分析，一次预测出的结果好不一定在未来的施行过程中就表现得好，一次预测出的结果较差也不一定在未来的实际操作中就会很差，只有结合各种相关因素进行分析才能得出比较客观的结论。分析目的在于确定预测结果是否与企业的发展预期相一致。⑦ 结果修正。经过对预测结果的分析评价就会发现预测结果与现实情况之间的差别，管理者的责任在于找到这种偏差存在的原因，对预测结果进行反复修正，并且将最后结果作为企业发展的参考。如果感觉不十分确定则继续重复如上谈及的各个层面。结果修正不是人为地修饰，而是在加入一些扰动因素后再次进行预测的结果，考虑的因素越全面，预测结果的价值就会越高。

三、预测方法与应该注意的问题

按照不同的依据可以将预测分为不同的类型，比较常见的预测分类是以预测过程中的量化程度为依据进行的，按照这种分类原则预测方法可以分为定性预测方法和定量预测方法。

（一）定性预测方法

定性预测方法主要是以个人经验和知识为基础对事物发展状况进行的判断。比较常见的包括群众集思广益法、管理人员判断分析法、销售人员意见综合法等。

群众评议法是将要预测的问题通过各种形式直接告知有关人员或部门，让广大的普通员工都参与到讨论中来，这是让组织成员充分参与以达到集思广益目的的一种预测方法。员工可以涉及企业内部的方方面面，因为不同岗位的职工的思维方式有很大的不同，可以将管理人员不能料到的很多事情显露出来，并且放到预测所要考虑的诸影响要素之中。员工的来源越广泛预测的科学性就会越强。普通员工能够参加到这样的活动当中来，会感觉到自己受到了尊重。由于企业的发展与员工个人的利益息息相关，所以更能激发广大员工的劳动积极性的发挥，在广大员工的积极讨论中往往能够发现真知灼见，这对于企业的发展是不可多得的精神财富。管理者在不动用社会力量的前提下就可以在企业的发展问题上征求到很多宝贵意见，这是企业不可多得的免费资源。

销售人员意见综合法适合企业销售部门预测，在了解市场的时候销售人员是最具有发言权的。销售人员是接触市场的最前沿的员工，连接着企业和消费者，对产品的市场前景、目前状况、产品本身存在的问题以及改进措施等方面了解最清楚，销售人员最知道顾客需要什么，销售人员的意见对产品的未来发展趋势起到至关重要的作用。销售人员数量多并且经常介入市场，其提供的信息是最新并且是最全面的。这种方法简便易行，可以尽量地节约时间和管理费用，但缺陷也很明显，就是不同的销售人员对市场的评价可能是出于个人的好恶，因为不同的销售人员的销售经历不同以及面对消费者群体不同时给销售人员的影响也有很大差别，销售人员会根据自己的主观判断对市场做出评价，这种评价也许会扭曲真实的市场状况。同时销售人员为了在主管领导面前表现自己的成绩，有时候会出现隐瞒情况的事情。这些都会在一定程度上造成销售人员意见调查的方法所取得的结果严重失真。但是只要在调查的时候选择合适的调查对象，一些问题还是可以避免的。

管理人员在预测过程中发挥着不可忽视的作用，所以在谈及各种预测方法的时候，不能丢掉管理人员的意见这一环。在预测过程中管理人员的主管判断也是非常重要的。管理人员判断分析法可以分为两种状况：其一是管理人员根据自己已经掌握的信息和经验构造思维逻辑进行判断，其二是在主管人员的协同下召集下属管理人员召开会议进而综合大家的意见。两种情况包含的主观程度有差别。前一种情况较后一种情况更具主观色彩。这种方法由于简便易行，所以在企业管理中运用非常普遍。这种方法在操作过程中消耗时间较少，并且在一定程度上可以凝聚不同层级的管理人员的智慧，管理过程相对民主化，所以调查的结果最可能接近真实情况。虽然该种方法的优点很多，但缺陷也很明显。过分依赖管理人员自身的主观条件，由于不同管理者的主观判断会有较大的差别，所以判断结果有时会大相径庭。为了使管理人员的主管判断趋近于客观，要求管理人员具备较高的个人素质，否则会将自己的好恶强加于管理过程，从而酿成管理行为的巨大失误。

（二）定量预测方法

定量预测方法与定性预测方法不同，运用数学模型对事物发展趋势预测进行预测，人们越来越多地将数学工具引入到管理实践中来了。常见的包括时间序列法（包括简单平均法、移动平均法以及指数平滑法等）、回归分析法、计量经济学模型法、投入产出法等。定量预测在预测过程中广泛介入数学公式或者方程，目标在于通过精确的数据为管理者提供决策参考。在数学工具的支撑下，预测结果可以精确到小数点后第几位，按照人们预期的精确度进行测算。不过越来越多的人并不赞成单独或过分依靠定量预测方法，因为定量分析在很多时候并不比定性分析更精确，因为定量分析所选择的各种基础数据都具有很大的主观随意性，以不客观的数据为基础进行分析出来的定量结果即使再精确也是不精确的，以不精确的结果进行精确的决策，表面上看非常客观，实际上已经将不客观的因素潜伏下来，“客观”的方法反而不客观。越来越多的人开始认识到一些定量预测方法表面上看被数量化了，但实际上仍然是描述性质的。数量化只是现象，描述才是本质。

（三）选择预测方法应注意的问题

随着社会经济发展，人们可供选择的预测方法越来越多了，但是不同的预测方法在使用过程中需要付出的经济成本是不同的。对于同一件事也并不是所有的预测方法都适合。所以预测方法多也并不一定是好事，人们在选择预测方法的时候一定要选择出非常合适的一种付诸实施。在选择预测方法时应该注意一些问题：① 以容易获取资料为准绳。不同的预测方法对资料的要求程度不同，能否收集到尽量详实的材料对预测结果的科学性会产生较大的影响，如果相关预测方法对获取材料方面要求较严格而相关的预测方法下又不容易获得这些材料时，就应该避免使用这样的预测方法。② 以经济承受力为前提。预测需要动用人力、物力和财力，没有足够的经济实力做依托是不能展开工作的，但不同的预测方法需要付出的代价不同，在企业现有的经济实力下在选择具体的预测方法时需要充分考虑企业的经济实力，这是保证预测能够切实展开的前提。③ 以方法的有效性为出发点。不同的预测方法各具优缺点，即针对不同的问题，具体的预测方法具有自己的适用范围，在选择预测方法时如果用不恰当的预测方法进行的预测，则可能会影响预测的准确性。例如有的方法适合长期预测有的方法适合短期预测，有的方法适合具体内容而有的方法则可以适用普遍内容。所以在预测方法的选择上应该很好地考虑。为了使得预测结果尽量科学，管理者在选择预测方法时还需要在以下几个方面多加考虑：定量预测与定性预测相结合，要清楚定性预测有时产生的结果可能较定量预测更加具有可靠性；多种预测方法相结合进行预测，尽量避免单一预测方法带来的预测偏差；考虑到预测的时限性，预测需要在规定的时间内完成，并且时间越短越好；在采用预测方法时应该尽量避免主观性对预测结果带来影响，应该按照预测方法进行以保证预测结果的公正客观。

四、预测的作用

预测是管理的一项重要职能，建立在客观基础上的预测能够对组织计划的制定、人员配备甚至绩效考核、薪酬设计等诸多方面都会产生重要的影响作用。具体而言科学预测的重要作用主要表现在：① 为计划提供依据。前文述及，计划是管理的首要职能，但是科学的计划需要依托管理的其他各项职能，预测就是其中非常重要的一个方面。预测具有前瞻性，可以根据组织目前的情况对未来的情况做出判断，科学的判断进而成为制定科学的计划的重要依据。② 避免决策失误。科学的预测在为制定计划提供重要依据的同时，还为科学的决策提供重要的依据。决策不是空穴来风，而是需要站在充分信息基础上做出的重要抉择。没有合理的预测，就会使得决策发生偏误。或者过分强调现在忽视未来，或者过分强调某一方面而忽视另外一些方面。③ 增强组织发展的预见性。预测并非着眼于现在，而是站在当前放眼未来。所以预测是综合组织内外各方面信息的基础上做出的综合判断，这就能够使得组织发展中做到“防患于未然”。在做各种事情的时候尽量考虑周全，将能够避免出现的各种问题在没有出现之前尽量避免。④ 提高组织的应变能力。组织生存的内外环境不断在发生变化。预测准确性的提高需要建立在丰富经验的基础上。在积累了丰富经验后，决策者就可以在相类似的问题刚刚出现征兆的时候就采取相应的对策，从而组织的应变能力得到加强。决策者就可以相对主动地处理一些问题，从而可以很好地由于被动处理问题而给组织带来不必要的损失。⑤ 促进改革创新并强化组织竞争力。科学的预测能够将未来的事情尽早地呈现在管理者面前。在组织不具备抗御这种可能出现的问题的时候，组织就可以提前做准备，全方位提高组织的整体竞争力。因为预测到的问题还没有真正出现，这就可以给组织一个较长时间的缓冲余地。

五、预测的类型

预测可以根据不同的依据进行，从不同的视角对预测进行认识可以得出不同的结论。预测的类型多种多样。根据预测的内容、范围、性质、时间等不同可以将其分成不同的类型。

（一）依据内容划分

依据预测的内容可以划分为经济形式预测、竞争对手预测、市场趋势预测、人力资源预测等不同的类型。经济形式预测是对组织发展所处的经济环境进行的预测，组织所处的经济环境条件对于组织的发展状况影响很大，所以需要对经济形式进行准确判断，以便能够为组织的未来发展创造更好的空间。竞争对手预测是对组织发展中正在面临的以及将要出现的竞争对手进行的判断，这可以使组织尽早采取较好的办法应付竞争对手，使得组织在发展中尽量掌握主动权，在竞争对手还没有充分准备的时候就能够设计出较好的防御策略。市场趋势预测是组织对自己所处产业的发展趋势进行的判断，分析自身所处行业的未来发展方向，从而做出留在本行业还是退出本行业的决定。如果行业处于迅猛发展态势，企业就可以做出扩大经营规模的决策，反之就需要做出稳定经营规模或者逐渐缩小经营规模的决策，直到逐渐退出市场，将资金转移到其他的更加富有潜力的行业当中去。人力资源预测是根据组织发展的状态判断对不同类型的人力资源的需求状况进行的预测。由此可以判断未来一段时间内人力资源的供求结构等，以便在组织发展中有条不紊地制定用人策略。

（二）依据范围划分

依据预测的范围不同可以分为宏观预测和微观预测两种类型。宏观预测主要涉及组织发展所处的宏观经济环境，包括社会对产品的需求、物价水平走势、经济发展速度、人们的消费观念变化等。这些因素都可以在不同方向上影响组织的用人决策。马克思主义经济学认为，价格是价值的货币表现，而劳动力商品的价值是由生产和再生产劳动力商品所需要的社会必要劳动时间所决定的，这包括四部分内容：劳动者本身所需要的生活资料的价值，劳动者养活其家属所必须的生活资料的价值，劳动者必要的教育训练的费用，除了以上三部分内容之外还必要包括历史的和道德的因素。随着社会经济发展以上诸多方面的因素都要考虑到，以便更好地估计企业的发展趋势并准确把握用人成本等方面的问题。微观方面的预测主要涉及组织发展的内部环境，包括人力资源结构、决策的质量、管理层状况、资金情况、管理队伍等诸多方面。组织的微观层面只有与宏观层面紧密配合，才能够为组织发展创造相对完善的环境。所以管理者在考虑组织发展的时候要从宏观和微观等不同层面进行考虑，才能够将问题考虑得尽量周全，进而对组织的未来发展进行科学的决策。

（三）依据性质划分

根据预测性质的差异可以区分为定性预测和定量预测两种类型。定性预测是在组织发展的现状条件基础上，依靠决策者熟悉的业务知识、丰富的经验以及综合判断能力等，根据已经掌握的各方面的信息对事物的未来发展做出判断的过程。定性分析过程中不需要借助数学公式进行判断，而是依靠对事物的综合感觉做出综合判断，虽然在预测中也需要借助一定的技术，但预测过程并不刻意追求量化的东西。定量预测方法是在相对完整的历史资料基础上通过数据分析方式，运用数学模型或者数学公式对事物的未来趋势进行判断的方法。在定量预测方法中一定要有数学模型和数学公式，通过较为完整的计算过程将预测结果进行数量化。由于定量预测是通过一定的数学结果表现出来的，所以一般人就会认为这样的预测方法是比较确定和可靠的。在长期的预测工作中已经形成了多种多样的预测方法，其中比较常见的有时间序列法和因果分析法等。时间序列法是按照时间顺序加以排列，然后运用一定的数学方法使其向外延伸的方法。因果分析方法就是以结果为特性以原因为因素，对事物的发展趋势进行分析和预测的方法。

（四）依据时间划分

根据预测的时间跨度可以将预测区分为短期、中期、长期预测三种不同的类型。短期预测一般是指一年以内的预测。在短期内组织所处的环境条件一般相对稳定，在一年之内各种可变因素变化的可能性不是很大，所以在预测过程中就可以将组织所处的各种环境条件作为一种相对不变的量看待，从而对预期的发展日标进行综合判断，使得组织在短期内发展得以稳操胜券。中期预测一般是指五年以内的预测，在这个相对不长的时间内，组织内外的各种环境要素变化并不是非常大，但已经发生了一定的变化，管理者在对组织的发展未来进行预测的过程中，不能将各种因素都作为常数来考虑，应该将“变”与“不变”进行综合考虑，从而为组织的发展把握相对稳定的环境。长期预测是指时间在五年以上的预测。这是一个相对较长的时间。管理者在这样一个相对较长的时间内需要将各种要素都作为变数考虑。避免出现用固定的思维方式考虑组织未来的发展问题。在长期预测中更加需要组织用变化的眼光看待组织发展的环境，管理者更加应该具备灵活性，从而增强预测的可靠程度。

本章思考题

1. 什么是预测？怎样理解？
2. 预测需要坚持哪几个步骤？
3. 选择预测方法时应该注意哪些问题？
4. 简述预测的作用。
5. 简述预测的类型。

管理故事

故事1：成竹在胸——诸葛亮草船借箭

公元三世纪魏蜀吴三国鼎立，魏国派大军攻打吴国，吴国的元帅周瑜研究了魏军的地形后决定用弓箭抵御魏军，但是这需要十万支箭，这是在短时间内不可能造出来的。当时的蜀国军师诸葛亮正在访问吴国，诸葛亮自动请命并立下军令状说在三天之内为吴国打造十万支箭。周瑜根本不相信诸葛亮能够在这么短的时间内完成这样艰巨的任务。打算借这个因由杀掉诸葛亮。诸葛亮在吴国鲁肃的帮助下准备了20只小船，并且在每条船上都安排了30个军士，用青布将船罩住，船上装满了稻草人。在第三天夜里的时候，诸葛亮命令将20只小船用绳子连在一起，向魏军的营地进发。在接近魏军营地的时候已经是大雾漫天，雾气重到伸手不见五指。这时诸葛亮让船队一字排开，并命令船上的军士擂鼓呐喊，鲁肃见状万分惊慌。诸葛亮让鲁肃放宽心，并招呼鲁肃到船舱中喝酒。魏军见到浓重的迷雾中来了这么多来犯之敌也不敢冒然出兵，于是赶紧招呼军士向诸葛亮的小船乱箭射击，随着魏军万箭齐发，雨点一样的箭射到了小船的草人上，小船在乱箭的作用下一摇一晃的，由于射到草人的箭的数量在增多，船的重量逐渐增加，船的吃水深度也在增加。此间鲁肃虽然已经魂不守舍，但诸葛亮仍然泰然自若。诸葛亮估计时间差不多了，命令所有的小船调转船头迅速撤回。随着船队离开曹营渐远，大雾也慢慢消散。到了吴国诸葛亮命令军士将草人上的箭全部取下，经过清点，箭的数量十万有余。周瑜杀掉诸葛亮的计划虽然没有得逞，但不得不佩服诸葛亮的智慧。

以上就是《三国演义》中诸葛亮“草船借箭”的故事。诸葛亮向周瑜立下军令状决定在短时间内打造十万支箭，表面上看似无根无据，但实际上已经是胸有成竹。正像周瑜所想，任何人在当时的那种条件下在短短的三天之内打造出十万支上好的箭也是绝对不可能的。所以用常规的方法完成这样一个艰巨的任务是行不通的。事实表明诸葛亮并非采用常规方法完成这样的任务。诸葛亮自幼精通天文地理，经过在长江上生活经验的积累，再加上自己丰富的气象学知识，才能够预测到在这几天江面上定要起大雾。所以在浓重雾气的掩盖下，诸葛亮让自己的草船驶入魏军江面，在魏军对草船并不知情的情况下是不敢冒然到江面上迎敌的，诸葛亮正是在猜透敌军心理的情况下，才有了“草船借箭”的“惊险之作”。在《三国演义》中将诸葛亮几乎描绘成了一个用兵如神的军事家。但是诸葛亮用兵出神并不是空穴来风的，而是建立在其丰富的专业知识基础上的。诸葛亮借助其早年积累下的丰富的天文和地理知识才能够成就“草船借箭”的佳话。诸葛亮对未来的天气有了准确的预测，才能够对周瑜立下军令状。诸葛亮能够对未来做出准确的预测，才能够有其出色的军事指挥艺术。不仅如此，“三顾茅庐”时诸葛亮与刘备的“隆中对”也充分展示了诸葛亮的胸怀大略，在那个时候风流倜傥的诸葛亮足还未踏出山村，但已经具有三分天下的对策。事实表明后来魏蜀吴三国基本上是按照诸葛亮的预测进展的。只不过“出师未捷身先死，长使英雄泪沾襟”的结果是让人深感悲伤的。

好的预测能够让事情按照预想的轨迹发展，并且在这样的预测下当事人可以事先做出周密的安排，可以达到事半功倍的效果。所以高质量的预测对于组织的发展是具有重要意义的。在组织的发展中也要对组织发展的未来做出预测，并能够与组织的发展计划紧密结合。这需要管理者具有远见卓识，并且具有把握机会的能力。在激烈竞争的环境条件下组织所处的环境变动不居，这就需要管理者能够用非常缜密的思维对周围环境进行分析和把握，以便能够在科学预测的基础上把握组织的发展方向。管理者为了能够做出科学的预测，就需要不断提高自身的知识品质，并且能够与组织中有才能的人进行很好的合作，在集思广益的前提下使得预测更加科学。

预测就是对事物未来的发展做出精心的规划，在对以前各种情况进行充分分析的基础上，对事物的现在进行合理把握，以便让事情能够按照正确的轨迹向前发展。预测并不是未卜先知，而是需要建立在事实的基础上运用科学的预测方法对未来进行估计。所以预测的结果既包括了客观的成分也包涵了主观的成分，但是客观成分应该大于主观成分。只有这样才能够尽量使得预测结果符合客观发展规律。有人将预测等同于算卦，这是非常错误的。算卦主要是“先生”根据消费者的心理需要，在察言观色基础上进行的主观判断，其中的主观臆断成分要远远大于客观事实。预测的结果自然也就严重缺乏真实性。只能表明“先生”善于与消费者展开心理博弈而已。有些时候算卦的结果与消费者的预期惊人的雷同，这也不能将算卦和预测进行等量齐观。

预测是非常重要的。人们在生活中时时要用到预测，只不过在不同的场合下预测的轻重缓急有差异而已。有的预测较繁杂有的预测较简单，有的预测近乎有确定性的结论，有的预测的结果并没有清晰的轮廓。这就需要预测者在进行预测的过程中综合把握各方面的信息再加上自己的丰富经验，所以预测就是主观判断与客观推断的化合物。组织的发展中有了诸葛亮这样的专家，就会使得组织发展成本尽量降低，从而能够科学地把握组织的脉搏并将组织引向高效率的发展平台。

故事2：慧眼辨金——老板的种草生意经

这家企业的老板是农民出身，平常就喜欢摆弄些花草，正好厂区有块空地，闲暇之余老板就将一些自己从天南海北收集来的花草种子种到了地里，老板亲自浇水、施肥，就像一个老农民种庄稼一样。老板种下的花草第一年呈现出这样的景象：各种花草布局没有章法，种类也比较繁杂，有的有花朵、有的无花朵、有的叶大有的叶小，整个区域的花草高的高低的低，远处望去杂乱无章。员工们认为这个老板非常没有品位，但表面上也不说什么。老板似乎也能看出员工们好像看不上自己的这些没有情调的嗜好，但并没有表现出什么不满意，只是召集手下帮忙管理田间的花草并有选择地将那些病怏怏的杂草除掉了，留下来的都是健壮出色的杂草。经过一个冬天，等到第二年春暖花开的时候，员工们发现野地里的杂草刚刚展出嫩芽的时候老板的田里已经春意盎然了。而且花园中的各种花草看上去错落有致，整齐美观，员工们开始对老板的嗜好改变看法，公认老板是一个有心人。

原来老板在精心护理花草的过程中已经有意将最优秀的花草留了下来，并有选择地将那些不满意的花草除掉，为这些优秀的花草腾出了更多的生长空间，这些留下来的花草能够得到更多的养分并更好地发展。这天有一个朋友来拜访，对自己经营多年的企业业绩不佳表示非常苦恼，打算向这位老板取一些生意经。老板并没有对自己的朋友讲很多管理的东西，而是将朋友领到自己的花园中，大讲一番自己种植花草的心得。老板说：我在这块空地上引进了不同种类的草，但是我并没有对名贵的花草进行特别的照顾，而是让草自由生长，最后发现有些名贵的草反而不是长得很好，这时我并没有对那些名贵的花草给予特殊的待遇，你看这些不名贵的花草不是也能够将花园装扮得很漂亮吗？这些花草不完全是我自己种的，我的属下一同与我种植，员工在种植花草中就能够体会我的管理思想。老板在朋友明白了自己的用意后又说：我种植花草中的责任就是在于为所有的花草提供相同的成长平台包括施肥、浇水等，但是经过一段时间以后就会发现这些花草的长势有很大的不同，这不是我的原因，而是花草本身的原因所导致的。

老板的种草哲学非常有道理。种草实际上与人力资源管理有很大的相通之处，组织中的捣乱分子和不求上进者就相当于花园中的杂草，对这些杂草不能姑息，但这些杂草不能够在很短时间内被管理者所辨识。就像老板种草一样，经历一个春秋甚至几个春秋之后，这些真正的杂草就会原形毕露，即使是在冬天除草的时候老板也会对这些杂草能够进行清晰地辨认，对其进行认真清理后第二年春天来临的时候就会将更多的养分让给优秀的花草吸收，从而让优秀的花草具有更大的发展空间。

老板在养花过程中对所有的花草一视同仁，只是对所有的花草提供相同的成长平台，让这些花草在这样一个平台上尽情地展示自我，并不对任何花草有任何程度的偏袒，不会因为花草名贵而多照料也不会因为花草卑贱而看不起。在老板的眼中自己亲手种下的草都包含了自己的心血，自己都希望其成为自己的百草园中的一朵奇葩，但是在同样的平台上优于每个花草的个人状况不同，有的可能会长势较差，有的可能很快夭亡，只有那些能够长期存活并健康成长的花草才能够真正对百草园做出贡献，这当然是自己最希望的。

老板在刚刚种下草时并不知道哪些是自己理想中的奇葩，能够对所有的花草做到一视同仁是老板的高风亮节。老板的这种作风也昭示了其对待自己属下的品格。作为一个管理者能够做到对属下一视同仁非常难能可贵，虽然在管理过程中也会存在“感情纠缠”，但能够不将感情作为自己管理的全部就非常了不起。自己的属下来自不同的成长背景，就像老板的花园中的草一样来自天南海北。

每个人的成长经历不同，对老板提供的成长环境的适应能力也有很大差异。员工不能期望老板适应员工，而是员工必须要适应老板，适应老板的管理风格、管理思路等，以便能够使得自己在众多的员工中间脱颖而出。老板在种草的过程中也让自己的属下与自己一起种草，表现了老板的民主管理思想。表面上看员工是在种草，实际上老板是在让员工体会管理者的思想，当属下对老板的管理思想能够充分理解时，就能够很好的配合老板的日常管理，并能够增强自己为组织作贡献的愿望了。

管理者的品格是决定能否留住优秀员工的核心因素。优秀员工并不是在最一开始就非常优秀，这需要管理者为其提供较好的成长平台。就像故事中的老板一样为所有的员工同样的施肥、浇水、翻地等，如果管理者不能做到这一点就意味着管理者失职了。施肥、浇水、翻地实际上就是组织内部的制度建设、薪酬发放和动态改革等，老板一定要会用动态的眼光看待自己的属下，当属下取得了成绩之后要用一定的方式让员工清楚自己已经看到了其所取得的成绩了。当组织中出现了一些“稗草”时，管理者也要及时发现并除掉这些稗草，不然这些稗草不但不会为组织的发展做出贡献，反而会由于吸收更多的营养而挤占优秀成员的生长空间。为此管理者需要付出更多心血并且用预测的眼光去鉴别优秀成员与“稗草”，并建立较为完善的监督机制让所有的组织成员都义无反顾地参与到组织发展的建设中间来，实现管理者与被管理者合作共建企业的目标。

经典案例

案例1：直线经理小李两次抉择的背后

案例简介

小李大学毕业后在M公司从事销售工作，在多年的工作中小李已经积累了丰富的工作经验。小李为M公司做出了很多突出的业绩，但由于M公司的用人制度不合理，小李一直没有得到应该得到的职位晋升机会，于是小李开始琢磨跳槽的事情，但还没有下定决心，因为小李会经常得到公司领导的表扬，小李一直抱着公司领导会重用自己的梦想。在苦苦的企盼中小李终于等到了一次公司中选拔中层领导的机会，原本以为自己是这个职位的最佳人选，但最后走上这个职位的是一个成绩平平、学历也远不如自己其貌不扬的人，小李过了一段时间才知道这个人是某位副职级别的公司级领导的亲戚。小李得知这样的消息后对公司M大失所望。人挪活树挪死，小李开始精心琢磨跳槽的事情了。小李于是在工作之余开始在各人才招聘会登记自己的材料。小李的良苦用心终于得到了同行的认可。小李工作的第五个年头的时候当地有家新成立的公司C找到了小李，C公司的经理W在找到小李之前已经对小李考察了很长一段时间，认为小李是个真正的人才，以优厚的条件聘用小李担任销售部经理。小李到新的公司任职后工作如鱼得水，自己的才华具有了广泛的施展空间。由于出色的表现，小李也得到了较为丰厚的物质回报。小李感觉到最大的不同是，在C公司中工作的心情非常好，不像在M公司中总是会遇到一些堵心的事情。一年后C公司由于业务扩展需要成立市场部，并任命小李担任市场部经理。由于小李原来负责销售部，虽然销售部与市场部工作很相似，但工作的重点还是有很大差别的。为了尽快适应工作，小李购买了大量的书籍熟悉有关市场方面的业务。为了使得自己的工作开展更加顺利，小李向公司提出为其安排两个助手的要求，这两个助手分别负责品牌策划和广告设计。小李在向公司提出要求的时候并没有对候选人的条件进行具体估计，为了尽快物色到合适的人选，小李亲自走马上阵单独面试了被试者并且招聘了张、王二人担任广告设计和品牌策划的工作。张、王二人被招聘到公司没有多久小李就意识到这两个“新兵”并不是自己理想中的助手。王的品牌策划总是停留在纸上谈兵的层面，根本对业务开展没有帮助，张的广告设计也根本不符合公司产品的创意要求。张、王二人是小李亲自招聘到公司中来的，现在又由自己亲自将二者辞退，小李感到脸上无光。小李在感慨“良将难求”之余也开始意识到了自己工作的失误。小李开始琢磨下一步选拔人选过程中应该注意的问题，并且开始构思参加招聘工作的管理队伍。

问题分析

(一) 用裙带关系取代制度

案例中的小李是一个很有才的员工，在公司中工作没有多长时间就创造了不凡的业绩。小李是一个很务实的人，希望通过努力工作干出业绩并得到公司领导赏识。小李是一个事业心非常强的人。不但努力工作而且也确实为公司做出了不小的贡献。小李不会在业务之外通过旁门左道的方式为自己的发展创造相对宽松的工作环境。小李在苦苦等待中盼望着公司高层能够将自己摆在合适的位置上去。但是在一次中层干部选拔中让小李大失所望。小李从这次人才选拔中看到了“裙带关系”就是人才选拔的标准的事实。即使没有才能而单纯有较过硬的“裙带关系”也能够在公司中混得很不错。这说明公司在选拔人才问题上已经存在较大的漏洞。任人唯亲而不是任人唯贤的不合理的人才选拔机制蒙住了公司高层的眼睛。小李在最开始的时候对公司高层还抱着一丝幻想，通过努力工作感动公司高层并使自己能够得以重用。但是基于裙带关系的人才选拔结束后。小李感到自己的人格受到了极大侮辱。既然公司领导在人才任用方面做出了这样的安排，就说明在随后的人才聘用过程中仍然会维持这样的制度安排。而在这样的制度安排下，小李这样专于业务的人是永远没有出头之日的。所以小李自然会下定决心跳槽。从这个角度讲小李跳槽是由于公司 M 的用人制度不合理所造成的。既有的公司用人制度不但没有留住人反而让更多的能人贤士跑掉了。小李希望在公司中能够有属于自己的发展机会，但这样的用人制度会使自己非常绝望。在这种不合理的制度设计下，公司 M 最终剩下的都是公司领导的“亲朋好友”。公司 M 实际上就会处于“近亲繁殖”的恶性循环之中。公司最终就会处于低效管理状态并长期处于低位徘徊之中。公司的高层管理者于是就成为了“小矮人”群体。魁梧高大的能人贤士最终全部远离公司而去。

(二) 高层管理者言行不一

案例中的小李由于努力工作做出了大家公认的业绩，其出色的表现也往往会得到公司领导的认可，无论是身边的同事还是公司的领导对小李都报以羡慕的眼神。公司管理者对小李的认可使得小李受到了很大的鼓励。在小李的意识中是这样认为的：公司领导对自己工作认可就会重用自己。但是选拔中层管理者的事实表明，公司的管理者对小李工作认可与为其创造更好的工作环境完全是不相关的两码事。公司管理者任人唯亲的人才选用办法实际上就是告诉小李：只有努力工作的份没有享受出人头地机会的份。小李虽然是一个事业狂但并不是一味地讲奉献而不求回报。小李在感觉到自己没有受到公正对待的时候自然会感觉到比较委屈。管理者言行不一的印象在头脑中就此形成。管理者言行不一就会让组织成员不知道管理者对自己的态度是怎样的。因为就小李的感觉而言，虽然管理者对自己的工作非常满意并且还对自己提出表扬，但管理者对自己的认可并没有在实际行动上表现出来。像小李这样的优秀员工最希望得到管理者的赏识，但管理者的赏识不能够仅仅停留在口头上。当管理者对组织成员有过口头许诺时，虽然管理者只是简单说说而已，但组织成员却长期记在心上并将管理者曾经说过的这些话当做自己未来工作中的一种期盼。在组织成员的心中管理者是最可信赖的人，因为管理者不仅是某个组织成员的心理寄托而且是所有组织成员的主心骨。组织管理者言行不一所失去的不仅是小李的信任，而且是所有组织成员的信任。小李选择跳槽是管理者言行不一的最直接后果。M公司对小李的不公会使得更多的"小李"选择跳槽，而公司并没有意识到这样的后果。小李跳槽在公司M中会形成示范效应，这种效应的结果会使得M公司不能留住优秀员工，M公司在这种局面下最后就会形成"夫妻店"。将公司做大做强只能是一个梦想。

（三）管理精英并非多面手

案例中的小李在M公司做出了非凡的业绩，但没有得到M公司重用。在被C公司赏识的情况下做出了跳槽的选择。事实表明小李在C公司的工作非常出色，销售工作是小李的看家本事，这种能力优势使得小李能够如鱼得水。C公司的老板在看到小李工作业绩非常突出的情况下打算让其开拓另外一个业务即案例中提及的市场业务。但是当小李介入到这个新的工作领域的时候马上就感觉到有些力不从心。在公司老板的心中小李应该是一个各方面都比较优秀的人才。由于小李做销售工作做得非常不错，于是就推想到小李做市场工作也应该是不错的。于是就在将小李硬性安排在了这个新的工作岗位上。小李为了应付这个全新的工作，从市场上买来了大量的书籍给自己充电。小李在此之前由于有过销售经验，所以对市场方面的工作也是有一定程度的了解的。但是由于对该项工作感觉到底气不足，所以就采取了临时抱佛脚的举措。小李在上任市场部经理一职后表明，小李并没有按照老板的事先设想将工作做好。小李的表现说明组织中任何一个优秀的员工并非都是多面手。中层管理者也是这样。管理者在某一方面有自己的优势但是在另一方面并不一定也很精通。管理者在管理实践中如果犯了"首因效应"的错误后，不但不会提高组织的工作效率，反而会由于没有将正确的人安排在合适的岗位上而导致做事效率下降。在管理实践中，为了让管理者熟悉更多岗位的工作往往采用职务轮换的方式让管理者在不同的岗位上工作。管理者的初衷虽然可以理解，但在安排岗位的时候应该知道，不同工作岗位的工作性质是有很大的差异的。管理者并非万能。如果让管理者从一个比较重要的岗位转换到不太重要的岗位或者转换到工作性质相关的工作岗位，对于整个组织的发展不会有太大的影响。但案例中小李这样的岗位轮换就会对公司产生较大影响。

（四）招聘新员工太过随意

C公司的老板在将小李招聘到公司中来的时候目标是非常明确的，并且这是经过长期考察后的明智选择。所以在小李这个问题上C公司的抉择是正确的。但是在小李担任市场部经理之后，向公司高层打报告招聘两名助手。在没有明确的招聘原则的情况下小李就断然招聘了小张和小王。但是这两个"新兵"被录用后没有多长时间就让小李感觉到了问题。两个人的工作都缺乏实用性，对于公司市场业务的开展根本没有多大意义。小李开始意识到自己在招聘工作中有些问题。张、王二人被录用的时间还很短，在这样很短的时间内就已经发现二人在工作能力上存在的问题，说明公司在招聘新员工的过程中在制度层面还是存在很大漏洞的。小李在工作中业绩非常突出，但不能单凭这一点就能够私下做出招兵买马的决定。招聘员工的过程太过随意不但为公司事业的发展造成严重障碍，而且对张、王二人也造成了重大损失。C公司的工作岗位虽然不太适合二人，但这并不代表这二人没有工作能力，只是相对于C公司的岗位要求而言两人的工作显得过于理论化了一些。但是C公司的用人失误就会增加张、王二人的择业成本。

张、王二人在被公司招录的过程中也许并不了解公司的工作性质，只是感觉与自己所学专业比较相关并且通过过关斩将就迈进了C公司的大门。殊不知由于小李的招聘失误给二人造成了较大的个人损失。所以在二人到C公司工作不久就发生了案例中的问题。C公司没有对小李的招聘行为进行适当约束是造成录用员工失误的根本原因。虽然在这样的招聘过程中让小李感觉到了权利的魅力，但由于小李拥有的权利没有受到更多的制度约束，小李在招聘过程中根据自己的感觉做出判断以致在招聘中出现了较大的用人失误。

（五）公司不注重制度建设

案例中提到了M和C两个公司。两个公司存在同样的问题，即不注重制度建设。M公司没有确立让优秀员工崭露头角的机会，最后导致像小李这样的优秀员工从公司流失。C公司虽然让员工具有了更好的施展才华的环境，但对小李的权利却没有进行适当的约束。M公司缺乏了放开员工手脚的制度，而C公司则缺乏了束缚员工手脚的制度。在组织的发展中无论是过度放开员工的手脚还是过度束缚员工的手脚都会对组织的发展带来负面影响。前者会使得员工感觉到在组织中没有发展的空间，从而会像小李一样做出“另投明主”的抉择，以致公司中有才能的员工逐渐流失掉。后者会使得自恃有才的员工为所欲为，在没有与上级主管进行沟通的情况下自行做出一些与组织发展总体目标不一致的抉择，这样就会使得公司运行处于混乱状态。不注重制度建设就会造成组织中政令不一，从而不能保障组织中的人才能够高效率地做事。制度是组织成员共同的行为规范，能够保障组织中的所有成员按照事先规定的制度行事。在感觉制度有不完善之处时，可以通过合适的方式向组织管理提出，以便能够保障组织的制度设计按照组织的发展思路完善。但是由于管理者与被管理者之间信息不对称，被管理者很多时候只能通过企盼管理者能够“觉醒”自身的行为使得组织制度趋于完善。案例中的小李就是在这样的苦苦等待中发现没有希望的情况下才做出了跳槽的选择。这说明M公司并不存在让员工向公司高层反映意见并使得组织获得制度改善的沟通渠道。优秀员工的这种等待是有限度的，因为在等待的过程中员工就会损失很多机会。在员工不能承受这种等待时就会做出与小李同样的选择。

对策分析

（一）建立科学的用人制度

案例中小李在两个公司中都遭遇了不太完善的用人制度。M公司中的用人制度遏制了自己的发展，C公司的用人制度对自己没有约束。这两种公司制度代表了过于呆板和过于宽松的两种状态。两种状态下的制度对于组织的发展都会形成负面影响。为此案例中的两个公司都需要在科学的用人制度层面做文章，通过管理者与被管理者之间的互动建立起科学的用人制度，使得完善后的用人制度让员工愿意在公司中工作，并且在工作中心情非常愉快。同时具有某一方面权利的管理者应该在行使权利的过程中受到约束。组织成员在这样的制度环境下每个人都会成为制度完善的倡议者，管理者在带领组织发展的过程中就能够达到群策群力的目标。为了在组织中建立科学的用人制度，两个公司需要采取不同的对策。对于M公司而言，应该不断完善公司制度以便让像小李这样苦苦等待的年轻有为者尽快走在同辈人的前面，使其能够在较好的心情下为公司多做贡献。M公司可以从以下几个方面完善管理制度：① 让业务骨干参与管理。小李这样的业务精英最希望自己的工作得到管理者的认可，并且非常希望管理者通过改进制度使得自己的业务能力能够更加有效地得到发挥，但是管理者本身并没有意识到这个问题。在这种情况下就需要M公司的管理者首先完善负责公司制度得以改进的成员结构，让小李这样的业务精英参与到组织制度建设当中来。小李考虑问题的着眼点与管理者存在很大的差别，小李从普通员工的方向考虑问题会使得组织管理制度更加侧重实效。在这种情况下组织制度改善的切磋会上的成员既有管理层成员也有普通员工。考虑问题的视角就会更加宽广和周全。② 管理者到基层调研。M公司的管理者迟迟没有对公司的管理制度进行完善，在小李眼中的这个严重问题对于公司管理层而言也许并不是非常严重的，或者这个问题虽然很严重但管理层并没有注意到。为了避免这种问题的发生，M公司的管理者可以经常到普通员工中进行走访。听一听不同员工对同一种制度或者措施的态度，关键是收集普通员工认为的现有制度的不合理方面。为了让所有愿意参与讨论的员工都有参与发言的机会，并避免员工在提出反面意见之后的后顾之忧，公司可以让员工匿名以书面方式向相关管理机构递交建议或者意见。对于C公司而言，公司管理层应该对既有的制度进行重新设计，让小李这样掌控某些方面管理权的管理者在履行其权力的时候有所顾忌，为了使小李的权利受到约束，公司可以规定在小李做出重大决策之前需要通过公司办公会讨论后决定，在讨论过程中小李需要讲明做出相应决策的充分理由，在其他人认为小李的想法可行的时候，通过集体决策的方式对小李的建议进行肯定。这种决策方式就可以尽量避免在小李单独决策下可能会出现的问题。

（二）管理者需要言出即行

案例中的小李对M公司的老板失望之余才做出了跳槽的决策，跳槽对于公司和小李而言都会造成不同程度的损失。但是在小李眼中公司老板是一个只会“演戏”的人。老板在管理实践中“演戏”就会让组织成员认为老板精于作秀。小李会经常听到老板的表扬，但这种表扬并没有让小李感受到公司制度的“温暖”，这种唱高调的“老板”自然会遭到像小李这样的员工的不满。小李所需要的是：老板不但要在口头上对自己的工作表示满意，而且要在相关制度方面给予认可，只有这样小李才会感到有尊严。在一个组织中，普通员工没有权势，员工为组织付出劳动而没有得到更多利益的情况下，公司应该在制度层面给员工以尊严，这是员工在组织中工作的底线。管理者需要顾全到组织中普通员工的这种心理动态，在面对普通员工的时候不能单纯在嘴皮子上做文章，管理者需要做到言出即行。M公司的老板在面对小李这样的优秀员工的时候，在口头上对其进行表扬只能算是管理者个人对小李的认可，如果在制度层面对小李的工作表示认可就需要公司以文件的方式对小李提出表扬。M公司的老板可以通过小李所在的部门的中层管理者对小李提出重点培养措施。在没有适当机会将小李提拔为中层管理者的时候，可以对小李进行适当的物质奖励，并将这种奖励作为考核制度确定下来，对于小李以及与小李同样的员工都要施以同样的制度。在这样的制度安排下小李就不会感觉到“孤独”，并且小李会产生这样的预期：只要持续地将自己的优势发挥出来，就能够受到公正的待遇。小李不会跳槽，公司也会就此留住优秀的员工了。

（三）培养专业化管理队伍

案例中出现的管理问题表明，在公司中建立一支专业化的管理队伍已经非常必要。M公司中的管理者不很通晓管理，而小李在C公司中作为管理者是从业务骨干提拔上来的，在做业务的时候是管自己，而作管理者的时候是在管别人，这种角色的变化就需要管理者产生素质的变化。两个公司都亟待培养一批相对专业化的管理队伍。为了建设公司的管理队伍需要从以下几个方面着手：① 严格培训制度。很多中层甚至是高层管理者都是在开始的时候由于业务非常突出，而后逐渐被提拔为中层管理者。这就需要公司层面建设相应的制度对提拔上来的管理者进行管理培训，让这些曾经的业务精英逐渐变成管理能手。让这些新人管理者参加公司规定的管理课程培训班，让其系统学习管理理论以便在管理实践中不会违背一般的管理原则。在培训中要学习其他知名企业的成功管理方法，并且从一些失败的案例中总结经验教训。② 预备管理者制度。预备管理者，即将要被提拔为管理者的业务优秀的员工。由于这些管理者没有管理经验，所以在管理实践中可能会出现这样或者那样的问题。所以通过预备管理者制度实际上就是让那些准备被提拔为管理者的组织成员成为“见习”组织中的管理文化，让其在体会具有丰富经验的管理者的管理实践过程中体会做好管理工作的方法。在这样的“见习”过程中这些预备管理者就可以琢磨出管理中经常会出现的问题以及处理这些问题的方法，从而最大限度地减少其在成为正式管理者时可能出现的失误。

（四）严格招聘程序和制度

C公司在招聘新成员的过程中由于小李仓促决断导致公司用人失误，不但给公司造成了人才短缺问题而且还使得张、王两位员工在择业中加大了成本。在招聘过程中张、王二人对公司不十分了解，盲目地通过了公司的面试并成为了小李手下的员工。通过一段工作的考察，张、王二人的工作不能让小李满意。张、王二位的工作不能让小李满意的原因应该说在很大程度上在于小李而不在于张、王二人，所以严格招聘制度是避免以后再次犯类似错误的关键。为了做到招聘科学化，公司应该在以下几个层面展开工作：① 组织招聘小组。这次招聘过程出现了问题，关键原因就在于小李权利过度。小李自身就具有对张、王二人的选择权，再加上仓促行事，就使得问题非常严重。在招聘过程中通过小组面试的方式进行，就可以在很大程度上避免这样的问题。在招聘过程中不同的面试成员由于对被试者的考察角度是不同的，通过集思广益的方式对被试者考虑就会更加全面。② 招聘前用人部门上报招聘计划。小李在招聘之前根本没有向主管上级说清楚相关事情就擅自行事了。为了避免此类事情的发生就要严格招聘程序，其中最重要的一个方面就是在招聘新员工之前由用人部门安排提出详细的用人计划，对拟引进的用人条件进行明确，以便负责招聘的相关管理人员可以按照事先确定的条件选择拟招聘的人选。在用人部门提出的招聘条件经相关部门认可后才可以付诸实行，于是小李的权利就在一定程度上受到了限制。不会发生与案例中雷同的错误。

（五）管理者需要自我批评

管理学认为管理者并不一定是某一技术领域的专家，但一定要懂得让其他的人按照自己的意愿行事的技巧。管理的目的就在于在一定的制度约束下通过集体的力量达成单个人无法实现的愿望。但是管理者在考虑问题不周全的时候也会犯错误，小李就是这样的一个管理者。在此次招聘之前小李的工作是非常出色的，但是在这次招聘过程中由于考虑不周全才出现了案例中谈及的问题。在出现了这样的问题时不能单纯地认为王、张这样的员工不合格，负责招聘人才的管理者首先要检讨自己，反思自己在招聘过程中是否存在这样或者那样的决策偏误。这对于以后的招聘是非常有帮助的。如果面试者不能纠正这样的偏误，在以后的招聘过程中就很可能还会发生类似的问题，也许在下一次招聘过程中就会给公司带来更加严重的损失。在公司中建立“管理者自我批评”的制度是非常有意义的。在自我批评制度建立的过程中，要求相关管理者对自己一段工作以来存在的问题进行检讨，由自己分析以往工作中存在的问题并提出针对这些问题的解决方法。每个管理者在提出自己工作中存在的问题之后就要建立下一步工作目标，力争在下一个工作周期中改变先前曾经出现的失误。在管理工作中出现了失误的时候管理者不应该过于顾全面子而将小错铸成大错。进行自我批评往往较来自他人的批评更加容易让错误发生者更加接受，并且在一定程度上还可以展示出当事人的宽宏和大度，还可以对其他的组织成员以警示和启迪，在组织内部于是形成互帮互敬的氛围。

案例思考题

1. 案例中小李的两次决策有什么不同？
2. M 公司在用人方面出了什么问题？
3. 你对案例分析中提出的对策有什么看法？
4. 结合案例谈一谈怎样做出决策才是相对科学的？
5. 你身边是否发生过类似的事情，这些问题是怎样解决的？

案例 2：百货大楼的“起死回生”座谈会

案例简介

在百货大楼的经理室中以总经理王武为首的决策人员各个面带愁容，大家正在讨论公司下一步的发展大计问题。在座的都是公司的经理层，王武召开这次会议的目的是让所有的经理人员给自己出谋划策，以便在公司的后续发展中有新的起色。王武站立着念叨着百货大楼的沧桑经历，其他人员默默坐在圆形会议桌的四周静静地听着王武的叙说，王武在摆明了所有问题之后接着说，“我以上说了这么多，关键不是只让大家听听而已，听了以后大家应该拿出些谋略来，怎样才能让咱这个一直不景气的企业起死回生，大家作为公司的中层不仅要吃较多的俸禄还要为公司的发展进言献策，大家对我的帮助就是对公司的帮助。”副总经理王参听了王武的这些话后，豁地从椅子上站起说：“老王有些言过其实了，其实大家都与你一样着急，我们每个人都不是袖手旁观者。我们大家虽然不是刘关张桃园三结义，但唇亡齿寒的道理大家都明白，大家是同一条破船上的难民。”王武听了这些话好悬没有掉下泪来，“这样的会已经开过多次，为何咱大楼还是没有起色？今天大家一定要深入讨论一下，不要怕丢面子，丢了大楼才是真正丢面子，大家一定要将我们面临的问题指出来并且要提出有针对性的解决对策，这才是我最需要的。”开发部经理李多思索再三，慢吞吞地从椅子上站起来：“我初步拟定了四步走计划，起步阶段主要是消除在服务工作中冷、硬、顶的现象，改善服务态度；发展阶段确立顾客第一、服务第一、信誉第一的指导思想；提高阶段派人到国外学习先进管理经验，然后在专家的帮助下研究制定连锁销售模式；完善阶段深入学习并运用先进的管理学理论，开展科学化的管理工作。”李多讲完了，王武的眼角上略微露出一些微笑，认为这才是比较可行的解决方法。然后用询问的眼神望了望会场上的每一位。杨炎是负责质量工作的经理，咳嗽了两声后，陈述了自己的想法：“据我看来，咱公司生意不景气与产品质量有很大关系，产品质量是企业的生命，我初步拟定了以下计划，与大家共勉。第一，加强商品质量管理。采取以下措施：发展横向联合，扩大货源；把好五关即采购员把好进货关、业务员把好合同关、运输部门把好关、保险把好验收关、销货员把好售货关；售出商品施行“包退、包换、包修”的三包原则以便能够对顾客负责；建立和健全多层次、多渠道、纵横交错的市场信息网络。第二，加强服务质量管理和加强环境质量管理。”杨炎的这些建议已经开始打破世俗观念，使得领导思想有了较大的进步。就剩下王英没有发言了，王武将视线转向了王英，只见她不慌不忙，将文件夹向前一推，显然已经是成竹在胸，“我负责企业文化建设，理所当然应该把这一块搞好，其实明眼人一看便知，咱公司企业文化建设不好、职工素质普遍不高，比如夜晚朝花盆中撒尿，实在有伤大雅，曾经发生两起男职工夜入女职工宿舍的情况，虽然没有造成严重后果，但传出去后很是败坏咱公司的声誉，我自从进入咱公司以来，曾经多次亲眼目睹职工与顾客吵架的现象，这些“景观”早就应该杜绝了，这方面好不上去，我们这个百货大楼就别想好到哪里去，咱们是服务性行业，企业文化尤其重要，它像一面镜子一样反映出我们的全貌，我初步拟定以下方案：第一，举办各种培训班，使广大职工树立为公司工作一辈子的思想。先后开展回忆店史、讲传统、发扬创业精神的教育。大楼就是我们的家，我为大楼添光彩的主人翁责任感的教育，其中要特别强化“麻烦我一个、方便千万人”的教育。第二，举办各类业务培训班，请有经验的老营业员传授技艺。第三，举办脱产培训班，对于服务态度好、工作热情高的同志，进行定向培训，使他们尽快成为业务骨干。第四，举办各种文化补习班。”话音刚落，王武马上总结了大家的发言，“大家说得很好，这次会议是比较成功的，在今后的工作中，我们每个人包括我自己在内，均应该提高素质，各位经理将今天的发言整理好，交与打印室形成文件，即在近期付诸实行。”这次会议成为该大楼由倒退到复苏的转折点，文件实施后，该大楼一天比一天发达起来。百货大楼的生意兴隆了，日子好过了。职工和领导的脸上均洋溢出了幸福的笑容。但他们并不满足这些成绩，正像王武所言：“我们要的不是更好而是最好”。

案例分析

（一）企业文化不完善

正像案例中的王英所言，百货大楼这个专司销售的企业的文化建设是不健全的。王英在与王武的谈话中列举了公司在文化建设中存在的诸多问题，包括在花盆中小便、服务员在顾客面前吵架以及男职工闯入女职工宿舍等问题实际上已经表明了百货大楼在企业文化建设层面是存在严重问题的。职工在公司里面工作连最起码的人身安全感都没有，这样的企业是不能赢得消费者的良好口碑的。企业文化对于组织的发展是非常重要的。组织中每个成员的一言一行都要以组织文化为基础，但某个组织成员的行为与组织文化不同即与绝大多数的组织成员的行为举止不同的时候，组织成员就不会接纳这个组织成员并且认为这个成员是组织的异类。所以即使一个新加入者的行为举止与既有的组织成员有较大的差异，在经过一段时间以后也会表现出一致。“近朱者赤近墨者黑”就是新加入者对既有的组织成员寻求共同语言的结果。在组织文化的影响下，组织中的所有成员都将趋向于具有相似的思维方式和情趣爱好。案例中王英例举了公司发展中企业文化建设中存在的问题，在这样非常正式的场合提了出来以便能够得到包括王武在内的所有管理者的认可。企业文化并非是在短时间内能够得以建立的。但是从百货大楼的发展状况看，这样的问题应该是很长时间以来就存在了。冰冻三尺非一日之寒，王英也并没有希望这个问题能够在短时间内得以解决。公司管理层已经认识到企业文化存在的问题，就说明公司已经有了较大的进步。因为当乌鸦站在猪背上的时候，乌鸦总是会说猪非常黑，自己不容易认识到自己也是黑色的。

（二）会议不注重实效

王武这次开会语重心长，在所有的经理面前动了真感情。在座的经理也为王武的良苦用心所感染，于是每个人提出了富有见地的思想。通过王武的谈话可以表明，百货大楼以前在开会的过程中根本不注重实效，会议很多但都流于形式，这对于公司的发展是非常不利的。长此以往公司的中层领导就会对开会感到麻木。根据王武对各位部门经理的谈话可以推测到，先前开了很多次会议但都不见成效。大多数会议都流于形式了。在组织的发展过程中，为了集中大家的精力做事情，不免要经常开各种会。根据会议的内容不同可以将会议分为诸多不同的类型，包括传达文件会议、集思广益会议、总结经验会议、展望未来会议、交流感情会议、解决问题会议等。但如果每一次开会都不能解决一个问题，或者会议的主题不明确，这就会使会议流于形式，参加会议的人员就会逢场作戏。王武召集的会议非常多但解决的问题非常少。这说明会议并不注重实效。每次开会没有实质性内容并非由参加会议的各被管理者造成，而是由于召集会议的核心管理者所造成。王武如果本身就不想解决问题则会议就会流于形式，火车跑得快全凭车头带，王武这个火车头跑得就非常慢，王武手下的所有追随者自然就没有办法跑得非常快。表面上看是会议存在形式问题，但实际上则是管理者的理念问题。流于形式的会议需要从核心管理层的管理理念着手进行改变，才能使得组织内部的所有问题都得到解决。

（三）产品质量有问题

案例中的杨炎认为公司的产品质量存在问题，产品质量问题的深层原因在于负责进货的管理部门的责任心。百货大楼不具备生产产品的职能，其主要责任在于将合格的产品售卖给消费者。在产品的选择问题上百货大楼具有为消费者进行初次甄别产品质量的责任。所以消费者购买到产品时首先是以百货大楼的信誉为基础的，如果百货大楼信誉不足，消费者就很难信任其售卖的产品。百货大楼在进货的时候就需要有“火眼金睛”，应该在长期从事销售服务的过程中练就一双好眼力。百货大楼在长期经营过程中，应该建立稳定的供货渠道，根据消费者对产品质量的反馈情况在供货商之间进行取舍。根据杨炎的说法，百货大楼并没有做到这样一点。经营多年的百货大楼在供货商的选择上并没有成功的经验，这说明公司在供货商这个问题上并没有规范的制度，这就会导致负责进货的部门在个人利益与消费者利益之间产生偏差，从而使消费者的利益受损。百货大楼是这个城市中最重要的商品销售公司，消费者购买消费品的时候首先选择的就是百货大楼，在消费者心中百货大楼是大家最可信赖的购买消费品的地方，并且消费者到其他地方购物时的消费选择非常小。所以百货大楼的产品质量存在问题的情况下消费者做到的只能是怨声载道。正是因为如此，百货大楼多年存在严重问题的情况下生意状况一直较好。为了提高产品的信誉并且为了使得消费者能够购买到如意的产品，把好产品的质量关已经刻不容缓。

（四）团队意识不够强

案例中的王武在这次召开会议的过程中以非常平易近人的态度与各部门经理展开交流。在王武的真情影响下各部门经理也都袒露真言，为王武出谋划策。实际上百货大楼中存在的问题并非一朝一夕能够解决的。这次开会的时候王武的真情使得大家非常受感动，每个经理所说的都是肺腑之言。王武对大家的发言非常满意。从这次会议的成功之外可以推断出一些其他情况，即在此次会议之前诸多会议都是不成功的。这说明王武的手下并没有与王武一道组成一个团队。王武并没有以自己为核心形成功能互补的群体结构。王武的手下充其量只能叫做一群人而不是一个团队。管理学认为，团队是功能互补、精诚合作、目标专一、有序运作的许多人所组成的一个整体。但是百货大楼中的中层管理者实际上并没有以王武为核心形成团队。这些中层管理者在一定程度上是在忽悠王武，而王武对自己手下的这些“只吃俸禄，不务实事”的成员束手无策。在此期间王武只是扮演了一个“和事佬”的角色，而并没有精心构思百货大楼的制度建设。这些中层管理者没有尽职尽责地完成自己的份内之事，原因并不在于这些中层管理者本身，而在于王武根本就没有建立起有效的管理制度。从这个角度讲，百货大楼的这些中层管理者非常符合麦格雷戈所论述的 X 理论。作为经纪人的中层管理者需要敦促王武设计相对严格的管理制度让其执行，只有这样百货大楼的各项工作才会有新的起色。

（五）管理者孤掌难鸣

王武在管理过程中感觉到力不从心，关键是没有调动起属下的工作积极性。王武虽然很想将百货大楼的工作做好，但由于很多制度没有建立起来，并且工作会议也流于形式，所以王武的工作就会处于孤军奋战的局面。由于王武对手下并没有做明确要求，所以各个部门的经理都有“当一天和尚撞一天钟”的心态。王武也许有将百货大楼的工作做好的愿望，但其较好的工作愿望并没有通过较为完善的制度得以维护。王武虽然是百货大楼的核心管理者，但并没有发挥一个核心管理者的责任。管理学理论认为，管理者并不一定是某一个领域的技术专家，但一定是精于管理的人才。管理者并不一定需要精通某一方面的技术，但一定要懂得让自己的属下按照自己的方式工作并达成组织需要达到的目标的道理。管理者的责任不在于自己独自英勇地冲锋陷阵，而在于通过自己的合理规划让自己的属下形成合力按照自己的意愿行事。管理者并不是在孤军奋战。通过适当的方式让自己的属下与自己一道为组织的事业共同奋斗才是管理者应该具备的基本素质。王武完全不用求属下与自己合作的办法征求下属的意见和建议。从案例中可以看出，虽然下属在这次会议中表现比较踊跃，但王武也表现出很大的无奈。王武在调动下属为自己进言献策的过程中只是在用感情维系彼此之间的关系。但是组织中成员个体之间的关系除了需要用情感进行维系外，更多是需要用制度进行约束。由于百货大楼缺乏科学合理的制度设计，所以才有王武近乎孤军奋战的局面。

对策分析

通过王武之口可以发现百货大楼确实存在诸多亟待解决的问题。这些问题不得到及时解决就会影响百货大楼的进一步发展。为了使得百货大楼的经营状况有更好地起色，就需要尽快着手解决出现的诸多问题。

（一）完善企业文化

企业文化是企业中管理者思维方式的再现，企业中的任何资源都会笼罩在企业文化中。在既定的企业文化影响下，企业中的人力资源具有共同的行为方式和思维特点。企业文化会从企业理念、员工行为方式以及服装鞋帽等各个方面表现出来。企业文化理论认为，企业文化包括三个层次：表层、中层和内层。表层文化通过厂容厂貌、员工服饰等表现出来，这个层次的企业文化是通过眼观就可以察觉出来的。一般认为这个层次的企业文化在短时间内就可以得到改变，但这种改变并不能触动企业文化的内核，而企业文化的内核不发生变化的时候企业文化就不能得到实质性的变化。中层文化就是制度，包括企业中的各项政策和规章等，这些政策或者规章制度对人们的行为起到重要的约束作用，保障组织中的各个成员按照组织的制度框架行为自己，保障组织中个体的行为与组织的目标相一致。内层文化就是企业理念，专家认为企业的经营哲学就是企业文化的内核。企业文化的内核对于企业的发展起着最终的决定作用，但企业的发展理念要通过厂容厂貌等表层企业文化得到体现。王英在回答王武问话的过程中提出了如下几种措施：举办培训班、回忆店史、老员工传艺、培养业务骨干、举办文化补习班。应该说如上几种措施对于百货大楼的文化建设是非常有意义的。既注重了尊重企业发展历史，也注重了员工素质培养。这些都能够在百货大楼内部形成互帮互敬的学习氛围。为了使得企业文化发展更加具有前瞻性并且能够让所有员工都能够参与到企业文化建设过程当中来，还应该建立一种机制让有思想并致力于为组织发展做贡献的员工能够为企业文化的建设进言献策。

（二）注重工作实效

既然王武历次开会都不见实效，就说明每次开会的时候王武本身存在问题，而且做事有无实效并不取决于开会的次数，在日常工作中的任何方面都会让人们感受到高层管理者的工作是否注重实效。普通员工日常面对的事情没有太多的宏大问题，都是非常微小的工作中的琐碎事情，这些事情虽然会让管理者感到非常繁忙，但最能够反映出管理者的工作效率。为了提高百货大楼管理层的工作实效，王武需要从以下几个方面做文章：① 完善岗位说明书。岗位说明书是界定个，工作岗位职责的重要依据。王武需要为每位部门经理制定详细的岗位说明书进而规定其岗位职责，各部门经理要认真履行自己的职责并具有向王武提供建议的义务。王武需要根据每位部门经理的工作表现决定其在下一年度中在相应岗位上的存留问题。② 严格的绩效考核。通过建立严格的绩效考核制度强化各岗位部门经理的责任心。在考核过程中实行下属对部门经理考核和王武对部门经理考核两个层面，王武的打分占考核总成绩的40%。这样的考核制度就会使得各部门经理在工作过程中既要考虑到完成王武规定的工作，也要考虑到对属下负责，因为该部门经理能否在工作岗位上存留在很大程度上取决于民众的意见。③ 工作起色档案。百货大楼的人事部门要为每个部门经理建立年内标志性工作业绩档案。对三年内的工作业绩进行对比分析，通过民主评议的方式如果感觉该部门经理的工作使得百货大楼的相应工作有比较大的起色，则可以继续留任，如果企业的相应层面仍然存在很大问题并起色不是很大，则责令其转岗。提拔有发展潜力的下属或者引进人才对相应岗位进行充实，以保障百货大楼的发展能够有条不紊进行。

（三）构建合作团队

前文述及，百货大楼虽然以王武为首的管理层比较齐备，但是在完成相应工作的过程中王武总感觉到是在孤军奋战，下属没有很好地配合王武的工作。在以往的会议中下属（中层管理者）也没有很好的参与到王武的工作规划当中来。王武的手下看起来人员非常多，但总体来看并没有形成以王武为核心的工作团队。工作团队建设的核心是看群体中的成员是否存在功能互补、共同目标、秩序井然等特征，而并不注重人员的数量。表面上看王武的手下人员数量不少，但这些人并没有以王武为核心形成合力，所以只能是“攒鸡毛凑掸子”，王武需要着手构建以自己为核心的团队。为此王武需要做好如下几个方面的事情：① 重新配置岗位人员。针对目前各岗位的管理人员完成工作的情况，结合前面提到的考核制度，认真核定相应岗位上的管理人员是否能够做到岗能匹配。对于不能很好地履行岗位职责的管理者要实行转岗不降岗的措施，以便能够让每个岗位上的管理者都能够很好地履行岗位职责。从而达到按照泰罗在《科学管理原理》中所提到的“第一流工人原理”思想下“让合适的人做合适的事情”的目的。② 加强情感交流。管理者不能总是高高在上，与其下属适当进行情感交流是非常必要的。管理者与组织成员之间的交往渠道不但可以通过行政层面进行，还可以通过非正式组织以情感逻辑为标准进行。在中国的传统文化中“熟人社会”起着非常重要的作用，组织中通过正式渠道不能够完成的事情往往可以通过非正式组织层面的情感逻辑付诸实现。③ 定期举办交流会。王武应该为自己的属下创造集体见面的机会，通过定期地举办经验交流会可以达到这样的目标。在这样的会议上不但可以及时发现组织发展中存在的问题，还可以通过大家面对面地交流适时地进行各部门之间的沟通。在组织管理中管理者认为是非常有道理的事情在其他人看来可能会存在一定的问题，某个政策的实施从一个部门看可能是较好的选择但是从其他部门看可能就存在严重问题。部门管理者处理问题过程中的这种信息不对称可以在交流会中得以完成。

（四）强化产品质量

案例中相关责任者已经清楚阐明了产品质量的问题。产品质量是百货大楼的生命，所以在百货大楼进一步发展过程中就需要在产品质量方面出新招。为了将这项工作做实，需要王武首先完成以下几个方面的工作：① 组织专家团严把进货质量关。先前百货大楼在进货过程中，进货权完全掌握在某一个部门手中，这样就会增加部门腐败的可能性。这种关乎百货大楼生存发展的关键权力不能只授权给某一个部门。王武应该收回相应的权力，由新组建的进货审核专家团负责相应的事宜。原先负责该项工作的部门只提供相应的进货渠道信息以及提供合理化建议，不再具有进货的最终裁决权。② 通过招标方式进货。通过招标方式进货不但可以尽量减少进货成本，还可以在招标会上让参与竞标的相关商家尽量通过各种方式展示其产品的优势，有瑕疵的产品是不敢在这样的招标会上亮相的。这样的进货机制下就首先将一些不具有竞争优势的产品拒之门外，为专家团鉴别产品质量的好坏把好了第一道关口，省去了百货大楼在鉴别产品质量过程中的大量成本。③ 加强对熟人供货商的监督。熟人供货商在不能总是信守产品质量承诺的情况下，可能会依托其与百货大楼的熟人关系将其“含金量”不足的产品以次充好，堂而皇之地摆到百货大楼的货架上。所以对熟人供应商同样不能放松警惕。在每次进货的过程中也需要认真履行产品质量的监督程序。在进货过程中不但要充分发挥专家团的作用，而且要建立“追究专门责任人责任”的制度，在进货程序上严格履行公司的规章制度，不能跳过任何一个环节。④ 对进入百货大楼的经营者建立信用资质档案。在百货大楼开始向社会出租摊位的情况下，经营商开始进入百货大楼图谋发展。为了严格管理这些经营者，百货大楼就需要建立这些经营者的资信档案。根据档案记录，如果经常会发生顾客投诉，则百货大楼可以考虑取消该经营商在百货大楼中继续经营的权力。通过这种方式不但可以逐渐优化百货大楼的经营队伍，而且可以在公司中逐渐形成一种健康向上的企业文化，从而推动百货大楼销售事业的不断发展。

案例思考题

1. 百货大楼在经营中出了哪些问题，你认为“起死回生”的决策可行吗？
2. 分析王英的谈话，说明应该怎样建设企业文化？
3. 王武是否称职总经理一职，结合案例谈谈你的看法。
4. 你对案例分析中提及的对策感觉是否可行？为什么？
5. 请结合有关决策的理论谈谈领导的决策艺术。

第六章

组 织 管 理

本章内容提要

组织是为达到一定的目标而在有效分工和合作基础上形成的相关成员的集合体。组织包括静态和动态两个层面的含义。正确理解组织的含义需要把握好以下几方面的内容：组织是由人所构成的特定的功能主体；组织是为特定的目标而存在的；组织内的不同层级需要履行不同层面的权利和义务；组织的各个部门之间必须有明确的分工和相互协调的协作。组织工作一般具有以下的特点：有特定的目标；组织工作是一个过程；组织工作具有动态性；受非正式组织的影响。一般认为组织工作要坚持以下六项原则：统一指挥原则；分工协作原则；权责一致原则；集权与分权相结合的原则；有效管理幅度原则；目标任务原则。组织结构的形式有以下几种：直线型组织结构、职能型组织结构、直线职能组织结构、事业部制组织结构、矩阵结构和多维立体组织结构等多种类型。组织层次和管理幅度是测度一个组织的两个指标。组织层次是从纵向看一个组织，管理幅度是从横向看一个组织。集权、分权与授权是三个紧密联系的概念。集权是指决策权在企业高层管理者中的一定程度的集中。分权则是指决策权在组织系统中较低层次的管理者中的一定程度的分散。集权意味着授权程度较小，分权意味着授权程度较大，分权是以授权为前提的。组织在发展过程中内外部环境会发生变化。组织需要根据变化了的环境条件对各种制度措施以及发展措施等进行变化调整，以便能够更好地适应变化了的环境条件。

一、组织的概念

很多事情单凭一个人的能力是无法完成的，这时管理者就要考虑借助集体的力量完成预期目标。能够借助他人的能力完成自己的意愿，就能够体现管理者的才能，这种才能就是组织才能。管理者需要成立组织并将理想中的人才纳入自己的组织中。组织是为达到一定的目标而在有效分工和合作基础上形成的相关成员的集合体。组织包括静态和动态两个层面的含义，静态的组织不包括时间概念，而动态的组织则包含时间概念：

① 实体组织，即静态的或者名词意义上的组织。包括明确的目标、分工与协作、权力与责任制度三层含义。该层面的组织含义是对组织运行状态的描述。② 职能组织，即动态的或者动词意义上的组织，是管理者对人、财、物等资源进行合理配置的过程。包括合理设计组织机构、适度分权与正确授权、人力资源管理、组织文化、建设、正确处理组织与环境间的关系等几个方面的内容，该层面的组织含义是对“组织应该怎样做”和“需要怎样做”等方面的问题进行的描述。人们为了发展自己，就需要将自己置于一个组织中，借助组织中所有成员的力量，在完成组织目标的同时，组织成员的个人目标也得以实现。组织对于个人的发展和社会的发展都是非常重要的，所以必须科学地理解组织的概念。正确理解组织的含义需要把握好以下几方面的内容：组织是由人所构成的特定的功能主体，在组织的发展中就会不可避免地带有人为的色彩；组织是为特定的目标而存在的，离开了特定的目标组织也就失去了存在的意义；组织内部分层，组织内的不同层级需要履行不同层面的权利和义务；组织是一个整体，组织的各个部门之间必须有明确的分工和相互协调的协作。

二、组织的特点

组织的目标是以较高的效率谋得组织的发展，不但要完成组织的使命，而且要达到组织中每个成员各自的目标。既然如此，组织工作一般具有以下的特点：① 组织必须有特定的目标。组织为一定的目标而存在，没有了目标的组织也就失去了其存在的意义，组织的目标与成员的个人目标总体上是一致的。组织的目标在不同侧面反映了组织的性质以及价值等内容。虽然组织在不同的发展时期会有不同的目标，但这些目标都是围绕组织的总目标进行设计的，组织的存在必须具有特定的目标。② 组织工作是一个过程。组织应该从动态方面进行理解，单纯从静态方面理解组织就会对组织的理解产生诸多误区。所以“组织工作是一个过程”是从动态的组织而言的，组织者需要综合考虑组织内部的资源状况、组织内外部的环境等诸多方面因素，并且协调组织内外部环境来建立和组织结构，以达到组织预期目标。从这个动态的角度讲，组织过程一般包括以下几项基本内容：确定组织目标；分解目标，拟定分目标；组织实现目标；调整目标等。在如上的基础上形成职务说明书，规定该职务的职责和权限，并把相应的分目标责任到人，进行目标管理。③ 组织工作具有动态性。组织内外部环境在变化，管理者对组织结构进行调整以适应变化，不断捕捉新问题和新情况，管理者对组织所处的环境要不断地进行观察和分析，永远也不能停下来，所以组织工作不是一蹴而就的，需要随着环境的变化不断进行调整组织的发展以便适应组织的发展变化。在环境条件已经发生了变化的情况下，组织工作方式没有做相应的变化，就会发生“刻舟求剑”的问题。组织工作的动态特征要求管理者具有灵动的思想和变通的品质。④ 组织工作要充分考虑非正式组织的影响。一些管理者在管理实践中只重视正式组织对组织发展的作用，这就会使其认识产生误区。正式组织中存在非正式组织，非正式组织的存在对正式组织的发展具有重要的影响作用。所以组织工作必须考虑非正式组织的影响。在组织工作中找到正式组织与非正式组织的平衡点，发挥非正式组织对正式组织的影响作用，并且对之进行合理利用，就能够有效地推动组织工作的开展。

三、正式组织与非正式组织

按照不同的逻辑前提，组织分为正式组织和非正式组织两种类型。正式组织是在科层体系下建立起来的，具有明确的行政等级关系。正式组织是以效率为逻辑建立起来的，是为了高效实现组织目标而规定组织成员之间的职责范围和相互关系的一种结构。正式组织一般具有以下特点：正式组织是在科层体系下形成而不是自发形成的，反映一定的管理思想和信仰，上下级之间的关系非常鲜明；有明确的目标，为组织目标的实现而有效的工作，组织成员都要围绕这样的目标工作；有明确的效率逻辑标准，组织成员提高效率而共同努力，为了达到效率标准，就需要建立起严格的奖惩制度；这种强制性下以明确的规章制度来约束组织成员的行为，保证组织成员按照组织的意志行为自己，制度是正式组织得以建立的法宝。在正式组织中存在严格的纪律、严格的等级关系。组织的运行是以这种严格的等级关系和纪律为前提的。组织成员要对这种纪律认真服从。在每个成员履行组织纪律的过程中如果打折扣就会影响组织效率。非正式组织与正式组织的形成机制不同，是人们在共同的工作或活动中，由于抱有共同的感情、兴趣、利益追求、价值观等并以此为基础而自发形成的组织（如图 6－1）。非正式组织中不像正式组织中那样有严格的等级关系，组织成员之间关系的维系并非靠严格的制度，而是依托情感关系得以维系的。非正式组织具有以下特点：内聚性，相同的利益使成员形成非正式组织，这些成员由于具有共同情趣、爱好以及价值观，所以其内聚性有时较正式组织更强；无利益纠葛，加入到非正式组织中来的个体之间没有经济关系，所以成员之间不会由于经济利益问题而产生勾心斗角的问题；自发性，是为了满足正式组织中部分成员的各种心理临时需求而自发形成的；不稳定性，非正式组织由于是自发形成的，所以如果周围环境发生变化，非正式组织就容易发生变动，甚至解体；领袖人物在非正式组织中扮演着重要角色，领袖人物完全是靠自身的威望自然形成的，具有较大权威性，在非正式组织中能发挥着核心作用。

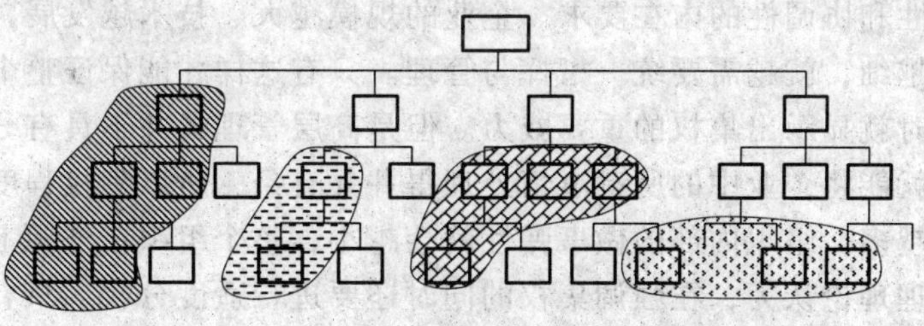

图 6－1 正式组织中的非正式组织

四、组织工作的原则

在长期的管理学发展中，专家学者对组织工作的原则问题已经形成了比较丰富的思想。出色的组织工作需要坚持一些必要的原则。管理学家在丰富的文献中已经提出了真知灼见。不同的管理学家在组织工作的原则问题上认识不统一。孔茨等人提出过15项原则即目标一致原则、效率原则、管理幅度原则、分级原则、授权原则、职责的绝对性原则、权责对等原则、职能明确原则、平衡原则原则、检查部门和业务部门分设原则、统一指挥原则、管理层次原则、分工原则、灵活性原则、便于领导原则。泰罗、法约尔和韦伯等人曾经提出过8项原则即目标原则、相符原则、职责原则、阶层原则、管理幅度原则、专业化原则、协调原则、明确性原则。一般认为组织工作要坚持以下6项原则。① 整齐划一的指挥：只有政令统一才能够步调一致，才能够集中组织中所有成员的意志完成组织的任务。这就要求一个下级只能接受一个上级的指挥，防止多头指挥，使下属无所适从，出现龙多不下雨的情形，不能“一仆二主”。在组织的高层管理者要求下级完成相应的工作时，如果管理者意见不统一，一定要统一后再向下发布指令，在组织机构设计和管理权限方面要遵循统一指挥原则。否则下属即使完成的工作再出色也无法满足所有组织成员的要求。② 明确的分工协作：明确的分工协作是保证效率的关键，只有分工协作才能最大限度地提高劳动生产率，组织成员在做事的过程中彼此之间的关系也才能够得以理顺。分工协作是社会化大生产的客观要求。分工是专业化的要求，协作系统化的要求，分工与协作相辅相成，需要注意分工的合理性、纵向与横向相协调以及各管理职能部门之间的紧密联系等。分工与协作是相辅相成的，协作是建立在明确、合理的分工的基础上的。③ 权利与责任对等：要下属完成相应的任务就必须赋予其相应的权力，权力和义务应该是对等的，没有无权力的义务也没有无义务的权力，在被赋予权力时管理者就应该履行相应的义务。与此同时权与利必须对等，否则承担相应任务的组织成员就不会有工作积极性。权利是指在规定的职位上所具有的指挥与行事的能力，而责任则是指接受职位、职务时所应尽的义务，二者是对等的。④ 适度的集权与分权相结合：集权是权力在少数人中间的集中，而分权则是高层管理者对自己下属授权而使部分权力下放的过程。合理的集权与分权是组织得以维系的重要依据之一。传统理论中非常看重集权的重要性，但是随着企业规模的扩大，在现代经济中人们对分权逐渐有了正确的认识。集权和分权在现代管理中都是非常重要的。集权管理是社会化大生产保持统一性和协调性的内在要求。企业的规模越大、技术越发展，社会化程度越高同时专业分工越细，就越需要统一指挥与管理。只有这样才能保证整个组织发展的协调显示一致。这时就显示出集权的重要威力。但是高层管理者并不具有分身术，不可能单凭自身的精力就能将企业中的所有事情处理得井井有条，所以集权程度很高并不是一件好事情，集权越多，组织内部的做事弹性就会越小，整个组织在外观上就会表现得非常死板。现代管理理论认为，在强调集权的同时还要进行适度分权。只有集权与分权相得益彰才能推动企业很好地发展。所以管理者需要正确处理集权与分权间的关系。当然在强化分权的同时还要强化对分权的监督，对下放的权力进行适时的控制是非常必要的。否则掌握了权力的下属就可能滥用权力，权力滥用的问题就会层出不穷。⑤ 管理幅度恰到好处：管理幅度是指一个管理者能够直接有效地管理下属的个数，是一个数量的概念。管理人员的能力强的时候，就可以控制相对更多的人数。在企业规模一定的情况下，管理幅度与管理层次之间呈现反向关系，即管理幅度越大则管理层次越低，相反，管理幅度越小则管理层次越高。在管理幅度增加、管理层次降低的过程中，组织结构就呈现扁平化趋势。不同组织的情况不同，需要结合具体情况考虑管理幅度与管理层次之间的关系。正确处理好管理层次与管理幅度之间的关系，既可以使得组织内部的信息上天下达，又可以保证组织发展的精干高效。⑥ 目标任务原则。组织以服务一定的任务为存在前提，组织设计的目的就在于完成既定的任务。具有共同目标的成员聚拢到一起，就是为了实现这样的目标而成为一个团队的。所以组织中各个职能部门的设计以及组织结构的设计都要与特定的目标相结合。要因岗设人而不能因人设岗，既要避免出现由于人员配备不够而造成工作紧张的情形又要避免因为人员配备过多而出现人浮于事的情形。

五、组织机构设计

组织功能需要在一定的组织结构下完成，组织结构设计理论就是要在该方面进行尝试，将组织发展中常见的组织结构形式进行归纳和对比。组织结构是表明组织各部分排列顺序、空间位置、聚散状态、联系方式等相互关系的模式。组织结构是组织的“框架”，“框架”是否合理和完善，在很大程度上决定着组织目标能否顺利实现。较好的组织的组织结构设计一般都是相对合理的。合理的组织结构设计不仅需要管理者考虑企业内部的情况，还要考虑企业外部的情况。由于不同组织自身的具体情况有差异，所以在设计组织结构时需要充分考虑组织内外部环境。一般来说，组织结构的形式有以下几种：直线型组织结构、职能型组织结构、直线职能组织结构、事业部制组织结构、矩阵结构和多维立体组织结构等多种类型。

（一）直线型组织结构——上下级直线联系

相对于其他形式的组织结构，直线型组织结构是组织结构发展初期的非常简单的一种组织结构方式，也称为单线型组织结构（如图 6－2）。在组织结构图中，上下级之间通过实线线条相连接。“直线”是指在这种组织结构中职权从组织上层“流向”组织的基层，是权力的单向流动而不是反过来，管理者对下属发号施令，下属没有正常的渠道向管理者反映问题。图中的实线线条表示了上级对下级进行权力控制的链条。这种组织结构的最大特点是由于组织规模很小而没有必要设置管理职能部门，每个主管人员对其直接下属有直接职权，每个下属只能向一位直接上级报告，主管人员在其管辖的范围内，有绝对的职权，这是一种单对单的负责机制。上下级之间的隶属关系非常明确。从

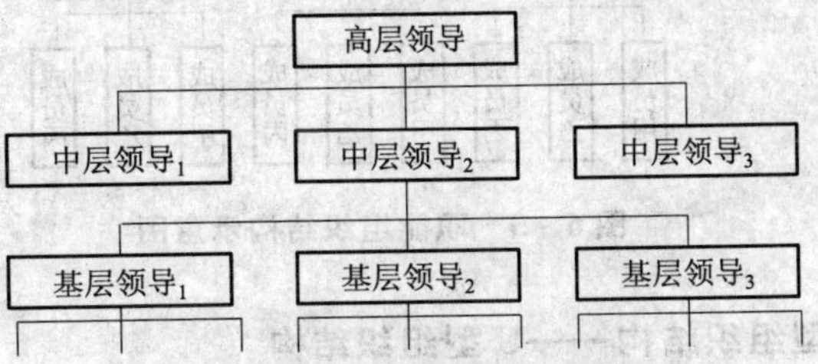

图 6－2 直线职能结构示意图

而在最大程度上保证了政令的绝对统一。这种组织结构模式的优点在于：结构比较简单；责任与职权明确；作出决定比较容易和迅速；上通下达运作效率高。但也有缺点，主要表现在：只能适合规模相对较小的组织，在组织规模较大的情况下，业务比较复杂，所有的管理职能都集中由一个人来承担就比较困难，管理者不但要考虑组织发展的重大问题，而且还需要考虑组织发展的日常问题；管理者必须是全才并能够处理日常管理中的任何问题，当该“全能”管理者离职时，难以找到替代者，“一个萝卜一个坑”使得管理者没有任何喘息的时间；由于各层级之间均是直线运转，这会造成部门间的协调性较差。诸多因素表明，该种组织结构类型一般只适用于规模较小的组织，而这样的组织没有必要施行高级别的专业化管理。

（二）职能型组织结构——独立出职能部门

职能型组织结构与前面谈及的直线型组织结构的最大不同在于按照专业分工设置专业职能部门，不同的职能部门可以对同一个下级部门发号施令。这些职能部门在直线型组织结构中是没有的。有了这些职能部门后，管理者就可以从纷繁复杂的日常管理中挣脱出来，专门处理一些非常重要的关系组织发展前途的重大事情。采用按职能分工实行专业化的管理办法来代替直线型的全能管理者，这样由于有了职能部门而较直线职能组织结构更为高级（如图 6－3）。其优点是：组织部门精细化可以催生大规模企业的诞生；可以实行非常细致的管理工作，在管理工作相对较为繁杂时能充分发挥职能机构的专业管理作用；由于有了专业化的职能部门分担了相应的管理工作，于是在一定程度上减轻了上层主管人员的负担，在这种情况下上层主管就有可能集中注意力以履行自己的职责，管理者在很大程度上可以避免每日里忙得焦头烂额。其缺点是：由于同一职能部门可以同时对多个下属部门发号施令，这样就会形成多头领导的局面，妨碍了组织的统一指挥，多龙治水的情况会频频发生，易造成管理混乱，不利于明确划分职责与职权；同时由于各部门权力交叉，在施展权力的过程中各职能机构往往不能很好地配合。一些情况下可能出现有事无人做的问题，一些情况下可能出现同一件事情多人做但不能做好的问题。由于诸多方面的缺陷，在实际工作中，纯粹的职能型组织结构并不采用。

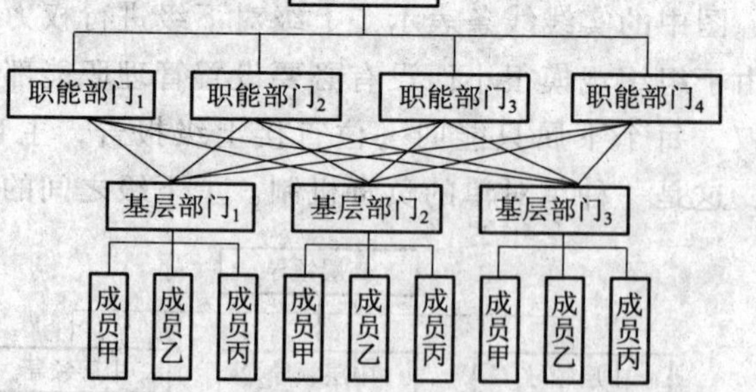

图 6－3 职能组织结构示意图

（三）直线职能型组织结构——U 型组织结构

由于直线制和职能制除了有各自的优点外，各自的缺陷也是非常明显的，在实践中就需要想办法尽量规避二者的缺陷而充分利用二者的优点，将二者结合起来充分发挥各自的长处就是管理者的明智选择。于是直线职能制就产生了（如图6－4）。直线职能制又叫U型结构。高层管理者可以通过相应的职能部门履行自己的职能，从而不至于让自己陷入繁琐的日常事务中。但高层管理者没有放弃对中低层的管理权。这种组织结构的最大特点就是权力集中在高层，企业的生产经营活动按照功能划分为若干个功能部门由管理高层对这些功能部门进行直接管理。从而将部门功能从直线组织结构下的基层部门中抽出来。该种组织结构很好地体现了集权与分权之间的关系。由于施行垂直领导，就非常有利于企业高层集中利用有限的资源，并且集中精力办大事。兼备了直线制和职能制的优点同时又摒弃了二者各自的缺点。

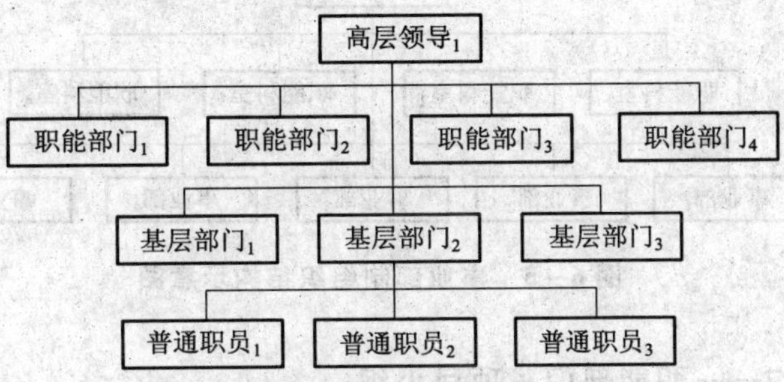

图6－4　直线职能组织结构示意图

（四）事业部制组织结构——M型组织结构

事业部制组织结构是相对更加完善的一种职能结构，由美国的斯隆在20世纪20年代初担任美国通用汽车公司副总经理时研究和设计出来的，故被称为“斯隆模型”（如图6－5）。这种组织结构中，不但不缺乏直线职能结构中的职能部门，而且增加了专司综合职能的事业部，所以组织结构更加健全。对于规模日益庞大的组织而言该种组织结构是比较理想的选择。事业部制组织结构的管理原则是“集中政策，分散经营”，即在集中领导下进行分权管理。企业按产品、地区或经营部门分别成立若干个事业部。每个事业部具有相对自主权。该项产品或地区的全部业务，从产品设计直到产品销售，全部由事业部负责。各事业部实行独立经营、单独核算。高层管理者只保留人事决策、财务控制、规定价格幅度以及监督等大权，并利用利润等指标对事业部进行控制。事业部的经理根据企业最高领导的指示展开工作，统一领导其所管的事业部和研发、技术等辅助部门。相对于前面谈及的各种组织结构形式，该种组织结构的特点是：权力下放有利于高层主管领导摆脱日常事务而集中精力做重要的事情；各事业部独立核算，能够充分调动各事业部的员工的劳动积极性，不同事业部由于经营状况不同会导致收益不同；各事业部之间的有效竞争有利于提高公司的运作效率，从而非常有利于完成组织的发展目标；利用各事业部发展状况的差异可以在公司内部完成培训工作，绩效好的事业部可以对绩效差的事业部提供示范和帮助；采用了分权和集权相结合的体制是对组织结构的创新，管理层在向下属放权的过程中不但增加了下属的工作积极性，而且提高了组织的工作效率。该种组织结构的优点表现在：高层管理者集中精力设计有关企业大政方针，不至于发生“丢了西瓜捡芝麻”的问题；提高管理的灵活性，各事业部可以根据自身的情况做出灵活的选择，而不必事事都向高层请示；有利于培养高层管理人才，年轻的管理者在这样的组织结构中可以见“大世面”，从而有利于年轻人的成长。缺点表现在：组织中当官的人的数量增加了，管理层次增加，造成机构重叠，人员、费用增加；各部门独立经营，管理层需要消耗较多的精力协调不同部门之间的工作，部门之间的关系如果不能协调好，可能会受到负面影响。事业部制组织结构是伴随企业规模的扩大而产生的一种组合结构模式，往往适合大型集团公司或跨国的企业公司。随着企业规模的扩大，事业部制组织结构模式成为管理者的理想选择。

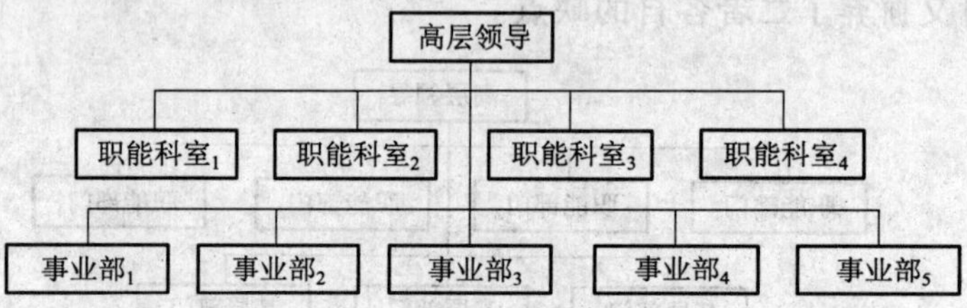

图 6－5　事业部制组织结构示意图

（五）矩阵结构——职能部门＋项目小组

矩阵制组织结构是较事业部制组织结构更加高级的一种组织结构形式（如图 6－6）。该种组织结构是把按照职能划分的部门和按照产品划分的小组结合起来形成的一个矩阵，这种组织结构中的职能部门与项目小组有不同的特点，职能部门是固定的组织，项目小组是临时性的组织。职能部门属于常设机构，项目小组属于非常设机构。该种组织结构形式下要求一名管理人员既参加项目小组的工作同时又负责原有部门的组织工作。于是项目小组与职能部门之间可以进行适时地信息沟通。就该角度讲部门之间信息沟通的灵活程度较事业部制组织结构更强些，于是较事业部制组织结构有了较大的进步。该种组织结构的优点是：灵活性、适应性强；有利于把组织的垂直联系与横向联系更好地结合起来，有利于加强各职能部门之间的协作。从而一个庞大的组织也可以在核心管理者的领导下达到“纲举目张”的效果。在这种结构设计下，可以更好地利用组织内部的资源，使得组织内的各部门不再囿于本部门的小框框，各部门之间的合作意识更加强

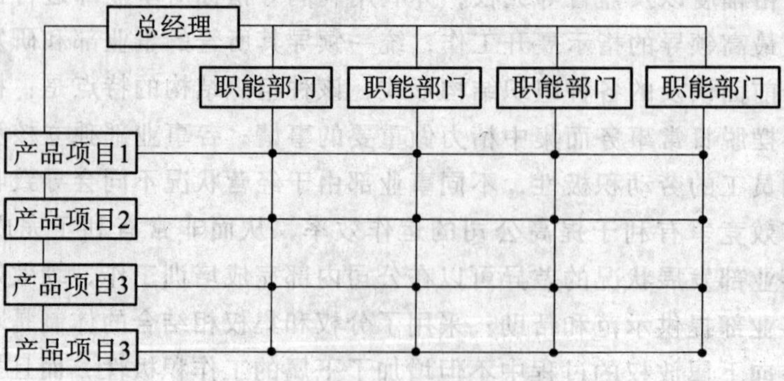

图 6－6　矩阵制组织结构示意图

化。其缺点是：成员之间没有打算做长期合作的愿望从而组织的稳定性较差；同一个成员同时接受不同管理者的指挥，由于实行双重领导，所以可能会出现多头指挥现象。

（六）模拟分权——介于直线制与事业部制之间

随着企业规模逐渐扩大，更多的企业开始采用模拟分权组织结构。这是一种介于直线制与事业部制之间的组织结构。例如一些汽车生产企业、化工企业以及钢铁企业等，企业的规模比较大，工艺过程比较复杂，这些工艺过程之间存在上下游关系，不能截然断开。为了便于管理就采用模拟分权组织结构。在不影响各流程环节的同时也可以尽量达到分权的目标。模拟的意思是：模拟事业部制的独立经营，单独核算，但这些被划分出来的“事业部”并不是真正意义上的事业部。在这样的思路下将企业划分为一个个生产单位，各生产单位担“模拟性”的盈亏责任，从而可以最大限度地调动劳动者的生产积极性（如图6－7）。该种组织结构的优点表现在：能够调动各生产单位的积极性，将复杂的企业“化整为零”，便于管理，高层管理者通过这种分权方式尽量减轻了自己的行政事务。缺点表现在：由于人为地将整个企业模拟划分为若干个经营单位，使得各个“单位”在行为自己的过程中“只见树木不见森林”，如果各个单位之间缺乏有效的信息沟通机制，更加容易造成各部门之间的矛盾，在进行业绩考核的时候，上下游单位之间容易产生摩擦，因为上下游单位之间的业绩是相互钳制的，过分夸大某个单位也是不合理的。

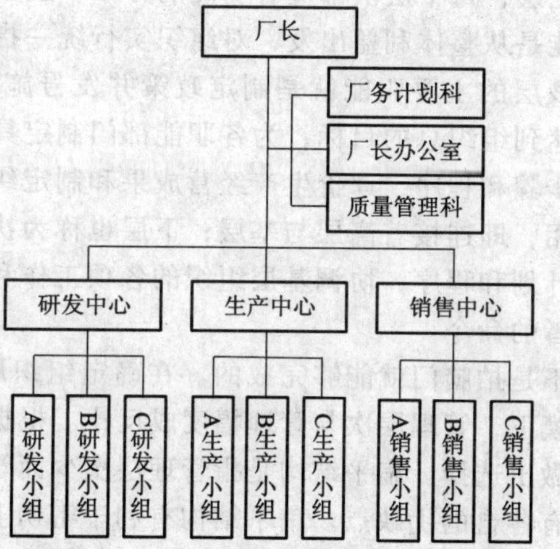

图6－7 模拟分权组织结构示意

六、组织层次和管理幅度

组织层次和管理幅度是测度一个组织的两个指标。组织层次是从纵向看一个组织，管理幅度是从横向看一个组织。从静态层面看一个组织的时候，只有既从横向看又从纵向看，才能够完整地认识该组织。

（一）组织层次

管理者只有从纷繁复杂的日常事务中脱离出来，才能够集中精力做大事情。随着科技进步和经济的增长组织规模越来越大，管理者与被管理者的关系更加复杂，为处理这些错综复杂的关系，管理者往往需要花费大量的时间与精力，因而会延误企业诸多重大事情的处理，由于每个管理者的能力、精力与时间是十分有限的，主管人员为更加有效地领导下属和将主要精力放在诸多重大事项上，就必须在探索有效地管理下属的方法上下功夫。由于管理者的精力和能力是有限的，所以一个管理者管理下属的人数是有限的，能力高的管理者管理的人数可以适当多一些，能力低的管理者管理的人数适当少一些。当直接管理的下属人数超过某个限度时，就必须增加一个管理层次，用这种方式可以有效地减少管理者面对的直接下属的数量，上级通过对下属授权，委派工作给下一级主管人员而减轻上层主管人员的负担。这样每层管理者都感到比较轻松。在这样的分层管理的思路下就逐渐形成了有层次的组织结构。

组织层次的科学划分对于组织的发展就比较重要，合理把握组织层次的数量是一个非常重要的管理艺术。越来越多的管理者认识到层次的划分是非常关键的问题，层次不能划分得太多也不能太少，太多和太少都会影响企业的高效发展。组织层次太多不但会造成较大的管理成本，而且在上下级之间进行信息沟通的过程中造成信息失真。一般而言，规模较大的企业的组织层次应该多些，相反规模较小的企业的层次应该少些。管理层次分为上、中、下三层，每个层次都应有明确的分工。上层也称最高经营管理层或战略决策层，其主要职能是从整体利益出发，对组织实行统一指挥和综合管理，并制定组织目标和大政方针。该层的主要职能就是制定政策并发号施令；中层也称为经营管理层，其主要职能是为达到组织总的目标，为各职能部门制定具体的管理目标，拟定和选择计划的实施方案、步骤和程序，评价生产经营成果和制定纠正偏离目标的措施等。该层起着承上启下的作用，即连接着高层与基层；下层也称为执行管理层或操作层，其主要职能是按照规定的计划和程序，协调基层组织的各项工作和实施计划。该层的主要作用是实施中高层管理者的命令。

组织层次的划分不是拍脑门就能够完成的。在确定组织层次时应该考虑诸多因素。因为在既定的组织规模下，管理层次与管理幅度成反比。根据组织的实际情况可以在扁平结构和直式结构中做出选择。扁平结构是指管理层次少而管理幅度大的结构，直式结构则相反。两种结构有各自的优缺点。扁平结构有利于密切上下级之间的关系，信息纵向流动快，管理费用低，被管理者有较大的自由性和创造性，因而有满足感，同时也有利于选择和培训下属人员，但不能严密地监督下级，上下级协调较差；同级间相互沟通联络困难。直式结构具有管理严密、分工细致明确、上下级易于协调的特点，但层次增多带来的问题也越多：管理人员之间的协调工作急剧增加，互相扯皮的事不断发生；管理费用增加；上下级的意见沟通和交流受阻；上层对下层的控制变得困难；管理严重影响了下级人员的积极性与创造性。一般地，为了达到有效，应尽可能地减少管理层次。扁平结构与直式结构是相对而言的，有些扁平结构的企业由于规模庞大，其层级数量可能较其他的直式结构的企业还要多。相反某些直式结构的企业，由于组织规模较小，其层级数量可能较扁平结构的企业的层级数量还要少。

（二）管理幅度

管理幅度是测度组织发展状况的另外一个方面。管理幅度也称管理宽度，是指主管人员有效地监督、管理其直接下属的人数。一般认为高层管理人员的管理幅度通常为4－8人为宜。管理幅度与管理层次是一对双胞胎。不同能力的管理人员的管理幅度有一定的差异，随着管理者自身品质的变化，其管理幅度也在发生变化。所以管理幅度并不是一成不变的。现代企业管理中，人们越来重视研究管理幅度的重要作用。确定管理幅度应该因为不同的企业而有差别，不能一概而论。在制定管理幅度时需要充分考虑影响管理幅度的因素，一般认为影响管理幅度的主要因素有：① 工作类别。如果管理者的管理工作虽然较多但很类似或者相同，则管理幅度可以适当放宽。因为相同或者类似的工作处理起来相对比较简单，所以管理者可以将有限的管理精力放在更多的下属身上。相反，若管理工作各不相同，这时管理幅度放宽会消耗管理者的大量精力，相应地管理幅度应该适当减小。② 主管人员与其下属双方的能力。能力强则管理幅度可增大，能力弱则管理幅度适当缩小。管理者能力的强弱需要以其先前的管理业绩作出判断。③ 组织沟通状况。下属人员相互沟通较易或采用有效的控制技术，对下属考核的制度较健全，则管理幅度可加大，相反若在该方面无确定把握，则适当减小管理幅度。④ 授权的程度。适当的授权可减少主管的监督时间和精力，可增大管理幅度。权责划分明确，也可增大管理幅度。在授权的情况下可以加大下属做事的积极性，管理者就可以在下属身上少花一些心思。⑤ 面对问题的种类。问题是复杂的、较困难的或涉及方向性战略时，则管理幅度不宜过大。因为这样的问题涉及企业的长远发展，所以做事一定要慎重，为此管理幅度不宜过宽。人们在长期的研究中，根据经验判断出合理的管理幅度的计算公式，这就是丘纳斯公式。法国管理顾问格拉丘纳斯在一篇论文中分析了上下级关系后提出一个数学模型，用来计算任何管理宽度下可能存在的人际关系数。该公式表示为：$C=N[2^{N-1}+(N-1)]$。其中，C 表示关系数，N 表示下属人数。该理论区分了三种类型的上下级关系：直接的单一的关系、直接的多数关系和交叉关系。根据该公式可以知道，当管理宽度以算术级数增加时，主管人员和下属间可能存在的相互关系将以几何级数增加。按照这样的逻辑，上下级相互关系的数量和频数减少，就能相应以更大的速度减少管理宽度。管理幅度的合适宽度一般应为4－6人。这个数字只是一个经验数字，可以作为参考。

七、集权、分权与授权

很多管理学科都对权力问题有所论述。权力欲是人们的一种本性，有了权力就有了控制他人的机会，并且也就为自己把握住了利益。“权力”通常被描述为组织中人与人之间的一种关系，是管理者影响别人的能力，这种具有影响力的权力主要包括三种类型：专长权、个人影响权与制度权。专长权是指管理者具备某种专门知识或技能而产生影响能力进而拥有的权力；个人影响权是因管理者的个人品质、社会背景等因素而具备赢得别人的尊重与服务的能力而具有的权力；制度权是由管理在组织中的地位所决定的影响力而具备的权力。制度权与组织中的管理职位有关。制度权只赋予某个职位的管理人员向直接下属发布命令的权力。集权、分权与授权是三个紧密联系的概念。集权是指决策权在企业高层管理者中的一定程度的集中。分权则是指决策权在组织系统中较低层次的管理者中的一定程度的分散。集权意味着授权程度较小，分权意味着授权程度较大，分权是以授权为前提的。在组织的发展中，绝对的集权和绝对的分权都是不可能的。绝对的集权意味着管理者没有下属，这是绝对的官僚主义管理风格。绝对的分权意味着管理者不具有任何权力，这是无政府主义的管理风格。这两种极端风格都是不可取的。组织的不同部门拥有权力范围不同会导致部门间、不同管理者间以及部门与下属间的关系不同。设计一个集权或分权的组织，需要解决的第一个问题是界定权力的含义。

一般的管理者都希望得到下属的尊重，但是没有了权力后，管理者的这种愿望就无从实现，所以组织中具有集权的倾向。除了这方面的原因外还有多种因素促使组织倾向于集权：① 组织发展历史。如果组织在自身较小规模的基础上通过滚雪球的方式逐渐发展起来、发展过程中亦无其他组织的加入，那么集权倾向可能更为明显。组织的高层管理者在组织成长过程中一直喜欢发号施令，在组织的成长过程中决策者对决策权的使用可能成为习惯，管理者喜欢控制别人的感觉。一旦失去这些权力，主管便可能产生失去了对“自己的组织”的控制的感觉。虽然组织规模不断在扩大，也非常需要适当下放一些权力，但最高主管或最高管理层仍然愿意保留着不应集中的大部分权力。围在管理者身边的只有为数不多的表面上有权力但实际上只是核心管理者的“跟班”的人。② 政策统一与行政效率。高度集权就意味着能够保证高效率。集权至少可以带来两个方面的好处：保证组织总体政策统一性；保证决策执行的速度。这两点也是管理者非常看重的。失去了对权力的控制，接踵而来的可能就是效率被削弱。③ 领导者自身个性。管理者的个人品行不同也会在集权多一点还是分权多一点方面有表现。权力是地位的象征，权力的运用可以证实其使用者在组织中的地位。集中控制权力则是保证个人意志绝对被服从的先决条件。权力集中可以彰显领导者个人的威严。

虽然权力欲是一种正常现象，并且因此造成了权力集中的倾向，但权力过分集中并不是好事，越来越多的管理学者通过大量案例分析后，得出结论认为权力过分集中至少可以造成如下几方面的问题：① 降低决策质量。大规模的企业的高层领导与基层部门之间存在很大的行政距离，基层发生的问题经过层层请示汇报后再作决策，会影响决策的及时性和准确性。② 降低组织适应能力。组织规模越大，组织的内部联系就会越加复杂。过度集权的组织，会使组织内各个部门失去自我适应和调整的能力，进而削弱组织应变能力。为此组织的发展中应该适度分权，在集权多一点还是分权多一点的问题上需要考虑影响集权和分权的多种因素：决策的代价过高应该考虑集权；若希望保持政策的一致性较强则可以加强集权；若组织规模较大且考虑管理层次和管理部门多些则应该强化集权；若组织是靠自我积累方式成长起来的则应该强化集权；若管理者人数相对充足则可以适当分权；在一些不十分重要问题的决策上要适度分权；在组织的发展规模已经较大时要适当分权；在组织的机构建制相对比较完善时要适当分权；领导者自身的管理哲学也会在集权还是分权上有影响。

前面非常详细地论述了集权和分权问题，但是无论是集权还是分权，都与授权相联系。授权是分权的基础，授权是指管理者将份内的某些工作托付给下属（或他人）代为履行，并授予被托付人完成工作所必要的权力。授权要以权责清晰为前提，对下放的权力进行必要的监督是非常正常的。授权的基本含义为：分派任务、委任权力、明确任务。授权不是将职权放弃或让渡，在必要时可以将授出的职权收回而后重新授出。在授权过程中要坚持如下原则：重要原则是使下属能够有积极性；明确责任原则即明确授权的责任、目标及权力的范围；适度原则即授给下属的权力刚好能使下属完成任务；不可越级授权即高层管理者不能把中层管理者的权力直接授予下级。

八、组织的变革与发展

（一）组织变革的原因

组织在发展过程中内外部环境会发生变化。组织需要根据变化了的环境条件对各种制度措施以及发展措施等进行变化调整，以便能够更好地适应变化了的环境条件。组织变革不是简单地“补漏洞”，而是针对组织发展战略而做出的前瞻性的系统规划。一般而言组织变革的外部原因主要包括：国家政策的变化；经济发展形势的变化；科技发展有了新的突破；产品市场状况的变化等。所有这些方面的变动都会在不同侧面从外部影响组织的发展，从而要求组织做出相应的调整。组织变革的内部原因主要包括：组织发展目标的变化；管理团队的变化；组织成员的变化；组织发展方向的调整；组织规模的变化等。所有这些方面的变化都会影响到组织内部的微观环境，从而在一定程度上要求在组织内部做出微调，一起从内部做起为组织的发展创造较好的发展空间。

（二）组织变革的内容

组织由于所处的内外部条件发生了变化，需要在诸多方面做出调整，以便能够保障组织具有较高的发展效率。组织变革的内容从诸多方面综合来看可以分为如下几个层面：人员层面、技术层面、结构层面、员工士气层面。就人员层面看，组织为了提高竞争力，就需要不断更新组织的人力资源结构，以便在人员配备方面达到最佳状态。管理人员的工作态度、领导能力等诸多方面都可以有更好的起色，在管理层保持较好的战斗力的同时，整个组织就具有较强的战斗力。就技术层面看，组织只有在同类企业中掌握先进的技术才能够以全新的产品以及较低的成本领先同行业，所以不断更新技术从而保持企业具有较强的竞争力就成为企业变革的重要内容之一。就结构层面看在企业的规模发生变化的时候只有组织结构也做相应的变化才能够保证组织具有较高的效率。规模较小的企业可以采用直线制、职能制、直线职能制组织结构，但在组织规模发生较大的变化并且规模较大的时候就要考虑采用矩阵制、事业部制、母子公司制、总分公司制度等组织结构。在组织规模一定的情况下管理者还需要考虑管理幅度与管理层次之间的关系，并且应该在扁平结构中更好地提高组织成员之间沟通的效率。就员工士气层面看，组织应该通过更加健康的、适宜于组织成员个人发展的氛围激发员工的创造热情，从而达到激发员工士气的效果。

（三）组织变革的征兆

需要进行组织变革的企业一般都会或多或少存在效率下降的问题。在组织出现了如下问题的时候就要进行组织变革了：① 机构臃肿。组织规模庞大但各部门之间沟通并不顺畅，相互之间信息传递渠道缺乏，组织内部严重出现人浮于事的情况，表面上看组织的人很多，但实际上真正做事的人并不多。② 决策周期长。组织每决策一件事情的时候都要经历很长的周期。这说明在决策事情的过程中各部门之间存在由于争权夺利而相互扯皮的事情。致使一件事情迟迟不能做出决定。较长的时间周期可能造成很多有利机会丧失。③ 部门之间职责不清晰。组织在发展过程中部门越来越多，但部门之间的权责划分并不清楚。致使一些有利可图的事情大家争抢，而一些无利可图的事情无人问津。组织成员做事的时候出现“一窝蜂”现象。由于职责划分不清楚，导致互相扯皮的情况时有发生。④ 组织成员士气低下。组织存在的诸多问题导致的结果是“强者不强，弱者不弱”，组织成员都在想着“捍卫”个人利益的招数，没有人打算为组织的发展多出力。组织成员难以想象自己未来的职业生涯状况，每天都是“萎靡不振”，员工没有激情认真做事。⑤ 员工对组织的满意度较低。组织发展由于疾病缠身，员工不仅不满意工作环境，而且不满意工资待遇，对组织中的人际关系也不满意。在组织成员的眼中，别人都是在为自己争利。大家都会感觉到组织成员之间的关系是比较冷漠的，组织内部缺乏温暖。⑥ 组织缺乏创新力。管理者不思进取，坐在既有的功劳簿上悠哉悠哉。企业在较长时间内没有大的突破。管理者在组织中没有发挥核心作用，只是组织停滞在既有的规模上没有长进。长此以往组织就没有了向前奔的劲头。组织完全失去了具有创新力的“火车头”。⑦ 官僚作风和形式主义比较严重。管理者只顾按照自己的想法做事情，根本不考虑企业实际情况，整天坐在办公室中纸上谈兵。不走到普通员工中间去解决日常作业中已经存在的问题。管理者越来越倾向于官僚主义。于是开始离心离德，组织不再具有凝聚力。⑧ 管理者目光短视。管理者只看到眼前的事情，根本没有长远考虑，即使企业已经处于潜在威胁中也不考虑。管理者将注意力全部集中在目前就会使得企业的发展思路过于狭窄，同时不会为将来发展中可能出现的问题进行预先估计，在企业已经面临相关问题的时候就会非常被动。

（四）组织变革的对策

在企业发展中出现了效率低下问题时不能坐以待毙，需要尽快做出抉择以便能够为组织的发展铺平道路。所以想出有针对性的解决措施是非常必要的。为了尽快解决如上问题，笔者认为可以从如下几个方面着手解决：① 优化组织结构。合适的组织规模一定要选择合适的组织结构，当组织存在效率问题的时候首先要检查一下组织结构是否合理。如果确实是由于组织结构问题产生信息传输等并发问题的时候，就一定要认真调整组织结构，使得调整后的组织结构不存在权责重叠与冲突的问题。组织内部信息传输渠道得以畅通。② 重建组织文化。组织文化对组织的发展具有非常重要的影响，员工士气、管理者的创新精神等都是建立在一定的组织文化基础上的。组织中出现员工士气低落，管理者的创新力不足、官僚作风严重、管理者目光短视等问题，说到底都是企业文化出了问题，所以一定要从组织制度建设角度入手重建组织文化，从根本上解决组织发展中出现的问题。③ 严格考核和奖惩制度。组织发展过程呈现一潭死水的情况，就是由于没有风险，组织中所有的成员包括管理者和普通成员都在养尊处优。改变这种局面的办法就是重建组织的的考核和奖惩制度。使得长期处于松懈状态的组织成员的精神重新振作起来，不但普通的组织成员而且管理者本身也有紧张感，从而使得组织的精神重新“抖擞”起来。④ 高层管理者对中低层管理者授权。组织出现了“议而不决”的效率低下问题，除了机构臃肿和各部门之间勾心斗角的原因外，还有高层管理者对中下层管理者授权不充分的问题，授权不充分就会出现“事无巨细都要由高层管理者拍板”的问题，不但高层管理者每日里忙得团团转，而且基层管理者做事的主动性也会大打折扣。这些问题通过高层管理者对基层管理者授权就可以迎刃而解。

本章思考题

1. 什么是组织？如何从动态和静态两个层面理解组织？
2. 简述集中常见的组织结构形式。
3. 什么是管理层次和管理幅度，怎样理解二者之间的关系？
4. 什么是集权、分权和授权，影响因素有哪些？
5. 组织变革的征兆有哪些？怎样进行组织变革？

管理故事

故事1：唤醒员工——小鹰在悬崖上的表现

樵夫到山中砍柴无意间拾到一只小鸟，这只小鸟长得怪怪的连毛都还没有长全，看上去就像刚出壳的小鸡一样大小，樵夫将小鸟带回家中给小孩子们玩耍。小孩子出于调皮就将这个小鸟放在自家的老母鸡孵化的鸡群中让老母鸡一起喂养，老母鸡并没有发现这只小鸟与其他的小鸡有什么不同，老母鸡于是像喂养自己的孩子一样喂养着这只小鸟。小鸟渐渐长大逐渐显现出本色，原来这只小鸟是一只小鹰，小鹰也不时地盘旋在低空，在由空中向下俯冲的一霎那也会引起鸡群的骚乱，但是小鹰的这种玩耍只是在鸡群中显示自己与普通小鸡的不同，从来没有想到能够在空中盘旋更长的时间。

由于小鹰逐渐长大，人们担心小鹰会吃掉鸡群中的小鸡，开始一次次地将小鹰带到较远的地方打算将其抛弃，但是每次都会以失败而告终。小鹰依靠其较强的辨识能力每次都能够安全地回到樵夫的家中。人们有时甚至将小鹰打得遍体鳞伤，小鹰还是不肯离开自己久经生活的家园。人们对小鹰的担心越来越多，但是又不忍心将小鹰杀掉，怎样才能够将小鹰摆脱呢？很长一段时间后有一位老人到樵夫家中，老人说让我试试，我也许可以将小鹰重返蓝天永远不再回来。老人走到一个陡峭的绝壁前，然后将小鹰恶狠狠地像向山崖下面投石头一样扔了下去。小鹰也真正像一块石头一样飞速地向山涧底部坠落下去，但是等快要到山涧底部的时候，小鹰似乎终于觉醒，快速地扇动起翅膀来，并且慢慢地由山涧底部飞了起来。小鹰非常自在地在天空中翱翔，越飞越高，最后终于飞出了人们的视野再也没有回来。

小鹰与小鸡养在一起，样子与小鸡有所不同，虽然小鹰偶尔展翅在低空盘旋只是为了取乐而已。小鹰与小鸡一起进食共同生长，虽然小鹰并没有发现自己与小鸡的不同，但在农夫的眼中小鹰对小鸡而言是一个严重威胁。小鹰具有吃小鸡本性，而小鸡对于农夫而言是财富，这是农夫及其全家赖以生活的支撑，在小鸡与小鹰的选择中自然会使农夫毅然决然地站在小鸡的一边。但是小鹰并不情愿离开自己久经生活的家园，每次被农夫扔掉之后还是要回来。这虽然是小鹰的执着但却给农夫造成了无奈。农夫扔掉小鹰是真心的，小鹰极力回到农夫的身边也是真心的。小鹰回到农夫的身边是为了保证自己生活无忧，而农夫抛弃小鹰是为了保证小鸡具有稳定和安全的生存环境。小鹰长期与小鸡生活在一起，使得小鹰一直不知道自己具有远远超过小鸡的本事并能够在高空中盘旋，当然也不知道自己完全能够在大自然中自食其力。

小鹰每次被放飞但总是又回来，是因为小鹰已经适应了长期以来的生存环境，并且在对自己认识不清楚的情况下不愿意去尝试新的生活方式。故事中的老人的做法是正确的，老人实际上已经认识到前几次抛弃小鹰并没有让小鹰真正感觉到无助，没有体会到农夫将小鹰扔掉的“真情实感”。老人走到悬崖边将小鹰从崖顶扔下，这时的小鹰像石块一样从崖顶坠下，在迅速下落的过程中如果小鹰不会求得自救，其结果自然是毙命。从故事中可以看到，小鹰实际上在降落到山涧底部的一霎那才觉醒到自己会飞翔，在其展翅翱翔的时候不但能够保住了自己的性命，也能够意识到自己的出色才能，凭借这种才能小鹰可以在天空中任意翱翔，而这一点是小鸡所不能做到的。老爷子成为了小鹰才能的唤醒者，也正是这种唤醒使得小鹰从此飞出了农夫的怀抱，去到自己认为的理想世界中发现真实的自我。小鹰认识到自己具有小鸡无法比拟的才能后，就会充分利用这些才能并依托这些才能经营自己的人生。

一个组织中的优秀成员和非优秀成员就像故事中的小鹰和小鸡一样，农夫可以认为是组织中的管理者，老人则可以认为是慧眼识才的伯乐。组织中的优秀成员与非优秀成员混杂在一起，管理者用对待非优秀员工的方法对待优秀员工，长此以往使得优秀员工也不能感觉到自己的优势所在。不同的员工聚集在管理者麾下只是为了谋求一碗饭吃而已。在长期的发展中如果管理者发现其中的某些下属与其他的下属有所不同，为了保证既有的运作方式不变或者维护长期以来视为自己“财富”的非优秀员工，就要通过各种方式排挤优秀员工，因为这些优秀员工会被管理者认为是“小鹰”并“吃掉”那些非优秀员工，而这些非优秀员工则是自己的组织长期以来赖以维持生存和发展的支撑。实际上这时优秀员工并不知道自己是那些非优秀员工的威胁。

管理者为了维持组织的生存，就需要消除组织中存在的潜在威胁，将这些还没有觉醒的成员像扔掉小鹰一样甩出去，但由于长期以来对组织和管理者的情感并没有让这些优秀员工感觉到事态的严重性，还执意要滞留在组织里面。为了彻底摆脱这些优秀员工对组织发展所造成的困惑，就需要有故事中的“老人”作为这些优秀员工的领路人。将这些员工放置于危难之中让其真正感觉到处境的危险并且要学会本能地释放出这些潜在的能力，就像小鹰在山涧接近底部的时候才知道展翅飞翔一样，只要有觉醒就会有进步。当这些优秀员工感觉到自身的潜能时就不会再对原有的组织死缠硬磨，而是像小鹰一样高高地在天空中翱翔并找到能够让自己充分发挥才能的一片天空。作为农夫似的管理者确实表现得有些小气，如果能够将小鹰驯化并且能够与小鸡杂交产生出新品种，也许会给农夫创造出更大的财富。但农夫确实没有这样的经营理念。

一味地只知道保存自己的既有实力并按照老掉牙的发展轨迹向前走，身边即使有这样一个能够让自己的发展有所突破的机会也很难把握住。企业发展中的管理者少一些“农夫”多一些“老人”会更好。

故事2：懂得放弃——将车钥匙交给医生

在一个风雨交加的夜晚，布莱克开着心爱的车子在马路上奔驰，车窗外的雨点击打在地上溅起高高的水泡。布莱克非常满意自己通过努力奋斗而得来的幸福生活，心里盘算着回家洗一个热水澡，吃着老妈给端上来的热汤面，这是一种多么美好的生活！但是美中不足的就是还没有一个心上人与自己风雨同舟。布莱克正在做着白日梦的时候，突然间布莱克看见车窗外有人向其招手示意停车，布莱克将车停下来一看有三个人在等车，但是由于大于瓢泼，公交车已经一个小时都没有来了。等车的三个人中有一个人是布莱克认识的，这个人是个医生。另外的两个人布莱克不认识，一个是生病准备去医院的老者，一个是年轻美貌的少女。三个人都用期盼的眼神看着布莱克。但是布莱克的车子已经盛满了东西，上面只还能够容下一个人。这让布莱克非常犯难。医生曾经救过自己的命，理应让医生搭车。但是老者正在等待医治，如果在等不到公交车就可能有生命危险。同时美貌少女也是自己梦寐以求的。三个人到底应该选择谁上车确实是一个艰难的选择。布莱克这时觉得自己完全可以将车钥匙交给曾经救过自己性命的医生，让医生拉着那位老人上医院先行救治，而自己留下来与美女一起等候公交车的到来，这样做应该是绝佳的选择。在布莱克的这种选择下，艰难的选择迎刃而解。并且自己开始了与美貌女郎恋爱的历程。

据说这个故事并不真实，很多人说这个故事是专家编出来用于对人进行心理测试的实验题。布莱克在选择医生、老人和美女的过程中分别代表了布莱克有知恩图报、救死扶伤和英雄救美的思想倾向，在熊掌和鱼不能兼得的情况下，布莱克确实面临着一道不容易给出答案的难题。但是布莱克在这种艰难的选择题面前主动选择放弃自己的爱车，而自己心甘情愿地从车中下来承受瓢泼大雨，这样的选择使得布莱克的的几个希望同时实现。无论这个故事是编出来的还是一道心理测试题，都无关紧要。最关键的是布莱克在艰难的选择面前能够主动选择放弃，用全新的思路同时达到了三个目标。布莱克在选择放弃自己爱车的同时，让其他人有了更多的选择。布莱克的选择是非常明智的，并且是非常具有创新的。对于布莱克而言选择放弃应该说是一个艰难的选择，暂时让渡自己的爱车的使用权，对于任何人而言都是不情愿的。

选择放弃不仅是一种美德而且是一种智慧。在组织发展中管理者具有较组织中的其他成员更多的机会得到荣誉和物质收益，这些东西对于任何人而言都是具有很大的诱惑力的，尤其是当这些东西的数量较大的时候更是这样。但是当管理者对这些东西全部或者绝大多数据为己有的时候，组织的其他优秀成员就失去了崭露头角的机会，管理者与被管理者之间的关系就会笼上一层薄雾，组织成员之间就会离心离德，所有的组织成员就全部成为了管理者获得荣誉的贡献者，被管理者就会通过懈怠工作的方式减少自己的工作成本：反正组织对自己是不公正的，索性就用懈怠工作的方式让其他成员减少对自己进行揩油的程度和机会。当组织的成员对本职工作不愿意全力以赴的时候，组织的存在就名存实亡了。

管理者不懂得放弃就不懂得管理的本质。管理者利用独特的优势条件向组织成员“索取”更多，就意味着放弃了更多的与自己的下属精诚合作的机会。管理者占有更多就意味着放弃组织成员与自己更多的合作愿望，同时管理者也放弃了组织更多的发展机会和更好的成长力。相反如果管理者懂得放弃，就意味着得到了更多的与组织成员合作的机会，组织成员就会觉得管理者非常认可自己的贡献，从而以管理者为核心的团队得以构建。组织的成长力得以增强。管理者暂时的放弃换来的是组织高效率的发展，而在这样的发展中组织中的所有成员都能够获得更多的回报，管理者作为组织中的一员也与其他成员一样得到必要的回报。所有的组织成员都能够在组织的发展中享受到由于组织发展而带来的快乐，这正是组织成员所企盼的。从这个角度说，管理者放弃的只是眼前的“小利益”，而得到是未来的“大利益”，并且这种大利益是组织成员“利益均沾”基础上的“大利益”。在管理者放弃“小利益”的时候还在组织成员之中树立起了“大德”的威信，在管理者的这种德行的影响下就会在组织中形成团结向上的组织氛围，组织成员之间就会少一些由于利益纠葛而产生的勾心斗角。

故事中的布莱克的做法在一般人看来是一个艰难的选择，当然对于布莱克而言这个选择也是非常艰难的，但是布莱克最后做到了。布莱克通过思想斗争在取与舍之间做出了明智的选择。做出这样的选择是需要布莱克付出较大的勇气的。在强大的诱惑面前懂得放弃并且能够放弃，并不是任何一个人都能够做到的。管理者只有能够战胜自我才能够做到放弃。管理者本身就是权力的代言，在取与舍之间进行选择，主动权全部掌握在自己手中。将手伸出去还是缩回来只是一念之差。这个一念之差就能够很好地折射出人格魅力。在现实生活中管理者暂时放弃并不一定能够达到像故事中谈及的布莱克那样的水平，既能够让医生救助病人，也能够得到自己心目中的女神，这样的选择对于布莱克而言应该说是非常完美的。但是现实生活中管理者在做出选择后并不一定能够取得布莱克取得的这种效果。所以管理者在选择放弃之后不要急功近利。管理者应该以平常心态对待利益并在这种心态下能够处好与组织成员之间的关系。在勇于放弃自己的“小利益”的同时谋得组织的“大利益”的增长。

经典案例

案例1：“公正”制度蜕变为“分赃”的“障眼法”

案例简介

A公司是一家历史悠久的国有企业，在国内享有很高的声誉，多年来汇聚了一批行业内的技术精英，企业保持着迅猛发展势头，员工待遇很好，管理者在员工中的口碑也较高。但是，随着企业领导轮番更换，在商业大潮的影响下，越来越多的中层干部开始利用管理权在公司的各级奖励评选过程中寻找更多的机会谋求个人利益，部门管理者的行为越来越多地引起普通员工的不满，最近的几件事情成为了事情爆发的导火线。为了技术革新，公司今年又要组织技术攻关项目，评审结果与奖金挂钩，由员工填写科研总结报告，公司组织专家对已经完成的项目成果进行评审，但评审结果出来后令人不解的是能够得奖的都是部门领导，普通员工很难有崭露头角的机会，很多员工评价这样的评审会为"分赃会"。事情还不仅如此，一年一度的普通员工基本功大赛的结果也很令人费解，评审委员指导的年轻员工都能够有获奖的机会，而一般地没有头衔但技术水平很高的技术能手指导的青年员工很少能够有得奖的机会，有的员工就抱怨说某某领导指导的青年员工几乎全部得到了奖励，而其他员工实际做得比这些得奖的员工还要更好，却没有得到奖励。很多年轻员工晓得其中的奥妙后，在寻找合作导师时都不再诉求技术能手，而是找具有官衔的行政领导，这样做虽然年轻员工并不能提高任何技术，但得到物质实惠的可能性较大。具有行政官衔的管理层由于被聘为评审专家从而使自己的弟子具有更多得奖机会，这些"行政巨头"成为年轻员工选作技术指导的"香饽饽"，而作为技术能手的第一线技术骨干反而倍受冷落。年轻员工被评为公司的技术骨干后就有机会被推荐评定省级奖励，将自己指导的"学生"更多地入围评获省级奖励后，作为评审专家的"行政巨头"本人会由此得到更多荣誉和相应的物质报酬。这种状况严重降低了公司内技术骨干的工作积极性。员工普遍评论说这种评奖会其实就是"分赃会"，行政官员垄断了技术专家的话语权。本来评奖是为了激励先进和约束后进，但公司的这种发展局面并非预期的那样。A 公司的评奖过程以不合理的制度让管理权鱼肉了员工收益，制度由于形同虚设而成为了瓜分收益的"障眼法"。

案例分析

案例中看似非常公正的评奖过程，实际上已经被权利垄断者偷梁换柱。掌握分配权并且参与分配的评奖者不会将这样的获利机会让给局外人，于是看似"公正"的评奖过程实际上已经演变为"分赃"的"障眼法"。

（一）评奖过程演变为"聚众分赃"

为了技术革新，案例中的 A 公司强调每年都要进行技术比赛，吸引具有一技之长的青年员工加入到比赛的阵营中来，比赛不仅可以为员工本人带来一些经济收入，更重要的是可以在众多同仁面前展示自己的才华，从而通过评奖程序使自己为公司的所做的贡献得到更多人的认可。于是感觉自身具有一定潜能的员工都不会错过这样的机会。但是令人费解的是参加评奖的"专家"都是各个部门负责技术管理的中层领导，并且奖励得主往往是这些中层干部，这种评奖结果让很多年轻有为的员工非常不满。部门管理者在评奖过程中掌握着评审权，这些评审委员就是评奖制度的执行者，可以根据自己的意愿投票，导致专心于技术突破而不注重人际关系的青年员工与大赛得奖无缘。这些"专家"可以在评奖会上用更多的时间宣扬自己的贡献，并努力通过其与中层管理者之间的特殊关系达到让所自己负责的技术项目得奖的目的。中层管理者在评奖过程中由于具有更多的话语权，自然就增加了自己得奖的机会，致使最后奖励的得主都是中层管理者，评奖会于是变成了"分赃会"。在评奖过程中由于制度设计不合理，导致中层管理者光明正大的"分赃"。普通员工于是会失去对管理层的信心，不会将公司的成长与自身的成长紧密地联系在一起。评奖风波很可能将员工的努力工作变为竞争中层领导职位，以便在将来某一天自己能够行使奖励评审权而使自身获奖，企业文化会逐渐走向下坡。

（二）行政权威混同为技术专家

案例中 A 公司的评审专家都是来自各个部门的中层领导，这些中层领导由于在部门中专司技术革新，其眼界自然比较开阔，但是由于长期担任行政工作，其专业技术会由此而颓废，部门领导在技术方面其实很难赶上部门内的技术骨干。由于具有行政领导的光环，公司高层委任其以评审专家的头衔行使奖励评审的大权。于是公司高层在一定程度上将行政权威混同为技术专家，从而使得奖励评审权的行使者发生了错位。管理学认为，管理者不一定是某一技术方面的专家，其重要职责在于协调、沟通、决策和制度设计，管理者作为管理专家不一定是技术专家。制度是根据企业发展的需要本着激励员工努力工作的目标而设计的，由于行政领导并不真正精于技术创造或者并不优于部门内优秀员工的技术水平，由于管理者思维与技术一线员工的思维存在差异，在评奖过程中管理者就会将评价标尺偏离技术创新。管理者对员工的评价更多时候是站在管理角度，而不会更多地考虑技术突破的核心问题，管理者考虑的更多的是平衡不同员工之间的利益关系，而不是让优秀员工崭露头角。每个中层领导由于自己的好恶不同，评价尺度也会有差异，造成的结果是：评选的对象不集中；倾向于为自己的直接属下打高分；如果自己也是参评者则倾向于选择自己。无论中层管理者有哪种行为倾向都不能把最优秀的员工评选出来。

（三）制度执行扭曲为人情周旋

案例中的评奖过程对于“专家”而言只是考虑将奖项授予谁的问题，对于专家本人并无多大影响，但对于参评者而言则涉及到其工作能否得到管理层认可，这是参赛员工的价值在同仁面前得以彰显的重要机会。由于制度设计不合理，往往会导致真正有实力和已经做出贡献的员工不能得到公正的待遇，为了增加自身的得奖机会，这些优秀员工在做好自己的技术工作之余也要“精于”人情世故。在评奖之前就要在中层管理者中间游走，通过强化个人感情加大自己“中标”的机会。当众多的参评者都更多借助这种评奖“捷径”时，评奖制度就成为“专家”发财获利的媒介，评奖过程由于更多地掺杂了个人感情而使评奖行为成为闹剧，“专家”虽然在评审会上一本正经地打分，但心态早已经失去了平衡。对于参赛员工而言，只要参评成本不超出获奖收益，就会加大其参赛成本以增加自己获奖的保险系数。在这种黑幕下，年轻员工的之间的竞争除了技术层面的较量外，还增加了有“评审专家”纠缠在一起的人情周旋。于是制度执行将会成为单纯精于技术创新的员工的“专利”，而这个“专利”的获得将会增加自己在参赛中被淘汰出局的可能性。公司的评奖制度成为掩盖人情关系的一层“薄纱”，越是能够从中得到收益的成员越是不愿意揭开这层神秘的薄纱，没有得到收益的员工没有能力揭开这层薄纱，致使薄纱将永远笼罩下去，公司将长期徘徊在不健康的文化氛围中。

（四）中流砥柱蜕化为中心蛀蚀

无论是公司的中层领导还是青年技术骨干都已经是或者将会是公司的中流砥柱，但正是这些中流砥柱演绎着本来公司中不应该存在的丑陋行为，这些人会从对公司成长不利的行为中谋得更多的个人收益，并且在这些人中间慢慢建立起收益分配的潜规则。凭借制度这个“障眼法”在局内人与局外人之间筑起一道坚不可摧的“墙”，“墙”内人会永远或者更多地享受着利益，“墙”外人将长期被排挤于利益分享群体之外。既得利益者将使尽全身解数努力保护既得利益，成为公司制度进步的拦路虎，一旦这个“堡垒”有了缺口就会有“新人”加入，新加入者随后也会被慢慢同化，成为堡垒的维护者。年轻有为的员工由于自身的资历浅以及人际关系底子不厚等原因，将很不容易挤入这个圈层。这些曾经有魄力并且有激情为公司开拓一番事业的技术骨干员工随着年龄逐渐增长，其锋芒锐利将会逐渐磨损，年轻时期的创业激情逐渐消散。所以“中流砥柱”所损失的不仅是公司的增长潜力，还有青年骨干员工的创业激情。围墙表面上是为既得利益者圈住了利益，本质上是圈住了公司的发展机会和不健康的公司文化，圈内人看似公司的中流砥柱，实际上这些人由于行政管理权的错位使用而成为公司的“中心蛀蚀”，中流砥柱退化为中心蛀蚀削弱了公司的成长实力，其结果是既得利益者张扬、未得利益者彷徨、想得利益者匆忙。

（五）管理错位铸成武大郎开店

部门管理者的行政权力垄断了收益分配权的同时还具有对优秀员工的“选择”权和压抑权，压抑权即压制优秀员工成长从而减少自己竞争对手以保证自己官位稳定的现象。由于评奖过程可以用人情周旋替代制度正义，中层领导就具有在优秀员工和人情员工之间做出选择的自由，在评选会上很可能就将神圣的选票投向了已经对自己进行过利益诱惑的员工，管理层这样做可以达到两种目的：其一是对得起自己已经得到的那些意外之财；其二是人情员工得以选中不会对自己未来的工作产生威胁。在选择标准被扭曲后，企业中得益的不是真正能够为企业做出贡献的员工，而是那些精于人际关系沟通而不投身于技术提高的员工，久而久之企业就变成了矮人世界，“武大郎开店”的局面形成，真正的人才不能得到彰显机会，无能无才的员工反而可以在同仁面前冠冕堂皇，本来健康向上的企业文化就像染了病毒，这种病毒在中层管理者产生并将继续传染给继任行政管理者甚至普通员工。这虽然不是高层管理者的失误，但高层管理者也有不可推卸的责任，高层管理者在选任中层干部时没有在相应的岗位上做到收益与风险对等：中层干部即使将神圣的选票没有投向最应该得到这些选票的员工身上，自身也没有任何风险。中层管理者出于利益考虑而不会以牺牲自身利益为代价严格执行高层管理者的行政意图，于是在高层管理者为自己的管理措施感到满意的背后却不知中层管理者对公司发展扮演着釜底抽薪的角色。

对策分析

（一）让普通员工掌握部分评选权

案例中A公司的评奖过程造成问题的重要原因之一为中层管理者掌握着全部评选权，只有改变这种垄断评选权的局面才有可能将不合理的评奖结果纠正过来。为此需要改变具有奖励评审权的群体结构：适当降低中层干部的人员数量并加入非中层干部人员。让那些非中层管理者进入评审委员会是很重要的事情。为了保障评审结果的尽量公正，进入评审委员会的普通员工必需满足如下条件：工作敬业并且在员工中有很好的口碑；专于技术创新并且已经具有较多的专业技术成果（如专利、革新等）；为人耿直并敢于叫真；自己没有参与赛事；年轻并具有饱满的创业激情。这些普通员工进入评审委员会后，由于思维方式与行政管理者具有很大的差别，所以很可能改变选票的结构，使得评选结果做到相对公正。除此之外，评审委员会的成员要每年做动态调整，每个人的选票要留档案，将选票权与个人成长相结合：如果自己的选票与最终的评选结果相一致，就给该评审委员加分，视作为公司成长做出了非常重要的贡献，因为正是该委员的选票与大家的看法一致使得公司最终能够做到选贤任能。否则给该委员减分，因为该委员的选择标准与大家不一致，对公司行为产生误导，该委员具有失职嫌疑。这样，评审委员行使评审权就完全变成了为公司利益谋发展的公益行为，在评审问题上对于每一个委员都会形成风险与收益的对等机制，在选择标准已经确定的情况下，委员在选择哪个参赛者问题上就需要真正认真考虑。评审委员的个人投票行为就与公司的成长真正地联系在了一起。

（二）区分岗位职能圈定真正专家

案例中A公司的高层管理者认为具有行政职能的中层管理者就是技术专家从而担任评审专家的角色，这类问题几乎在所有的企事业单位中都存在，中层管理者因为具备行政职务因而也就具备了决定员工一切收益的权力。但是这些管理者在成为管理者之前就不一定是同仁中最优秀的，并且在其上任行政工作后，后继员工也很可能远远超过其当时在相应部门中的表现，所以中层管理者无论从何种角度将都不一定是专业技术最优秀的。既然评审的是专业技术水平，那么技术一流的员工就应该具备优先话语权，中层管理者在这中间起到维护秩序的作用就可以了。中层管理者是管理专家但不一定是技术专家。那些长期站在管理者身后为公司成长做出不懈努力，使得公司能够健康成长的员工才能真正具备评审专家的身份。所以评审专家的选择不能单纯依靠是否具备行政职务这样一个原则。虽然有些时候中层领导同时也具备如上条件而具备评审专家的资格，但也要坚持例外原则。评审专家的选择不要通过行政方式产生：评审专家应该由专业技术过硬的员工担任，专业技术过硬除了领导层的认可这一传统原则外，还可以通过百姓的口碑产生。管理者不认可但群众认可的员工应该是真正的专家，这些专家由于在各种场合说公道话而经常不被管理者赏识，经常被管理者称为“蹩脚员工”，蹩脚员工由于优秀品质没有得到官方的认同所以经常会发牢骚，蹩脚员工的数量可以成为公司制度完善与否的指示器，大胆启用蹩脚员工可以恢复公司制度的正义，并且可以使蹩脚员工尽早被正名。

（三）行政高管适度控制中层干部

管理学理论认为好的领导应该做到“用人不疑和疑人不用”，但这样的管理哲学应该尽早扔到垃圾箱里。适度怀疑并控制中层干部可以激励中层干部尽量做好事不做坏事。正如前文所言，让中层管理者在履行自己的职责时感到有压力，使其不但可以享受到由于履行职责而获得的收益，也感受到未履行职责而受到相应惩罚的风险。高层管理者对中层的怀疑就是让中层管理者感觉到收益与风险对等。为了使高层管理者的怀疑可操作，需要做到几个层次的怀疑：① 能力控制。高层管理者需要定期地越过中层管理者对普通员工进行调查，搜集关于中层管理者做事的能力信息，用第一手材料证明该中层管理者有能力或者无能力。② 作风控制。调查中层管理者的管理行为是否出于整个部门成长的需要，在部门成员个体间是否有过于偏袒的嫌疑。③ 业绩控制。在部门管理者任职之前要确立具有挑战性的任职目标，期间如果没有完成相应目标则认为不具备任职资格，用更加优秀的成员取而代之。④ 经济控制。部门管理者具有支配办公经费的权力，应该检查办公经费的支出与相应处理事宜之间的成效关系。为了使得怀疑制度落到实处，需要完善权力制衡机制。传统行政体系下，公司高层管理者群体对整个企业做决策，由于管理者与被管者之间的权利不对称，在公司的权力设置中只有高层管理者制裁低层管理者和员工的权力，权力制衡机制就需要建立起一种权力相互制约模式。为此需要在公司管理中设置“黑匣子”，其作用在于收集来自公司内除高层管理者以外的其它所有员工关于公司发展的批评建议，再由负责黑匣子职能的相关人员对这些建议进行分类汇总，上报公司高层。公司发展决策（包括评奖委员会成员）不再单独由公司各层领导组成，而是由各级管理者和员工代表组成，为保障每个成员地位相当，在重大事项决策委员会上每个人不明确口头表达自己的意见，通过黑匣子的方式将自己的意见表达，再由黑匣子职能部门的工作人员进行汇总和归类，然后上报给厂务会。如此反复，直到形成比较一致的意见为止，在这种机制下评奖事宜也不要一次完成。在这种模式下各级领导就由原来的“垄断者”演变为总结并协调意见的角色，管理者从而真正成为为公司谋发展的“服务员”，管理者与被管理者就真正实现了权力制衡，各种事项的决策结果就会更加趋近公平。

（四）分类分层设奖给员工留机会

管理学强调员工首先是经济人然后才是社会人，从这一点上讲管理者与普通员工是一样的，但二者能够把握的机会不同，因为管理者在评奖过程中承担评奖专家委员会专家的角色，有更多的机会将选票留给自己，即使参评的管理者不参加评选，评选委员会的其他成员也会更多的“照顾”自己的同仁，因为在以后的评奖过程中这些管理者的专家角色可能会相互转换，专家们在相互“照顾”中就增加了自身入围的可能性。因此管理层实际上就垄断了奖励的分配权，通过行政的方式直接削弱这些管理者的行为也不可能奏效，因为这种行为不可能通过道德进行约束，在利益诱惑面前道德约束显得软弱无力，需要规范制度。通过相对完善的制度设计对管理层的行为进行实质性约束，比较可行的做法就是在评奖过程中将管理层评奖与普通教师评奖分开，让管理层与普通员工分别在两个不同的平台上评奖，同等奖励级别的奖励含金量相同。这样管理层之间就会有利益矛盾，达到一滴水激起千层浪的功效，在评奖过程中不会再互相照顾，从而可让真正有才能的管理者在众多的管理者中脱颖而出，结束管理层死水一潭的沉静局面。普通员工奖励在另外一个平台上参加奖励评选，即使没有普通员工掌握评奖投票权，管理者在为普通员工投票时因为不涉及自身利益而在投票时会较为慎重，即使其中也会出现一些关系票，但终究会将更多的机会留给普通员工，避免了两种地位不等的人在同一平台上参与评选时的管理层不可竞争的局面。

（五）以外聘专家强化评奖客观性

案例中造成“武大郎开店”或者“聚众分赃”的结果，原因不在于评奖人员的私利性。管理学和经济学理论在研究人的行为的过程中，都是把人作为具有私利倾向的个体为前提的，所以管理中才要设定较为人性化的制度，以期将人们在日常行为中的这种私利性降到最低程度。外聘专家替换内部人员履行评奖职责可以在一定程度上达到这种目的。外聘专家可以避免公司内部的人际关系纠葛，在评选前公司只要将评选的标准给外聘专家讲清楚，外聘专家需要做的就是按照公司的评选意图将公司内的参评人员中的佼佼者评选出来，外聘专家在履行职责的过程中只有一个框框，即严格按照评定标准选拔人才，专家与员工之间的个人感情因素基本不存在，并且外聘专家本人由于不是参评对象，所以在评奖中自己作为局外人介入，可以做到心态更正、把握标准更客观。但是选聘外聘专家也需要费时费力，通过何种机制选聘外部专家就成为评选过程能否真正做到公正的关键。一般而言有两种途径可以考虑：其一为各部门推荐；其二为A公司高层人事部门从行业内的权威专家中随机抽取。显然后者较前者更加公平，但是后者较前者的工作量大，这些工作量全部由企业的人事部门承担，人事部门责任重大。前者不公平的原因在于：公司内各部门在向公司高层推荐专家过程中本部门管理者可以与自己推荐的外聘专家之间形成共谋，从而使得外聘专家流于形式。后者虽然可以在很大程度上使得评奖结果实现公平，但会使一些作为参评人员的部门主管落榜，这些本来非常"有实力"的被选者其真实水平可能被证明还不敌（或者很大程度上不敌）自己属下的员工，这会使部门管理者非常丢面子，公司高层在后续工作中得到部门管理者鼎力支持的可能性降低。但通过客观的评奖过程让真正的优秀者崭露头角并逐渐替换管理中的"彼得"，公司的社会竞争力才会提高并由此在公司内部塑造富有正气的企业文化。

案例思考题

1. 案例中的"公正"评奖制度是怎样演变为"障眼法"的？
2. 行政权威与技术专家之间应该是怎样的关系？
3. 你对案例分析中提出的对策认同吗？你有哪些新看法？
4. 通过外聘专家方法就能够做到制度公正吗？谈谈你的看法。
5. 你身边是否发生过这样的问题，你是怎样解决的？

案例2："将心比心"打造班组凝聚力

案例简介

某市的纺织厂以女性职工为主要成员，女职工在工厂中所占比例达到93.8%，年龄层次涵盖从18岁到42岁跨度比较大。最近两年来厂内的情况有了很大的好转，其中R班组在整个工厂内是有名的先进班组。这样一个秩序井然、制度合理的班组在两年前还以旷工现象多、夜班缺勤多、职工退场多、生产任务完不成、产品质量上不去、人心涣散等问题著名，两年来在整个班组成员的共同努力下得到了诸如市级、省级先进班集体、全国总工会授予的"五一劳动奖章"等荣誉。R班组在两年时间内发生了如此大的变化，与班组管理者采用的全新管理方式是分不开的。起初的时候，班组长并不了解班组成员各自的情况制定政策，总是从管理层面一刀切，这使得班组成员对班组的管理非常有看法。为了改变这种状况，班组管理中班委们做到对班里的每个职工的具体情况了如指掌，便于有的放矢地开展思想工作。为了做到这一点，班委们为每个职工建立了个人的动态档案，详细地记录了职工的出生日期、家庭住址、家庭人员、经济收入、思想状况等。为了使得档案反映出的情况更加及时和准确，班委们着手建立职工信息反馈薄，先由班组长写上班组工作安排、生产计划，然后发到每个职工手中。这种方法可以将班组成员的意见及时反馈上来。不但班委的工作效率提高了而且班组成员感觉到更加"顺气"了。班里的小张是个业务骨干，但是最近一段时间以来总是坐岗、睡岗，班组于是执行了班组内的严格规定，对小张本月的奖金予以扣除。小张虽然并没有说什么，但从其面部表情看对班组的这种做法不以为然。为了弄清事情的来龙去脉，班委对小张进行了深度调查。班委们发现在小张的的信息薄上明确记载有小张的丈夫生病住院了，并且小孩也生病了。丈夫和孩子生病使得小张忙得不可开交。在了解了各种情况后班组认为对小张的处罚有些不合情理，为了补救曾经的做法，班组决定为小张放一段长假并且改变了原来的处罚决定，只对小张本月的奖金扣除半数。对于班组的这种做法小张非常感动，并且坚定了以后继续努力工作的决心。除了小张这样的个案外，班里的小李也值得一提。小李是干部子女，凭借自己的优越条件在工作中经常无故旷工，并且还时常顶撞班组长，觉得任何一个岗位都对自己不太适合，进厂三年中就连续在多个车间的班组以及工种之间调换。小张在其他人的眼中就是个“刺头”。厂领导都对小张感到怵头，老师傅们也觉得这个年轻人无药可救，不愿意花费更多的精力在这样一个年轻人身上下功夫。小张的父母听说R班组是有名的好班组，用哀求的语气找到了班组领导并请求班组将小张留在班组中“锻炼”。R班组的所有成员都对小张不感兴趣，大家一致的看法是“煤球怎么洗也是黑的”，并且担心这个“祸水”进入班组中之后会有损R先进班组的威名，不能“让老鼠屎坏了一锅好汤”。但是班组最后还是决定接受小李，并且对原有的班组成员说，一定要对小李进行帮助，让其成为R班组中一个与其他成员一样优秀的人。小张到班组中后，班组长就派技术过硬、作风过硬的老员工做小李的师傅，向小李传授技术，对小李进行无微不至的关怀。在众人的帮助下，小李开始发生了显著改变，不但能够全勤而且还能够超额完成生产任务，在其他成员的影响下小李成为了班组活动的积极分子。班组中每个成员的情况都有区别。小赵是一个非常喜欢动笔杆子的年轻人。但是小赵经常会恃才发牢骚，看到别的职工经常在不同的班组中调换工作，自己也就产生了调换工作的念头，并且还在其他班组成员面前发牢骚。班组认为这样的职工用好之后就可能成为班组的顶梁柱，但是如果用不好就很有可能成为班组发展的“害群之马”。班组为了鼓励小张，就充分利用其好动笔杆子的特长，责成其为班组的宣传骨干。利用其好动笔杆子的优势向厂办投稿宣传班组。并且为其在全厂范围内物色写稿子的机会。小张于是在全场的名气增加了。“英雄”有了用武之地，小赵不但不再说风凉话了而且对班组领导更加感谢了。

案例分析

（一）实行民主管理

民主管理是组织发展中构建和谐人际关系的基础。案例中的R班组在先前管理的过程中总是从方便管理者的角度考虑问题。就像案例中所提到的，做任何事情都讲究一刀切，根本不认真分析具体问题，所以班组成员总是对管理者有意见。但是在R班组改进工作方式的情况下，班组成员感觉到班组长推出的管理政策非常民主和科学。民主管理是现代企业管理者非常强调的，只有管理更加科学和民主才能够很好地调动起组织成员的积极性，组织成员才能够主动地将自己的真实想法告诉管理者，从而组织的发展在组织成员与组织管理者群策群力的前提下得到持续推进。民主的工作氛围实际上就是组织文化的重要组成部分。民主的管理方式就是管理者思维方式的再现。管理的连续统一体理论就是力图在管理风格划分方面做出重要尝试的。连续统一体理论将管理按照民主的程度划分为七个层级，其中独裁式的领导方式完全不采用。管理方格理论中也在相关方面同样有相关论述，该理论中以关心工作为横轴并且以关心人为纵轴将整个坐标平面区分为高工作—高关系、高工作—低关系、低工作—低关系、低工作—高关系四个部分，每个部分中所体现出来的管理者的民主程度是有差别的。R班组在班组管理中符合连续统一体理论中的较高民主的管理风格，也比较符合管理方格理论中的高工作—高关系型的管理风格。

（二）建立职工档案

R班组在对组员进行管理的过程中，为了对每一位成员的信息进行准确把握，做到动态地把握员工情况。正是由于有了这项措施才使得班组对小张的情况有了非常清楚的了解，并且能够在班组的权限范围内为小张创造条件解决小张的家庭困难问题。在不知小张家庭情况的条件下班组对小张进行了处罚，小张自然会感到心中有怨气。如果没有后来班组对小张情况的具体了解，小张就会认为班组这个大家庭对小张是非常冷漠的。但是在班组对小张进行充分了解并且对小张进行了关怀后，虽然小张由于出勤有问题而遭受到了经济层面的惩罚，但小张还是能够感受到来自班组的温暖。班组建立职工档案在此间发挥了非常大的作用，这个档案实际上扮演了联系职工纽带的作用。R班组建立职工档案是管理方法的一种创新，这虽然与严格班组管理没有太大的关系，但能够从侧面让组织成员感受到班组的温暖，从而可以很好地推进班组管理。班组管理是一个公司中最基层的管理，班组是企业职工的生活和工作的场所。如果职工在班组中感觉不如意就不会有归属感。具有优秀潜质的员工就不会打算长期留在该班组，而破罐破摔的员工就会成为班组发展的绊脚石。班组长对这样的绊脚石很多时候是没有办法移除的，于是班组的发展就会始终处于低位徘徊。班组中各成员之间关系融洽程度取决于班组长的思维方式。如果将这件事情作实就需要班组长等管理者付出更多的辛苦，班组长以及班委的工作量就会由此加大。R班组的管理层并没有因为会加大个人的工作量而将忍辱负重的成本交由成员承担，这正是R班组能够在短时间内凝聚人心的基础。

（三）接纳问题职工

对于一个优秀的班组而言，由于所有成员都是敬业和向上的，所以都不希望有一个外来者打破这种已经相对均衡的局面。如果一个新加入者能够对班组的质量有所提升，这时班组成员就会相对愿意接受些。对于R班组而言小李就是一个问题职工。小李依仗有权势的老爹在公司中“横冲直撞”，在整个公司中都已经比较“闻名”了。具有这样坏名声的人R班组中的成员都表示无法接受。害怕这样的员工进入到班组中之后会影响成员之间人际关系的建设。组织中的成员存在这样的想法是非常正常的。但是由于小李父母的哀求再加上班组长心地善良，最终还是答应了小李进入到R班组中来。事实表明R班组接受了小李之后，小李在班组氛围的熏陶下改变非常快，这是令R班组的所有成员所没有预料到的。R班组以其健康向上的工作氛围不但赢得了很多的荣誉，而且还将像小李这样的问题员工在短时间内改造了过来。所以R班组实际上在整个公司中发挥了很好的教育基地的作用。R班组用于接纳问题员工，这不仅需要勇气也需要有实力，应该说R班组最终做出了接受小李的决定还是依托其实力的。R班组的这种实力不仅来自于班组长合理的管理方法和用人策略，而且来自于整个班组成员的集思广益。R 班组接纳了小李这样的问题职工，无形中也是对班组中其他成员的一个警醒，让班组中的其他成员都会时刻保持向上的奋斗心态。这些优秀成员在帮助小李成长的过程中也具有很好的自豪感，通过对小李的帮助小组成员也会在一个新的高度上达到团结与合作。所以在教育小李的过程中小组成员实际上也在进行着自我教育。为了保持 R 班组的良好形象，每一个成员都必须是好样的。小李在这种环境的熏陶下自然也会进步很快。

（四）发挥员工长处

作为管理者往往经常注意到的是员工的短处，能够认真观察小组成员、发现其长处而且能够主动为发挥其长处寻找环境条件的管理者是不可多得的。R 班组的管理者就是这样的。小赵的文笔非常好，这是其长处，但是恃才发牢骚是其短处。对于这样的员工只有进行鼓励并为其创造施展自己才华的条件才能够使其能够服服帖帖。班组为了发挥小赵的才华，让其为班组写宣传稿，并且为其在整个公司中展示自己的才华创造条件。在小赵看到了班组是真心在为自己的发展创造条件的时候自然就会被感动，不但会利用班组为其创造的条件发挥自己的特长，而且还会更加积极努力地配合班组管理者的工作。班组实际上是在通过这种方式产生以情感人的作用。管理者能够主动为下属的发展创造条件，从一个方面看是增加了自己的工作负担，但从另外一个层面看也是为自己开展工作创造条件，只有班组的成员对管理者不但能够做到口服而且做到心服的时候，才能够使得管理者与被管理者之间产生工作默契。在工作氛围不健康的班组中，管理者一般而言会刻意压制下属的成长，因为优秀的管理者对于在位的管理者是一种压力。在这种氛围中虽然管理者与被管理者双方是心照不宣的，在“一切尽在不言中”的工作氛围下，下属自然会对管理者存在抵触情绪，管理者的很多工作也就难以开展。这种氛围不但会对优秀员工的发展形成阻碍，更重要的是可以对其他员工形成示范效应。大家产生“即使再努力工作也无法出人头地”的念头，于是大家就会在比较低落的心情下低效率工作，整个班组于是会笼罩上一层阴影。

（五）营造团队氛围

在 R 班组中实际上已经形成了互帮互敬的氛围，在这样的氛围中大家都会倾心接受对方并发自内心地愿意与其他人进行合作。R 班组实际上已经形成了一个紧密的团队，大家在考虑问题的时候都是从集体利益的角度考虑的。以小李加入到该班组中这件事情而言，大家首先从集体发展的角度考虑问题，然后才想到自己。实际上在这种考虑问题的方法中班组中的每个成员已经将自己的利益与班组的成长紧密联系在一起了。既有的班组成员之间已经达成了一种平衡，没有人愿意打破这种平衡。况且小李有可能对班组的发展形成负面影响。但是在小李进入到班组中之后，大家并没有对其进行排斥，而是每个人都尽自己的最大能力帮助小李尽快成长。班组长为了让小李成长更快些，将班组中技术最好的师傅分配给小李。除此之外班组中的其他成员也都对小李提供了力所能及的帮助。小李在这种氛围中受到感染，以前的毛病很快就得到改正。班组成员在小李进入班组前后对小李的态度有相当大的差别。班组中的成员都在通过自身的努力，尽量将小李这个新成员变好。尽量不要让小李为班组造成不良影响。应该说，小李在短时间内得到如此大的改变，是班组成员共同努力的结果。班组中这种团结、合作、互助、向上的氛围将小李“融化”了。班组对小李帮助进而将小李变成与既有的班组成员一样的具有竞争力的人，对于班组的每个成员而言都是一个成就。每个人在对小李帮助的过程中都没有任何怨言。对小李的帮助都是真心的，小李尽快转变过来对于整个班组而言就是一种贡献。班组成员这样积极努力地对小李进行投入，直接受益者是小李，实际上整个班组都受益。班组成员在得失荣辱等方面都是紧紧被捆绑在一起的。小李转变得越快整个班组就会受益越早。

案例启示

案例中的R班组在先前并不是非常突出的，但经过班组管理措施的改革使得班组在获得很多荣誉的同时使得每个成员都受益。R班组中历经的很多事情是值得思考的。

（一）发挥团队的力量

团队的力量是非常强大的。团队中的成员可以借助团队的力量完成每个成员自身不能实现的目标。但团队是有组织地为实现一定的目标而联系在一起的有机体。团队中有组织成员和领导者，领导者是团队的核心，负责规范团队成员的行为，并保障能够在既定的组织章程中形成组织的凝聚力，从而高效率地朝向组织目标发展。团队不是简单地聚拢在一起的一群人。在一幅漫画中作者画出了这样的内容：兔子、螃蟹、大鹅等都在用力向前拉一辆大车。但是这些动物拉车的方向是不同的，兔子沿着车前进的方向用力拉，螃蟹用很大的力气向旁边拉，大鹅则向天上飞。画面上的每个动物看上去都在用力做事情，但由于努力的方向不同，所以大车最终并没有动起来。仔细观察图画可以看到画面上除了大车和几个拉车的动物外并没有赶车的“老板儿”，这是图画要说明的核心问题。“老板儿”才应该是这个图画的中心，图画中没有了这个核心，组织成员看上去都非常卖力做事，但由于没有在核心的领导下形成团队，所以虽然每个成员都在用力做事，但实际上都是在白白浪费时间。团队是由一群人组成但并不是“攒鸡毛凑掸子”的一群人，图画中的这些动物没有协同作业的意识，所以不能算作团队。团队做事情能够发挥“1+1>2”的效果，即在一个团队中，通过组织成员之间的合作可以达到每个个体单独做事的情况下不能完成的任务。R班组是一个非常优秀的团队，通过默契的合作形成了健康向上的班组文化，不但形成了非常好的社会影响，而且每个班组成员也在此间得到了丰厚的回报。

（二）管理者用心做事

案例中呈现的诸多事实可以表明，班组的管理者是在精心创造各种条件让班组成员有更好的发展空间。在让班组成员尽情施展自己的才华的过程中班组也得到了发展。管理者在这样的工作状态中需要付出更多的辛苦。管理者用心做事是将班组的成长作为了自己的事业而并非只是停留在任务层面。一个组织中管理者是制度的制定者和执行者，但如果只是将自己的工作停留在发号施令层面，工作的效率就会打折扣。但是在这样的工作方法下自身的工作难度就会降低。管理者于是就会将本来应该由自己承担的责任让组织成员承担了下来。整个组织就会长期处于蹩脚的规章制度中运行。管理者虽然会“悠哉悠哉”，但组织成员却在“忍辱负重”。管理者的这种转嫁成本的方法最终会导致班组中不良的文化氛围出现，这会影响组织的进一步发展。R班组的管理者将为组织成员服务视作为自己服务，做事情脚踏实地。管理者为组织成员用心做事的时候，就会将任何事情都考虑得非常周全。例如在对小张进行处罚之后事情完全可以告一段落，但由于小张的工作一直很出色，所以班组中的成员对小张的问题都感到非常奇怪。为了慎重起见班组就对小张最近的情况进行了详细了解，在调查中居然有了案例中提及的“大发现”。所以才有了后来“为小张安排适当休假”的合理处理措施。如果班组不对小张的家庭情况进行详细了解，而是武断地按照原先的处理方式进行，虽然小张也不会有反驳意见，但小张就会感觉班组中任何成员对自己都没有同情心，并且感觉到班组这个大家庭中缺乏温暖。班组在原先决定的基础上并且在充分了解了各种事实之后对已经做出的决定进行了补救，小张对班组的态度显然就会发生很大的变化。班组管理者用心做事使得班组的发展具有了战略设计。

（三）民主见诸于微观

管理者都希望为组织的发展创造民主的发展空间。但在实际工作中很多思想如果只停留在嘴皮子上，民主工作就会缺乏实效。民主的工作氛围能够使管理者与班组成员进行融洽的人际交往。但是民主的工作氛围不仅体现在公司的宏观政策方面，而且体现在微观层面。R 班组非常注重于从微观层面建设民主空气。在管理实践中，管理者更多的时候是从宏观层面考虑问题，在出台政策的时候都是着眼于所有职工的，但是班组与整个公司的情况是有很大差别的。班组中的成员较少，管理者如果能够悉心了解每个组织成员的情况是可以做到的。针对每个成员的情况可以在统合考虑的情况下制定政策。班组为了维持正常发展，自然需要相对严格的规章制度。但在出现具体问题的时候还需要根据状况出现的原因进行详细核实。就像 R 班组中的小张、小李和小赵一样各自的情况都有很大差别。但是班组却能够根据每个人的情况推出具体的解决措施，并且使得每个问题都处理得恰到好处。在班组发展问题上，班组管理者能够充分利用每个人的智力资源，能够让每个组织成员通过各种方式表达其思想，这样不仅可以尽早发现组织发展中存在的问题，而且可以将班组成员的智慧融入到组织发展当中来。虽然每一个班组成员都是在组织制定的宏观政策下施展自己的才华，但是每个组织成员更加关注的是与自己的利益有直接关系的方面。管理者着眼于宏观而组织成员着眼于微观就会在彼此之间形成信息不对称，这种局面下就会使得组织成员积压很多怨气。R 班组的工作方式不会在组织成员内部形成怨气，能够将组织发展的微观层面与公司发展的战略设计很好地结合在一起。很好地嫁接起了组织成员个人发展与公司宏观发展之间的关系。

（四）为下属创造舞台

下属虽然是班组管理的对象，但能够将班组成员的个人发展与班组发展紧密联系在一起就需要进行艺术性管理。所以很多专家认为管理在科学性与艺术性之间权衡时，很多时候更加倾向于艺术性。组织的管理者在施政过程中会更好地在艺术性方面做文章。能够主动为自己的下属创造展示其才华的舞台不仅能够表现出管理者心胸大度，而且让下属能够体会到管理者确实是在为自己的发展着想。这一点对于一些管理者是不容易做到的。在“企业如树，员工如猴”这个故事中很容易体会出，组织成员为了争抢职位而纷争的局面。这个故事中将员工比作猴子，将企业比作一棵大树。在企业这个大树的不同层次上有不同数量的“猴子”，处于不同高度的猴子表示了员工的不同职位。下面的猴子极力向上攀登，而在上面的猴子会通过各种方式将危及到自己位置的猴子打落到较低位置甚至是打落在地。下面的猴子向上看到的都是较高位置处的猴子屁股，上面的猴子看到的都是下面的猴子的企盼的眼睛。每个猴子都希望攀登到较高的位置，因为那里的果子不但多而且味道好，但是这样的位置只能有少数猴子占据。如果上面的猴子主动为下面的猴子创造条件使其能够攀登到较高位置，下面的猴子会认为高位置处的猴子是比较民主的，因为这个高位置处的猴子主动为低位置处的猴子的个人发展创造了舞台。R班组这个大树上较高位置处的猴子能够为低位置处的猴子创造个人发展的舞台是很值得称道的。这种管理方式如果能够在班组中维持并作为一种组织文化传承下去，班组的成长速度就会更快，并且更多的优秀员工都能够找到自己的发展平台，组织发展中就会人才辈出。

案例思考题

1. 为了强化团队的凝聚力，班组做了哪些事情？
2. 你认为在管理中如何处理制度与感情之间的关系？
3. 案例的成功做法给你有哪些启示？谈谈你的看法。
4. 如果你是管理者，你会像案例中的管理者一样对待小张吗？
5. 你赞成“企业如树，员工如猴”的提法吗？谈谈你的想法。

第七章

领导管理

本章内容提要

领导作为一种职能，就是影响组织成员或群体，使其为确立和实现组织或群体的目标而做出贡献和努力的过程。该职能包含着领导对象、领导权力和领导影响三层含义。领导的作用表现在激励、协调、指挥等。领导所包含的要素非常多，应该说任何对领导的魅力产生直接或者间接影响的因素都可称得上为领导要素。但一般而言领导的要素包括影响力、对人的理解、激励鼓舞员工、文化氛围建设等多方面。比较成熟的领导理论包括：连续统一体理论；随机制宜理论；领导风格理论；人际关系理论；不成熟－成熟理论；管理方格理论；情境领导理论；任务—关系理论；领导素质理论。管理学是一门科学，但在管理实践中还要特别依托管理者的管理艺术，才能够将管理进行得淋漓尽致。管理者在实践中需要讲求管理方法，才能将管理工作做到位。在实践中存在着两种对立的领导方法：实事求是的方法和主观主义的方法。领导艺术表现为管理者创造性地运用已经掌握的科学知识和领导方法处理管理中出现的各种问题，领导艺术至少应该包括如下几个层面的含义：建立在领导者个人素质的基础上；与实践密切联系；领导者具有很强的创造性；领导者处理问题灵活；以处理工作中的复杂矛盾为职责。领导在管理过程中需要掌握以下几个方面的艺术：巧妙思维；合理用权；排除阻力；激活下属；正确决策；适度批评；正视矛盾。

一、领导的概念

领导作为一种职能，就是影响组织成员或群体，使其为确立和实现组织或群体的目标而做出贡献和努力的过程。在丰富的管理学理论大厦中，关于领导的概念非常多，但是诸多概念中离不开如下这个基本含义：领导是指引、带领组织成员并通过自身影响力影响组织成员达到预期目标的过程。将这一表述拆解开后，可以看到该职能包含着领导对象、领导权力和领导影响三层含义：① 领导对象：只有在一个组织中，在理顺组织成员之间的关系的时候才会有领导的必要。在组织中领导者一定要与群体或组织中的其他成员发生关系，这些人就是被领导者，没有被领导者，领导工作就失去意义。② 领导权力。在一个组织中，领导者与被领导者之间的权力是不对等的。领导者拥有相对强大的权力，可以影响组织中其他成员的行为，在组织中扮演着支配其他成员行为的作用，而组织中其他成员却没有这样的权力。领导者在权力方面的优越性是领导工作得以顺利进行的重要基础。③ 领导影响。即领导者对被领导者施加影响。

在理论层面人们关于领导特征的认识也经历了一个过程。如果从静态的方面看，领导就是具体的管理者。但是如果从动态的方面看，领导就是一种影响力，是影响个体、群体、组织来实现所期望目标的各种行动过程。这个领导过程包括领导者、被领导者与所处的客观环境。领导对组织成员产生的影响力由法定权利和自身影响力两个层面构成。领导者所具有的法定权力一般包括：人事权即进行人事任免的权力；决策权即对组织的发展进行决定的权力；指挥权即让下属对自己绝对服从的权力；奖惩权即对自己的下属根据其在工作岗位上的表现进行奖励或者惩罚的权力。因此，领导工作是三个参数的函数，用公示表示为：领导工作（效率）$=f$（领导者，被领导者，客观环境）。领导者的影响力包括权力性影响力和非权力性影响力，权力影响力往往要远远大于非权力影响力。领导工作的实质表现为三个方面：①与自己的属下打交道并处理好各种关系；②与同事打交道并使得各项管理活动正常进行；③与时间打交道并高效的利用时间和保持较高的工作效率。领导的本质在于对被领导者的影响力。领导者拥有影响其下属思想和行动的权力。也只有这种权力发挥实质性的作用的时候，领导职能的作用才会真正得以发挥。由于影响力的存在领导者才能够对组织的活动施加影响，并使得组织或群体成员追随与服从。也正是由于被领导者的追随与服从，才能够保证领导者在组织、群体中的地位，并使领导过程成为可能。所以在领导这个概念中必须包括领导过程、人际影响以及组织目标等基本要素。领导就是领导者通过一定的领导艺术、以自己的人格魅力对组织中的成员施加影响并最终达到组织目标的过程。随着社会经济发展，人们对管理的作用看得越来越重要，于是在实践以及理论层面开始逐渐形成一系列关于领导的理论，人们对担任领导人选的测评指标也开始逐渐丰富起来。

二、领导的作用

领导的作用表现在三个方面：① 协调组织关系：协调组织成员的关系和活动使组织成员步调一致地朝着共同的目标前进。组织发展中的任何事情包括制定计划、建立组织机构、配备人员等都要靠人来完成，而这些人或者职能部门之间往往会有不同的目标追求或者不能有效地集中力量做事情，这就需要领导在其中发挥作用，领导的作用就在于引导组织成员有效理解组织目标，使全体人员步调一致地实现组织目标。管理者需要及时发现组织中存在的矛盾并通过有效的方法协调好这些矛盾，使得矛盾不能扩大。这就需要管理者很好地发挥协调职能。② 指挥组织运转：领导者通过引导、指挥、指导或先导活动帮助组织成员最大限度地实现组织的目标。管理者代表组织的利益，但组织的利益与组织成员的利益应该是一致的，如果将组织成员的利益与组织的利益截然分开，就会在组织成长的同时造成组织与个人之间的矛盾。所以管理者应该能够很好地将组织成员的个人利益与组织的发展目标有效地结合在一起。人们期望在愉快的气氛里工作，并受到管理者的重视，通过努力实现个人目标。但是在个人目标实现的同时可能会与企业目标相冲突，这不利于组织目标的实现。通过领导工作，让员工感觉到个人与组织紧密联系在一起，员工需要自觉地服从组织目标，增加员工对组织的信赖和感情，从而把个人目标与组织目标有机地结合起来。③ 激励成员工作：调动组织中每个组织成员的积极性，使其以高昂的士气自觉、自动地为组织做出贡献。汇聚在同一个组织中的成员具有不同的需求、欲望和态度，领导的工作就是把人们的关注点引向组织目标，并使所有人满怀信心地为实现目标做贡献。管理者的责任不仅在于让组织成员做“所能为者”而且要做“可能为者”，管理者需要发挥一切手段调动组织成员的积极性。使得组织成员能够积极地投入到为组织的发展而工作的过程当中去。领导的本质不在于其掌握多少权力，而在于通过其掌握的权力代表组织的利益为组织中的所有成员的发展谋福利。领导的责任不在于向自己的属下发号施令，而在于其通过自身掌握的权力能对自己的下属产生多大的影响力。领导的重要效能就在于影响力。

三、领导的要素

领导所包含的要素非常多，应该说任何对领导的魅力产生直接或者间接影响的因素都可称得上为领导要素。但一般而言领导的要素包括影响力、对人的理解、激励鼓舞员工、文化氛围建设等多方面。① 个人影响力。根据前文所述包括权力性影响力和非权力性影响力，其中权力性影响力包括依托传统因素而遗留下来的影响力即由于管理者在科层制度下传承得来的权力因而具有的影响力，这实际上就是一种强制力；管理者由于所在职位而具有的影响力，这是管理者具有影响力的核心，以授权为标准；管理者具有提供奖金、提薪、表扬、升职和其他任何令人愉悦的东西的权力因而具有的影响力。管理者只有具备如上的这些权力才能够对自己的下属产生约束效力，通过自己所具有的支配资源的权力对组织成员的行为产生影响，以保障组织成员按照自己的目标（即组织的目标）行为自己。非权力性影响力包括了管理者本人的人格因素、知识因素、能力因素、感情因素等，这样的影响力不是通过行政任命得到的权力，管理者由于具有自身的人格魅力而拥有了该类权力，这是通过管理者个人素质的东西对组织成员产生影响而产生的影响力。不同的管理者由于非权力影响力有很大差异，所以在实际管理工作中产生的影响有很大不同。② 能读懂手下。包括理解人的心理与行为规律，懂得调动人的积极性与创造性。很多专家认为管理的艺术性高于科学性，管理者为了将管理的艺术性发挥得淋漓尽致，就需要在管理心理学方面下功夫。从心理学方面更好地洞察管理学的道理，从而更好地把握组织成员的心理规律。让管理实践不再是一个生硬地、刻板地、让组织成员被动接受的过程。从员工的内心需要出发将管理过程与激励措施很好地结合在一起。③ 激发原动力。激励是领导的一项重要职能，通过利用多种方式高效地调动员工工作的积极性，其中包括了物质手段也包括了非物质手段。管理者需要掌握更多的激励手段，让组织成员受到激励和鼓舞，将员工的个人工作动因与组织的发展紧密结合在一起。④ 营造好环境。组织氛围对员工的成长和发展有着重要作用，好的组织氛围有利于形成健康向上的组织文化并引导企业高效发展。组织成员在力争向上的组织氛围中会相互感染，从而相互之间产生激励作用。组织的氛围需要管理者带领组织成员刻意去营造，不是管理者孤军奋战而是在管理者的领导下所有组织成员集体行为的过程。

四、领导理论

管理学认为，领导的责任不在于自己的专业技术水平有多高，也不一定是相关领域的顶级专家，管理者虽然不必精于技术专长，但一定要懂得让具有技术专长的人按照自己的思路行为自己，管理者的责任在于探索能够激发员工工作积极性的工作方法，自己要成为员工的助手。管理者需要创造合理的管理方式达到“士为知己者死”的目标。管理学中的领导理论就是要在这方面做些探索。所以领导的责任不在于自己直接做多少工作，管理者也无需自己动手做所有工作，如果管理者真正是自己着手做所有工作而没有充分调动组织成员的积极性，这并不表示管理者工作认真积极，而表示管理者缺乏领导才能。

（一）连续统一体理论——坦南鲍姆与施米特

坦南鲍姆（Tannenbaum）和施米特（Schmidt）提出的领导连续统一体理论（如表7－1），在该理论中将绝对以领导为中心和绝对以下属为中心作为两个极端的状态，其他的各种情况都是处于这两个极中间的过渡状态，前者属于专制的领导方式，后者属于民主的领导方式。所以该理论的中心思想是：专制的领导方式（即以上级为中心的领导方式）和民主领导方式（即以下级为中心的领导方式）是领导方式连续统一体的两个极端点，该两点之间还存在着不同程度的专制方式和民主方式的混合形式。领导者在不同的情况下为了达到一定效果会采取不同的领导方式，这与管理者本身的成长背景、思维前提以及领导风格等有关系。该理论认为，领导方式是一个连续的变量，从“独裁式”到极度民主化的“放任式”的领导方式之间存在着多种情况。代表性的情况有七种：经理独自做出决定并宣布最终决策；经理做出决定并说服下级接受决定；经理提出计划并一定程度征求意见；经理与下属交换意见最后进行决策；经理在征求意见的基础上作出决定；经理规定问题的界限并请小组决定；经理允许下级行使规定权限的职权。不同风格的领导方式取决于多种因素，主要包括：领导者本人的因素包括管理者本身的管理思想、对下级的信任程度等；员工方面的因素包括员工参与管理的愿望、本身具有的知识经验等；环境方面的因素包括问题的复杂程度、紧迫性等。

表7－1　领导连续统一体理论

以领导发号施令为中心	以下属员工参与为中心
⟶	⟵
领导独断专行的程度	下属自由参与的策划的程度

（二）随机制宜理论——费德勒

管理者的领导方式不是固定不变的，而是要受到其所处的周边环境的影响。该理论认为不存在一种“普遍适用”的领导方式，领导工作强烈地受到领导者所处的客观环境的影响。领导效能是领导者、被领导者、环境的函数。其中的任何一个因素发生了变化都会影响管理者的风格。所以随机制宜理论认为不应该用固定的眼光看待管理问题。该理论认为各种领导方式都可能在一定环境内有效，这种环境是外部与内部多种因素的综合作用体。菲德勒将权变理论具体化为三个方面，即职位权力、任务结构和上下级关系。所谓职位权力是指领导者所处的职位具有的权威和权力的大小，或者说领导的法定权、强制权、奖励权的大小，这是由于行政赋予的权力。权力越大，群体成员遵从指导的程度越高，领导的环境也就越好；反之，则越差。组织的存在和维系需要以管理者拥有一定的职位权力为前提，所以必须强化管理者的职位权力。任务结构是指任务的明确程度和部下对这些任务的负责程度。管理效率不但与下属的努力程度有关，还与管理者能否对下属明确各自的任务有关。这些任务越明确，部下责任心越强，则领导环境越好；反之，则越差。所以当组织的运转效率下降的时候，不要单纯埋怨下属，而是要从自己的管理方式方面考虑问题。管理者自身存在失误也是组织效率下降的重要问题之一。上下级关系是指下属乐于追随的程度。如果下级对上级越尊重，并且乐于追随，则上下级越好，领导环境也越好；反之，则越差。如果下级对上级的追随只是停留在表面，而不是发自内心的真心追随，这时管理者与被管理者之间关系就会打折扣，管理者与被管理者之间的关系就会蒙上一层阴影。

依照权变领导理论的观点，领导行为的有效性不仅仅取决于领导者个人的行为，领导的对象以及领导对被领导者施政的环境等也都发挥着非常重要的作用。某种领导方式在实际工作中是否有效主要取决于具体的情景和场合。权变理论认为，没有最好的领导模式，只有最合适的领导模式。费德勒的随机制宜理论的主要内容包括：① 最难共事者。菲德勒提出，最难共事者是指从工作绩效角度考虑，领导者最不愿意挑选其一起工作的成员。做出“最难共事者”评价的领导者是趋向于任务领导型的领导方式；做出“最易共事者”评价的领导者是趋向于关系导向型的领导方式。其主要思想与管理风格理论以及连续统一体理论等有很大的相似性。② 情境因素。费德勒把领导工作面临的环境状况分解为三方面情境因素：领导者与被领导者关系；工作任务的结构；领导所处职位的固有权力。这与前面提到的领导函数基本上是一样的，领导效能就是在诸多环境变量的影响下的结果，所以实现领导效能的改善就需要考虑领导函数中的诸多因素。费德勒认为，领导者职位越高，所拥有的职权越大。研究结果表明，某一领导风格，不能简单地区分优劣，因为在不同条件下都可能取得好的领导绩效。换言之，在不同情况下，应采取不同的领导方式。

（三）领导风格理论——勒温

勒温及其同事在研究中发现，领导并非以同样的方式表现其领导角色，领导者一般使用三种不同的领导风格即专制型、民主型和放任型领导风格。勒温的这三种领导风格实际上是连续统一体理论中的三种特殊情况，民主型的领导风格实际上是介于专制型和放任型领导风格中间的一种，该种领导风格向“左”偏移就倾向于专制型的领导风格，向“右”偏移就倾向于放任型的领导风格。管理者的领导风格趋向于哪种，则与管理者自身的情况有关系。勒温认为三种不同领导风格会导致不同团体氛围进而不同的工作效率：专制型的领导者注重工作，仅仅关心工作任务、工作效率，对团队成员不够关心，这样会导致被领导者与领导者间的心理距离加大，管理者与被管理者之间就单纯成为了管与被管的关系，被管理者根本就没有了组织成员的荣誉感和自豪感。这很容易使被领导者对领导者产生戒心和敌意，不能在领导者与被领导者之间结成团队。与此相反，民主型领导者过分注重对成员的鼓励，管理者与被管理者之间容易形成互助合作的关系，管理者是在有意营造民主与平等的氛围，领导者与被领导者间心理距离较近，虽然领导者没有过分关注工作的事情，但团体成员却有较强的工作动机，员工的责任心也比较强，工作效率反而比较高。在这种管理风格下，被管理者反而没有太大的压力，关键的是被管理者不是被动地做事情，被管理者会主动地与管理者进行交流，组织中的工作氛围是和谐的。放任型的领导者实际上采用的是无政府主义的领导方式，对工作和团体成员任何一方都不重视，最终的结果是工作效率低，组织内部的人际关系淡薄。大家会感觉到这样的组织处于一盘散沙的状态。勒温等人最初认为，民主型领导风格可能最有效。但结果是民主型领导风格所带来的工作绩效能比专制型领导风格所带来的工作绩效还低。调查发现，现实中很少有极端型领导，大多数领导者是介于三种领导风格间的混合型。

（四）人际关系理论——利克特与阿吉里斯

美国心理学家利克特与阿吉里斯提出了以人际关系为中心的领导理论，该理论将领导方式分为专制式、开明式、协商式和参与式四种类型。四种领导方式比较典型，在现实的管理实践中都有可能存在。① 专制式：领导者非常专制，做任何事情都是以自己为中心，根本不会考虑下属的想法，做任何决定的时候不会考虑其他人的意见，只要自己做出了决定就让其他人去执行，其他人只有执行自己发出的指示的份而没有阐述自己意见或者建议的份，该种管理者对下属缺乏信任，主要采用惩罚的方法来激励工作，沟通只是单向自上而下进行的；② 开明式：该种管理方式下管理者不像上一种管理方式下那样专断，领导者对下属有一定的信任和信心，并允许下属以一定的方式向上级反映意见并提出合理要求，在自上而下的沟通方式的同时允许一定程度的自下而上沟通。但是管理者还是在一定程度上尽量展示自己的权力，管理者的权力欲是非常强的，不过下属已经在一定程度上有了说话的机会；③ 协商式：管理者对下属的信任程度进一步增大，领导者对下属相当信任但并不是完全信任，施行上下双向沟通，允许下属对具体问题进行适当决策。管理者已经在一定程度上将下属看成自己的左膀右臂，管理者对下属充分授权，管理者做事情时会充分考虑下属的意见和建议，并能够与下属进行充分协商决定组织的一些重大事项；④ 参与式：管理者不再对下属有任何怀疑，领导者对下属充分信任并积极采纳下属意见，上下级之间能够进行很好的沟通，领导鼓励下属决策。管理者这时已经成为了“甩手领导”。管理者只需要在设计组织发展的重大问题上做出重要决定外，一些常规事情都由下属决定。主管领导在这样的管理方式下会感觉非常轻松，并且能够有充足的时间享受生活的惬意。在该四种领导方式中，参与式领导认为是最为有效的领导方式。

（五）不成熟－成熟理论——阿吉里斯

不成熟－成熟理论阐述了人们从不成熟到成熟的发展过程。管理者通过把握这一过程，有效地对员工进行管理，不只是单纯通过外部强制达到目的，而是通过内在激励和外在强制双方面采取措施达到预期成效。该理论由美国著名学者克里斯·阿吉里斯（Chris Argyris）提出。阿吉里斯勤于著述，先后发表了140多篇论文。代表作有《个性与组织》、《理解组织行为》、《个性与组织的结合》、《组织研究》等等。克里斯·阿吉里斯的不成熟－成熟理论研究的基础是：个人需求与组织需求的不相容，员工的个人目标与组织目标很多时候是存在矛盾的，所以通过恰到好处的管理方法将这两个目标进行协调就非常必要。该理论主要集中在个人需求与组织需求问题上的研究。目标在于将个人需求与组织需求有效统一起来。该理论主张有效的领导者应该帮助人们从不成熟或依赖状态转变到成熟状态。该理论认为：组织行为是由个人和正式组织融合而成的，组织中的个人作为一个健康的有机体，要经历从不成熟到成熟的成长过程，其间有以下7方面的变化：做事从被动状态发展到主动状态；从主要依赖他人发展为人格相对独立；从单一的、有限行为方式发展为多种多样的行为方式；从变化、肤浅、短暂的兴趣发展为持久、专一的兴趣；从只顾及当前发展的鼠目寸光到有长远的打算从长计议；从属于受他人支配的从属地位发展为支配他人的主导地位；从最初的没有思想的缺乏自觉发展为富于思想的自觉自制。由此可见，成长的连续发展过程是一个从被动到主动，从依赖到独立，从缺乏自觉自制到自觉自制的过程。个体经历这样的成长过程后，其进取心和挑战能力会逐渐提高。在这个过程中组织成员在组织中不断发展自己、成熟自己，在为组织的发展做贡献的过程中，员工自身也逐渐从不成熟发展到成熟，从最开始的“兵”逐渐成为“将”，成为能够独当一面的专司管理的“行家里手”。组织在这中间不但发挥着用人才的作用，而且发挥着培养人才的作用。组织聚集了众多这样的人才后竞争力不断壮大，组织就具有了光明的发展前途。

正式组织是以行政方式建立起来的、以效率为逻辑构建起来的框架。在正式组织中具有严格的等级制度，要求下级对上级绝对服从。对于一个正式组织而言，其传统原则希望能消除独立个人的性格差别给工作带来的负面影响，严格遵从组织的规章制度行事，在组织中管理者最希望所有的成员具有相似的人格，这样最适合管理者进行管理并适合组织的发展。正式组织原则要求员工一直处于依赖、被动、从属的地位，所以正式组织与成熟个性间存在矛盾，员工在个性成熟方面受到了相当的约束。于是正式组织所要求的成员不成熟特性与个体成员的成长过程之间的矛盾就会导致组织混乱，员工不服从领导的现象就会时有发生。此外，正式组织中等级化的层次结构使处于各个等级的人员之间产生压力。职工为了提升拼命表现自己，相互仇视，变得只注重局部而忽视整体，管理者为协调局部和整体的矛盾就会更加强化控制力度，这又进一步加强了下属的依赖性和从属性，管理者与被管理者在这种博弈中组织的运行效率下降，被管理者也逐渐成长为一种叛逆的人格，管理者与被管理者之间不再是“管”、“理”的关系，而是控制与被控制、压制与被压制的关系，组织的工作氛围被笼罩在阴霾之中。在被管理者不能忍受这种压抑的时候，这些矛盾的产生就会在企业的管理实践中表现为：员工频繁跳槽；以个人利益为中心；为了晋升不择手段；对组织目标漠视；侵犯他人利益；重视物质利益；管理者可以压制优秀成员提升等，组织的运行状况于是就变成了一团糟。为解决这些问题，要求管理者在工作中注意如下方法：工作扩大化；实行参与式领导；激发责任心等。

该理论的实践意义表现在：① 管理者发现人才和用好人才。管理者应该为被管理者创造适宜的成才通道，让员工在组织中具有崭露头角的机会，使得员工的人格能够较快地从不成熟达到成熟。从“不成熟”到“成熟”的连续发展过程中，每个人都有其发展“起点”。由于每个人的个性特点不同，这种发展过程的潜伏状态有差异。这就要求管理者必须努力识别每个被管理者的独特的成熟程度，然后才能判断所采取的管理方式是否适当。② 正确认识组织成员人格的逆向成长。一般而言员工的成长遵循从不成熟到成熟的变化方向，但是这样的变化方向并非始终遵守。该理论并不排斥可能出现的从“成熟”到“不成熟”的逆向成长，即在某些情况下可能会出现相对不成熟的状况。个人的成熟过程，在连续流上是可以正向、反向交替出现或同时存在的。人们可能在某一方面是成熟的，但在另一方面就表现出不成熟。这要求管理者要随时准备应对突然出现的不合期望的员工行为，要善于识别“光环效应”，避免出现“一叶障目，不见森林”的错误；还要懂得欣赏和经常表扬员工的优点。从侧面示意员工的不成熟表现，尽量不要直来直去表达自己对员工的意见，应该给予员工提出合理化建议，使其能够将个人表现变得相对成熟。善于发现员工的优点而不是刻意对其进行批评是管理者比较理性的工作方法。如果管理者在发现员工存在失误时对其进行严厉批评，就会使得员工觉得暗无天日。在存在逆反情绪的情况下，就会使得管理者的工作更加难以开展。

（六）管理方格理论——布莱克与穆顿

美国管理学家罗伯特·布莱克和简·穆顿提出了“管理方格”理论。该理论以“管理方格图”表示。横坐标表示领导者对生产的关心程度，向右的方向表示关心生产的程度增加，向左的方向表示关心生产的程度减弱。纵坐标表示领导者对人的关心程度，向上的方向表示关心人的程度增加，向下的方向表示关心人的程度减弱。按照这样的两位坐标将整个坐标系分为了81个方格，如图7－1中有81个方格，分别代表81种不同的领导方式。在整个坐标平面内由左下角到右上角的方向是“关心人”和“关心生产”都趋向增强的方向。沿着从右上角到左下角方向变化则代表“关心人”和“关心生产”都倾向于减弱的方向。所以整个坐标平面内“9－9”方格表示了最“关心人”和最“关心生产”的方格，而“1－1”则表示了最“不关心人”和最“不关心生产”的方格。图中标有数字的五个方格代表了五种特殊状态的管理风格。① 1－1 贫乏型：领导者对员工漠不关心，领导者本人也仅以最低限度的努力来完成必须做的工作。这是一种对没有发展前途的组织。② 9－1 任务型：领导者的注意力单单集中在任务效率层面，不关心员工，对员工士气和能力很少注意。管理者是一个工作狂，对员工要求太过严格，最终会导致员工与管理者不配合。③ 1－9 俱乐部型：领导者特别注意对职工的支持与体谅，但对任务效率和规章制度、指挥监督等很少注意。管理者在这种情况下扮演了“和事佬”的角色，做任何事情都没有原则，对自己的手下过于迁就和体谅，组织的工作效率最终会丧失殆尽。④ 5－5 中间型：领导者对人的关心度和对生产的关心

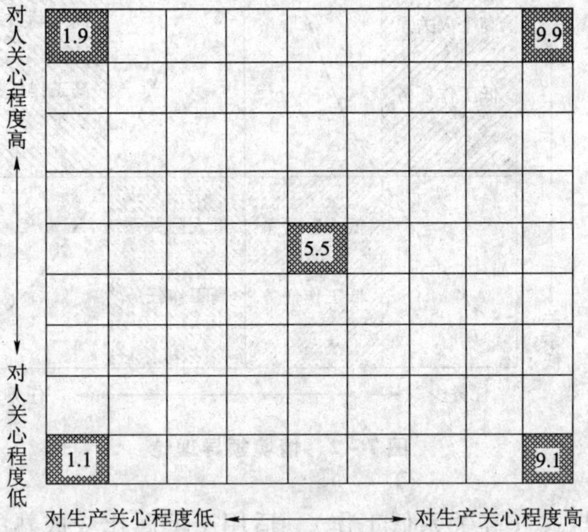

图 7－1 管理方格理论

度能够保持平衡，工作效率正常并在组织内部形成较好的员工士气。管理者在关心人与关心生产两方面均处理得比较到位，这是相对理想的一种组织氛围。⑤ 9－9 战斗集体型：对职工、生产都极为关心，努力使个人需要和组织目标最有效地结合。在五种方式的领导风格中，一般认为 9－9 型的领导方式最为有效。这是一种最为理想的组织状态，管理者和被管理者都达到了最佳的工作状态。

（七）情境领导理论——科曼

由科曼首先提出后由赫塞和布兰查德发展。有效的领导者的风格应当适应其下属的成熟度。“成熟度”指个人对自己的直接行为负责任的意愿和能力，人们的心理成熟度越高则越倾向于承担较多的工作，并能够与管理者进行默契的配合，成熟度越低则越不愿意承担较多的工作。科曼认为，成熟度包括工作成熟度和心理成熟度。工作成熟度指一个人的知识和技能，掌握的知识和技能越多则工作成熟度越高。心理成熟度指一个人做事的意愿和动机，做事的意愿和动机越强则员工的心理成熟度越高。管理者需要成熟度高的员工参与到自己的工作当中来。情境领导理论认为，随着下属的成熟度的提高，领导可以不断减少对下属成员的控制。所以管理者应该在强化员工的成熟度上下功夫，而这与管理者的魅力是有很大关系的。成熟度分为四个阶段：下属既不能胜任工作也不能被信任的阶段；下属虽然有积极性但缺乏足够的技能的阶段；下属有能力却不愿意干领导希望其干的工作的阶段；下属既有能力又愿意接受工作的阶段。随着下属成熟度提高，管理者越倾向于信任被管理者，管理者与被管理者之间合作的愿望就会越高。当然管理者对组织实施管理需要付出的成本就会降低。情境领导理论专门设计出了一个模型来表达其思想，这个思想是通过坐标系中的一条曲线表示出来的，曲线跨越了四个象限，曲线中的四个象限代表四种领导方式（如图 7－2）：① 命令式（高工作低关系）。适用于下属低成熟度的情况，领导者采用单向沟通，责令下属执行工作任务；② 说服式（高工作高关系）。适用于下属较不成熟的情况，领导者以双向沟通方式说服下属接

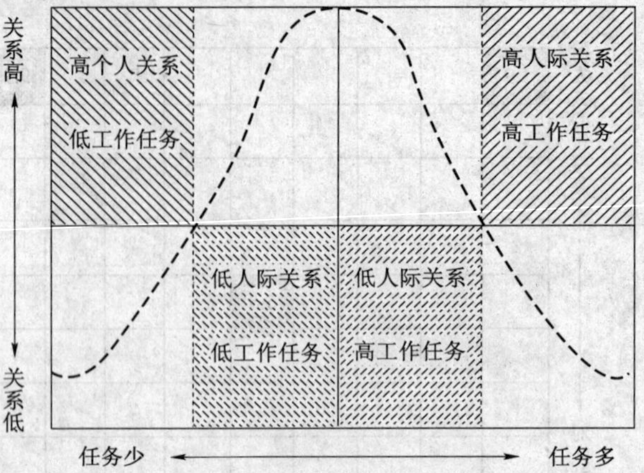

图 7－2 情境领导理论

受工作任务；③ 参与式（高关系低工作）。适用于下属比较成熟的情况，领导者通过双向沟通和悉心倾听与下属充分交流；④ 授权型（低关系低工作）。适用于下属高度成熟的情况，领导者赋予下属自主决策和行动的权力。

（八）任务－关系理论——大隅

日本大阪大学的心理学教授大隅在深入研究的基础上形成了在国际上具有一定影响的 PM 调查表，并据此创立了任务—关系理论。该调查表最先在学生中间，之后在企业中进行了大量的试验。实测的问卷达 15 万以上的案例。领导行为的 PM 类型是指将领导方式分为两类：一类是以执行任务为主的领导方式，简称为 P 型；另一类是以维持群体关系为主的领导方式，简称为 M 型，即 PM 型。这个思想类似于“管理方格”理论中的“以人为中心”和“以工作为中心”的两个坐标轴。P 类型的行为特征，是将组织中的每一个成员的注意力引向目标，让大家的注意力集中在完成工作层面，使问题明确化。M 类型的行为特征是维持和睦的人际关系，调解成员之间纠纷，促进成员更加自觉与自主，增进成员间的了解与交流。用于缓解或者消除组织成员之间的矛盾，以便能够协调组织成员之间的关系。人们将这种分析方法称为 PM 分析。为了使得分析更加标准化和更加方便，在测量 PM 因素时，关于下属的情况大隅设计了八大方面的内容：工作激励；对待遇的满意态度；沟通；绩效规范；集体工作精神；企业保障；心理卫生；会议成效。每个方面下均设有五个问题，每个问题的答案均按五级平分制划分，根据回答结果进行统计分析。领导行为的 PM 类型可分为四种，即 PM 型，这是一种强—强组合；P 型，这是一种强—弱组合；M 型，这是一种强—弱组合；pm 型，这是一种弱—弱组合。这四种类型的管理效果是不同的。从图 7－3 中可见，PM 型的领导行为，其管理效果最好，此种领导方式下下属对领导者的信赖度也最高，领导与下属的亲和力也最高，管理者与被管理者在高你歌词上达到了较高水平的配合，组织的运转效率是非常高的。P 型领导与 M 型领导都只能取得中等的生产效率，对组织的信赖度与亲和力各占第二或第三位，在这两种状态下由于只有一方面达到了强而在另一方面达到了弱，这种“瘸子”型的组织成长力肯定不如双腿都“健康”的企业成长力强。pm 型的领导行为，其管理效果最差，弱—弱型的组织发展状态使得组织已经不再简单地停留在“瘸子”水平上，而是近乎于“瘫痪”，这样的“残疾”企业是很难能够“跑步走”甚或“齐步走”的，能够做到“踏步走”就非常不容易了，于是组织的发展状态堕落为最低层次。用此种领导方式只能导致最低的生产效率，下属对领导者的信赖度最低，领导与下属的亲和力同样最低。

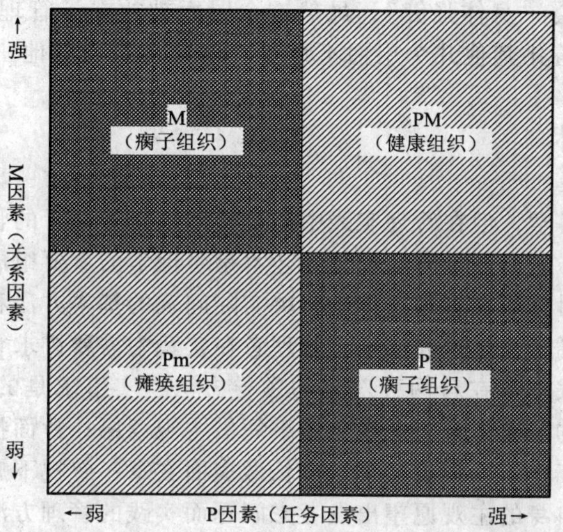

图 7－3 大隅 PM 理论模型

（九）领导素质理论——科特

20 世纪七十年代美国教授科特认为，一般领导者应该具备 6 个方面的素质：专业知识、人际关系、信誉记录、基本技能、价值观念、进取精神。领导素质决定了组织的发展轨迹，同时也会对组织内的用人策略、奖惩方法、关系协调、制度设计、做事风格、团队精神等诸多方面产生重要的影响。领导者素质在一定程度上决定了管理者的命运。领导素质也并不是与生俱来的，领导也在管理实践中不断磨练自己，并且在不断丰富其管理经验的过程中不断成熟。领导的素质是在实践中形成与积累起来的，专家们反对“天才论”与“伟人论”。每个领导由于出身背景、成长经历、个人喜好、事业方向、做事风范等各方面都存在很大的差别，所以在管理实践中表现出来的管理能力也都有很大的不同。一般认为优秀领导者的素质包括四个方面：① 政治素质。管理者必须具备过硬的政治素质，只有这样才能够在引领企业发展的过程中保证企业发展方向与社会经济建设目标相一致，管理者的政治素质包括：坚持四项基本原则，为人民服务；有事业心与责任感；为人正直，不谋私利；生活勤俭，不搞特殊化；有正确的工作作风和工作方法。② 知识素质。管理者需要具备丰富的知识，管理者的知识不只是停留在专业技术层面，很多其他方面的知识也应该是具备的，这包括：通晓马克思主义理论，对中国的社会主义的建设、改革与发展有比较深刻的认识；对一般的社会科学与自然科学知识要有比较广泛的了解；对管理科学的知识要有比较深刻的理解；对社会生活方面的知识也要比较熟悉，有比较丰富的生活经验和工作经验。③ 能力素质。管理者应该具备过硬的能力，包括筹划与决策能力、组织指挥能力、人际交往能力、灵活应变能力、改革创新能力。只有管理者的能力过硬，组织的发展才会有奔头。组织才会保持较强的战斗力和成长力。组织成员进而具有较强的集体荣誉感。④ 身体素质。没有强健的身体素质，管理者是难以胜任繁重的日常管理工作的。所以管理者需要精力充沛以便能够很好地适应工作。管理者具备强健的身体素质是组织得以健康成长的保障，管理者身体强健组织就会“身体强健”，虽然这个层面被放在了管理者素质的第四个位序上，但这并不意味着比其他几个层面不重要。该层面是与其他三个层面并驾齐驱的。

五、领导艺术

管理学是一门科学，但在管理实践中还要特别依托管理者的管理艺术，才能够将管理进行得淋漓尽致。所以领导方法和领导艺术是管理学的重要组成部分。领导方法是指领导者为实现预定目标而在管理工作中解决实际问题的基本方法和途径，其本质是领导者在管理中必须遵循实践规律和原则。管理者在实践中需要讲求管理方法，才能将管理工作做到位。在实践中存在着两种对立的领导方法：实事求是的方法和主观主义的方法。主观主义方法的问题主要表现在：做事凭借主观意愿；片面执行上级指示；工作方式保守因循守旧；工作态度强硬粗暴；擅长做表面文章；忽视下属员工的意见。这种管理方法是管理者从自身的主观愿望出发考虑问题而实践的管理方法，管理方法会脱离实际，管理效果会存在问题。与此相反，实事求是领导方法则强调：注重客观实际；考虑问题全面；具有开拓创新精神；做事认真细致；充分尊重群众意见。管理者会经常主动地深入实际开展工作，做出的任何决策都是建立在充分的调查基础上的。所以管理方法就会更加贴近实际，能够一针见血地解决实际问题。为了使得管理方法更好地发挥作用，就需要充分借助管理艺术，这是管理者综合才能的表现。领导艺术表现为管理者创造性地运用已经掌握的科学知识和领导方法处理管理中出现的各种问题，在处理问题的过程中充分体现领导者的智慧、学识、胆略、品格、能力。领导艺术至少应该包括如下几个层面的含义：建立在领导者个人素质的基础上；与实践密切联系；领导者具有很强的创造性；领导者处理问题灵活；以处理工作中的复杂矛盾为职责。

（一）思维方法巧妙

思维是做事的基础，有什么样的思维方式就有什么样的做事风格。领导艺术水平高低取决于领导者的思维能力，领导者必须掌握思维艺术才能处理好工作中的各种复杂问题。在长期的实践过程中管理者需要不断总结经验，从而训练自己的思维方式，以便在出现类似问题的时候能够很好地用类似的方式进行处理。反向思维、多向思维、侧向思维、组合思维、模糊思维、系统思维等是比较常见的思维方式，不同形式的思维方式可以施以不同的对象，从而达到事半功倍的功效。① 逆向思维法。正常思维的特点是干任何事情必须名正言顺，做事情按部就班。先做什么后做什么都是约定俗成的，这样会使人们做事陷入死板的窠臼。如果将思维方式反过来也许马上就会想出较好的解决办法。而反向思维则把顺序颠倒过来，先干事情，干好了再论定性质。表面看来大逆不道的行为却能够创造性地走出一条新路来。管理者可以适当采用该种方法。② 多元思维法。即发散思维，从不同角度进行多方面思维判断从而形成解决问题的多种思路。做事情不能一条路走到黑。思维发散性的实质是迁移，善于变通和创新。这就是所谓的“条条大路通罗马”。③ 侧向思维法。侧向思维是在正向思维受阻时从侧面考虑问题而达到目的的一种创新思维方法。简言之这就是“心脏搭桥手术”。其优点就是在思维受阻达不到预先目标的情况下及时转移思路，可以达到另辟蹊径的目的。从而“柳暗花明又一村”。侧向思维是较多向思维而言，思维方式不太丰富，但还是在一定程度上达到了功效。④ 综合思维法。综合思维是把某些熟悉的东西组合起来构成未知、富有新意的事物。思维方法虽然很简单但却很有效。在一种方法不能解决问题的时候，要通过多种组合方式着手对问题解决，也许能够达到理想的效果。⑤ 模糊思维法。领导活动中存在许多模糊事物，认识它们需要模糊思维的方法。处理事务并非“钉是钉铆是铆”，模糊一些有时会更好些。在实践中模糊思维方法被广泛运用，例如粗与细、拖延和沉默等等不是很绝对的。⑥ 系统思维法。系统思维就是人们运用系统观点把对象作为具有一定结构和功能的有机整体进行认识的一种思维方法。管理者在思考问题的时候不能断章取义或者一叶障目不见泰山，要学会用系统的思维方式思考问题，系统思维要求把握整体性原则。这一原则要求无论干什么事都要注意整体功能，增强综合效果。

（二）权利运用合理

只有具有一定权力的人才能够在组织成员中间成为领导，但领导者手中的权力只是一种职位权力，这种职位权力只有在被普遍承认和服从时管理者才能真正取得领导权。一些管理者不明白这一点，只知道在组织成员面前吆五喝六，在其指令没有人真正执行的时候，这样的管理者就真正成为了“寡人”。如果核心管理者指挥没人应，其权力就没有转化为权威。核心领导在施展树立权威时需要注意一些必要的领导艺术。其间最重要的就是领导合理使用权力的方法与艺术。核心领导者合理使用助手就更加具有艺术性：① 适度放权。核心管理者不能将所有的权利都揽在自己手中，核心管理者要授予助手两方面的权力即协助核心管理者考虑工作和主管相应工作的权力。核心管理者对下属的这种放权实际上就是对下属的尊重，核心管理者虽然撤去了对下属的“缰绳”，但下属会感觉到有一种无形的力量在约束着自己，下属做事的动力一点都不会减弱。② 全面放手。全面放手就意味着给下属有充分的空间发挥自己的聪明才智，下属在履行上级的指令的时候要有自己的进行再度创作的空间。让下属独立思考，核心不插手下属的工作，充分依赖和依靠下属就会让下属感到有工作的动力。③ 用人不疑。核心管理者不能不给下属犯错误的机会，允许下属失败也是管理者的领导才能的展示。要给下属失败的机会，不要把任何事情都看得太重，以至让下属左右为难。④ 鼎力支持。核心领导对下属的工作要给予百分百的支持，这样下属在做事的时候就会感到无比的自信。核心在放手副职做好其工作的过程中，还要为下属撑腰，不要轻易否定下属的成绩，只有这样下属做起工作才会觉得有底气。⑤ 百般依靠。核心领导与下属之间应该是合作伙伴，在工作中核心不能认为下属可有可无，核心领导一定要让下属能够懂得核心对其很看重，不能冷落下属。这样下属就会感觉到自己对核心管理者的重要性。管理者要主动创造条件让下属非常清楚地看到这一点。⑥ 承担过失。核心管理者不能只是让下属为自己承当门面，下属为自己赢得了光彩，核心管理者能够欣然承受，在下属为自己“闯祸”的时候，也要勇于为下属承担过失，当下属在工作中出现了这样或者那样的失误时核心要主动要求承担过失，以此为下属创造宽松的局面，然后与下属一起共同探索处理问题的对策，并巧妙地帮助下属把挫折转化为动力。下属在这样的环境中工作，会为自己的上司效犬马之劳的。⑦ 明确职权。协调核心领导与下属之间关系的基础是核心领导与下属各自的权力一定要明确，否则会在很多时候由于权力交叉而出现心理隔阂而不能顺利开展工作。下属不能代替上司做上司应该做的事情，上司也不能为下属做下属的份内之事。只有这样上下级之间才能够和睦相处，这就是管理者与被管理者之间的“刺猬法则”。⑧ 平衡关系。组织中会有多个下属，作为核心一定要在各个下属之间摆平关系，不要亲此疏彼进而在各个下属之间挑拨离间，影响组织的团队建设。核心领导只有做到一碗水端平，才能够让每个下属感觉到上司对自己的公平。组织内部也才会因此而产生相对宽松的工作氛围。

（三）善将阻力排除

领导者在行使权力中会遇到各种阻力，核心领导一定要通过自身的领导艺术合理地排除这些阻力，以便提升自身领导形象，工作中管理者应该注意以下几个层面：① 充分考虑下属的心理承受能力。核心领导对下层行使权力的本质就是给下属下任务，这会给下属造成精神压力。所以管理者要充分估计下属的心理承受力才能排除下属受权的逆反心理，从而保障核心领导权力的正常执行。核心管理者对下属在施加压力的过程中要提前预料到各种可能出现的问题，并事先想出各种防范对策，保证核心管理者施权无阻碍。② 克服由于班子内部矛盾而产生的内耗。领导班子不团结就会在很大程度上造成班子内耗，以至组织内部出现政令不一、政治领导不能一呼百应。班子内耗是由于各个部门责权不清楚进而引发的责任推诿所造成，也可能是由于核心管理者在利益分配方面出现了偏袒等原因所造成。这时管理者就需要在组织制度建设等方面进行适当调整。管理者处事公正是排除用权阻碍的最重要一招。③ 注意进行各方面的有效沟通。行使权力过程中以及用权之后都需要与有关人员沟通，避免各相关人员之间相互误解。核心管理者在用权的过程中要事先想到可能被属下误解的方面，尽量将自己的意思给大家解释清楚。这不但需要充分的沟通，还需要大家的鼎力配合。需要所有人员围绕核心管理者集中精力做事情，而尽量不要出现窝工问题。④ 注意清理好自己的地盘。管理者不能说一套做一套，只有管理者身正行端，下属才会没有任何怨气。下属虽然行政职位较核心管理者低，但这不意味着下属在各方面都较核心管理者逊色。如果管理者没有将自己的“地盘”理清楚，就很难在自己的下属面前做出表率。下属需要的并不是核心管理者能够说多少而是做多少，只有真正能够为下属做出了表率下属才能够对管理者心悦诚服，并主动配合管理者的工作。

（四）下属活力被激

下属是核心领导的助手但并不是奴才，所以核心管理者一定要处理好人才与奴才之间的关系，不能将人才变成奴才。在工作中需要处理好与上级、同级以及下属之间的关系。下属也需要掌握好处理问题的方法和艺术，为此下属领导在工作中需要做到：

① 在尊重与吹捧的关系上要把握好度。作为核心领导的助手下属应尊重核心领导，并在各方面维护核心领导的权威。核心管理者最需要这些，只有这样核心管理者才会感觉到在下属面前有面子，为此需要在工作上支持核心领导、在生活上关心核心领导、在尴尬面前为核心领导解围。但是下属在做这些事情的时候不要表现得奴颜婢膝，像哈巴狗一样在自己的主子面前谄媚。就管理层面看，下属围绕核心领导转绝不等于对核心领导进行阿谀奉承，公道正派对核心领导的支持才能促进企业的发展。如果下属将自己对核心管理者的忠诚变成了奉承，就会在组织中蒙上一层不健康的空气。管理者即使有失误也没有人提出来，这就会使得组织按照错误的方向走下去，组织的发展于是偏离正轨越来越远。② 不要将对上级请示理解为依赖。下属在做任何事情的时候一定要向主管领导请示，这是正当的程序，也是下属对自己的上司服从的表示。但是这并不意味着所有事情都要依赖核心领导去处理，不然下属就没有存在的必要，下属需要在自己的权限范围内自觉处理必要的事情，这实际上就是在为核心领导管理者分忧解难。下属对上级忠诚但不等于事事都要请示，自己职务按范围内的权力就应该有行使的主权。只要认准的事情并且只会给组织的发展带来益处而不带来坏处，就应该斩钉截铁地适时作出决断。不能将请示变成依赖，这也是下属对上司忠诚的一种表现形式。③ 处理好积极主动与越权间的关系。下属只有在处理很多问题的时候做到积极主动才能为核心领导分忧，不能出现核心领导拨一下动一下的状态，也不能出现“明知核心领导决策有问题而却闭口不言”的情况。下属领导在做事情的过程中表现出积极主动却不能出现越权行为，即某些问题应该是核心领导处理的而自己却擅自处理，这会带来下属与领导之间的矛盾。下属做事过于主动就会招致上司的反感，所以下属主动做事的时候一定要把握好度，既要非常完满地完成自己的份内之事，也不要引起上司的反感。④ 服从上级不等于对上级盲从。核心领导具有足够的权威，要求下属领导对核心领导要绝对服从。只有这样，核心管理者才会感觉到领导的威信，但这并不等于下属对核心领导在任何事情上都闭目塞听。管理者出现失误的时候还是应该由下属给其适时地指出，这才是管理者的幸福。不能造成“只要核心领导的决策都是正确的”状况。服从不等于盲从，盲目的服从而在关键是问题上不坚持自己的意见最终会使得企业的发展偏离正轨。盲从的结果使得组织中所有的人都变成“睁眼瞎”，这样的组织不会存续长久的。

（五）决策比较正确

决策对于组织的发展是非常重要的。前文已经论述，西蒙认为“管理就是决策，决策贯穿管理过程的始终”。管理者必须做出正确的决策才能保证组织沿着正确的轨迹发展，但是管理者做出正确的决策不是很容易的，为了保证管理者能够做出正确的决策，需要做到以下几个方面：① 注意广泛吸纳群众意见。管理者在思考问题的时候总是从自己的角度出发的，领导者个人即使知识和经验再丰富在处理问题时也不可避免地会出现这样或者那样的问题。为此管理者需要尽量听取各方面的意见以弥补管理者知识和经验方面的不足。管理者在做出决策的时候将组织成员的思想充分吸纳进来，就能够更加周全地考虑问题。因为管理者在日常决策过程中常常会发生一些错误，诸如：只注意成功面而忽略失败面、只见有利面而忽视有害面。管理者多多听取群众的意见就会在很大程度上避免这些错误。② 切忌贪多好大喜功。管理者在任期间有成绩才会感觉到有面子，管理者一般非常希望在下属面前展示自己的聪明才智，希望能够做出一些大事情让自己的属下刮目相看，于是往往会出现好大喜功的情况，在决策不恰当时往往会给组织的发展带来障碍甚至是损失。任何决策都是凭借个人经验对未知的把握，管理者不会有十成把握，在做出的决策的成功概率较大的时候往往就会做出决策。管理者的好大喜功心理往往会忽视在做事过程中可能会出现的一些扰动事件，这些都会成为错误决策的隐患。③ 下任务不能模棱两可。上级给下级分派任务一定要让下级感觉到任务是非常清楚的，领导者的决策一定要给下属一个非常清晰的轮廓。但是一些领导在下属向其请示问题时为了表示自己的谦恭和客气常常会用模棱两可的话来回答下属，领导者的意思当然无可厚非，但这样却会给下属的工作造成极大的危害，以致使下属感觉无所适从，进而耽搁了企业的发展机会。管理者比较谦恭是值得表扬的，但给下属指派工作的时候模棱两可，就不值得赞扬了。④ 对下属不要优柔寡断。“雷厉风行”一般是对管理者良好做事风格的表扬，但这样的做事风格不等于做事武断，武断就是专断，不能吸纳下属的合理建议，做任何事情都是闭目塞听。领导者做决策虽然不能过于武断，但也要坚持自己的独到见解，只要自己的决策是经过缜密思考并且是建立在科学的推理基础上的就要据理力争。管理者在做事斩钉截铁的同时也不要犹犹豫豫，给别人一种优柔寡断的印象。避免出现在做出决策时疑神疑鬼的事情发生。这样不利于后续事情的进一步开展。⑤ 做事情力求抓大放小。管理者应该将主要精力放在做关键事情上面，但是一些领导处理问题非常心细以至在处理一些问题时过分关注问题的细节，以至放过了关键的核心问题，以至在做事情的时候出现了舍本逐末的问题。做到抓大放小从而把握住核心问题是管理者应该具备的基本素质。管理者应该具有分清主次的能力，并能够合理地分配自己的精力，将主要精力放在处理关键事情方面，避免给组织的发展形成较大的隐患。⑥ 慎重做出重要结论。下结论需要建立在对所决策的事情充分了解的基础上，在充分考虑过各方面的事情后再下结论。过早下结论往往就会发生断章取义的错误。避免在没有充分了解各种事情之前匆忙下结论以至做出错误的判断。⑦ 善于把握有利时机。机不可失，失不再来，这说明准确把握时机的重要性，管理者为了把握时机就需要有当机立断的素质。但是准确把握时机需要建立在管理者聪明睿智素质的基础上。为此要求管理者蓄势待发、当机立断，并且在环境发生变化时能够做到随机应变。善于把握时机并不是在短时间内就能够做到的，而是管理者在很长时间以来都在不断寻找这样的时机，在这样的机会突然出现后就牢牢地把握住了。对于没有准备的管理者，即使出现了这样好的时机也是很难把握住的。⑧ 做事情必须留有余地。任何事情都不能满打满算，为出现可能的意外状况而必须进行调整事先方案留有余地，这会给以后的决策留有周旋的机会。管理者虽然是在一定的制度框架内做事，但刚性的制度之外要具有一定的弹性，这样就会给管理者有身退的空间，在某种决策出现问题的时候就可以全力转向另外一个方向，管理者在做事过程中就会有很好的自主权。

（六）批评力求适度

管理者对下属不能总是迁就，该对下属进行严格批评的时候就要提出批评，当下属有过错时管理者需要对其进行适当批评，以避免今后出现类似的错误，这说到底是对下属成长的负责。但是同样一个批评，对于管理者而言应该讲求方法和场合，在不同的情况下进行的批评就会出现不一样的效果。但是管理者虽然具有管理权威，在批评下属时也要讲求场合，否则会使下属不但不接受管理者的批评，反而在管理者与被管理者之间形成冲突。为此管理者在对下属提出批评的时候要注意以下几个方面的问题。首先是批评要讲求时机，管理者在该方面需要做到如下几个点：要把握批评的及时性，在适当的时候见缝插针对下属批评，但是在批评过程中不能过于张扬被批评者的缺点，点到为止，起到相得益彰的效果；要适当拖延批评，下属出现了错误不要马上进行批评，适当将温度降一降，适时地拖延批评也是很好的处理措施，可以有针对性的应用转移法、不为法、换位法、缓冲法、糊涂法、模糊法等对事情进行冷处理也可以达到意想不到的效果，将“温度”适当降低后再对下属进行适当批评，反而会使得下属更加容易接受。其次要注意选择批评的场合。批评员工不仅要注意时机选择，而且要注意场合问题，把握批评的场合需要注意两点：批判的范围和批评的氛围。如果能够用非常委婉的方式达到批评的效果，就再好不过了。管理者因为一点小问题就在公众场合大张旗鼓地对下属批评，下属会感觉到非常没有面子，并且很可能会对管理者产生抵触情绪。

（七）矛盾必须正视

组织中的成员不免会由于利益或者工作层面的原因产生矛盾，这些矛盾就需要管理者通过巧妙的方式进行克服，领导于是还担任着正确处理这些矛盾的责任。管理者在处理这些矛盾时应该把握的原则是：① 及时解决问题。有矛盾需要解决的情况下不要视而不见或者有意拖延，而是要尽量在第一时间内解决，不能向后拖延，避免老问题还没有解决又出现新问题，这样就会使得矛盾更加复杂化；② 不能回避矛盾。解决问题是管理者的责任，管理者不能有畏难情绪，有问题存在时不能视而不见或者顾左右而言他。如果管理者犯了这类错误则这是管理者非常不负责任的表现，管理者必须正视这些已经出现的矛盾，管理者能够正视矛盾是合理解决矛盾的开始；③ 不能遇事急躁。管理者遇到事情时不能马上就火冒三丈，管理者在很多时候应该具有很好的忍耐力。任何矛盾都不是一下子产生的，所以也不能指望一下子得到解决。管理者需要认真理清思路，想出解决问题的系统化对策，管理者在解决矛盾时不能急躁，要细心对待进行妥善解决，常言道“慢工出细活”；④ 不能扩大矛盾。管理者的责任就是尽量将矛盾缩小化，不能把此处的矛盾扩延到其他方面去，将矛盾涉及的范围扩大，否则矛盾的势态会扩大以至变得结局不可收拾；⑤ 力求内部解决。如果能够在小范围内解决就不要将问题扩大，不要将发生的矛盾弄得整个企业内部沸沸扬扬，管理者发现矛盾时首先要将势态按住，同时在小范围内寻找解决的办法。这样不但会给出现问题的当事人挽回面子，而且还会给管理者处理问题带来很大的方便。在内部得到解决不仅对于管理者本人有益而且对于当事人而言也有益；⑥ 不能上交问题。在部门内部能够处理的问题就不要上交到高一层次的管理者那里，这样就会使得问题更加难以处理。因为最了解当事人的人就是部门管理者，上级主管对当事人的了解也主要是通过部门管理者进行的。本部门不能克服的矛盾上交的潜台词就是该矛盾已经在本部门无法解决，需要得到上级部门的援助，当矛盾上交到高层管理部门后问题就会更加严重，高层管理者就会作为一件非常的事情正式处理，最后可能产生谁也不能预料的结果；⑦ 避免意见僵持。矛盾涉及的各方都要抱着处理问题的态度解决矛盾，最好的结果就是通过解决矛盾，当事人都得到满意的答复。如果在解决矛盾的过程中当事人各方采取僵持态度，矛盾的双方都在刻意固守自己的阵地，不仅不利于矛盾得到解决，而且还会使得矛盾的态势进一步扩大，最后达到无法处理的局面。这不但会破坏管理者的威信而且还会在组织成员中间形成不良影响。

本章思考题

1. 简述领导的含义。
2. 简述有关领导的主要理论。
3. 简述领导的作用。
4. 简述领导的要素。
5. 管理者在实践中应该注意哪些领导艺术？

管理故事

故事1：盲目效仿——鲜花惨遭夫人的"毒手"

一次闲聊中有人讲述了这样一件事情。一个朋友送给老张一盆非常好看的花草，经过多年的精心护理长势甚好，绿绿的叶子和繁茂的花朵加上沁人心脾的幽香每每使老张陶醉其间，也给老张的日常生活添色不少，花并非非常名贵但已经成为了老张生活的一部分。去年有一段时间老张一直在公司忙碌没有时间照看这盆花，于是将照看老张这盆花的责任交给了老张的夫人。夫人不会养花，平常对花的照看几乎成为了老张的专利。老张也经常打电话给夫人再三嘱托要照看好这盆花，不然花就会枯死的。在这期间正好要收拾一些杂七杂八的东西卖掉，其中还有一小瓶食用油没有用完，但时间已经非常久远，扔掉很是可惜的。于是夫人开始在这瓶油上打主意。夫人想：油是非常有价值的东西，其中的营养比水要多得多，如果将一些油倒进花盆肯定会对这盆花的生长更加有好处。夫人此之前看电视也了解到一些情况，有些农家为了提高农产品的质量就将一些豆饼等有机的东西作为化肥施到田间，结果农作物长势更好。想到这些，夫人在没有经过老张同意的情况下将一小瓶食用油全部倒进了花盆。本以为会出现好的结果，但没有过多长时间，整盆花慢慢枯死了。夫人见状吓坏了并赶紧打电话与老张联系，老张得知此事后心情也非常差。精心护理多年的盆花被一个无知的举动彻底破坏了。

夫人不会养花而老张却要将照看花的权力赋予她，于是出现了前面所说的事情。花枯萎了不能说完全是夫人的过错，老张也要承担部分责任。夫人本以为将食用油放进花盆可以达到较单纯浇水更好的效果，没成想却事与愿违。夫人将食用油放进花盆应该说其本意是好的，但由于不懂得种花和护花的道理，结果造成盆花枯萎的结局。夫人做出这样的事情完全是在效仿他人施用有机肥的行为，认为食用油与有机肥应该是一样的，豆饼与食用油虽然都是有机物但不能都算作是有机肥，盲目地效仿不合理的行为导致并非预期的结果出现。管理盆花不能只从表面上理解方法，而需要立足根本。看似非常简单的事情实际上在其背后也有玄机。

如果将养花和护花者理解为管理者，而盆花就是管理者管理的对象。在企业的发展中如果管理者不能根据自身的情况对属下辨证施治，而是盲目地效仿别人的企业曾经采取的成功的管理方法，照搬照抄地进行复制，如果在本企业能够取得成效，完全出于偶然，不能取得成效才符合事情发展的规律。每个企业都有自身的特点，成员的结构、企业文化特点、管理者的风格、企业的成长阶段、企业所处的周围环境等都会影响到企业的发展轨迹以及管理者的决策。所以完全地复制其他企业管理方法虽然会使管理者省去很多思考管理方法的周折，但这却是管理者的渎职。

就像夫人一样，在将食用油倒进花盆之前完全可以咨询一下其他的有过养花经历的人，通过获得其他人的经验，就可以使自己尽量规避管理盆花过程中的错误。但是夫人在向其他人咨询过程中就需要付出较高的成本，包括：看看周边的人谁养过花、寻找这些养花的人中谁可以作为自己诉诸帮助的对象、自己在寻求帮助时可能会碰壁等。在企业发展中盲目地效仿其他企业的经营经验而导致经营失败的案例比比皆是。在企业的品牌经营过程中，很多企业希望通过品牌延伸达到一个品牌带动多个产品的功效。美国的美能公司曾经推出了洗发精和润发乳二合一的产品即“蛋白21”，迅速打开市场并成为美国的知名品牌。公司在考虑到其他公司品牌延伸的成功的经验后，于是接连用这一品牌推出了“蛋白21”发酵、润发乳以及浓缩洗发精等，但是品牌过多延伸的效果并非按照预期的情况发展，消费者由于淡化了对这个品牌的亲和度而导致“蛋白21”也不像先前那样火爆了。

再如，美国生产的舒洁牌卫生纸本来是美国卫生纸市场的头号品牌，但随着舒洁餐巾纸的推出，舒洁这个品牌在消费者心底的形象开始发生变化。还有石家庄的环宇电视也是一个典型的例子。在发展过程中盲目地效仿其他企业将自己的经营范围从家电行业向其他行业拓展，即从一元化经营转向多元化，最终导致了品牌覆灭的结局。环宇电视在1988年的时候其产品信誉和销售量曾经创下中国电视产业的历史纪录，与此同时环宇电视开始转向多元化经营战略，先后兴建了空调器厂、覆铜板厂、兴华配件厂、海南的变压器分厂等。在产业链条向其他产业延伸的过程中导致企业连年亏损，企业经营绩效急转直下，直到上个世纪90年代末环宇电视宣告破产。“环宇”电视在看到其他企业都纷纷扩展“地盘”的时候盲目效仿他人的经验，也想尽快将自己的摊子铺大，但是环宇电视在多元化经营的同时弱化了彩电主业，致使企业经营方向偏离了原来的发展路线，导致资源分散，这是导致其失败的重要原因。盲目地效仿和刻板地复制他人的管理方法就会出现形而上学的错误，从而导致曾经辉煌一时的品牌迅速走下历史的舞台。

管理者管理员工与经营某个品牌的道理是一样的，也需要认真分析每个员工的具体情况，从而达到对员工的管理与其实际需要相符合的目的。如果管理者不分青红皂白只是机械地将管理某个下属的成功经验复制到其他的下属身上，有时候不但不能达到预期的功效反而会适得其反。在企业发展已经达到了一定的水平时，管理上也一定要在本企业特色的基础上体现一定的水平，如果管理者对有一定知名度的企业的文化和管理方式不加任何转化而是全盘照搬照抄，其结果不仅没有实现企业管理的预期，还会让本来运营良好的企业变成一团糟。

不同企业由于自身所处的环境条件和特点不同，所以某个企业的成功管理经验不能盲目地复制到其他企业身上，否则就会水土不服，不但不会给企业发展带来福音，反而会造成不必要的损失。管理者在盲目复制其他企业的经验的时候往往看到的是企业的成功侧面，而企业在取得这样的成功经验的过程中所付出的努力往往得不到重视，以致这样的学习过程完全变成盲目效仿，最后发生东施效颦的错误。不同企业的成功经验不同，企业的成长轨迹也有很大的差别，所以企业最后达到高效运营的具体措施也会有很大的不同。在效仿成功企业经验的时候，更重要的应该看重企业的奋斗精神而不是具体的办法。企业的发展轨迹实际上是管理者的领导风格、组织成员的整体素质、企业所处的环境以及发展机遇等诸多因素的综合产物，单纯地将成功企业的发展经验复制过来如果适合本企业纯属歪打正着。管理者盲目效仿别人的行为实际上就是不加考虑地将别人的鞋子拿来穿在自己脚上，舒服不舒服只有自己才知道。如果将人家的鞋样拿过来自己做一双鞋子，远比拿过别人的鞋子来穿上要舒服得多。

故事2：以德服众——将爱心一直传递下去

“如果你在遇到需要帮助的人的时候请将你的爱心一直传递下去”，这样的话好像只有在神话故事中才能够见到，但是这样的话确实是出自一个非常平常人之口。比较落魄的彼得在自己经营的公司破产之后一直没有能够找到固定的工作，心情非常沮丧，一辆破烂不堪的老爷车成为了自己的唯一财富。一个寒冷的黑夜，彼得开着自己的老爷车在乡村公路上行使着，自己的前面隐约有一辆抛锚的豪华车，彼得下车后来到了这辆豪华车的前面打算询问车主出了什么故障，但是车主是个老太太，说什么也不敢将车窗打开，因为在老太太的心中，这个彼得可能是对自己进行趁火打劫的强盗。彼得认真检查了一下这辆车，原来是有一个车轮爆胎了，彼得于是取出了修车工具全身躺在泥泞的地面上开始修车。费了九牛二虎之力终于将车修好了，彼得的衣服却被弄得面目全非。在车修好之后老太太向彼得说需要多少费用。老太太的问话让彼得感到很茫然，因为彼得在为老太太修车的时候并没有想到要向老太太索取钱财，虽然彼得目前的生活处境很艰难，但也没有这样想过。彼得对老太太说，我并没有想向您收取报酬，我只是为了帮助您而已。在彼得的心中认为，在别人有难处的时候就应该主动去帮忙的。彼得对老太太说，您不用给我费用，我只是为了帮助您，希望您以后看到最需要帮助的人的时候能够真心帮助他，并将这种爱心一直传递下去。彼得因为做了一件好事而感到心情非常舒畅，开着自己的破旧的老爷车慢慢腾腾地驶向回家的方向。老太太被彼得的行为感动了。在路上老太太经过一家饭馆，饭馆非常破旧。老太太将车停下走进饭馆打算吃些东西。迎接她的是一个挺着老大肚子看起来已经有八个月身孕的女服务员。老太太感觉好生奇怪，都要临产了为什么还要坚持工作呢？老太太猛然想起了彼得说过的话，认为这个服务员一定是家中非常困难才这样辛苦的努力工作的。在老太太拿出一百元钱让女招待结账的时候顺便将四百元用餐巾纸压住放在了桌子上。在女服务员回来向老太太找回零钱的时候，发现老太太已经不在了，只见餐巾纸上写着“这是我给你的帮助，希望你能够将这种爱心一直传递下去，去帮助你所遇到并且需要帮助的人”。女服务员非常感动。因为家境贫寒一直到临产之际还在努力攒钱准备支付到医院生产的费用。虽然自己的丈夫整日在外面奔波，但挣得的收入还是非常微薄，老太太的几百元正好能为他们解决燃眉之急。但是老太太不知道，这个女服务员正是刚才为其修车的彼得的妻子。

这个故事好像过于巧合，但是这种巧合的事情具有其必然性。如果彼得在那天黑夜没有对这个贵妇人进行帮助，自然也就不会有故事中后来的情节。老妇人最开始的时候对彼得是心存芥蒂的，但后来终于为彼得的真情实感所动。在老太太的眼中彼得的行为是为了赚钱，因为彼得与老太太比较起来实在显得过于寒酸。应该说老太太对彼得施以报酬并没有过错，只是彼得并不想接受这个报酬，虽然自己的生活境况并不是很好，但还是不愿意接受老太太的报酬，彼得只是想为老太太做一件好事而已。但是彼得对老太太说的一番话是非常重要的。彼得希望老太太将自己得到的这种爱心继续传下去，并能够主动帮助最需要帮助的人。彼得的爱心换来了老太太对破旧饭店中女服务员的帮助。也许彼得的妻子得到的几百元钱与彼得在路上为老太太修车的费用相当，但由于这些钱的获取方式有着本质的差别，所以导致的社会影响也是有很大差别的。彼得用自己的爱心为社会种下了爱，这种爱会以一种真诚不断地传递下去。彼得在一个地方为其他人付出的爱会在另一个地方得到，这个周期也许会很长，但这种爱的回报方式会对社会形成好的影响。当更多的人具有类似彼得的这种爱的时候，所有的人就会感觉到社会是温暖的，人们生活在世界不会孤独。

彼得的品质对于一个组织中的管理者也是应该具备的。管理者作为组织的领导一般应该具备“德识体能”的几个方面的基本素质。几个基本素质中“德”被放在了第一位。管理学认为“小胜靠术，大赢靠德”。在激烈的竞争中人们有时想尽一切办法取胜，但这些都是权宜之计。管理者作为一个组织的核心，不仅需要与组织中的所有成员搞好关系，而且还要为组织的发展创造较好的外部发展空间。只有具备优秀的思想道德的人才可以做领导。管理者管理一个组织不是一朝一夕的事情，管理者需要以“大德”服众，只有这样才能够在组织成员之间传递爱，并在组织成员中间树立一种健康向上的氛围。管理者是组织中的一面旗帜，管理者德高则组织成员德高，组织成员会潜移默化地效仿管理者的行为并在组织中形成风气。管理者需要在这种“大德”之下达到“大赢”的目标。管理者并不需要在众人面前夸夸其谈，只需要通过实际行动做好身边的事情。就像故事中的彼得一样，用实际行动说明自己并不是要想抢劫老太太，而是要真正为老太太解决面临的难题。事实胜于雄辩，管理者以身作则，用自己的实际行动在组织内部做出表率。组织成员会潜移默化地受到影响，并应管理者的行为作为自己的“影子”影响自己。管理者的“德”最终成为组织的“德”。企业生产出来的产品、运行过程、组织文化以及企业的方方面面实际上都可以折射出管理者的德。管理者有“大德”则其生产出来的产品是安全的，能够从心底体现出为消费者的利益着想。著名管理学家德鲁克所谈及的“企业唯一有效的目标是创造顾客”就是以管理者具有这样的“大德”为前提的。

经典案例

案例1：企业在“良种杂交”中“生育”精品

案例简介

中国的神话故事中传说只有鲤鱼跳龙门之后才能够变成龙的样子。但是为了实现这个变化就需要小鲤鱼不断逆流而上，冒着粉身碎骨的风险实现跳龙门的跨越，鲤鱼跳龙门体现的是鲤鱼追求更高奋斗目标的高远境界，也体现了进行自我提高的雄心壮志。A厂在历经磨难后就实现了鲤鱼跳龙门的跨越。A厂是在E和D两厂的基础上合并而来的，E厂是在B和C两厂的基础上合并而来的。早在20世纪80年代末90年代初B和C两个汽修厂的日子非常好过，两个汽修厂分别获得多项省级乃至国家级的奖项。两厂都有自己过硬的拳头产品。但是在激烈的市场竞争中，虽然两个厂都在使尽浑身解数，但是在激烈的竞争面前还是难分伯仲的。在激烈的竞争面前两个厂都感觉到筋疲力尽。两个厂都已经感觉到“小而全”的生产方式的弊端，两个厂都感觉在发展中遇到了瓶颈，在如何更新壮大问题上两厂都在绞尽脑汁。在长期的发展中两厂产品非常相似，在原料、能源、技术、资金市场等方面都存在严重冲突。为了能够在激烈的市场竞争中能够发挥两厂的长处并且不会造成两败俱伤。在有关方面的磋商下两厂达成了合并的共识。两厂合并之后马上就见到了“1+1>2”的成效。两厂原先在各自为政和恶性竞争的情况下，存在诸多资源内耗。在合并之后两个精良的企业经过科学整合，高能聚合所爆发出来的效果是不能用简单的数学公式能够计算得出来的。两个工厂在整合后以原先的拳头产品构成系列。在既有优势的基础上不断开拓创新，在牢牢站稳脚跟的基础上对产品的质量提出了更高的要求。两厂整合之后能够更好地发挥出先前各自的优势，但是硬件不足成为这种重新爆发出来的优势得以尽情展示的瓶颈。为了使得合并之后的新厂的生产潜力充分发挥出来，E厂开始寻找更加宽广的技术改造场地。在苦苦搜索中D厂进入了E厂的视线，D厂已经有了很多的光环，这其中就包括“全国工业产品生产许可证”、“优质产品”等称号，D厂的产品种类非常多，但并没有实现满负荷运转。该厂为了扩大生产能力，需要对原有的技术设备进行改造，但是在技术改造过程中由于资金匮乏，拖了几年的生产线还是没有能够如期运转。政府相关部门在了解了情况后，知道E厂是“有米无锅”，D厂是“有锅无米”，在政府部门的撮合下E厂和D厂的合并也非常顺利。在了解了两厂的具体情况后，两场的领导都认为这是珠联璧合的好事。E厂与D厂合并成为A厂较先前的B厂与C厂合并为E厂是更高水平的一次合并。经过两次合并，实际上E厂就是在B、C、D的基础上建立起来的。合并后E厂的销售收入和利润分别比去年增长35.56%和32.21%，全场从管理层到普通职工都呈现在欢愉的氛围当中。工厂爆发出更大的活力。两次“革命”使得E厂成为同行业的领头羊，在干群共同努力下，员工士气大增。管理层由此感觉到资源整合的力量是无比巨大的。所有人对“1+1”到底等于几这个问题都感觉到非常难以回答，很多人的答案是“无穷大”。

案例分析

（一）进行资源整合

组织发展中进行资源整合是非常重要的。同样多的资源在不同管理者的指挥下可以达到意想不到的效果。由于不同管理者的着眼点不同，对同一个事物思考的侧重点也会有差异。通过有效的资源整合，就可以使得资源的利用效率有很大差异。不同管理者的聪明才智就充分体现在这种差异上。在几个不同的资源各自发挥作用的情况下，由于自身的弱势方面使得各自的优势也在一定程度上不能尽力彰显。在将这些各自都有弱势方面的因素进行整合以后，弱势方面都可以尽量得到规避，而使得各自的优势得到彰显。从而使得整合后的资源优势增强到先前各自分散发挥作用的条件下各自优势的加和。很多时候每种资源看似各自都没有优势，但是在整合后就会凸显整体优势。由于资源在整合后能够产生单个资源发挥作用条件下意想不到的效果，所以从单个资源的弱势中发现资源整合之后的优势就非常重要，这需要管理者具有较高的管理才能。资源整合不仅表现在将不同的资源进行重新配置，而且还表现在将既有的资源进行重新解构，从而表现出与原先不一样的效能。在田忌赛马中，按照原先的赛马方式田忌总是失败，但是在采纳了孙膑的战术后使得田忌反败为胜。在赛马的过程中单个资源的状态并没有发生改变，但是赛马的结果却发生了根本改变，原因就在于资源的组合方式发生了变化，这种变化就是孙膑对参加比赛的马匹进行重新整合的结果。资源整合的优势在于做到了：弱＋弱＝强、弱＋强＝较强、强＋强＝更强。通过资源整合发挥资源优势规避资源弱势。案例中通过两次合并使得企业在资源整合后优势大增，使得企业能够将自己的优势发挥得淋漓尽致。

（二）选准合作伙伴

案例中在企业合并的过程中，顺次经过B与C的合并及E与D的合并。第一次合并实现了“米”与“锅”的结合，第二次合并协调了“柴”与“灶”之间的关系。两次成功的联袂都有效地解决了规避弱势和彰显优势的目的。在两次企业合并中，从案例中可以看出实际上都不是企业自身能够完成的，合并中政府部门起了非常重要的牵线搭桥作用。在政府的作用下，为合并中的每一个企业选好了合适的合作伙伴。资源整合过程中选合作伙伴是最重要的。合作伙伴必须具有能够与本企业进行功能互补的可能。如果合作后两个企业的资源之间具有相互冲突的可能进而产生矛盾，就没有进行企业合并的必要。在选择合作伙伴的过程中，本企业首先应该认识清楚自己的不足，在此基础上选择能够很好地弥足企业自身不足方面的企业作为合并的目标企业，并且找到目标企业的不足方面，而这个不足方面正好是本企业的优势方面。这样在合并后主并企业和被并企业都能够得到收益，只有能够实现双赢的合并才是最有效的合并。在合并过程中主并企业与被并企业双方才能够做到积极主动。所以在选择合作伙伴的过程中需要主并企业对自己的发展未来进行设计。企业合并行为看似是短时期内就能够完成的，但实际上是一个战略设计。案例中的B和C两个企业都是汽修行业的领头羊。两个企业在合并之前竞争非常激烈，在竞争中不但各自的弱势不能避免，而且还造成了很多的资源内耗，双方都必须腾出一部分精力想着对付对手企业的办法。所以在合并问题上双方都有共同的需要，即减少恶性竞争并减少不必要的内耗。合并行为单凭双方的力量无法完成，政府在中间的牵线搭桥作用就显得尤为重要。在企业合并过程中政府为主并企业免费进行合并对象的筛选工作，这为企业合并起到了促进作用。

（三）目标着眼大局

案例中在进行企业合并的过程中，由于企业运行机构发生改变，所以人事安排也要做出相应的变更。这就涉及管理者利益的变化。在企业合并过程中如果管理者完全盯住自己的利益，过分看重自己的职位进而利益的变化。在个人有失的时候就会成为企业合并的阻力。但是如果认识到组织结构的变化给企业带来的收益进而给自身带来的收益的增长，将目光放得更加长远一些，就不会成为企业合并的阻力。在企业合并过程中认识调整势在必行。所以主持合并的管理者首先要做好来自不同企业的原有管理者在合并后企业中的职位问题，在处理好个人利益关系的基础上才能够处理好企业的发展问题。从人力资源的经济人假设而言，追逐利益是人的天性。所以在处理企业合并问题的时候将人视作为道德非常高尚的人进而无视合并当事人的收益，就会造成企业合并阻力重重。企业合并造成的结果会使得合并后企业的经济效益大增，在企业经济效益获得整体提升的过程中，每个人（包括管理者和组织成员）的收益都会由此而获得提升。案例中的三个企业都对合并非常爽快，每个企业的高层管理者就是着眼于企业合并后能够获得更多的发展机会。管理者的责任在于将企业这个蛋糕不断做大，而不只是单纯在小蛋糕上做文章即想方法将小蛋糕切出一大块据为己有。如果是这样，企业只能在较低的水平上徘徊。低位徘徊的企业只能富个人而不能富大家。企业合并的目标就是富大家，在大家富裕的同时也使得管理者富裕起来。案例中的管理者能够撇开小家着眼于大家，体现了管理者应该具备的基本素质。案例中的管理层实际上是在一直创造更多更好的机会为组织的发展创造条件，所以才有了连续两次企业合并。第一次合并之后解决了一些问题之后又出现了新问题，这样的问题又通过第二次合并得以完成，两次合并使得企业能够在高水平上发展。

（四）打造专业水准

企业的发展方向有两个方面：专业化或者多元化。案例中的企业经过多次合并就是要打造出具有突出竞争力的专业化品牌。激烈的市场竞争中，现代企业有两个发展方向即专业化或者多元化，专业化的发展方向更加有利于打造产品的特色品牌，使得产品能够提高质量并逐渐完善产品，在专注发展核心产品的过程中能够集中精力做好核心产品。相反多元化的发展措施却让企业有限的精力逐渐分散到更多的产品当中去，由于企业的精力被分散过多，致使其没法集中精力做一件事。有专家认为“品牌就像一个橡皮筋，被拉伸得越长就会变得越疲弱”。企业在发展过程中依托既有的品牌发展出更多的产品，在各种产品的关系处理得比较恰当的情况下一般不会出现问题，但随着“橡皮筋”被拉伸得很长，企业所生产的产品就会逐渐失去特色，让人们感觉到该品牌成为了一个“万花筒”。案例中连续经过两次合并，使得具有不同优势的企业能够被捆绑在一起，更加能够发挥各自企业的长处。合并之后能够将每个企业的优势叠加在一起，于是原有的优势能够进一步得到放大。B 和 C 合并为 E 的目的就在于“彰显优势和规避弱势”，并且将不必要的内耗问题尽可能避免。两个企业联手能够使得汽修更加专业化，避免了各自为政情况下为了分割市场而进行殚精竭虑地筹划。提升专业化水准后使得企业能够在相对更高的平台上提升产品的品质，并且可以达到引领该行业发展的目的。最大限度地可以避免分散“打天下”状况时将宝贵的资源用于产品重复开发。集中力量让企业在更高的平台上运行。在激烈的市场竞争面前，专业化发展越来越成为更多企业的明智选择。即使在不同企业间进行联手的时候也更多考虑的是产品之间是否存在功能互补或者能否实现双赢。现代经济中需要的不是单纯的竞争，而是在合作基础上的竞争，通过合作才能够在合作多方的资源整合过程中使得合作成员的实力都得到不同程度的提高。

案例启示

案例中两次合并分别在不同程度上进行了资源整合，使得不同的企业都能够在合作中受益，不但很好地规避了原先各自企业的弱势，而且使得联手后的企业更加能够凸显其优势，可以更高的发展速度和更高的产品质量呈现在人们面前。两次合并打造出来的企业发展经验是值得思考的。

（一）政府部门做“红娘”

案例中的三个企业整合出来的A企业是在政府相关部分的引导下完成的。期间政府的“红娘”作用是非常重要的。正像前文所分析的，有的企业“有米无锅”，有的企业“有锅无米”。所以政府的责任就在分析哪些企业属于“有米无锅”和哪些企业“有锅无米”，通过牵线搭桥将“锅”、“米”、“柴”、“灶”等元素很好地组合在一起，让整合之后的企业能够进行埋锅造饭。但是政府在搜集相关方面信息的过程中成本是非常高的。企业为了能够很好地把握住将“米”与“锅”结合在一起的出路，企业应该主动物色整合对象，并向主管部门提出完善的整合方案。在企业整合过程中，各成员企业都要认真分析自身的优势和劣势，力争在进行整合后能够为自身创造出更好的发展环境。只有有利于整合各方的合作才能够使得各成员企业积极参与到整合的过程中来。案例中的几个企业在整合后的发展状况较先前都有很大的提高，所以在这样的资源整合过程中各方在企业整合后都受益。“红娘”需要在各成员企业自愿互利的基础上进行整合，而不能采取“拉郎配”的方式将本来没有合作愿望的企业生拉硬扯在一起。在整合企业资源的过程中要遵循“顺其自然”和“水到渠成”原则，合并后的企业不但能够使得参与合并的各方能够受益，而且要为社会创造更多的收益，使得消费者能够消费到更高品质的产品或者服务。

（二）管理阶层要“吃斋”

在企业整合过程中需要做到“荤素搭配”。“荤”就是让相关成员企业都要从企业整合中获得好处，“素”就是使得各成员企业在合并过程中都要克制自己的欲望，不是要从整个行为中索取过多，而是要抱着精诚合作的态度努力使得合并后的企业这个大蛋糕做大，然后使得每个企业在这个大蛋糕中分得更多的成果。在合并过程中管理层的利益会变动很大，在管理层的利益处理不到位时很可能会招致企业合并的阻力。所以在合并过程中应该使得合并企业各方的管理者具有“吃斋”的精神。管理者在考虑企业合并的时候应该更多的是考虑企业的长远发展，而不应该过多地计较个人得失。在企业合并的过程中也许某些职位的管理者的权利会降低，但这种暂时的权利让渡却可以带来组织更高效率的发展，从而再为组织中的其他成员带来更大收益的同时也为自己带来了较为丰厚的回报。组织管理者的降低可以带来整个组织发展效率的提高，说明先前的组织管理模式存在效率损失。在企业合并这种大的抉择面前，管理层报以合作的态度并且具有放弃眼前利益的大度，就能够为组织的发展创造更加宽广的发展空间。管理者具有制定制度的权利，并且在制度设计中具有将制度朝向有利于自己方面进行设计的便利条件。主动放弃这些唾手可得的利益就需要与私利这个恶魔作斗争。管理者具有主动"吃斋"的精神就能够让企业保持强劲的成长势头。

（三）锁定对象再"恋爱"

企业合并就如同"谈对象"，这个谈对象的过程就是双方相面和进一步了解的过程。"谈对象"可以尽量拓宽选择的范围，这样可以使得更多的目标可以进入选择视野。主并企业需要在众多可谈的"对象"当中锁定自己所需要的为数不多的几个，然后再下功夫对其进行了解。成功的锁定对象是"谈恋爱"的第一步，这一步非常重要，否则以后所作的各种努力就会被浪费掉。案例中的B和C经过"恋爱"成就了E这样一个企业，在"媒婆"的巧手策划下终于有了企业联袂的成功。在社会经济发展中，企业所处的环境条件各不相同，全面分析企业的特征、所处的环境条件、发展战略、优势和劣势等，就可以为自己找"对象"创造条件。找"对象"就是为企业的进一步发展创造条件。在激烈的市场竞争中很多企业会不断处于发展瓶颈中，企业的发展过程就是不断地从一个瓶颈中挣脱出来再进入到另外一个瓶颈中进而再挣脱出来的过程。很多企业都具有"谈对象"的需求，但由于没有"媒婆"而使得"终身大事"问题一再拖延。企业发展就需要抓住时机，对于自己的终身大事总是"羞答答"难以启齿，就会让一个个适合自己的"对象"从身边擦肩而过。企业要想"谈对象"就要主动，哪怕人家不同意也没有关系，只要将自己的想法说出来与别人进行沟通即可，也许自己所认为的那个"对象"并不愿意与自己"恋爱"，这种情况下企业只是一厢情愿而已。但是这个"对象"也许有与自己"恋爱"的需要，这时自己正好摊出了底牌，两方面一拍即合，两情相悦情况下两个企业终于成就为一对好"连理"。"寂寞"的日子将一去不复返。

（四）撇开一般做"猛牛"

强强联合的目的就是将企业做得更强。在没有进行联合之前两个企业非常一般，并且在竞争中造成了诸多方面的问题，但是强强联合之后的情况就全然不同了。这种联合的目标就在于使得企业的发展状况超出一般做"猛牛"。企业整合资源的目标非常明确，就在于将企业做成超乎一般的强大。企业之间的整合目标在于从内在品质层面进行提升。单纯对企业进行量的积累而没有在内在品质方面进行提升只能使得企业运作效率进一步下降。就经济学理论而言，企业并不是规模越大越好，而是存在一个最佳运作效率的规模经济状态。超出这个状态或者低于这个状态都是缺乏效率的。企业之间的整合目标就是不断促成这种状态实现。企业由行业中的无名小卒逐渐成长为"猛牛"，就需要把握各种机会。通过合并方式进行资源整合是在短时间内将企业做大做强的捷径。经济学理论认为资本积聚和资本集中是企业的两种不同成长方式，资本积聚是通过企业的缓慢成长方式，通过将利润不断转变为投资，在一个相对较长时间内完成的企业规模不断壮大的过程。资本集中则是通过大企业合并小企业从而在较短时间内就能够使得企业发展壮大，并逐渐成长为行业的领头羊的成长方式。在激烈的竞争中很多机会稍纵即逝，为了把握住更多的机会，就需要在重视资本积聚的同时充分把握住资本集中的时机，使得企业能够在短时间内获得大发展。案例中的企业合并与传统意义上的资本集中有很大的差别，这种合并并不存在谁吃掉谁的问题，而是在互利基础上实现的在较高平台上的资源整合。企业经过两次合并使得各方面的关系得以理顺，从而赢得了更多的成长机会并保持了强劲的成长力。

案例思考题

1. 简述案例中两次合并的历程？
2. 案例中的 A 厂在发展中遇到了什么问题？
3. 政府在企业合并过程中扮演了什么样的角色？
4. 你对案例分析中提出的对策有什么看法？
5. 结合本案例谈谈你对企业合并中管理者应该扮演的角色？

案例 2：林厂长的“三板斧”砍出了奇效

案例简介

M 厂是 20 世纪末建立的一个国营小厂，在小厂刚刚建立的时候只有 200 名员工，工厂由于起步低、能力弱，加之管理制度不健全，导致生产消耗很高，工厂处于停滞徘徊不前状态，这样的运行状态使得工厂包括管理者在内的成员都一筹莫展。管理层当然非常着急，因为这不仅关系到全场职工的生活质量而且还关系到管理者本身的面子，工厂一直处于低位徘徊之中，这让管理层感到脸上无光。地方政府已经对在任的领导班子失去信心，当务之急就是通过公开招标的方式在社会上公开选拔人才，通过这种方式以期能够找到企业的起死回生之术。在众多的竞争者中林晓终于脱颖而出，在招聘会上在场的专家对林晓的综合素质表示满意，就这样林晓以全票通过的方式被招聘到工厂坐上了头把交椅。大家都对这个“天外来客”将信将疑，人们都在“睁大眼睛”看着这样一个初来乍到者。林晓上任之后并没有马上行动，给人们的感觉就是这样一个领导与其他的领导没有什么不同，人们对林晓的印象就是一个慈眉善目、说话和气、善打圆场的“和事佬”。人们对林晓渐渐感到失望，本来希望新来的这个领导是一个雷厉风行的人，但是小林上任都三个月了也没有任何起色。人们开始对这个新官议论起来。但是令大家没有想到的是，在第四个月的时候，林晓突然对企业砍了“三板斧”：对领导体制进行了改革，对各部门的权力和义务进行了明确的划分，对场内的组织结构进行了调整；实行干部聘任制，结束了长期以来的领导干部只能上不能下的传统任职方式，同时将企业的待遇向科技人员倾斜；对全厂的所有员工实行经济责任制，每个员工都有明确的任务指标，并将个人收益与完成任务的情况直接挂钩，在全厂内实行严格考核。林晓的“三板斧”就像向沉静的湖水中扔了一块石头，这个原本沉寂的“水池”开始热闹了起来。事实表明，虽然这“三板斧”让企业内所有的员工都紧张了起来，但可以看得出，同事之间工作时候的默契程度开始提高了。大家普遍认为，林晓的“三板斧”砍出了员工之间的默契、上下关系协调以及团结向上的工作氛围。在已经初见成效的基础上，林晓开始对工厂的基层建设、基础工作和基本训练等方面狠抓，认为企业发展的好坏关键在于这些根本的东西，只有这些基础性的东西打牢了，企业才能够得到持续进步。在狠抓“三个基本”的基础之上，林晓抓住工艺管理、设备管理、安全管理、劳动管理和经济核算等“四管一核算”问题大做文章，工厂的设备利用率显然提高了，并且基层部门的管理者很自觉地经常过问本部门的经济核算问题。林晓就是要通过这些方面对“高消耗、低效益”这种长期以来企业发展中存在的问题着手解决。为此林晓开始在全厂的中层以上的管理人员的会议上宣布使用计算机管理方法。运用计算机进行管理在上个世纪末的时候虽然已经不是新鲜事情，但也并不是非常普遍的事情，尤其是对这样一个坐落在小县城里面的起步较低、员工素质普遍不高的小企业而言自然是个新闻。开始的时候大家对林晓的这种想法感到迷惑不解，中层管理者中间有的不愿意、有的不懂，这样就会在很大程度上增加了计算机管理流程的难度。但是林晓力排众议，没有多长时间就引入了计算机设备，并开始了运用计算机进行管理的实质性阶段。采用计算机管理后马上使工厂面临新问题。计算机的应用造成一些人员被从一线裁剪下来，很多人估计计算机的采用造成了员工被裁的问题会使得全厂乱起来。但是林晓并没有太多理会这些事情，按部就班地开始实行下一步计划。在林晓大刀阔斧的改革措施下M厂进展神速，一年内利润上升了两个百分点，员工的待遇也有了起色，大家开始对这样一个平日里沉默寡言的管理者刮目相看。事实表明在林晓的精心安排下，在计算机管理模式采用后不但厂里没有乱起来，而且各部门的工作更加井然有序了。林晓将由于计算机的采用而富余出来的劳动力向其他部门分流，让这些原来做管理工作的“闲置人员”去做产品开发的实际工作或者做助理工作，使得技术人员能够从繁杂的事务中挣脱出来，从而有更多的时间进行科技创新并创造出更多更能够提升产品竞争力的新产品。计算机管理的应用在减少了潜在闲置人员的同时，充实了一线人员的队伍，使得厂里面吃闲饭的人越来越少了。在改革过程中，林晓非常注重从员工的内在素质方面进行改造，林晓坚信这样一个道理：“只有企业具有了高素质、高技能、高品德、高风格的人，高效益才能真正做到，否则就是一句空话”。林晓为了让所有的职工做好其本职工作，教育全体管理者要从自我做起，在普通职工中间树立榜样，只有这样员工才能做到心服口服。林晓认为要达到高效率的用人的目的，就首先需要育人、用人和关心人。林晓的目标就在于在全厂建立起竞争、健康、向上的企业文化。林晓很少在办公室中，大家见到林晓的时候往往都是在生产第一线，林晓身先士卒的工作作风不但赢得了所有中层管理者的认可，而且还得到了所有员工的认可。全厂的职工相互攀比的风气开始下降，并且在工作和生活等各方面都开始非常务实。林晓做事不摆花架子，要求“一级带着一级干，一级做给一级看”，重视科学、重视知识的风气在全厂蔚然兴起。很多职工并没有参加培训班，都是在工作中自学成才的。五年之后的M厂已经大变样。任人唯贤、唯才是举、“能者上，平者让，庸者下”、不搞“铁交椅”的用人氛围在全厂作为一种文化逐渐形成。林晓是一个工作狂，但并不是不关心人，林晓懂得只有知道关心人的管理者才能够很好的用人，也只有这样才能够让厂里的员工的心凝聚在一起，使得整个工厂成为一个强有力的团队。

案例分析

（一）管理者率先垂范

为了推行自己采取的改革政策，案例中的林晓带动各层管理人员率先垂范，这种做法就会使得所有组织成员心服口服。最开始的时候大家对林晓的做事能力表示怀疑，但是在随后林晓做事的过程中，大家开始对林晓表示敬佩。因为处理厂里的问题就需要触动某些人的利益，同时还需要改变人们既往已经习惯了的工作方式。身教重于言教，领导者率先垂范具有无穷的号召力。管理者推出某项政策后如果自己不能够身先士卒就不能对自己的属下进行约束。在传统思维方式下，管理者出台制度都是为了约束属下，但管理者不能身先士卒的情况下，就会使得下属在做事的时候出现阳奉阴违。管理学一直致力于在员工做事情的时候让员工由"要我做"变为"我要做"。目的在于让员工在做事情的时候，使员工发自内心做事情。管理者的责任在于创造相对完善的管理制度，让员工在这样的制度下做自己想要做的事情。不但能够为企业做贡献，而且此间也要不断实现自己的目标，使其每一步工作都能够趋近自己的人生价值。管理者率先垂范就能够说明管理者具有足够的真诚，希望将要做的事情做好。希望在制度约束和情感激励的双重影响下，让下属按照组织的发展要求完成自己的份内之事。管理者率先垂范需要管理者进行自我约束，"挖个坑首先要自己向里面跳"，然后其他的组织成员就会无怨无悔地跟着跳下去，在这种情况下管理者勿须给自己的成员讲道理，在组织成员眼中管理者的身体力行就是道理。管理者身先士卒并且在严格的制度规范下对组织成员进行约束，组织成员的行为因此就可以按照组织设定的目标发展。

（二）选准目标再动作

林晓在被委任为 M 厂的老总后先是蛰伏了很久，在大家对林晓疑惑不解的时候林晓实际上是在对企业进行认真观察。发现问题的症结并且采取相应的措施。林晓在采取相应的举措之前需要充分考虑到后续问题，需要考虑好因为处理既有问题而出现的并发问题。林晓的做事风格是非常慎重的，这是对企业发展负责任的做法。林晓就是要在占有充分信息的基础上将厂里的问题从根本上进行解决。记得一个管理者在与自己的属下庆贺企业一年来取得的成绩的时候讲了这样一个故事："我的一位朋友买了处大宅子，搬进去后就将所有的杂草一律清除以为自己喜爱的花卉腾出地方。但是原房主去看望我的朋友的时候感到朋友将先前名贵的牡丹居然连同杂草一起清除了，朋友知道后也感到非常惋惜。朋友后来又买了一栋豪宅在清理院子的时候就不像原先那样冒失了。院子虽然很杂乱但是按兵不动，要静下心来观察动向。果然冬天本以为是杂树的植物春天里开出来鲜艳的花朵；春天曾经认为是野草的植物到了夏天却是团花锦簇；半年一直都没有任何动静的小树到了秋天居然红了叶。仅仅是一个院子，经过一年的观察却让朋友有了不少的意外收获。经过了一年的观察后心里也比较清楚了院子里的这些植物中哪些是杂草，哪些是名贵树木，在有的放矢的情况下朋友才雇佣工人师傅开动机器大刀阔斧地铲除了真正的杂草。"随后向大家敬酒，并继续说道："咱们单位中的'死硬分子'就是我朋友院子中的杂草，只有经过长期的观察才会发现他们，也只有在这个时候才会动铁铲有针对性地除掉他们，否则在没有清楚认识他们之前就开始挥动铁铲，在将杂草铲除的同时也会将名贵的花木一同铲掉，而这会给单位的发展带来不必要的损失。调查研究是发言的基础，这需要挥铲者在挥动铲锹前进行缜密地观察”。

（三）巧妙置换领导层

案例中将林晓作为使得M公司起死回生的领头羊是M厂进行创新型发展的重要抉择。M厂在长期的发展中一直状况不佳，经过反复考虑需要通过“空投”核心管理者的方法使M厂获得新生。林晓对M厂并不知情，但由于具备了较高的管理水平，所以敢于承担起解决M厂问题的重担。M公司由于能够巧妙地对核心领导进行置换，使得公司发展出现了前所未有的起色。置换核心领导就是置换公司文化，因为公司文化说到底就是公司管理层的思维方式的再现。林晓由于并非是公司中的既有成员，在思考问题的时候可以完全打破既有的思维方式，为组织的发展带来全新的理念。就组织提拔中层管理者的方式而言有内部提拔和外部提拔两种，两种方式各有优缺点：内部提拔可以鼓舞员工士气、降低选拔成本、新任干部尽快熟悉工作，但内部选拔不利于形成新的思维方式、容易造成裙带关系、激化既有组织成员之间的矛盾等；外部选择可以形成新的思维方式、避免裙带关系、尽量弱化成员之间的矛盾，但不利于鼓舞员工士气、造成较高的选拔成本、不利于熟悉组织工作等。所以组织中选拔中层管理者的时候会采取内部聘任与外部聘任相结合的方式进行。案例中由于M企业在长期中形成了非常棘手的运转状态，通过企业内部选拔高层管理者的方式已经不能解决这些问题，所以采用了外部选聘的方式。事实表明林晓到企业中的“三板斧”砍出了企业的成长力，在林晓新的发展思路下使得企业出现了新的发展转机。M公司通过巧妙置换高级领导者为企业发展带来了生机。

（四）该出手时就出手

M公司在发展方式问题上徘徊了很长时间。相关部门都希望M公司能够通过自身的努力使企业得到很好地恢复，但是激烈的市场竞争意味着很多机会是稍纵即逝的。这就需要相关协调部门包括公司层面在关键问题的上能够果断坚决，该出手时就出手。企业的问题一天不解决就会存在一天的资源损耗，并且员工的士气也不能得以充分调动。在把握住较好的解决时机并且选择好了确定的方法之后就要采取措施。在企业发展中，人事安排是比较复杂的事项，不但要处理好既有组织中各层面的人际关系，还要保证相关人员不能在组织变动中受到损失。各个方面都会成为阻碍事态进展的因素。但是组织发展是关系到企业生死存亡的大事情。也许存在各种客观方面的因素，但是克服主观因素的影响是最重要的。不同的管理者的思维方式有很大的不同，在对待同一问题的时候，处理方法也会存在这样或者那样的差异。企业的发展状态从很大程度上讲就是企业核心主管人员思维方式的再现。每个管理者的成长经历、知识背景、思维方式、处事经验等都有很大的差异，这就需要从管理者以往的工作经验出发考虑问题。虽然案例中没有更多地介绍林晓以往的工作背景。但其能够在众多的竞争者中脱颖而出，就说明林晓在以往的管理工作中是非常成功的。虽然不同的企业在管理实践中存在较大的差异，但管理原则基本上是一致的，只是在不同的企业中管理者面对的管理对象不同而已。企业任用林晓的抉择是正确的，以其置换高层主管会使得公司中的工作氛围全然不同，员工在开始的时候虽然对林晓表示怀疑，但在随后与林晓相处的过程中逐渐认识到了林晓的厉害。“该出手时就出手”不仅在企业层面做到了而且林晓也做到了。只有条件具备并且在缜密思考的基础上的“出手”才会形成较好的效果。

案例启示

（一）治病要找到病因

只有对症下药才能够做到药到病除。如果不是对症下药，即使再好的药剂也不能将病症医好。为了达到药到病除的目的，首先需要找到病因然后还需要做到对症施药。为了找到病因就需要请专家为企业把脉。这就需要专家具有火眼金睛并且有足够的责任心，将企业的病症分条缕析地列出，然后从最主要的病症开始，一点一点地为企业解决问题。很多企业在“治病”的过程中由于没有找到病因，或者胡乱地找到一些病因而不是最根本的病因就开始开药方，结果不但没有治好病而且还贻误了治病的最佳时机，致使企业病入膏肓以致不可救药。不但损害了一个企业而且让企业中的所有职工都与企业一起遭殃。中医理论讲究望闻问切，在为企业“治病”的过程中也要做到这四个层面。首先是“望”。就是要从总体上观察企业的发展状况，从一般情况上对企业的运行状况进行把脉，大体上了解企业发展中是否存在问题或者大概在哪些方面存在问题，为下一步确诊做充分准备。“闻”就是到企业中探虚实。对企业把脉不能单凭“医生”自己的感觉。当然“医生”在以前诊断中的丰富经验是非常重要的，但这些经验不能作为诊断企业病症的依据。要针对具体企业进行调查，才能够得出正确的结论。为了做到这一点就需要“医生”到企业中进行走访，通过与不同层面的管理者进行对话，找到企业的病因。“问”就是询问企业发展中存在的问题，通过询问了解企业中已经和将要发生的问题，并与自己先前做出的判断相比较，不断深入了解存在的问题。问并不是简单的问，而是在一定的分析基础上的问。在分析中不断肯定或者否定自己以往所形成的观点，以便保证对企业的判断准确无误。“切”就是对企业切脉。通过对企业的发展节奏进行把握，分析其病变的程度，以便得出是否有药可救。通过把握企业的“脉相”，了解企业不同层面对企业之所求。在对企业进行“望闻问切”之后就能够对企业的状况进行清晰把握，从而找到企业生病的真正原因，以达到辨证施治的目的。

（二）人和工作双关心

案例中的林晓不但建立起了一套相对完善的管理制度，从而达到了用制度约束人的目的，在严格的制度约束下企业发展就能够做到一盘棋。在林晓的意念中只有企业拥有了严格的制度才能够做到按照制度对员工进行约束。林晓不但能够做到用制度约束员工，而且还做到了用制度约束自己，并且自己能够身先士卒。林晓在关心工作的同时并没有将组织成员的个人生活抛在一边。林晓非常清楚只有既关心工作又关心人的管理者才能够得到组织成员的认可。管理学理论中曾经按照“关心工作”和“关心人”两个维度建立坐标系，并将整个坐标系分为“高工作—高关系”、“高工作—低关系”、“低工作—低关系”、“低工作—高关系”四个象限，认为“高工作—高关系”和“低工作—低关系”都过于极端化，在组织发展中并不实际，当然“高工作—高关系”的组织效率是非常高的，但在现实生活中这样的组织是很少存在的。“高工作—低关系”和“低工作—高关系”两种状态也是不可取的，因为这两种情况下只是强调了问题的一个方面而否定了另外一个方面。理论上认为只有对“工作”和“关系”两个层面都重视而又不走极端的状态才是可行的。林晓在此过程中处理“工作”和“关系”之间的关系恰到好处，表面上给人们的感觉是义正词严的管理者，但在“侠骨中也不乏柔情”。林晓关心组织成员是围绕自己的工作开展服务的。林晓很好地将对组织成员的关心与对工作的关心联系在了一起，在严格的组织制度中融入了感情因素。使得组织成员能够在各种激励方式下愿意并且很好地为组织的发展做事情。

（三）企业文化做到位

林晓在做任何一件事情的时候实际上都不是头疼医头脚疼医脚，而是从根本上做文章，从长远处考虑问题。企业文化建设是一个战略问题。在前任管理者的实践中没有重视该层面的重要性，这为林晓开展工作造成了很大麻烦。所以为了从根本上改变公司的面貌，林晓在推出任何一项政策的过程中都很注意与企业文化建设紧密结合在一起，因为这是一个战略问题，不是一蹴而就的。林晓就是想通过这种做法达到“润物细无声”的作用。正像案例中所提到的，做事不摆花架子，在全厂范围内形成重视知识和重视科学的风气。林晓一方面尊重知识，另一方面又关心人才。在全厂范围内形成了健康的文化氛围。现代企业都非常重视企业文化建设的重要性。企业文化可以从内在软约束方面对人的行为产生影响，使组织成员的行为都尽量与组织的发展要求相一致。在企业文化的影响下，组织成员可以在很大程度上产生自省，自觉注意到自己与其他成员之间的差距，并自觉努力缩小这些差距。使组织成员都遵循健康的行为准则并在这种氛围下相互影响，组织的文化氛围就会更加趋向于健康，新加入者就会在这种文化氛围的影响下逐渐被同化和强化。组织文化虽然不是制度，但其对每个组织成员的影响甚于制度，企业文化对人们的影响是潜移默化的，通过组织成员之间相互影响而在彼此之间产生相互激励，在组织成员行为自己的时候完全是出于本心，而并非是迫于外在强制。组织成员此间不会产生抵触情绪，人们会通过内敛自己的行为与组织的发展目标相一致。在这种氛围下每一个组织成员都会成为组织文化的捍卫者，同时也是组织文化的践行者。林晓在建设组织文化的过程中注重从内涵方面做起，使得组织文化的建设具有了可持续性。

（四）建设学习型组织

彼得·圣吉在其著作《第五项修炼》中提出了学习型组织的管理理念，认为在激烈的市场竞争中，企业应该建设成为学习型组织以便成就其竞争能力。为了达到这样的管理目标，组织发展中应该力求精简并且不断发展组织再造，使得企业的竞争力不断增强。学习型组织包括五个要素：建立共同愿景、组织团队学习、改变心智模式、实现自我超越、探求系统思考。学习型组织不但要求组织内部的成员之间相互学习而且要求整个组织向其他组织学习，在不断发现自己缺陷的过程中完善和改正自己，从而实现自我超越。学习型组织的建设需要管理者具有学习的愿望，管理者的思维方式决定着组织的发展轨迹。所以学习型组织的建设首先需要管理者具有学习的愿望。管理者首先具有改变自己的愿望之后，整个组织就紧接着发生改变。案例中在林晓到来之前没有发生实质性改变的原因就在于，管理者没有打破既有的思维方式，没有在组织中建立起真正的学习氛围。学习型组织需要在动态变化的环境中不断改变自己。不断分析组织的内部环境和外部环境，使得企业行为不断做出调整。保证企业行为总是能够跟进正在变化的市场环境，并且能够在这种变化中判断发展趋势，从而能够保持企业在发展方面具有前瞻性，不但能够为企业的现在而且能够为企业的未来做出事先安排。学习型组织可以保证组织始终保持强劲的竞争力，并且可以使得组织保持较强的创新能力。在这种创新能力的引导下组织会不断改进其产品或者服务，该企业可以在同行业中不断进步，在行业的发展中不落伍并保持行业的领先水平。

案例思考题

1. 简述案例中林厂长的“三板斧”是什么?
2. 林厂长讲述的故事对你有什么启发，谈谈你的看法?
3. 案例中提出“巧妙置换领导层”的办法，你是怎样理解的?
4. 在管理实践中，对于“关系人”和“关心工作”两个方面的关系如何处理?
5. 你结合自己的体会谈谈为企业“治病”如何找到“病因”?

第八章

激励管理

本章内容提要

激励就是激发与鼓励的意思，就是利用某种外部因素调动人的积极性与创造性，使人有一股内在的动力，朝着所期望的目标努力的过程。现代管理学认为，激励具有非常重要的作用：充分调动职工的工作积极性；使组织目标与个人目标得到统一；塑造组织团队精神；激发人的工作潜力。在管理心理学的长期发展中逐渐形成了比较系统的激励理论，这些理论分为三大类型，即内容型激励理论、过程型激励理论和行为改造型激励理论。内容型激励理论主要阐述了激发动机的诱因，主要包括马斯洛的“需要层次论”、赫茨伯格的“双因素理论”、麦克利兰的“成就需要激励理论”和奥利弗的ERG理论等。过程型激励理论主要包括期望理论和公平理论等。行为改造型激励理论主要包括强化理论和归因理论等。管理过程中的激励手段多种多样，包括物质激励、精神激励、职工参与管理以及工作丰富化等多种方式。工作激励的方式包括：人岗匹配、目标高远、任务挑战、发展机会、工作竞赛。环境激励的方式包括参与机会、完善规制、榜样示范、荣誉诱导等。

一、激励概述

激励就是激发与鼓励的意思，就是利用某种外部因素调动人的积极性与创造性，使人有一股内在的动力，朝着所期望的目标努力的过程。激励的本质就在于激发人的积极性，使得人们在较高的工作效率中完成工作，在完成组织目标的同时也为自己赢得较多的回报。构成激励的要素是多方面的，一般认为主要涉及动机激发、主观需要、外部刺激和创造能力等几个方面。所以为了使激励发挥作用就需要将激励措施能够有效地与人的工作动机、自身的需要以及其拥有的创造潜力等结合起来，在满足这些条件的情况下对当事人施加适当的外部刺激，就可以使得激励措施达成相应的目标。在理解激励时把握好以下几个层面：明确被激励对象；弄清楚激励得以发挥作用的办法；研究激励发挥作用的机制；能够使激励措施产生持续性的作用。

二、激励的作用

在适当的情况下针对特定的对象施以相应的激励措施，就可以达到让组织成员努力工作的目的。激励措施的目的是高效率的达到组织目标，与组织目标不相关的激励措施对于组织的发展而言是没有任何意义的。现代管理学认为，激励具有非常重要的作用：①充分调动员工的工作积极性。在多种激励手段的影响下，能够让员工感觉到“英雄有用武之地”、“英雄受到了英雄应该得到的尊重”。激励可促进职工智力和体力能量最大限度地释放，并促进员工提高劳动生产率并且伴以高质量的服务态度。在适当的激励措施下，能够产生“能者多劳并且能者多得”的效果，能够让能人贤士身先士卒。这不但可以在所有组织成员面前尽快树立榜样，而且还会让其他的组织成员具有提高自我素质的欲望。②使组织目标与个人目标相统一。就管理过程而言，为了激发组织成员的工作积极性，应该将个人目标与组织目标尽量达成一致。长期以牺牲个人利益为代价换取组织的发展是每个组织成员都不愿意做的事情。个人目标与组织目标不一致时，前者往往会阻碍后者的实现，组织成员更加倾向于扩大个人利益，这时就会在不同程度上损失组织的利益。激励的功能在于将两者得到统一，一个目标的实现为另外一个目标的实现创造条件而不是制造障碍。③塑造组织团队精神。好的制度设计不但可以为组织成员的发展形成较好的个人发展空间，而且还会使得管理者省去很多不必要的麻烦。管理者在处理一些问题的时候就不会犯难。组织内部的成员间会发生利益冲突，但是这种冲突可以通过较为完善的制度设计得以协调，满足组织成员在物质、精神以及其他方面的需求，从而鼓舞员工士气并协调员工之间的人际关系。好的组织氛围就会使得分散的组织个体紧密地连接在一起，使得组织具有强大的凝聚力。组织就会形成一个强大的团队。④激发个人的工作潜力。一些专家认为，组织的绩效可以表示为绩效 $=f$（工作能力，激励手段，工作环境），即组织绩效是员工的工作能力、适当的激励手段和恰当的工作环境的函数。几个参数中任何一个方面的改善都会使得激励效果增强。管理者的责任就在于想办法使得影响组织绩效的各参数发挥尽量大的作用。在合适的组织氛围中使得组织成员的工作潜力得到最大限度的发挥。

三、典型的激励理论

在管理心理学的长期发展中逐渐形成了比较系统的激励理论，可以将这些理论分为三大类型，即内容型激励理论、过程型激励理论和行为改造型激励理论。内容型激励理论主要阐述了激发动机的诱因，主要包括马斯洛的“需要层次论”、赫茨伯格的“双因素理论”、麦克利兰的“成就需要激励理论”和奥利弗的“ERG 理论”等。过程型激励理论主要包括期望理论和公平理论等。行为改造型激励理论主要包括强化理论和归因理论等。

（一）内容型激励理论

1. 需要层次理论——马斯洛

人们的需要是分层次的，不同的人由于生活状态不同，从而需要的内容也不同，对这种情况管理学家提出了需要层次理论。这一理论是由美国社会心理学家亚伯拉罕·马斯洛提出来的，因而也称为马斯洛需要层次论。需要层次论主要试图回答这样的问题：是什么在决定人的行为。马斯洛的需要层次论有两个基本出发点：人有需要；需要都有层次。有了这两个方面才有研究的必要。前者是展开研究的必要条件，如果人没有任何需要也就没有进行研究的必要。后者使得研究有必要，因为人们的需要有层次，所以需要进一步弄清楚各种层次的需要是什么以及各层次的需要之间的关系。既然不同状况的人们的需要是分层的，那么在对人们进行激励的时候就需要施以不同的激励方法，在对人的行为进行激励的时候，一定要锁定其最核心的需要，只有这样激励效果才会更好。马斯洛认为，在特定的时刻人的一切需要如果都未能得到满足，那么满足最主要的需要就比满足其他需要更迫切。低层次的需要对高层次的需要具有重要的奠基作用，按照这个层次关系，只有前面的需要得到充分的满足后，后面的需要才显示出其激励作用。为此，马斯洛将人的需要划分为五个层次：生理的需要、安全的需要、社交或感情的需要、尊重的需要、自我实现的需要，这几个层次顺次构成递进关系。① 生理需要。这是任何动物都有的需要，或者说这是一种普适需要。包括衣、食、住、行等最基本的需要。这个层次的需要对于经济发展状况已经非常好的社会而言并不是问题，但是在经济欠发达的社会，人们满足这样的需要或者达成较高质量的需要，还是有一定难度的。由于这种需要得以满足的程度不同，所以人群的层次划分非常鲜明。② 安全需要。这是保护自己免受伤害的需要。在衣食住行等基本需要得以满足之后人们最需要的就是安全，人们如果没有安全感，个人发展和社会发展问题就无从谈起。可以分为现在安全需要和未来安全需要两个类型。即一方面要使本身现在生活的各个方面有保证，另一方面又希望未来生活能有所保障。如果人们现在衣食无忧，但前途未卜，也会产生恐慌。③ 社交需要。人具有社会性，人们需要友谊、爱情、归属等。马斯洛认为，人作为一种社会动物其生活和工作不能孤立进行，人们希望在一种被接受的情况下工作，个体要属于某一群体，不希望自己成为社会中的孤鸟。只有社交的需要得到满足之后，人们才会生活得更加幸福。④ 尊重需要。该层次的需要分为内部尊重和外部尊重。内部尊重因素包括自尊和成就感；外部尊重因素包括地位、认可和受人尊重。人们需要在他人面前展示自己的才华，在自己为社会做出贡献的时候，有得到社会对自己的工作的认可的愿望。自尊是在自己取得成功时的自豪感。受人尊重是自己作出贡献时能得到他人承认的感觉。人们并不满足于自尊，得到他人的尊重才能够让自己真正体会到人生的价值。⑤ 自我实现。这是马氏理论中的最高层次的需要，包括成长与发展、实现理想的需要等。一般表现在两个方面：胜任感、成就感。前者表示自己有能力，后者表示自己有价值。自我实现就是将自己的潜在能力变为现实价值的过程。马斯洛还将这五种需要笼统地划分为高低两级。马氏理论将生理的需要和安全的需要称为较低级需要，而社会需要、尊重需要与自我实现需要称为较高级的需要。这两个层次与赫兹伯格的双因素理论中提及的保健因素和激励因素正好相对应。高级需要是从内部使人得到满足，低级需要则主要是从外部使人得到满足。

马斯洛的理论对心理学做出了较大的贡献，得到了实践中的管理者的普遍认可，该理论的巨大贡献在于：① 从全新的角度构造了比较科学的理论框架，为激励理论打下了坚实的基础；② 对人们的需要进行了科学的层次划分，并指出了每一种需要的具体内容；③ 将自我实现作为人的需要的最高层次。从而为管理实践者指明了工作的方向。虽然该理论对管理学做出了很重要的贡献，但该理论的缺陷也是非常明显的：① 对需要层次的分析过于机械化，一直在很多时候人们发现现实情况与马氏理论所言并不一致；② 理论前提是人都是自私的，但这个前提并不能成立；③ 简单地将人的基本需要归结为五个层次也是不尽完善的，对人们的需要的类型划分过于简单化，从而可信度就会在一定程度上降低。

2. 双因素理论——赫茨伯格

激励理论是需要层次理论之外的另外一个著名理论，该理论对激励理论具有很大的促进作用。该理论是美国学者弗雷德里克·赫茨伯格（Fredrick Herzberg）提出来的，又称双因素理论。20 世纪 50 年代末期赫茨伯格围绕两个问题展开调查研究：哪些事项是让员工感到满意的；哪些事项是让员工感到不满意的。大量调查研究表明，使职工感到满意的都是属于工作内容方面的，这些都与员工的物质报酬以及职业生涯的未来发展相关联；使职工感到不满意的都是属于工作环境方面的，这些都属于基本层面，是员工为组织做贡献时，组织需要为员工配置的基本平台，前者叫做激励因素，后者叫做保健因素。就两个层面包含的内容看，保健因素包括公司政策、管理措施、监督、人际关系、物质工作条件、工资、福利等。这些因素恶化到人们认为可以接受的水平以下时就会产生对工作的不满意。激励因素包括成就、赏识、挑战性的工作、增加的工作责任以及成长和发展的机会等。这些因素具备了就能对人们产生更大的激励。两种不同的因素在不同侧面和不同程度上对组织的发展产生作用。保健因素相当于马斯洛需要层次理论中较低层次的需要，激励因素相当于马斯洛需要层次理论中较高层次的需要。赫茨伯格在后续调查中发现，由于调查对象和条件的不同，各种因素的归属也多少存在些差别。所以在对员工进行激励的时候一定要辩证施治，要认真分析不同员工在需要内容上的差别，以便对员工产生更大的激励作用。

双因素理论的内容更加丰富了，对管理学的贡献表现在：该理论让管理者懂得一个事实，即采取了某种激励机制的措施以后并不能一定就带来满意，同时也应该认识到满足各种需要所引起的激励深度和效果是不一样的，从而在分层激励方面有了更大的建树。“看人下菜碟”就能够对不同的员工达到上好的激励效果。根据赫氏理论，要调动人的积极性，就需要从更广泛的层面考虑问题，不仅要注意物质利益和工作条件等外部因素，更要用内在因素来调动人的积极性。该理论的一个重大发展在于从人的外在需求深入发展到内在需求。虽然双因素理论贡献巨大，但也有一些人认为该理论的研究前提存在诸多缺陷因而做出负面评价，主要有如下几个方面：调查的样本不够多以致缺乏代表性，从而使得调查结论的可信度降低；问卷的方法和题目并不十分科学甚至有缺陷；将满意与效率勉强联系在一起，但满意并不等于劳动生产率可提高；将保健因素和激励因素截然分开有些不妥，很多时候并不能清楚地界定激励因素或者保健因素。尽管专家学者在评价双因素理论方面还不尽一致，但该理论对于管理学的贡献是有目共睹的，该理论较先前的理论有了重大进步。只是在运用该理论的时候，不同企业、不同区域需要充分考虑实际情况，这样才会达成更好的效果。

3. 成就需要理论——麦克利兰

哈佛大学教授麦克利兰认为人有三个基本需要即权力、交往和成就。人们天然具有希望支配他人的权力，这样就能够使得他人按照自己的意愿行事。人们在一个组织中成长需要与他人进行真诚交往，在融洽的人际关系中使得组织与自己都能够获得发展。组织中的成员需要在其他人面前展示自己的能力，当自己的成就在其他人面前能够得到展示并且得到认可时就会对自己的工作产生很大的激励作用。麦克利兰认为在把组织成员安排在高度竞争性的工作岗位上时该成员就具有了做出更高成就的愿望和行为，所以麦克利兰就此认为成就是可以培养出来的。人们在被赋予挑战性的工作的时候就会萌生较大的成就冲动，从而具有更高的工作人情。组织成员在此期间就会为组织发展做出更大的贡献。这种理论的作用在于，管理者需要不断提升自身的素质，以便不断发现人才，从而能够为组织的发展做出更大的贡献。所以管理者的责任不仅在于合理用人，而且还在于尽最大能力培养人。通过合适的激励手段让组织成员自身具有强烈成就愿望。

（二）过程型激励理论

过程型激励理论主要从人们的行为角度进行研究，主要涉及人们行为产生的原因、发展方向、发展过程以及行为得以维系的方法等。这方面的理论主要包括弗洛姆的期望值理论以及亚当斯的公平理论。

1. 期望值理论——弗洛姆

人们在工作中总会率先树立一个预期目标，这个目标就是期望值。在人们通过努力达成预期目标的时候，就会有成功的喜悦。该理论是由美国学者弗洛姆在20世纪60年代中期提出。该理论认为：只有当人们预期到某一行为能给个人带来有吸引力的结果时，个人才会采取特定的行动。人在预期其行动将会有助于达到某个目标时才会被激励。用公式表示就是：动力 $D=X\times Q$。其中 D 表示受激励的程度即激励的效果，X 表示效价即对某一目标的偏好程度，Q 表示期望值即导致成功的概率。D 与 X 或 Q 之间呈正比例变化关系，在 X 和 Q 取不同的数值的时候 D 就会有不同的结果。按照这个公式会有如下几种情况产生：① 不关心，这时 $X=0$，$D=0$；② 愿意做：这时 $X>0$，$D>0$；③ 无期望，这时 $Q=0$，$D=0$；④ 有期望，这时 $Q>0$，$D>0$。公式中的变量取不同的数值时产生的不同结果表示了激励效果的差异。该理论对管理者的启示是，管理人员的责任在于通过改善企业的条件帮助员工满足需要，同时实现组织目标。该理论说明，激励实质上就是选择过程，激发人们工作动因的产生取决于两个方面的因素：效价和期望值。基于期望值理论，管理者为了激发组织成员的工作劲头，就需要不断提高员工的期望水平、提高员工的工作兴趣、建立工作绩效与工作报酬之间的联系。在如上的公式中，无论是提高 X 还是提高 Q，都会对员工的工作动力产生较大的影响。无论通过何种手段都是一个目的，即强化员工的工作期望值，以此改善员工的工作状态。

2. 公平理论——亚当斯

员工的工作状态不仅受到自身的影响，而且受到周边环境的影响。为了研究这方面的情况，很多专家学者开始进行不懈的探索，公平理论就是其中具有代表性的一个。公平理论是美国学者家亚当斯在1965年首先提出来的。该理论的基本思想是：职工的工作动机不仅受绝对报酬的影响，而且要受其相对报酬的影响。相对报酬对员工产生的影响很多时候较相对报酬更大。公平理论的基本观点是：当一个人做出了成绩并取得了报酬以后，他不仅关心自己所得报酬的绝对量，而且关心自己所得报酬的相对量。因此，他要进行种种比较来确定自己所获。从而确定自己是否受到了公平的对待。当员工认为受到公平的待遇时就会心情舒畅，努力工作，这时组织针对员工产生的激励作用就会非常大。否则，就会内心不满进而消极怠工。为此亚当斯提出“贡献率公式”。该公式是就是这样一个表达式：$Q_X/I_X=Q_Y/I_Y$，其中Q_X表示员工对自己所获报酬的感觉与评价，I_X表示员工对自己所做投入的感觉与评价，Q_Y表示员工对他人所获报酬的感觉与评价，I_Y表示员工对他人所做投入的感觉与评价。亚当斯结合这个公式阐述了以下几种情况：① 当前者小于后者时，即自己的相对报酬（付出）较他人少（多），员工对组织的激励措施感到不公平，要求增加收入或者自己减少对组织的付出甚至会出现离职情况。② 当前者大于后者时，即自己的相对报酬（付出）较他人多（少）。这时员工感觉得到过高的收入，付出的努力较少，自觉地增加付出，这是员工感觉到自己受到了公平的待遇。③ 当前者等于后者时，即自己的相对报酬（付出）较他人相持平。这时员工觉得公平，保持工作的积极性和努力程度。该理论表明，人们不仅关心自己收入的绝对值，而且关心自己收入的相对值。经济人非常关注自己的相对值，这个相对值更加能够突出个人在群体中的价值。研究中发现，当该比率大于别人的比率时，个人可能得到满足一段时间后由于侥幸心理工作又恢复原样；当该比率小于别人的比率时极易导致职工对组织或管理人员的不满；当该比率等于别人的比率时职工感到组织公平进而个人会得到强有力的激励。组织发展中应该巧妙地运用公平理论使组织成员达到心理满足，使得组织在高效率的平台上发展。

该理论提出的基本观点是客观存在的，但是公平本身却是一个相当复杂的问题。公式中的几个参数都是凭借个人的感觉测算出来的，每个人的预期有差别的情况下感觉也是不同的，所以同一个绝对数在不同的组织成员那里得到的测算值有差异就很正常。公平与不公平还要受到各种主观因素的影响，事实表明公平感与诸多因素有关：包括个人主观判断、个人所持的公平标准、绩效的评定方法等。多种因素的存在导致公平问题实际上是一个非常复杂的问题。这并非是通过一个公式就能够简单地进行表示的。所以管理者在运用激励手段对员工实施激励的时候，需要尽量全面地考虑问题，要注意到：影响激励效果的不仅有报酬的绝对值，还有报酬的相对值，这个关系一定要在不同员工之间处理好；激励时应力求公正，要避免由于主观判断误差所造成的严重不公平感，对员工进行激励的时候应该尽量避开主观因素的影响；应注意对被激励者进行公平心理疏导以便形成正确的公平观，避免因为激励措施不当而产生矛盾。

（三）行为改造理论

行为改造理论主要从人们行为变化的角度进行研究，讨论使得人们的行为由消极变为积极的方法。专家研究得出结论认为：当人们的行为结果有利于自己的时候，人们行为趋向于增加，而当行为不利于自己的时候则这种行为则趋向于减少。人们的行为总是以利己为中心的。比较典型的理论包括斯金纳的强化理论和亚当斯的挫折理论。

1. 强化理论——斯金纳

强化理论是建立在操作性条件反射理论基础之上的。该种理论主要从解释人们行为的外部环境角度来解释人们的行为，对于人们行为方向的解释主要通过行为目标以及行为结果的奖惩两方面进行。在实际工作中通过强化措施改造人们的行为的类型主要分为四种：强化、弱化、惩罚、衰退。强化即当组织成员的积极行为发生后管理者通过物质或者精神激励的方式对该种行为进行肯定，从而使得该种行为进一步得到强化的过程；弱化即组织成员预先被告知一种不符合要求的行为可能引起的后果，组织成员刻意避免这种不符合要求的行为可能造成的尴尬后果；惩罚即当组织成员已经发生了消极的行为并对组织造成了损失后组织对其进行相应惩罚的行为；衰退即当组织成员的某种行为发生后管理者对其没有任何表示，该组织成员的这种行为由于没有被得到承认而自然消失的过程。在如上四种类型中，强化是管理者经常用到的，进而推演出了各种不同的强化方式。强化方式是根据组织成员行为差异而进行的奖惩方式。按照强化的差异可以分为连续式强化和间歇式强化。连续式强化是指员工每次发生的行为都得到强化。间歇式强化是指员工的每次行为不一定都能够得到强化。间歇式强化又可以分为固定间歇式强化和可变间歇式强化两种类型。固定式强化是指经过一个固定的时间后所给予的强化，变间歇式强化是指时间长短不固定的强化，时间可长可短，没有一定的规律性。

2. 挫折理论——亚当斯

挫折理论由亚当斯提出，主要研究人们的行为没有达到目标而受到挫折的一种状态。挫折是指人们在从事某种活动过程中，由于受到阻碍而使得目标没有实现而出现的心理紧张状态。挫折所引发的心理反应是多种多样的，一般可以分为两种：建设性的行为和破坏性的行为。建设性的行为一般包括积极升华、更加努力、重设目标以及寻求补偿等几种形式。总而言之建设性的行为就是“化悲痛为力量”。破坏性的行为包括：折中调合、反向行为、寻找借口、推诿责任、畏难退缩、逃避现实、心理变态、心情压抑、想入非非、幼稚举动、殃及无辜、自暴自弃。总而言之破坏性的行为就是“破罐子破坏”。建设性的行为给当事人以警醒，让组织成员“从哪里摔倒就从哪里爬起来”。而破坏性行为最后的结果就是“萎靡不振”，从此走下坡路。专家认为产生挫折的原因是多方面的，概括起来包括客观方面和主观方面。客观方面的原因主要包括：政治、经济、法律、习俗。这些方面都会约束当事人的行为从而使得当事人在做事情的过程中受到挫折。主观方面的原因包括个人的体力、智力、容貌等，这些方面都会在一定程度上对组织成员产生这样或者那样的影响，导致个人追求的目标无法实现。挫折理论的重要意义在于让管理者及时发现员工的动向，管理者在施政过程中朝向自己的管理目标及时把握方向，对符合组织要求的员工行为进行强化，以保障组织的高效运行。

四、激励手段

为了激发组织成员的工作积极性，管理者就需要采取多种激励手段激发员工的工作动因，将员工的个人目标与组织的发展目标紧密地结合在一起。让员工在为组织的发展做出贡献的同时也得到相应的报偿，这样就会使得组织成员能够保持持久的工作动力。

自从梅奥做了著名的霍桑实验并用其提出的人际关系学说改变了人们单纯用经济人看待员工的思维定势以后，在激励员工工作积极性方面就有了更多的探索。除了金钱激励外，人们更多地关注其他的方式对员工进行激励。管理过程中的激励手段多种多样，包括物质激励、精神激励、职工参与管理以及工作丰富化等多种方式。① 物质激励。员工到组织中谋职，首先要得到物质回报，借以满足自身的基本生活需要，所以用金钱方式激励员工往往能够达到一定的效果，企业可以通过奖金、优先股、股票期权以及红利等方式对员工进行激励。② 精神激励。虽然物质激励对绝大多数员工而言可以达到很好的效果，但精神激励也非常必要。

（一）工作激励

工作是员工借以进行自我发展的根本，通过理顺工作关系、丰富工作内容、规范工作制度等多种方式都可以达到对员工进行激励的作用。通过工作对员工进行激励的方式有多种。其中比较典型的方式包括：① 人岗匹配。将合适的人配置在合适的岗位上，就能够使人才的工作积极性提高，从而达到“人尽其才，物尽其用”的目标。“人岗匹配”就是让合适的人做合适的事。按照泰罗的第一流工人原理对员工进行工作配置，让员工做其合适的工作，使员工在其工作岗位上能够尽量发挥自己的特长并且要与员工自身的兴趣相结合，在员工的职业生涯中既实现了自身的愿望也达到了组织的要求。② 目标高远。树立更加高远的目标可以激发员工的斗志。按照马斯洛的需要层次理论，人们在满足自身的基本生存需要后就要逐渐追求自我实现，人们通过自身的努力不断实现自身的愿望，员工就会觉得自身的付出被管理层所认可。职工或者组织有无高远的目标对个人或者组织的成长有很大的影响。组织为员工树立更加高远的目标就意味着组织对员工的要求更高，员工于是在工作中会有急迫感，利于员工超越自我。③ 任务挑战。让员工完成的任务稍微高于自己的现有能力，这样会使员工不断提高自己。挑战性的任务能够激励员工的奋斗精神，尤其是年轻员工最容易面对挑战性的工作任务，所以可以让员工不断接受具有挑战性的工作，并使挑战与收益对等。④ 发展机会。给有成长潜力的员工更多的发展机会，通过培训或者学历教育等方式为员工创造更多的求知机会。使得员工在企业的发展中感觉有更多的成才机会。让员工在组织中感觉到在不断进步。⑤ 工作竞赛。在工作中周期性地开展“技术比武”，让员工在相互竞争中得以学习和提高，让优秀员工的技艺毫无保留地呈现在全体员工面前，使普通员工大开眼界，员工“足不出户”就能够不断提高自己。

（二）环境激励

适当的环境建设也可以对员工产生激励的作用，在管理实践中通过环境建设对员工施加的激励作用主要表现在：① 参与机会。让组织成员有更多的机会为组织的发展进言献策，这样的成员会更加有主人翁的感觉。让员工有更多的知情权和表达自己心声的机会，加强企业的民主管理并施行严格的责任制度，组织成员会认为：更多的参与机会就意味着更多的发展机会。② 完善规制。制度是企业生存的基础，没有合理的制度就会使员工觉得失去了奋斗的方向。组织成员就不知道该做什么、不该做什么、怎样做事和做多少事。规章制度的最重要之处在于为企业的所有员工提供了共同的行为规范和评价标准，制度在先行为在后，员工就会觉得有奔头。员工就会尽力施展自己的才智，使得组织目标与个人目标相一致。制度设计的重要内容体现在企业的用工制度、用人制度、奖惩制度以及晋升制度等，制度是在约束人也是在激励人，是员工在企业中成长的要件之一。③ 榜样示范。榜样的作用在于为员工提供了一个行为标准，员工在做事情的时候就会由一个比较具体的模板。榜样示范的作用不仅在于为普通员工提供了具体而生动的参照，还在于让榜样员工受到很大的鼓励，因为自身成为榜样就是管理者对榜样员工为企业做出贡献的认可，普通员工做出同样的贡献也会得到管理者的认可，员工的行为标准由抽象化为具体。所有的榜样的前身都是普通员工，员工在了解了这些榜样的“发家史”的时候，就会明确自己的奋斗方向，从而脚踏实地地从一点一滴做起。④ 荣誉诱导。“人性理论”中的社会人假说虽然阐明了员工工作不单单是为了经济利益的观点，但离开经济利益而单纯强调精神激励也会显得非常软弱无力，只有精神激励最终能够转化为物质激励后才能最终对员工形成激励影响。容易自燃就是将精神激励与物质激励结合在一起的一种激励方式。荣誉诱导的方法多种多样，包括表扬、荣誉称号、奖品奖章等。不但使得受奖人得到了物质方面的奖赏，还可以让其感到无上的光荣，满足获得荣誉的员工的自尊的需要。

五、激励实践中应该注意的问题

在管理实践中既不能单纯利用物质激励，也不能单纯利用精神激励，而是要将物质激励与精神激励很好的结合起来。① 激励目标相结合。目标设置必须同时体现组织目标和员工需要的要求。② 注意引导性。通过合理地引导将激励措施转化为被激励者的自觉意愿，从而达到激励效果。③ 激励应适度。适度激励包括两层含义：激励的措施要合理；激励过程中的奖惩要适度。④ 激励应该明确。明确旨在目标明确、激励措施应公开、激励的指标要直观。⑤ 激励要注意时效性。及时的激励可以使员工的创造力尽量发挥出来。⑥ 要注意激励的方向性。激励可以分为正激励与负激励，正激励就是对员工的符合组织目标的期望行为进行奖励。负激励就是对员工违背组织目的的非期望行为进行惩罚。在激励措施实施的过程中要注意正负激励同时实施，达到较好的功效。⑦ 激励应对症下药。即激励要符合员工的需求。员工的需要因人而异，只有满足最迫切需要的措施效价才会高，有针对性地采取激励措施可以达到更好的功效。

本章思考题

1. 简述激励的含义？
2. 有关激励的理论有哪些，简要阐述其主要内容？
3. 激励的主要作用是什么？
4. 激励的主要手段有哪些？
5. 在实施激励管理的时候应该注意哪些问题？

管理故事

故事1：激励有道——看录像前后的反差

专家曾经进行过这样一个实验。在两只球队经过集训并比赛之后，发现两只球队各有胜负，为了使得接下来的比赛更加精彩，于是专家决定将双方比赛的录像分别给两个球队观看，以便从录像中发现本球队在比赛中失利的原因。但是在给两队录像材料的过程中有所不同。给第一支球队的录像带全部展现了队员在比赛中出现的失误；给第二支球队的录像带全部展示了队员在比赛中的精彩表现。两个球队在分别看了录像带后都在不同程度上提高了自己技艺，然后又开始进行新一轮的比赛，大家都希望两个较前一阶段与更加精彩的表现。但是比赛结果出乎人们的预料。第二支球队以绝对的优势战胜了第一支球队。在第一阶段的比赛中本来两支球队势均力敌，但是在经过一段时间的休整并看录像带后，两支球队的表现与先前有很大的差别。专家后来对其中的原因进行了分析。将注意力全部集中在过失方面，就会使队员产生厌倦和疲惫，队员于是会感觉到自己一无是处，从而在进一步的比赛过程中感觉到身心疲惫、无精打采，从而有更多的机会是失败的。相反如果将注意力主要集中在队员的优点方面，则会进一步诱发队员的激情和自信，从而使得员工在比赛过程中的表现更加积极和上进，这样的参赛队伍在比赛中的胜算就会多一些。

专家的这个实验具有非常重要的意义。在一个组织中，管理者如果更多对成员的过失加以关注，以致让组织成员感觉到自己一无是处，组织成员在向目标前进的过程中就会感到泄气。但是避开这些缺陷而主要在队员面前展示其优点的时候结果就会很不一样。管理实践中有一个定律即“翁格玛丽效应”。“翁格玛丽效应”的本意就是心理暗示：你很行，你能做得更好。自己给自己打气或者别人给自己打气可以增强当事人的信心。在当事人被表彰和得到嘉奖的情况下会不断地追求进步，而未受表扬者也会被给予心理暗示，只要你努力，机会肯定会降临。

玛丽是美国一位大器晚成的女企业家，其开办的玫琳凯化妆品公司二十年间由开业时的九人发展为拥有上万人，年销售额数亿美元。玛丽指出企业的成功法则是：管理者鼓励员工的最好方式是敢于和善于提出表扬。“翁格玛丽效应”实际上就是管理者对下属的信任度和期望值。下级取得了成绩时上级要及时给予鼓励和表扬，员工会在领导对自己的表扬中感到领导对自己的信任和看重。于是在管理者与被管理者之间建立起相互尊重与信任，而这对一个团队的成长是非常重要的。当然在表扬之余管理者也要看到下属的错误，当下级出现失误时更需要“翁格玛丽效应”的激励，“翁格玛丽效应”的方法是：“首先不要谈错误，要先看看哪些地方做得挺不错。”在表扬了优点后再提出批评意见，而在批评之后又给予表扬。玛丽将这种方法称为“先表扬—后批评—再表扬”。“翁格玛丽”效应作为成功的心理暗示事实表明在管理过程中发挥了很重要的作用，这种工作方法会使员工在以后的工作中加倍努力。

在管理中一般的管理者很容易看到自己下属的不足，于是习惯于依托自己的权势对下属进行批评。所以管理者在下属的眼睛里的形象就是挑刺的代言，下属为了保住自己的饭碗，往往忍气吞声地接受下属的批评。姑且不管管理者批评得是否对，下属在管理者眼中总是一无是处就注定了管理者与下属之间不会形成很好的合作关系。久而久之下属就逐渐演变成为了管理者完成管理目标的工具。管理者与被管理者之间的隔阂一般是由管理者方面造成的，管理者或者是为了展现自己的权威或者是为了压制下属，管理者的传统形象就是对下属的“管”而不是“理”。

“好的越来越好，坏的越来越坏”这种优点和缺点逐渐放大的效应在日常管理中经常出现。幼儿园的小朋友如果偶尔做了一件好事，老师于是对其进行了表扬，可能老师做这件事情是不经意的，但对小朋友的影响会很大，小朋友于是就会知道做类似的事情就是在做好事，小朋友于是会做更多类似的事情，以期得到老师更多的表扬，老师对其表扬越多，小朋友做好事的愿望就会越强。这些小事情在小朋友长大之后也许会觉得非常幼稚，但在潜移默化中会影响小朋友以后的做人准则。老师对小朋友的表扬实际上就是一种心理暗示：做类似的事情在以后还会得到表扬。小朋友为了得到更多的表扬就会做更多的类似事情，所以做好事的同学做的好事就会越来越多，而没有得到表扬的小朋友则缺乏主动寻找做好事的机会，以致做好事的数量远远小于做过好事的小朋友。同样，渔民很多时候利用鱼鹰捕鱼，鱼鹰是捕鱼的高手，在每次捕捉到鱼后渔民都会对鱼鹰喂食，捉到小鱼时喂食较少的食物，捉到大鱼时则喂食较多数量的食物，这样的激励方式显然是对鱼鹰的暗示，捕捉到大鱼可以从主人那里得到更多数量的奖赏，于是鱼鹰多倾向于捕捉大鱼。

无论是鱼鹰还是小朋友，在潜意识中受到心理暗示的影响，在这种暗示的影响下发挥正向激励的作用，好的行为不断得到加强。企业管理中管理者也应该将这种心理暗示作为一种较好的管理艺术并施展到员工身上。管理者应该适时发现员工的长处，不要矜持于“适时地表扬自己的属下”。因为管理者可以居高临下，对员工的各种表现一目了然，员工可能还没有发现自己身上的某个方面是亮点，但经过管理者的点播可能就会刻意在该方面发展，以后就有可能成为组织在这方面的专门人才。暗示在本质上就是一种激励方式。激励的方式多种多样，包括物质激励也包括精神激励，但精神激励最终只有能够转化为物质激励才能够使得激励措施发挥激励作用。暗示激励很多时候较直接激励发挥的作用更好，因为暗示体现了员工之间的一种心理沟通，员工不仅认为管理者在某些方面对自己注意，更重要的是“管理者在心里有自己”，员工的这种心理感觉是多少金钱都不能买出来的。

“翁格玛丽”效应是管理者通过含蓄的方式表达自己对下属的期望值，员工在某些方面已经有一定的表现但表现并非很好的时候管理者会暗示其向更好的目标看齐，于是会激励员工更加奋发努力。在员工在实际工作中出现失误时，管理者会暗示其尽快进行改正，而并非强硬地进行指手画脚，员工会更加容易接受。心灵沟通和管理者含蓄地表达自己的期望值是员工容易接受的。“表扬—批评—表扬”的管理艺术更加使得员工容易接受，不但使得员工看到自己的优点和进步，而且看到自己的失误和不足。使得员工在总结经验中前进，不仅使得管理者的成本降低，而且能够激发组织的凝聚力，使得组织的进步效率更高。

故事2：宽以待人——油灯和蜡烛的对话

整个小区由于线路故障原因全部停电，主人只好拿出蜡烛和油灯点燃。蜡烛与油灯相隔不远。红色的蜡烛亭亭玉立，被主人放在非常精致的烛台上，放射出漂亮的光环。主人将油灯放在了一个古老的灯台上，灯台安放在屋子的一个角落里，油灯蹲在灯台上放射出悠远深邃的光芒，似乎在向人们诉说着其悠远的历史。蜡烛根本看不上油灯，说："看你那古怪的样子，腆着一个大肚子，样子没有我好看而且光芒也没有我的亮，在我的面前难道你就没有丝毫的内疚吗？"听了蜡烛的话后油灯一点也没有生气的样子，说："虽然你的样子很好看，但燃烧完之后你就会随着光芒而消失，而我不同，我的肚子虽然很大但却有着一颗包容的心，任何可以燃烧的东西都可以放到我的肚子中实现其燃烧的理想，我只是用以实现别人愿望的媒介而已。"

油灯继续说，只要在燃烧中能够发出耀眼的光芒的东西我都可以帮助其实现愿望，我燃烧的不是自己，而你虽然样子好看，但每每燃烧的都是你自己，你只是在实现自己放射出光芒的愿望，别人无法借助你实现自己放射光芒的愿望，所以你虽然比我亮，但终究属于孤芳自赏，因此永远也不会得到别人的帮助，你燃尽的时候你也将会随着光芒的消失而销声匿迹。油灯的话使得蜡烛很不耐烦，蜡烛于是更加高傲地站在烛台上放射出较先前更加耀眼的光芒。但是随着时间的推移蜡烛需要面对严酷的现实，蜡烛变得越来越矮而油灯还是没有任何变化。蜡烛终于被燃尽，随着最后的一滴眼泪掉落在地上其光芒也消失了。在灯油快要燃尽的时候，主人马上为其加满了油，油灯于是继续将那悠远深邃的光芒照射在屋子的各个角落。

故事中蜡烛与油灯之间的对话非常发人深省。传统的故事中一般没有对油灯和蜡烛进行过这样详细的区分。大家一般都是非常赞扬蜡烛的牺牲精神：燃烧了自我，照亮了别人。但在油灯面前蜡烛表现出了自己的高傲，由于自己的外形美观，光亮更强而使自己具有了胜过油灯的骄傲。但是蜡烛从来没有看到自己的不足，这些不足是通过油灯之口讲述出来的。油灯具有帮助他人实现其光芒四射的愿望的品质，但蜡烛却只知道放射自己的光芒。蜡烛会因为逐渐燃烧而变矮最终逐渐消亡，但油灯却不会发生这样的情况，会随着悠悠岁月而慢慢将自己刻上时代的印痕。自己不但不会随着时间的推移而消亡，而且还会因为自己是历史的见证而身价倍增。当蜡烛被燃烧掉之后主人会用一只新蜡烛取代之，而灯油燃烧完之后主人会为之填满灯油，让其继续耀眼四射地放射光芒。正像油灯所说，蜡烛由于只会实现自己放射光芒的愿望，所以在蜡烛消亡后也不会有人对之记起，从这个角度而言油灯认为蜡烛是自私的。正是由于这种自私也使得蜡烛感到自己在油灯面前孤傲不逊，而这一点是油灯所不齿的。与蜡烛相比，油灯认为自己的包容之心才是君子所为，利用自己这个丑陋的外表，可以容纳所有的具有能够燃烧的东西并让所有的这些东西在自己为之创造的平台上光芒四射，正是由于自己具有了这样的品质，才会使得主人时刻关注着油灯的状况，只要灯油快要用尽的时候主人就会将灯油及时填满，以便保障油灯能够永续的光亮下去。

油灯的谈话很有道理，虽然样子丑陋，但能够给别人做很多事情，而这些事情正是别人所需要的。油灯的助人为乐行为值得赞扬，相反蜡烛的自私行为就值得遏制。油灯和蜡烛事实上代表了组织发展中两种不同的成员。在一个组织中，组织成员之间会因为地位、利益、名誉等多方面的原因产生竞争，但是管理者在这期间具有非常有利的条件。管理者具有制定制度的权力。将制度设计得有利于哪些组织成员是管理者需要考虑的。管理者完全有足够的机会让自己在所有的组织成员面前声名显赫，在这样的制度设计下所有的组织成员都需要为点亮自己这盏灯而忙忙碌碌。

将一切发展机会都据为己有从而剥夺了其他组织成员的发展机会，在管理者与被管理者之间就会形成情感隔阂，管理者的"今朝有酒今朝醉和有权不使过期作废"的思想，会使得企业经营行为短期化。组织成员会因为有这样的管理者而不幸，没有任何组织成员希望这样的管理者能够连任。当管理者从自己的宝座上退下时自己也就会变得暗淡无光，就像故事中燃尽的蜡烛一样。"油灯式"的管理者就不然了，可以在组织的发展中为组织中的所有优秀的成员创造相对宽松的平台，每个成员只要有自己的一技之长就会在组织中具有发光的机会。这种组织中的管理者具有海纳百川的心胸，能够牺牲自己的利益为组织成员的发展搭建起很好的平台，自己因为帮助别人所以别人也会关注自己。在自己的成员都能得到很好的发挥的时候，自身的价值也得到了升华。

就像故事中的油灯一样，油灯本身传承了历史，主人在看到油灯时就看到了自己的过去，虽然随着时间的推延油灯会逐渐淡化其往日的光辉，但由于其对主人的价值犹在，所以主人就会不断地关注灯油并不断地将灯油注满。油灯虽然逐渐变老但其因为有着足够的燃油，所以会将自己的光芒永远持续下去。组织中像蜡烛一样的管理者由于缺乏群众基础，虽然在其燃尽的时候会掉落下最后一滴眼泪，但这并不能引起他人的同情，因为正是由于蜡烛只顾放射出自己的光芒的自私，导致后人不能对之进行怀念。所以管理者一定要为组织成员的发展创造条件并将其以制度的方式确定下来，管理者的奉献精神不仅会在组织成员中间树立旗帜，关键是在其管理下可以为组织和组织成员的发展创造好的条件，让所有的成员都能够具有展示自己的平台。灯油可以烧完但油灯继续传承下去，表示了组织文化可以继续传承下去，"油灯"可以得到来自各方面的支持，这样的组织的竞争力将会很强。组织中的管理者应该多一些油灯精神，管理者需要通过适当的方式激励组织成员做"油灯"。

经典案例

案例1：高薪水与高效率不能划等号

案例简介

M公司是一家经营机械产品的公司，在创业初期公司从员工到高层领导志同道合，每个人都经常免费加班加点，大家心情都非常舒畅，看着公司一天天成长起来，元老级的那些员工都感到无尚荣耀。公司的规模也逐渐发展起来了，逐渐从原来的几十人扩展到现在的上千人。原来只有几十个人的时候，大家对每个人都非常了解，就连谁家中午饭吃的是什么都了如指掌，大家每天拉拉家常，虽然钱挣得不是很多，但人们在工厂的干劲都非常足，并且心态也比较平和。随着公司规模的扩大，公司的实力在逐渐成长，大家挣的钱都比原来翻了很多倍，但人们渐渐地发现，人们之间虽然交流的多了，但是交心反而少了。公司的领导已经明确感觉到，人们的工作积极性越来越低，大家开始更加注重一些鸡毛蒜皮的事情，人们在利益方面的勾心斗角使得公司的人际关系不再像原先那样容易相处。公司的老总安江为了改变公司的状况，在不断参加一些培训班的同时，还买来了大量有关经营管理方面的书籍，希望能够通过多种方式找到解决目前公司问题的钥匙。在阅读有关书籍的过程中，安江发现很多专家都提到高薪与高效之间的关系。松下幸之助就非常关注这两个层面之间的关系：经营的原则应该是“高效、高薪”，但是高薪应该以高效为前提，否则高薪也不一定能够带来高效。安江认为，公司相比十多年前确实发生了很大的变化，人们的工作条件以及薪水待遇等都有了很大的变化，但是仍然存在如此多的问题的原因可能就是人们还是认为待遇比较低，为公司的发展多出了力但并没有得到相应的回报，所以应该对员工论功行赏。在M公司实行高薪之后马上就见到了成效，一些有头脑的员工纷纷为公司的发展进言献策，公司的部门管理者的劳动热情也高涨了起来，平时上下班的时候就连一些不知名姓的员工也开始向自己打招呼了。安江认为这是大家对自己工作认可的表示。但是这样的好景象并没有持续多长时间，好情况还没有持续两个月，所有的人又都回到了老样子，明争暗斗的问题再度上演。高薪并没有换来公司的高效率，安江对员工的行为感到不解。安江也对下一步的工作感到茫然。员工的工资已经很高了，总不能进一步涨工资吧。安江已经意识到，公司出现这种情况的根本原因并不在于工资本身，而在于公司的管理制度出了问题，为了改变公司的运行状况，安江觉得应该在公司内部进行一次较大规模地制度调整，在将管理制度变得更加人性化的同时能够做到高薪能够带来高效。

案例分析

M公司高薪并没有带来高效，这个问题并不是只在M公司中存在，实际上很多公司在日常运行中都可能会遇到这种问题。公司从创业初期到成长为大规模的企业，人们之间的人际关系在变化、利益关系也在变化。在公司规模较大的情况下，如果还是单纯依托既有的“情感关系和熟人关系”就不能再奏效了，因为高层管理者在日常管理中不可能与众多的普通员工接触，也不可能做到对每个员工非常了解，这时候公司的运转就需要依靠制度进行维护，而M公司的老总安江恰恰没有做到这样一点。

（一）薪酬制度不完善

从M公司的薪酬发放方式看，并没有形成比较完善的薪酬发放制度。随着公司的成长所有组织成员的薪水都得到了增长，公司只是根据员工的长幼以及官衔的高低发放薪水，这种最为原始的薪水发放方式在其他公司中已经逐步淘汰了，但是在M公司还一直奉为圣典。虽然大家拿到的工资都普遍较高，但是员工之间的相互比较还是少不了的。每个人看重的是对公司具有相似或者相同贡献的人的劳动付出的差别，如果差别过大则劳动付出较多的人就会有消极怠工的情况发生。M公司在工资发放过程中单纯想到了员工的薪水绝对额的上涨，而没有更多地顾及到不同员工之间薪水的相对水平。在员工看来这实际上就是公司在制度上否定了不同员工对公司贡献的差异。员工非常看重这种差异，优秀的员工不但希望这种差异能够得到公司的认可，而且还希望公司能够在制度上给予认可，而给予认可的最好方式就是在薪水上表现出来。公司的整体薪水虽然比较高，但是由于这方面的制度建设不尽完善，严重存在“多劳者不多得、少劳者不少得”的问题。涨工资是对所有员工的普遍“奖励”，这种普遍“奖励”并不能给任何一个员工带来荣誉感。所以在所有员工呈现一片“高兴景象”后没有多长时间，就又回到了原来的状态。员工在这种心态下就会认为回到既有的工作状态是理所应当的事情。

（二）管理工作虎头蛇尾

M公司的老总安江的思维方式实际上还是停留在传统经济状态：只要给员工开高工资员工就会高兴进而就会为公司做出更大贡献。现代人的工作自觉性已经不如以往，传统经济条件下不用说给员工涨工资，即使单单在公开场合表扬其几句话，就能够让这个被表扬的员工激动半年，并且不辞劳苦地为公司做贡献。现代人需要背后有个小鞭子，鞭子抽一下员工就会往前挪一下，没有了小鞭子马上就会松懈下来。M公司在管理制度上就是缺乏了这样一个“小鞭子”。单纯发钱而没有在发钱之后进行相应的管理，致使所有员工都成为了只管收获不管播种的“不劳而获”者。在加薪的时候大家一窝蜂都来了，而且个个都是笑脸，在拿完钱之后就忘却了自己的本职工作。高薪与高质量的工作并没有对称起来。M公司在涨薪之前并没有为员工讲明道理，也没有对涨薪之后的员工工作提出要求。公司默认所有员工都是努力工作的，认为其在拿高薪之后就会更加出色地完成工作，但这种假设实际上不成立的。按照管理学的人性假设，员工是“经济人”、“社会人”、“复杂人”、“自我实现人”。M实际上是在用自己对员工的心情换取员工对自己的心情。但在管理实践中“雇主与工人之间的精神变革”的境界是很不容易实现的，在老板监督不到位的情况下，员工就会通过减少工作付出的方式对抗管理者。在监督制度不完善的情况下，安江实行的高薪政策实际上就是“剃头的挑子一头热”。

（三）只重奖励不重惩罚

只注重奖励不注重惩罚的管理措施最终使企业会变成“大帮哄”，在这种情况下任何人做事都不会有章法，每个人都会按照自己的一套行事。说到底这不是员工自己的问题，而是管理者在管理制度的设计上出了问题。管理者的责任在于出台制度并让组织成员认可，然后按部就班地执行。M公司在看到员工工作态度出现问题的时候，首先想到的是给员工涨工资，而这时员工的工资已经非常高了。并没有在惩罚方面做文章。虽然有些时候惩罚只是一种形式，但在员工出现了相关问题的时候就不再只是形式。惩罚制度的设计目的并不是让员工受到惩罚，而是让员工时刻绷紧一根弦按照公司的制度行事。只要按照公司的制度规范行为自己，公司所有的制度都是形式。公司忽视惩罚方面的制度设计，说明M公司在制度的整体设计层面还是不完善的。这种不完善的制度设计背后可能引发一连串的问题：公司的岗位设计、考核制度、人事任免、评优方法等，所有这些方面实际上都应该与薪酬发放联系在一起，这些方面的问题就说明公司在薪酬设计层面存在依据不充分的问题。以不充分的依据对员工进行薪酬设计，员工不明白自己得到相应薪水的原因。这种情况就会造成员工“莫名其妙拿工资，糊里糊涂干工作”的状况。在各种制度都比较模糊的情况下，员工就会将眼睛集中在薪水上面，只要自己的薪水稳中有涨，别的事情都是不重要的。员工的工作效率就可想而知了。

（四）激励方式较为单一

M公司的老总安江考虑激励员工劳动积极性的方法就是涨工资。这种方法虽然在所有方法中是最重要的。激励的目的是为了让员工工作具有积极性，在员工的收入已经较高的时候，给员工稍微加薪后形成的效果与员工低工资时加薪相同的数量所带来的效果相比较，前者更大一些。既然M公司的薪酬水平已经较高，如果加薪不是幅度很大，就不能给员工带来多大的震动。事实表明M公司的员工对于这次涨工资只是表现出“五分钟热度”，老总涨工资的目标是为了达到长期激励的效果，但是最后的结果是“水过地皮湿”。这次涨工资对于收入较低的阶层的员工而言也许有一定的效果，但是对于管理层以及收入较高的阶层而言激励效果就较弱些。但是如果管理层的工作积极性没有得以提高，这些管理层手下的员工就很难达成长效的激励。用涨工资的方式对所有员工产生激励作用未免激励方式过于单一。整齐划一的激励方式对于某些人能够产生激励作用，但对于另外一些人就不能发挥作用，所以这次涨工资的激励效果就会严重缩水。涨工资只是对所有员工进行普遍地涨，也没有一个详细的条例，期间没有对资历和贡献进行区分。这就会造成在员工表面高兴但在内心具有潜在的不公平感。M公司在激励制度设计的过程中没有将物质激励和非物质激励进行适当地叠加。虽然基层员工的物质激励得到了一定程度的需求，但是中高层管理者的精神激励需求没有达到满足，普通员工虽然干劲得以拉动但管理者并不买账，这就造成“皇上不急太监急”的局面。M公司的劳动效率不能得到整体提高。

（五）未吸取员工建议

工资制度调整一向是自上而下进行的，在公司业绩较好的情况下，管理者在涨工资之前只需要在公司的常务办公会上做一个简要的讨论，然后就付诸执行了。老板所看到的是公司所有人的工资上涨了，但普通员工的关注点与老板是有很大差别的，员工所关心的是在这次涨工资中自己多拿到了多少。当员工感觉到自己上涨的工资数量较全公司的平均水平为低的时候，就有吃亏的感觉。在管理者看到公司员工的工资普遍上涨而认为员工应该普遍高兴的时候，结果见到的是部分员工高兴而另外一些员工不高兴，“几家欢乐几家愁”的结果原因就在于公司在涨工资之前没有征得普通员工的意见。一般认为，公司中的普通员工较管理者对公司的贡献小，但公司中普通员工的数量最多，虽然每个人自身不能代表公司，但作为一个整体就代表了公司。这些数量最大的普通成员为公司的发展做出了贡献，但在分享劳动成果问题上却没有表决权甚至是发言权。没有充分考虑民众的意见就会导致薪酬制度不符合公司的实际情况，很多管理者注定要在新一轮涨工资的过程中分得更多的“蛋糕”，这些游戏规则的制定者同时又是游戏结果的享受者，自然就会将薪酬制度设计成更加有利于自己的方面。管理者设计工资制度与普通员工考虑的方式是不同的，将员工的意见考虑到工资制度中去就会更加体现工资制度的合理性。普通员工考虑问题的时候主要着眼于微观角度，虽然考虑的问题会不全面，但会将工资制度设计中存在的问题暴露出来，进而就会使得工资制度在出台伊始就会比较完善，并赢得公司各个层面成员的认可。

对策分析

为了使得M公司尽快转变目前的运转状态，正像老板安江所考虑到的，必须从公司的管理制度着手进行完善，只要公司的制度理顺了，即使没有涨薪员工也会表现出较目前更强的干劲，从而达到让愿意干活者多干活，让不愿意干活者愿意干活，让没有干活者开始干活。为了达到这样的效果，需要从以下几个层面考虑公司的制度建设。

（一）合理薪酬制度

前文述及，M公司的薪酬制度存在问题，需要对现有的薪酬制度进行调整。首先是调整薪资配给结构。公司目前的薪酬水平已经比较高，这种高并不完全是合理的高。从案例中员工的反映情况看是产生了高的大高低的小高。在小高与大高之间并没有实现高工资高激励。为了改变这种状况M公司首先需要做的事情应该是调整员工的工资配给结构。图8-1展示了市场工资、公司调整前的工资以及公司调整后的工资三种工资状态。调整前公司的工资较市场工资水平普遍较高，并且级别和资历都较高的组织成员的工资上涨的速度非常快，其工资的上涨速度远远超过一半员工的工资上涨幅度。资历与贡献处于低、中水平的员工的工资差距不是很大。公司调整后的工资曲线较调整前的曲线更加平直一些，目的在于缩小组织内不同成员之间的收入差距，并且适当提高级别较低的组织成员的工资。同时仍然保持公司总体工资状况超过市场水平。在工资设计中，继续保持公司内部“高资历—高贡献”劳动者的工资水平，使这部分人的待遇在所有人中间要保持较高的态势，以此激励组织中对公司有突出贡献的劳动者的尊重和奖励。但是这样的工资结构调整并没有完全解决问题，因为对于“资历高—贡献低”的员工并没有给予公正的对待，也难按照目前的工资分配方式对于“资历高—贡献低”的员工与“资历低—贡献低”的员工所得到的工资是一样的，这显然是不公平的。所以在按照如上方式进行工资调整的同时，还需要对员工的资历进行补充规定，即按照员工在公司的功罪年限规定最低工资，按照年限分为若干个等级，这样资历高的员工的基本工资就要高于资历低的员工的基本工资，资历低但贡献突出的员工由于贡献非常大，其总工资可能会超过“资历低—贡献低”的员工，这体现了对“资历低—贡献高”的员工的奖励，“资历高—贡献低”的员工就不会有任何怨言。

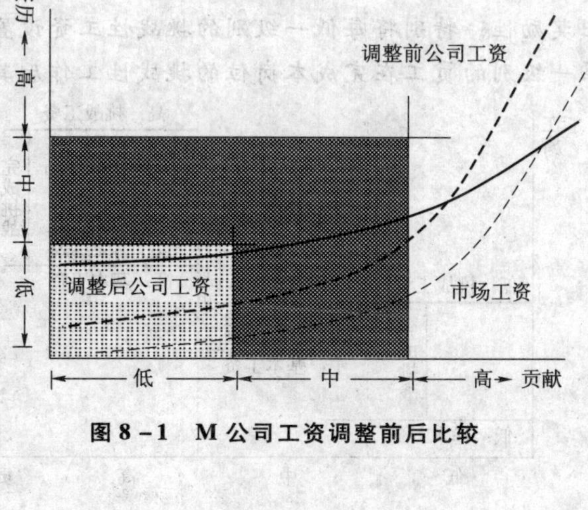

图8-1 M公司工资调整前后比较

（二）岗位风险制度

M公司与目前很多其他公司一样，员工基本上是按照职位或者职称拿工资的。在涨工资的时候为了方便起见就按照职称或者职位涨工资。这种涨工资的方式看起来很顺理成章，但细想起来就存在问题，正像前文述及，这实际上就是光有奖励没有惩罚的工资制度。目前虽然公司中也存在一定的岗位任职资格，但这些任职资格一般都是非常低的。员工基本上还是按照公作年限熬，只要上了一个台阶，这个台阶上的基本条件是很容易满足的。在高“台阶”上即使是混日子也能够拿到数量可观的工资，这是处于低台阶上的员工成倍努力工作也不能够拿到的薪水，为此就需要建立不同台阶上的风险工资制度。在不同“台阶”上都需要将工作区分为基本工作和挑战性工作。基本工作是必须完成的工作，完成这部分工作后就可以拿到对应“台阶”的基本工资，在基本工资之外还设计一个挑战工资，只有完成挑战项目之后才能够拿到这部分工资。挑战工资设计的数额要相对较大，员工为了拿到这部分具有挑战性质的薪酬，就需要付出更多的劳动并且能够体现出自己的真实水平。如图8-2中横坐标按照员工对组织的贡献大小分成低中高三个档次。每一个档次中员工可拿到的工资包括基本工资和挑战工资两个部分。基本工资是具有相应贡献的、相应资历的员工就可以拿到的工资。但挑战工资就不一定了。只有完成了本岗位应该完成的挑战性工作才能够拿到这部分工资，如果员工没有拿到本岗位的挑战工资，但该员工的工作达到了低一级挑战标准，则该级别的员工的工资总额就由本岗位的基本工资和第一级别的挑战工资组成。如果低一级别的挑战工作还没有完成则该员工只能够拿到本级别的基本工资，不再拿挑战性工资。例如，在图8-2中以高贡献员工为例，该级别的员工首先能够稳定拿到高级别的基本工资，在其完成了本岗位规定的挑战性工作后就拿到“高挑战工资”，这样其工资总额就是：高基本工资+高挑战工资。但是如果该员工没有完成本岗位规定的挑战性工作，就可以参与低一级别的员工的挑战性工作的评选，如果达到了相应的标准，则可以拿到“中挑战工资”。这种情况下员工的工资就是：高基本工资+中挑战工资。如果该员工的“中挑战工作”也没有完成则不能拿到挑战工资，其工资总额就是“高基本工资”。图中在挑战工资设计中为了突出奖励性，特别将每低一级别的挑战性工资设置得稍微高于高一级别的基本工资，这样第一级别的员工在完成本岗位的挑战性工作后其拿到的工资总额就会

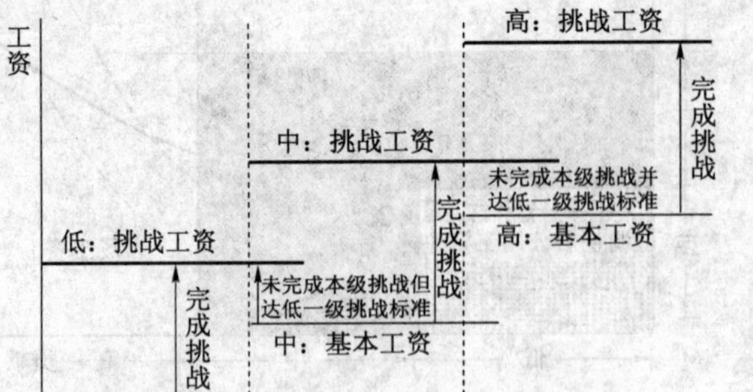

图8-2　岗位风险工资制度设计

高于高一级别的员工，从而达到低岗高薪的效果。通过这种方式就在一定程度上强化了岗位风险，某些人在被提拔为领导干部或者被评为高一级职称后也不应总是拿到这样的工资。上述这样的风险工资制度能够让所有员工都始终绷紧一根线，只要是在工作年龄内就始终要绷紧这根弦，即使走上领导岗位或者被聘为该级别的员工也不能懈怠，因为工资状况并不是一劳永逸的。为了使得工资在稳定性与动态性之间保持相对平衡，M公司可以采取两年一变动的方式。使得成员在这样一个不长不短的时间内可以很好地提高自己并为能够拿到较高级别的工资奠定基础。

（三）建立集思广益的意见采信机制

前文述及，M公司在推行涨工资政策之前并没有广泛采信群众意见，只是管理层给出政策而后职能部门执行而已。因为出台的政策与群众的愿望相悖，所以群众对薪酬政策就不会完全认同。为了更好的推行新政策并能够得到最大多数员工的认同，就需要建立采信群众意见的决策机制。但组织中由于人数较多，且每个员工的个人情况不尽相同，每个人都会以个人为出发点考虑问题。这就需要建立收集群众意见的信息采集机制，然后对这些信息进行分类汇总，信息采集是非常繁杂的事情，可以采用如下方法进行。首先是在M公司内部建立群众意见信息采集中心。该中心挂靠在公司厂务办公室之下并负责专人管理，主要职责是深入到车间基层调查普通员工对公司工资、奖金、福利等于薪水有关的意见和建议。在调查中多听群众的意见而尽量少发表意见，群众的正反两方面的反馈信息都要进行详细记录，并且要对群众的说话态度有记录。群众态度最为激烈的地方就是制度设计最为不合理的地方。其次是建立群众意见越级反映制度。在公司日常经营中，公司的普通员工与公司高层见面的机会都是很少的，群众与高层管理者之间相互都不认识更谈不上了解。所以高层管理者一般都是通过中层管理者了解基层信息，但这些信息都是经过中层管理者进行加工处理过的，信息可能存在严重失真。为了对中层管理者进行牵制并且让普通员工与中层管理者之间有直接对话的机会，应该建立普通员工与公司高层对话的制度，并且鼓励普通员工与公司高层进行直接对话。对于群众不愿直接反应的问题，可以采用匿名意见箱的方式进行。群众将自己要反应的问题简明扼要地写成条子投掷到意见箱中，由信息采集中心在一周内进行处理，并通过公开表态的方式在公开状况下进行解决，对于不合理的意见和建议也要给予回应。第三是建立群众试当官制度。公司在厂务办公室设置一个准决策职位让有能力和敢于挑战管理工作的员工毛遂自荐承担这个岗位的工作，即让有能力并且专业素质过硬的普通员工在这个部门试当官，准决策职位可以对某些日常情况做出预处理，其处理意见不能马上生效，经过厂务会讨论通过之后可以生效。群众不愿意直接反映给公司领导的一些意见和建议可以通过这个平台进行，这样就使得普通群众与公司上层之间具有更加密切的联系了，群众就会将问题更快地反映给公司高层，公司做出的决策也就会更加符合群众的意愿。

案例思考题

1. 案例中为什么会出现“高薪没有带来高效”的问题？

2. 结合案例谈一谈采取激励措施时应该注意哪些问题？
3. 你对案例分析中提出的激励措施有何看法？
4. 请谈一谈如何将物质激励与精神激励达成一致？
5. 如何有效地运用多种激励方式使其发挥最好的效果？

案例2：麦当劳以“六不”观念打造品牌经典

案例简介

麦当劳是举世瞩目的遍及全球的快餐店，在很多国家都可以见到麦当劳的影子。麦当劳的迅速成长是由其独特的发展思路所决定的。在其丰富的管理思想中就包括了别具一格的“六不”理念。“第一不”即“不用‘熟手’”。麦当劳店中聘用的员工大都是刚从校门出来的年轻人，这是麦当劳的经验。麦当劳在聘用员工的过程中宁可用“生”也不用“熟”。因为麦当劳在培训员工的过程中并不是靠理论而是靠经验，这种经验并不是指员工在进入麦当劳店之前要有一定的工作经验，而是要求员工自己在工作中进行经验积累。麦当劳所要求的是一种精神状态而不是恪守窠臼或者教条。先前没有做过类似工作的人，不会在工作中形成既有的思维定势，这样的“生手”在麦当劳中工作时会以学习和与他人合作的态度不断积累经验，从最一开始就抱着合作的态度与他人共事。这样的员工在工作中不会因为先前的工作经验而形成“思维障碍”，麦当劳认为从零做起培养一个员工较改变员工已经形成的既有思维方式更容易一些。“第二不”即“不讲漂亮”。在一般的服务行业招聘员工的时候非常注重员工的外貌，尤其是在选拔女性服务人员的时候，漂亮的容貌是用人单位首先要考虑的。但是麦当劳认为公司选拔的员工而不是选美。一个人的美貌是与生俱来的，这是人们不能改变的事实。但是人们的内在美是在后天成长中逐渐形成的。相对于外在美而言，麦当劳更加注重内在美。麦当劳所雇佣的员工的长相都没有超常的地方，但是所有的员工却都有一个共同的品质即吃苦耐劳和超越自我。“第三不”即“不搞暗箱”。“暗箱”就意味着不公平。为了做到公平，麦当劳会非常全面地为应聘者介绍其应聘的工作岗位和相关工作条件。在员工初试过关后就会在餐厅中进行实习，这个实习过程很重要，因为实习期间的工作环境就是这名员工未来的工作环境。在实习期间麦当劳会派相关人员对实习者进行观察，对每一个实习者在实习期间的工作表现进行评价，在三天的实习期过后公司会决定是否录用这名员工。员工在此期间所得到的评价都是非常客观和公正的。员工在工作期间顺次经过实习助理、二级助理和一级助理等三个阶段，在这样的成长生涯中员工不断得到晋升。麦当劳不会搞暗箱操作，应聘者从上岗的第一天起就会接受一个客观公正的企业文化。“第四不”即“不炒鱿鱼”。麦当劳奉行不炒员工鱿鱼的信条，麦当劳认为本身就是一个培养人的学校，并且首先是一个学校而后才是快餐店，麦当劳认为员工到店中工作不仅是为了谋生，而且是在接受麦当劳餐饮文化的教育。在这种文化的熏陶下，麦当劳认为即使有一天这个员工离开了麦当劳，这个人也是对社会有益的人。如果这个员工将来有了属于自己的店，也会秉承麦当劳文化对社会做更多更加有益的事情。“第五不”即“不搞限制”。麦当劳为员工设计了非常宽松的工作环境，让员工在工作时间上选择自由，应聘者可以当全职员工也可以当兼职员工。在全天的工作时间段内可以任意挑选时间。麦当劳的这一点吸引了很多人才前来应聘。这也为麦当劳从中选择最为优秀的员工提供了可能。麦当劳会在这些员工中发现有潜质的成员，并派其到麦当劳汉堡大学深造，这无形中是对员工的激励，在这种激励的作用下很多优秀的年轻人成为了麦当劳的店长。"第六不"即"不压下属"。不压制下属成为了麦当劳的文化。在任店长如果想得到升迁就必须做到这件事：在目前的店中培养出较自己更加优秀的店长。这样的升迁规则使得每一个管理者都必须精心培养自己的接班人，因为不能培养出较自己更加优秀的管理者，在任的店长就不能得到升迁。在这种文化的影响下，麦当劳中形成了互帮互学和管理者争相举荐优秀下属的文化。这种文化表面上看去是人们心胸豁达，但实际上正是公司在制度设计上充分利用了人们的私立性，使得人们在利益驱使下能够将他人发展与公司利益很好地结合在了一起。

案例分析

麦当劳在用人方面创造了"六不"理念，在这种理念的指引下使得麦当劳的事业蒸蒸日上。麦当劳的"六不"用人策略给人耳目一新的感觉。

（一）管理需要敢说不

传统文化中认为中国是个熟人社会，人际关系在此间起着非常重要的作用。为了营造更好的人际关系氛围，一些管理者总是在做"和事佬"，这种工作状况使得组织发展停滞不前。为了促进组织的发展，管理者需要敢说不。管理者需要用自己的眼睛观察组织的运行状态，发现运行中存在的问题。而不能总是靠自己的下属向自己汇报材料。管理者及时认可下属的成绩有利于激励下属积极努力地工作，但在下属的工作出现了失误或者下属的工作并没有按照组织的发展目标行为自己的时候，表面上看是在努力工作，但实际上却是在浪费各种资源。在这种情况下管理者如果再熟视无睹就不但会影响组织成员的个人发展，而且会为组织的发展造成障碍。最重要的是会在组织中形成一种不负责任的文化。管理者的这种做事风格在公司中的所有员工心中建立起"混日子"的心理预期。公司中由于缺乏了严格的奖惩制度和分辨是非的标准，造成的结果就是"好人不好，坏人不坏，强者不强，弱者不弱"，整个的组织在发展过程中没有波折，恰似一潭平静的死水。这种表面上平静的湖水实际上在水面以下已经开了锅。组织中不求进取的人员在通过不合理的制度，揩努力奋斗的员工的油。最终的结果自然就是"强者不愿意努力工作，弱者不能够努力工作"，整个组织就会长期处于低位徘徊的局面。管理者敢于说不就意味着管理者具有对组织中存在的歪风邪气敢于悬崖勒马的勇气。使得"坏人"感觉到战战兢兢，"好人"感觉到春光明媚。管理者敢于说不就能够在组织的发展中树立正气，组织中的"好人"就会感觉到有面子，"坏人"会感觉到很丢脸，在这样的组织氛围中"坏人"自然就会以好人为榜样，并将组织中的歪风邪气逐渐矫正过来。在组织所有成员中管理者就会成为正义的象征。

（二）重外表更重内涵

在现代经济中，产品为了赢得更大的卖点就需要通过更恰当的方式对自己进行包装，合适的包装使得商品能够更好地吸引消费者，不但能够提升商品的品位而且还可以很好地保护商品。人与商品一样也需要包装，所以在激烈的人才竞争中人才包装也正在成为一个时髦的话题。为了包装自己，企业在选拔人才的过程中很多时候就会偏重外表，但是外表与内涵是两个既相互联系又全然不同的东西。单纯地强调外表而忽视了内在品质就会使企业付出更多的管理成本。麦当劳在选人的方法方面提供了生动的案例。麦当劳认为人的外表是与生俱来的，这在很大程度上是无法改变的。但是人的内在品质是可以通过后天努力得到改变的。麦当劳所看重的正是这些可以通过自身的努力得到改变的东西，不变的东西很多时候可以掩饰一些与其不相称的内在的东西，而只有对那些可变的东西进行很好的把握才能够为组织的发展注入动因。一般而言，人们之间相互接触时首先注意到的是人的外表，因为这是人们最容易展示也是最容易让人观察到的方面，所以为了给别人留下好印象，人们都可以对自己进行打扮，在打扮过程中要尽量掩饰负面的东西。这样一来在他人面前所呈现的光鲜的外表实际上并不是完整信息。人们在展示自己的时候是在用优势的信息掩盖弱势的信息，从而在他人面前呈现的是一个强者的形象。麦当劳在用人的时候不可以强调外表的东西，这样就会使得受聘员工不会将部分精力用在修饰方面，而是将全部精力都用在自己的专业层面，不是注重外在品质的“粉饰”而是注重内在涵养的“修行”。做到这一点需要员工不断锤炼自己，最重要的是要使得自己的发展与麦当劳的要求紧密结合在一起。麦当劳特别强调员工的内在品质，这对于谋求到麦当劳工作的员工而言是非常公平的。大家都可以在不断强化自我中锻炼自己成为组织中的强者。

（三）做透明的金鱼缸

管理学认为管理者在进行管理的过程中要在组织中形成透明的金鱼缸的工作氛围。透明的金鱼缸理论认为：公司中的一切管理事务都要非常透明，不要让人们感觉到管理层行动非常“诡秘”。这不但不利于人们对管理层形成公正的共识，而且还会使每个成员都会对管理者进行猜忌。这样的企业氛围是不利于组织成长的。“透明的金鱼缸”意味着管理层不搞暗箱操作。麦当劳在这方面提供了典范，管理者工作非常透明，管理者的工作原则、工作意图等都非常明了。组织成员可以清楚地了解组织发展的每一步棋。透明的金鱼缸是管理实践中需要管理者坚持的原则，只有这样才能够让组织发展处于良性循环之中。透明的金鱼缸表面上看是一种管理理念，但实际上是一种组织文化。这种管理理念是可以传承的。在任的管理者通过透明的金鱼缸方式对属下进行管理，可以让下属按部就班地完成自己的任务，所有人都可以根据制度行事，只要按照组织制度行为自己就可以得到预期的待遇。透明的金鱼缸可以让组织的所有成员安心做事，不必要在成员之间以及下属与管理者之间进行猜忌。人们会将自己的全部精力放在工作上，员工之间进行比较的是自身的能力而不是人际关系或者对管理者进行趋炎附势。虽然表面上看管理者的权威缩小了，但实际上管理者的威信提高了。管理者在这样的管理制度下就可以安心专注组织发展的大事情，将自己从繁琐的人际关系中解脱出来。自己不会挖空心思对某些成员进行偏袒，而是让员工通过正当方式努力达到自己需要达到的目标，人们自然会将专业素质提高作为自己的动力。

（四）认可下属的贡献

对下属的贡献给予认可不仅可以表现出管理者鼓励下属崭露头角的心情，而且对下属也是一种激励。任何一个下属对组织的贡献都希望得到管理者的认可，因为管理者的认可就是组织的认可。组织成员表面上看是对组织做贡献，但管理者就是组织的代表。

管理者能够及时发现并表扬下属做出的贡献，哪怕是一丁点贡献，都可以对下属形成很好的激励作用。管理者对下属的一个眼神、一个动作等都会对下属产生或多或少的作用。这些肢体语言很多时候产生的效果较声音语言更会有作用。在《三国演义》中赵云从万马军中冒死将阿斗救了出来。随后就有了“刘备摔孩子”的情节，对于这一情节仁者见仁智者见智，很多人认为这是刘备为了收买人心。“收买人心”的含义固然有，但笔者认为这其中还渗透了刘备精于管理的智慧。刘备的这一招就会让赵云实现与刘备的心灵沟通，赵云会从内心感受到刘备对自己是非常爱惜的。以后再次出现了类似事情的时候相信赵云还是会一如既往地保卫刘备。“刘备摔孩子”的时候关键是没有出现任何迟疑，这说明“刘备摔孩子”是出自内心的。当然相信刘备并不会真心将孩子摔死，对于刘备而言爱将和爱子都是同等重要的。在这个情节中赵云的做法恰到好处。在刘备将孩子摔出的时候赵云顺势接住，这使得阿斗安然无恙。这样一来刘备既表达了对赵云的爱惜也能够使阿斗得以保全。赵云与刘备之间得到了深层次的心灵沟通。及时认可下属的贡献是管理者的管理艺术，认可下属的贡献不仅需要管理者足够细心，而且还需要管理者心胸足够豁达。只有管理者具有将自己的下属举过头顶的勇气才能够得到下属的足够尊重。也只有这样才能够在管理者处于“危难”的时候下属才会全力以赴拯救管理者于水火。管理者与自己的下属虽然有地位上的差别，但二者实际上是同一条船上的“难民”。

案例启示

麦当劳的“六不”用人策略给人们在用人方面具有很多的启示，为了企业的发展和更加有利于培养出更多更加优秀的人才，麦当劳提供了宽松的用人环境，这些方面的成功用人方法不仅适合餐饮企业，而且适合一般企业。

（一）避免选人误区

企业选人包括很多方面，实际上从招聘伊始就开始了选人。当确定下来合适的人选后还需要将合适的人配置在合适的位置上。如果选拔到企业中工作的人虽然是非常优秀的，但并没有被安排在合适的岗位上工作，即没有实现“岗得其人，人适其岗”，这实际上还是造成了人才浪费。在企业招聘员工的过程中经常会产生一些失误包括：首因效应、近因效应、投射效应、晕轮效应、对比效应等。如上这些都会使得人们在用人方面产生这样或者那样的失误。这不但浪费了企业的选人精力而且还会在企业内部形成用人不当的工作氛围。麦当劳在选人方面实行开放的政策，并且严格避免暗箱操作。这样在用人方面就会最大限度地避免用人误区。一般而言，企业在用人的过程中不免会出现以貌取人的问题，但麦当劳在用人的过程中完全避免的了这一点。凡是到这里来求职的人只要能够很好地胜任工作即可，外表方面只要能够达到公司用人的基本要求即可。避免用人误区实际上就为公司节省了用人成本，不但体现了对员工的负责而且体现了对公司的负责。为了避免用人误区，公司在选人和用人的过程中需要从以下几个方面考虑：① 设计科学的进人制度。科学的进人制度包括培训面试考官、标准化面试题目、结构化面试制度等，通过进人和选人制度科学化使得企业在选人和用人方面制度更加严谨、选拔更加科学、权利更加分散，在进人问题上并不是某一个人掌控着大权，而是在民主决策和集体商议的情况下进行抉择，最后的决定是集体意志的表现。不同的人在考虑问题的时候会从尽量多的角度考虑问题，因而形成的结论也应该是最完整的。② 组织权威专家进行决策。专家一定是相关方面的一线工作人员，并非指大学教授或者学者。在选拔人才这个问题上笔者认为车间主任或者车间内的资深员工较大学教授应该更加具有发言权。因为车间内的员工所关注的是在车间内工作过程中非常微观的层面，这些人是从实务而不是从理论角度考虑问题的。在选拔人才的过程中这些基层工作者考虑得更加周到和细致。这些基层工作者才是真正意义上的专家。③ 与会者匿名表达意见。在选拔人才的过程中，虽然会议成员希望能够表达出自己的真实想法，但是碍于在场的其他人，往往会欲言又止。为了能够让所有的人针对实际情况表达出自己的真实想法，就需要创造出让人们进行匿名表达其意愿的机制。在这种机制下所有人都能够畅所欲言，从而在会上能够收集到最接近客观实际的意见。④ 与会人数要尽量多。表达意见的人数越多，最终的结论就会越接近实际情况，这就是统计学上的大数定律原则，即在公众表达意见的情况下，绝大多数人的意见是趋向于正确的。但是在表达意见的人数足够少的情况下，众人所得出的结论就不免会出现较大偏差。所以需要表达意见的人数达到一个基本要求，在这个要求以下的出来的结论就会失真。

（二）树立合作意识

在一个企业中，虽然管理者与被管理者之间的地位是不对等的。但二者之间实际上是一种合作。在这种合作中上下级之间实际上也是具有明确的分工的：即为下级创造宽松的工作环境，下级在这样的工作环境中努力工作，实现个人目标与集体目标的有效融合。这种合作意识首先应该由管理者发起，然后下级对上级提出的这种措施进行跟进。在合作意识以及工作环境建设的过程中，下属在很大程度上只是处于被动接受状态。在这种合作中管理者不但要创造使得员工能够积极工作的氛围，而且还要充分考虑员工做出成绩的可能性，并且对这种成绩进行适时地表扬。所以上下级之间的合作不仅在于下级按照上级的思路工作，还在于上级要对下级的成绩进行确认，并给予下属适当的奖励，只有这样上下级之间才能够实现实质意义上的合作。没有合作意识在管理者的上下级之间就不会有真正的合作，合作意识是上下级之间开始合作的前提。在合作过程中管理者与被管理者之间虽然在行政级别上有差别，但在观点的论争上应该创造平等的前提。被管理者不只是“帮腔”，需要在关键问题上亮出自己真知灼见。合作并不意味着没有冲突，相反组织为了达到高水平的合作，需要通过适当的方式在组织成员之间建立良性冲突，在这种冲突中所有成员表达自己的看法，以便将组织中存在的问题尽量在没有显性化之前暴露在大家面前，引起包括管理者在内的大家的共识。目的在于能够防患于未然。如果管理者认为下属就是帮腔的角色，这种状态下的组织氛围就会非常沉闷，所有的组织成员对管理者的声音就会随声附和。即使管理者做出了错误的决策也不会有反对的意见。在开始的时候管理者会对这样的状态表示津津乐道，因为这种状况有利于显示自己的权威，但是随着时间的推延，管理者就会逐渐发现自己已经陷入了“孤家寡人”的境地，所有的下属对管理者剩下的只有畏而没有敬。下属对管理者的恐惧只是为了保住自己的饭碗，而单纯只想到自己的饭碗的时候很可能就将企业这个大饭碗抛之脑后。在企业这个“皮”已经不存在了的时候员工这个“毛”有怎能够存在下去呢？在管理者与被管理者表面合作的幌子下实际上已经众叛亲离，组织文化以及管理者在这期间扮演的角色具有非常重要的作用。

（三）制度融于文化

在企业的发展中经常会谈及制度建设与文化建设等层面的问题，如果将制度与文化分开进行理解就会对组织的发展带来负面影响。企业的制度建设与文化建设是融合在一起的，企业制度就是企业文化的一个层面。案例中谈及的麦当劳在各个方面规定说到底是制度层面的东西，但这些制度年复一年地得以贯彻执行实质上就已经形成了企业文化的一部分。麦当劳在管理的过程中，将制度融于文化。将制度融于无形之中，人们在履行制度的过程中少了一些强制，而多了一些自觉。这种管理方式无形中对员工形成了很好的激励作用。人们在理解制度的时候往往是从被动服从角度进行理解的，而文化则没有那么多强制。并且文化的东西较制度的东西对人们的影响更大。人们在做事的过程中会不自觉地让自己的行为符合文化。麦当劳的企业文化让人们发自内心易于接受。在人们的内心世界中所感觉到的是，这些制度是为员工更好的自我发展而设计的，在保证他人的利益不受伤害的同时，自己的利益也得到了保障。企业文化是在企业内外因素的综合作用下形成的，随着企业内外因素的变化企业为谋求生存和发展其企业文化的内涵也会发生相应变化，就企业文化的演化机制而言包括自然演化与强制演化两个方面：① 自然演化。自然演化是指企业文化在员工的共同劳动过程中逐渐形成和发展变化的过程。企业文化的自然演化过程强调企业员工自身的主导作用，在组织的分工协作过程中通过个体和群体的学习导致企业文化的形成与发展，它是一种由下而上的作用机制。一旦新员工加入老团队，新方法为众人所接受，通过新员工本人的学习，以及其他员工做事方式对他的影响，其他员工对新方法的了解和模仿，这个团队将很快又变得同质化。② 强制演化。企业文化的强制演化过程强调企业管理层根据外部环境的变化对企业文化演化路径所作的调整，它是一种由上而下的作用机制。企业往往会通过新的文化理念的倡导、公司战略的调整、组织结构的重新设计、业务流程的重组等行为来打破企业文化的自然演化进程，强迫改变原有的企业文化，以适应新环境的要求。强制演化是一个组织的文化之所以得以变异和发展的主要原因。演化理论认为，由于系统内部成员之间的差异性和易变性，从而导致系统的选择结果具有不确定性，然而通过筛选机制生存下来的特征具有一定的惯性。关于企业文化演化的原因，理论界已经从不同的侧面进行过解释，大体包括积累性因果理论、变异－选择理论、自发秩序理论以及调节理论等。企业文化向四个方向进行演化、鼓励创新求变、激发团队精神、强化联盟双赢、注重学习文化。

案例思考题

1. 简述麦当劳的“六不”理念。
2. 麦当劳是怎样将制度与文化合理地融合在一起的？
3. 麦当劳是怎样将文化建设与对员工的激励融合在一起的？
4. 结合自己的认识从其他角度谈一谈麦当劳的企业文化？
5. 关于企业文化建设与激励措施建设方面你有哪些体会，谈谈你的想法。

第九章

协 调 管 理

本章内容提要

协调是管理的另一个非常重要的职能。指企业内部的一切工作配合得恰如其分，各部分的资源能够高效配合并保障企业的各项职能顺利完成。协调是在管理者的管理之下使组织内部的各部分紧密配合相得益彰的过程。在组织发展中由于存在利益纠葛不免会出现派系，各派系各自为政造成管理相互矛盾。尽量减少这些矛盾就成为管理者的重要职能之一，管理者需要通过各种有效的沟通手段减少这些矛盾并使得组织高效发展。协调在组织管理中的重要作用表现在：协调可以使得组织目标与个人目标相一致；协调能够解决组织内部的冲突；协调可以树立管理者权威。协调需要坚持三个原则：不能"和稀泥"；明确责任；加强互相谅解和沟通。企业管理中需要协调的内容涉及方方面面，总体说来可以分为对企业内部关系的协调和对企业外部关系的协调两个方面。内部关系的协调包括对物的协调和对人的协调，外部关系的协调包括企业与消费者、政府、新闻以及社区等多方面关系的协调。从冲突的性质层面讲，可以划分为建设性冲突和对抗性冲突。在处理对抗性冲突问题上，经常采取的策略包括适当冷处理；双方谋妥协。

一、协调的作用和原则

（一）协调的作用

组织成员之间不免会出现基于利益的矛盾，这些矛盾不及时解决，就会为组织的发展带来严重障碍。所以有效地协调组织成员之间的关系就显得非常重要。既然组织发展中各利益主体间存在矛盾并且这种矛盾需要通过协调达到预期目标。协调在组织管理中的重要作用表现在：① 协调可以使得组织目标与个人目标相一致。协调不仅着眼于组织成员之间的关系，还在于组织目标与成员目标之间的关系。在组织发展中有时为了组织发展的整体进步需要员工个人让渡利益，这时组织的发展就与员工个人的发展之间产生了矛盾，只有协调好二者之间的关系才能保证组织高效发展。组织发展中不能总是以牺牲员工个人利益为代价换取组织的发展，在员工个人为组织的发展做出贡献的时候，组织也应该在合适的时候给员工个人以合理的补偿。个人利益暂时让渡自己的利益换取组织的高效发展，当组织高效发展之后会为个人带来更多的利益。否则在后续发展中，就没有个人愿意为组织的发展做贡献。② 协调能够解决组织内部的冲突。组织发展应该是一盘棋，但是在发展中有时会因为利益纠葛或者看待问题的观点不一致等原因在各职能部门之间或者组织的成员之间产生冲突，这种冲突往往是对抗性质的，冲突态势的扩大对于组织发展不利，严重时会导致组织发展混乱甚至解体。通过管理者的协调使得部门之间进行磨合，将对抗性的冲突转化为建设性的冲突，保证组织发展沿着正常轨道进行。③ 协调可以树立管理者权威。协调是组织管理的一项职能也是管理者管理能力的展示过程，协调的结果实际上表现了管理者的领导才能。管理者在协调中充分展示自己的工作能力可以在当事人之间乃至整个组织内部的各职能部门之间树立其领导权威。使得有潜在冲突的部门或者个体能够将管理者看作自己的依靠。

（二）协调的原则

由以上分析可见，协调对于组织的发展而言具有非常重要的作用，尤其是对处于中长期的组织而言，发展中的可能存在的问题还处于潜伏状态，具有前瞻性的协调工作对于组织的发展尤其有利。协调有时并不一定能够达到预期结果，甚至有些协调工作反而发挥了负面作用，为了充分发挥协调的作用，需要在协调中坚持一些必要的原则。第一个需要坚持的原则就是不能“和稀泥”。管理者不能将协调停留在“和稀泥”的认识水平上。协调工作坚持的最重要原则应该是目标一致性原则，即组织和个体之间的目标要一致，不要在二者之间建立冲突或者为了发展一个目标而削弱另外一个目标，这都不利于问题的解决。这条原则是其他原则的基础。第二个需要坚持的原则就是明确责任。管理者在协调过程中往往会摆出很多道理说服协调的对象，但是一些被协调者往往巧舌如簧，结果可能是作为协调者的管理者反而成为了被说服的对象，这种情况出现时就说明管理者的协调工作失去了作用。不但如此，如果管理者的工作不到位，在处理问题过程中往往会由于责任不明确导致各职能部门之间扯皮，或者管理者在发生冲突的各方之间和稀泥，以至出现了“画扇面”的结果。在协调中为了使得冲突各方心平气和，就需要首先明确各方责任，要求各方要在相互配合的前提下完成自己的本职工作。将被协调的各方的眼光放在组织发展的未来层面上。第三个原则就是加强互相谅解和沟通。矛盾处处存在，不存在矛盾就不正常了。在做协调工作的过程中，管理者要让被协调各方抱着谅解和沟通的心情达成合作，不要将已经出现的矛盾再次激化。管理中的很多事情有时并不是“钉是钉铆是铆”，这就需要冲突各方相互理解和支持。冲突的发生往往是由于当事人双方争执不下，让步就意味着丢面子，在这种障碍心理下使得冲突不断升级。这是管理者应该给出现矛盾的各方都要有台阶可下，并且通过适当的方式让各方都感到非常有面子。管理者为了维护自己下属的利益往往也会出现针尖对麦芒的现象，这都不利于问题的解决。退一步海阔天空，相互谅解往往会使得问题得到圆满解决。在组织内部各部门之间（而不是个体之间）出现冲突的时候，部门管理者应该首先做出让步，这样才会更加有利于问题的解决。

二、企业内外部关系的协调

企业管理中需要协调的内容涉及方方面面，总体说来可以分为对企业内部关系的协调和对企业外部关系的协调两个方面。内部关系的协调包括对物的协调和对人的协调，外部关系的协调包括企业与消费者、政府、新闻以及社区等多方面关系的协调。

（一）企业内部关系的协调

企业内部成员之间会由于多种原因产生矛盾，化解这些矛盾就需要充分发挥管理者的聪明才智，通过巧妙地处理好内部各部门、各成员之间的关系，协调企业内部的关系。企业内部协调的内容是多方面的，包括人际关系的协调、各职能部门关系的协调、各种生产要素之间关系的协调等。人们在生产和生活过程中会建立起各种各样的人际关系，其中有通过行政方式建立起来的基于正式组织的人际关系，也有通过情感、兴趣爱好或者血缘等关系而建立起来的基于非正式组织的人际关系。正式组织和非正式组织这两种形式下的人际关系往往并不一致，二者在有些时候会出现矛盾，所以处理好二者之间的关系，尤其是通过非正式组织促进正式组织的发展，就成为管理者需要掌握的一个非常重要的管理技巧。组织内的员工个体之间具有长幼、资历深浅等多方面的差异，管理者在处理这些关系的过程中也会感觉非常复杂。通过有效地协调组织内部人际关系可以为员工的工作创造和谐的环境，培养员工对组织的归属感和强化组织对员工的凝聚力。组织成员之间的矛盾更多时候产生于权、利以及发展机会的争夺，在其他人面前展示自己的才能，表现出较他人更加优越是人们正常的思维方式。但是组织的资源是有限的，于是成员之间基于利益的矛盾时时都会存在。既然每一个员工都需要在其他员工面前有面子，管理者在协调员工之间的关系的时候首先需要肯定每一位员工对组织的贡献，让每一位愿意并能够展现自己才能，而不是刻意压制有才能的员工崭露头角，这样的管理者在组织成员中间的威信就会大大增加。在员工的交往中，管理者有责任创建一种相互尊重和互惠互利的文化氛围。在这样的氛围下，组织成员之间就会多一些相互依托少一些彼此纷争。既然人员之间关系的不协调往往是基于利益关系的不协调而产生。管理者就需要从自身做起处理好成员之间的利益关系。不但如此，管理者还需要处理好各职能部门之间的关系和各生产要素之间的关系。在利益关系得以理顺的情况下，各职能部门之间就能够鼎力配合，树立集团作战的思想。高层管理者的协调能力以及工作风格等在协调各部门之间关系的过程中发挥着关键性作用。生产要素的协调说到底也是利益关系的协调，因为生产要素的占有状况就决定了各部门谋取利益的机会，生产要素的协调包括产品生产和产品销售诸多方面关系的协调、产品生产与相应原材料供应关系的协调、资金支持及相关生产技术等方面的协调等。所有这些方面无一不关系到组织的生存和发展，如果彼此之间的关系不能理顺，则企业内部各要素的效率就会降低，各部门之间还会出现责任互相推诿等问题。这需要组织的高层管理者通过协调以及建立比较完善的制度对各方行为进行约束，以保障组织运行中方方面面的情况按部就班地运转。通过比较完善的质量管理制度、绩效考核制度、财务管理制度、原材料供应制度等理顺各方之间的关系，保障信息畅通，避免在组织运行中出现政令不一、各自为政、阳奉阴违、倒行逆施等问题。

（二）企业外部关系的协调

任何一个企业都不能脱离社会而独自运行，企业为了获得更好的生存和发展，就需要不断与其他的经济组织打交道，在相互交流中不断发展自己。企业是一个开放的系统，必须周而复始地与外界环境打交道，才能得以持续运行，所以企业的成长环境对企业的发展非常重要。企业为了较好的生存和发展就要不断地处理好与周边企业之间的关系，在双赢互利中推动各自的发展。企业不能急功近利，企业需要处理好自身发展与外部环境之间的关系，处理好与政府、社区、新闻媒体以及消费者之间的关系。首先，企业与政府之间的关系。企业需要在政府制定的制度、政策等环境下运行，所以企业需要在谋求自身发展的过程中不能为其他企业造成损害，这就需要企业的日常经营遵循企业的法律法规，保证企业的一切行为都要在政府的法规框架下运行，否则企业的行为就会被政府禁止。除此之外还需要企业的管理部门熟悉政府方面的办事程序，以便在企业处理各种事情时能够做到高效和及时。在这方面企业尤其需要注意的是不能因为企业的自身发展而损害国家甚至是人民的利益，这样的企业不会存续长久。其次，企业与消费者之间的关系也要处理好。消费者是企业的衣食父母，“消费者是上帝”并不是一句空话，企业不为消费者真心服务，消费者就不会买企业的账。企业生产的产品必须是符合消费者需要的产品，企业首要的目标是为消费者提供服务，然后才是创造收益。如果企业将目标重点放在获得收益层面时就会侵害消费者的利益，消费者投诉的情况就会更多发生，企业形象会受到影响。企业在短时间内会得到一些收益，但是从长期看是在堵自己的路。企业为消费者付出真心努力，消费者才会为企业的“真情”所感动。为了更好的与消费者之间进行沟通，可以定期地选择消费者进行调查，及时发现产品中存在的不足和缺陷，建立企业与消费者之间的良好关系。同时在产品的初期阶段可能消费者对产品不太了解而使产品的销路不佳，这时就需要企业通过各种传媒与消费者之间进行有效地沟通，让消费者很好的了解产品，并逐渐成为消费者的忠实顾客。通过各种新闻媒体传播企业的良好形象，让更多的消费者接受该产品，避免新闻媒体对产品做一些不切合实际的负面报道进而影响产品的市场前景。商家在向消费者宣传自己的产品的时候不能言过其实，过于夸张产品的特质就会涉嫌欺骗。在处理好如上各层面关系的同时，还需要搞好企业与社区之间的关系。不同企业所处的位置不同，但都要与当地的居民产生关系。企业所需要劳动力很多时候需要从当地居民中选聘，好的企业应该使当地居民受益。如果企业不能处理好其与周边居民之间的关系，就会影响企业的原材料供应、用水、用电以及交通等诸方面。企业与当地居民之间应该建立起互利互助的关系。企业的发展只有能够拉动周边地区的经济发展以至居民的个人生活水平能够得到显著改善时，居民才能支持企业的发展。

三、冲突的类型与化解对策

企业在发展中，企业内部以及企业之间都会不时地产生冲突。但是人们印象中的冲突一般都是对抗性质的，但是冲突并非都是对抗性质的。从冲突的性质层面讲，可以划分为建设性冲突和对抗性冲突。一般认为冲突对组织的发展是不利的，这实际上是针对对抗性冲突而言的。建设性冲突与对抗性冲突不同，是为了弄清楚问题而人为建设的一种冲突类型，通过在某一问题上进行针锋相对地论争最后达到在集思广益上解决问题的目的。企业为了获得良性发展，有时会人为地制造一些建设性冲突。建设性冲突的结果是可以预知的，因此建设性冲突对组织的发展是有益处的，可以让冲突的双方发泄不满进而促进双方之间进行很好地沟通，避免问题长期处于潜伏状态而给组织的发展带来不必要的危害。冲突的各方会适度地藏匿自己的锋芒并且抱着与对方合作的态度，解决表面上看起来比较棘手的问题。建设性冲突很可能是一些模拟的冲突，冲突中谈及的问题很可能是一些虚拟性质的、目前并不存在但将来可能存在的问题。在建设性冲突解决对策的探索过程中，很有可能激发一些新观点，从而激发管理者创新，这是建设性冲突的意外收获。通过化解问题推进组织的进步，在增加组织凝聚力的同时促使企业各部门、各成员之间精诚团结。

如果组织中已经出现了一些对抗性质的冲突，管理者不能对之视而不见。冲突产生后必须解决，但不一定需要马上解决或者直接解决。一些冲突在冷却一段时间后再进行解决往往会达到事半功倍的效果。在处理冲突问题上可以很好的展现管理者的管理艺术。处理冲突除非实在别无他法，一般不主张实行强制解决。以下一些方法在处理冲突时可以达到很好的作用。① 适当冷处理。在冲突出现的时候，管理者机遇介入，并通过行政权力进行解决，往往会使问题停留在表面得以化解，冲突当事人在管理者介入的情况下可以使感情会更加冲动，这反而不利于问题得到彻底解决。管理者可以适当回避双方当事人并采取冷处理的方式解决问题应该是管理者的明智选择。在双方的火气都有所下降后，对于一些不是十分严重的冲突当事人双方可以自行解决。侯宝林的相声中曾经提到这样一个例子，一个男同志推自行车时不小心压了女同事的脚，虽然脚并没有大事，但女同志不依不饶，在气头上的时候男同志也没有道歉的意思。双方争执不休最后到了警察局让警察处理。警察局的工作人员采取了冷处理的方式。因为对于这样的事情，警察同志也很难处理。如果警察当即判女方错男方对或者女方对男方错，问题都会进一步升级。警察的做法是：让两个人到小屋中等，并扬言自己很忙，还有很多其他的事情需要处理。当事人双方坐在小屋中半天时间也不见警察给解决问题，最后自己达成调节，而且两个当事人最后还成为了好朋友。警察施行冷处理的方式是最好的处理方式。在这样的案例中如果警察强行介入也许并不能很好地解决问题。警察适当回避反而达到了理想效果。② 双方谋妥协。在管理者的协调下，让冲突双方做出一定程度的让步。此法与冷却处理方法不同，管理者在中间起到和稀泥的作用，让双方达成共识。“和稀泥”优势在解决冲突的时候能够出现奇效。在管理者的协调下让当事人原则性地作出让步，可能其中的一方会受到一些损失，但一定要让另一方知道这种损失的存在。没有受到损失的一方会对受到损失的一方心存感激，这种协调方式下双方在感情方面得到了沟通。

四、管理者协调能力的构成

管理者一定要具有较高的协调能力，才能够及时化解组织中的各种矛盾，将组织中的可能出现的内耗问题降到最低。管理者的协调能力不是先天养成的，需要在实践中不断汲取经验，并且在与其他管理者进行交流的过程中不断充实自己的协调能力。

（一）成员沟通

管理者不但是“领航员”而且是“协调员”。管理者的意志一定要通过让他人能够理解的方式，在管理者与被管理者之间建立起沟通，得到下属的支持和理解。没有得到下属的支持和理解的管理者就成为真正的“孤家寡人”。所以在促成上下级之间、同级管理者之间的沟通的过程中，管理者要做到积极主动。管理者在与下属进行沟通的过程中，不要以强压的方式进行，在下属面前表现得盛气凌人。虽然管理者拥有权力，但这样的沟通方式就会使得管理者在组织成员中名誉扫地。成员与管理者之间的合作就会名存实亡。

（二）激励下属

管理者要学会利用合理的激励手段让下属为组织的发展努力工作，这实际上也是一种沟通能力。为此管理者不但要有丰富的管理经验，而且要对组织的情况非常熟悉，掌握组织中的每个成员的具体情况，从而可以认真分析每个成员的需求。在实施激励措施的时候就能够针对不同的成员施以差别化的方法。这需要管理者具有较强的分析问题的能力，以便能够得出正确的结论，针对组织成员对症下药，这样推出的激励措施对于组织成员而言是最有激励作用的。管理者一定要做到：让员工有进步的欲望；在组织内创造公平氛围；让组织成员感觉到工作具有挑战性。

（三）人际交往

管理者在与被管理者进行交往的过程中，要让被管理者感觉到受到了管理者的尊重。管理者应该为被管理者创造一个相对公平的交往氛围。在这样的平台上二者之间就能够做到坦诚交往。被管理者就能够成为管理者的“铁哥们”。上下级之间交往的过程中，上级不能够有让下属对自己“顶礼膜拜”的预期。管理者并不是被管理者的偶像，在被管理者眼中，管理者就是权力的代言，在管理者威望不高的情况下，被管理者服从的是权力而不是管理者的魅力。管理者“下台”后就会形成“人走茶凉”的局面。所以管理者应该在健康的人际关系中在组织中形成一种良好的交往氛围，这是管理者交往能力的表示。

（四）公平心态

管理者也是有七情六欲的，但是管理者不能将个人的私欲与组织的发展结合在一起。管理者的欲望应该代表组织所有成员的欲望。在面对所有成员的过程中，管理者应该根据制度行事。对任何组织成员都不能偏袒。不能够按照个人关系的亲疏远近在组织成员之间画框框。管理者能够保持公平的心态，就能够在组织中出台公平的制度进而营造一种公平的氛围。公平环境是组织中建立和谐人际关系的平台。在组织发展中，管理者会有更多的机会把握住利益和荣誉，但这对于组织成员而言是不公平的。组织成员就会感觉到组织内部有“阴云”笼罩，管理者在协调组织关系的过程中就会受到阻力。

本章思考题

1. 简述协调的作用。
2. 简述协调的原则。
3. 简述企业内部关系协调的内容。
4. 简述企业外部关系协调的内容。
5. 简述协调的主要对策。

管理故事

故事1：学会感恩——带刺的玫瑰

狐狸为了偷盗农家的鸡，半夜三更的时候悄悄地翻越篱笆墙到院子中，但是在翻越篱笆墙的时候脚滑了一下，差一点就栽了一个大跟头，随手赶紧抓住了篱笆墙上的一株蔷薇才算没有滑到，但是由于蔷薇上带满了小刺，让狐狸流了很多血，狐狸为了使自己不滑倒手紧紧抓住了蔷薇，蔷薇都感到疼了。不过在翻越篱笆墙的时候狐狸并没有发觉这些，情急之中赶紧翻越了篱笆墙径直向鸡窝奔去……。事情过后狐狸对蔷薇埋怨："你实在太不应该了，我当时本来是向你求救，你怎么会加害我呢？"蔷薇对对狐狸的埋怨感到不满，说："狐狸你错了，你本来就知道我生性就是带刺的，是你在情急之中不小心才被扎出了血的，怎么能说是我加害你呢？当初是我救了你，你没有对我加以感激反倒说我不对，你可能是良心坏了吧！"狐狸看到蔷薇的这个态度，更加强横起来："分明是你用刺扎了我，怎么说这不是你的错呢！在我向你求助的时候，你应该告诉我哪个地方有刺哪个地方没有刺，以便我不会受到伤害，这才是你的助人为乐呀！"蔷薇感到非常委屈，用愤怒的眼睛紧紧地盯住狐狸："你这个人天生就是个坏家伙，怪不得别人都对你没有好的评价，告诉你，你以后无论遇到什么样的困难，我都不会帮助你的。"

蔷薇帮助了狐狸，狐狸不但不知道感谢反而责怪蔷薇的刺扎了自己。在蔷薇与狐狸的对话中可以知道狐狸本来就应该知道蔷薇身上是有刺的。狐狸是在情急之中抓住了蔷薇的，应该说蔷薇根本就无心理防备。但是在狐狸抓住蔷薇的一霎那蔷薇并没有将自己的身子躲开，应该说这时的蔷薇完全是可以将身子闪开的，因为狐狸从翻越栅栏到差一点滑到，整个过程都被蔷薇看在眼里。也许蔷薇对狐狸的行为很不齿，但还是没有将自己的身子躲到一边去，这已经说明了蔷薇本性是乐于助人的。但事情过后，狐狸居然找蔷薇来算账，这是蔷薇所没有想到的。蔷薇非常懊恼，悔不该当时帮助了狐狸，狐狸当时将自己攥得很疼，没有向狐狸索要感谢费还不便宜。狐狸的行为会使得蔷薇拒绝狐狸以后任何形式的求助。

狐狸不知道感恩反而迁怒蔷薇刺伤了自己的手，使得自己以后完全不可能得到来自蔷薇的任何形式的帮助。狐狸代表了不知感恩的一类人。组织中经常会出现这样的人，受到了对方的帮助不但不知道感恩反而对对方有苛求，像东郭先生和狼、农夫和蛇等故事也是说明了这样的道理。组织中的管理者和被管理者以及组织中的各成员之间为了借助组织这个平台达到发展组织和发展自己的目的，都需要相互帮助。但是为了使得组织发展更加有效率，组织会建立各种各样的制度使得组织中的成员之间保持组织发展所需要的关系。例如组织会委派老的技术工人担负起培养新员工的责任，老员工由于在从业生涯中具备了丰富的工作经验，老员工将这些经验毫无保留地传授给组织中的年轻成员，就会使得这些新成员在其职业生涯中少走弯路，但是老员工在向组织成员传授自己的经验的过程中，并不是完全基于制度考虑，其中还包含了老员工对新员工的爱。

老员工怀着对新员工的责任，和为组织的后续发展培养优秀接班人的心情，传授自己的宝贵经验，显然效果就会很好，但是新员工应该怀着对老员工的感谢之情接受这些宝贵经验。当老员工将自己的宝贵经验传授给新员工后，组织得到了蓬勃发展，但老员工对组织的贡献丝毫不能得到组织的认可，并且组织还会以老员工在传授其宝贵经验的过程中有所“懈怠”为由或者以其培养出的新员工在工作中出现了失误为由，对老员工进行责难，这就会使得老员工感到非常伤心和失望，就像故事中的蔷薇对狐狸的失望一样。相信组织中的老员工如果有了这样的经历，肯定不会以任何方式向组织中的新员工传授技术经验。

老员工并非完人，有自己的品性和生活特点，就像故事中的蔷薇生来就带有刺一样。管理者不能对自己的属下有苛求。应该认识到组织成员努力工作实际上是对自己工作的巨大支持。但是属下在完成自己的工作的过程中，由于各种偶然因素的存在也许会出现一些差错。管理者不但没有对下属的工作给予认可，反而对其工作中的失误进行纠缠，管理者的这种做法不但会影响到该下属的工作积极性，而且还会直接影响组织中其他成员的工作积极性。下属支持管理者的工作，在制度规定的范围内完成了自己的本职工作，高质量地完成本职工作体现了下属对份内工作的责任心，管理者应该对下属表示感谢，不应该将注意力完全集中在被管理者的工作失误上。由于管理者的个人素质不同，导致其管理风格也有很大的差异：有的会将注意力全部集中在下属的责任心方面，有的会较多地关注下属的工作失误方面，有的会更多地关注下属的成绩。

在对待自己的员工的时候，有的管理者希望员工为自己奉献很多，在没有给员工较多相应奖赏的情况下想让员工为组织有更多的贡献。由于收益与付出不对等，会使得员工对管理者失望。很多下属会越来越多地选择被动地完成份内之事：不会为组织多做一丁点事情。成员之间包括管理者与被管理者之间更多的是不合作。就像故事中的蔷薇很难再保持对狐狸的友好态度。本来蔷薇对狐狸的帮助并不是份内之事，好心的蔷薇对狐狸进行了帮助，但在狐狸的心中却成为了蔷薇理所当然的事情。当被得到救助的人的心态偏移之后，就会将施救者的好心变成理所应当的事情，这就很难使得管理者心态平衡。管理者如果总是一味地对组织成员“蛮横地”施加自己的权威，以致对被管理者产生很多不合理期望。被管理者就会由于各方面因素的影响使自己在工作中表现出对管理者进行“抗争”，消极怠工或者工作质量缩水等问题就会出现，被管理者在这种情况下就会像带刺的玫瑰一样扎管理者的手。

故事2：能力分层——扁鹊论医与品人

一次，魏文王问名医扁鹊：“你们兄弟三人的医术都很不错，但是如果一定要分出三六九等，你说谁的医术最好?”扁鹊说：“这个问题很好回答，我们三个中，大哥医术最好，二哥次之，我最差。”文王又问：“你说你的医术最差，那么为什么你最出名呢?”扁鹊说：“原因在于我们兄弟三人治病的方法不同。正是由于我们看病的方式不同，引起病人的关注度也有差异。大哥治病于病情发作之前，但一般人不知道他事先能铲除病因，其名气无法传出去，只有我们家里人才知道其医术高超，因为在病人发病前就能诊断病症，是需要非常高的医学功底的。二哥治病于病情刚刚发作之时，一般人以为他只能治轻微小病，所以只在村子里小有名气。而我治病于病情严重之时。一般人都是见我在经脉上穿针管来放血、在皮肤上敷药等做一些大手术，人们看了我在给病人治病过程中那种惊心动魄的场面后，无不震撼。以为我医术最高明，因而名气响遍全国。实际上我知道我的医术实际上并不如我的两位哥哥的。”文王对扁鹊的说法非常认可。

短短的对话中在反映出扁鹊谦虚的同时也点出了一个道理：最高明的医术应该是治病人于发病之前，但这样的医生很不容易出名。那些容易出名的医生只能治疗病人于发病之后，实际上其医术并不是最高明的。我们可以设想这段对话的背后，文王更喜欢扁鹊三兄弟中的哪一个呢？答案自然是扁鹊。按照扁鹊的说法进行推理，可以断言大哥虽然医术高明但并不能得到文王的认可，结果是文王享受不到最高明的医术。

如果把人体设想为一个组织，医生是使这个组织得以正常运行的管理者，文王就是左右医生行为的高层管理者，这个故事可以使我们想到管理学中的控制原理。医生给病人治病通过其医术及时发现病人的病症且辨证施治，这与管理者的职责是相似的。管理者对组织的管理，就是通过其管理才能及时控制组织行为以保障其运行于正常轨道上。但由于管理者的素质不同，对同样一个组织进行控制管理时会取得不一样的效果，这是由于不同管理者对控制的认识深度不相同而造成的。

管理实践认为，控制是在组织动态变化的环境中为确保实现既定组织目标而进行的检查、监督、纠正偏差等管理活动的统称。依据控制的环节不同，可以将控制分为前馈控制、现场控制和反馈控制三种类型。前馈控制是通过观察情况、收集整理信息，掌握规律、预测趋势，正确预计未来可能出现的问题，提前采取措施，将组织运行中可能出现的偏差消除在萌芽状态，为避免在未来不同发展阶段可能出现的问题而事先采取措施。

前馈控制是控制的最高境界。现场控制是在某项工作的过程中，管理者在现场对正在进行的活动或行为给予必要的指导、监督，以保证活动或行为按照规定的程序和要求进行的管理活动。反馈控制是指管理人员分析以前工作执行的结果，将其与控制标准进行比较，发现偏差并找出原因，拟订纠正措施以防止偏差发展或继续存在。这里的前馈控制相当于大哥的医术，是管理中的睿智，现场控制相当于二哥的医术，虽然不比大哥高明，但比扁鹊还是要高明些，扁鹊的医术相当于反馈控制。

在组织运行过程中，局外人一般只对力挽狂澜的领袖式的管理者敬佩之至，因为这样的管理者的管理结果往往产生轰动效果，而对组织实施防患于未然控制措施的管理者没有丝毫感觉，因为一般人认为平静的组织是没有问题的，即使有问题，也是小问题，对小问题进行纠正不能看出管理者的卓越才能。所以，亡羊补牢的管理虽然受到了损失，但管理者的管理能力却容易得到公众的认可。试问，假如在没有亡羊之前就已经补了牢，从而财产没有受到损失是不是会更好？事后控制不如事中控制，事中控制不如事前控制，可惜大多数的经营者均未能体会到这一点，等到错误的决策造成了重大的损失时才寻求弥补措施。

由于社会更加青睐亡羊补牢者，所以管理者就投其所好，明知道按照事情的发展趋势会出现大家都不想看到的结果，但还是必须等到事情发生之后再进行处理。管理者需要在自身价值与社会认可之间找到一个平衡点。所以，不是没有“大哥”式的管理者，关键是在这样的一个文化背景下不允许“大哥”抬头，于是“大哥”也会尊重这样的社会现实而压制其员工进言献策，这样的“大哥”下面也就不会出现“勇敢”的员工。如果“大哥”不是最高决策者，在问题成为现实以前，“大哥”挺身站出，其结果有两种：其一是“大哥”的建议被否定，且高层管理者会认为老大是无中生有，于是背上了坏名声；其二是“大哥”的建议被肯定，于是组织的问题解决在未发生之前，但因为没有得到轰动效应而不会得到奖赏。

管理实践认为，组织中的成员首先是经济人，经济人在行为之前总是权衡其结果，如果预期结果不会给自己带来好处甚至坏处时，经济人就会避开这种行为。上述两种情况中前者发生的可能性较大，原因在于：若建议被肯定时组织受益只能对自己有很少的好处，组织中的其他利益相关者在得到好处的同时并不会感谢自己。而建议被否定时会给自己产生很大的坏处，这时组织中的其他利益相关者会袖手旁观。明智的经济人不会以自己的受损来换取他人的受益。所以“大哥”就不会产生建议行为。

这样一来，组织成长中受到的潜在损失会很大。为了避免组织受到的无谓损失，必须改变这样的组织文化。形成一种让大家争相进言献策的组织文化，通过制度的方式鼓励大家敢于向高一级别的管理者张开自己的嘴。只有这样，组织建设中才会出现更多的“大哥”，“大哥”多了，管理者（包括高层管理者）的身价自然会得到升华，所以“大哥”的有无关键在于高层管理者的领导思想。

经典案例

案例1：从“人治”管理的漩涡中挣脱了出来

案例简介

S公司创办于20世纪90年代，专门经营交通运输设备。该公司发展非常迅速，在五年内已经由原先的20名员工扩大到500名员工，资产也由原先的五十万元猛增到上亿元。但是到20世纪末的时候该公司的业务一直处于徘徊状态。该公司的老总W始终一筹莫展，表面看上去公司根本没有问题，为了给公司的发展状况严格把脉，S公司开始聘请专业的顾问公司对企业进行调研，以期能够对公司存在的问题进行彻底解决。半年的调查已经过去，顾问公司给W呈上了一本厚厚的调研报告，W翻开这本调研报告开始认真阅读起来。调查公司认为公司中目前存在的问题主要表现在：①“人治”管理。一人说了算的“人治”管理非常严重。公司的事情全部由W说了算，各个部门的事情全部由部门主管说了算。这种处事风格严重伤害了组织成员的工作积极性，所有成员都认为没有办法与主管领导进行沟通，既然如此还不如不沟通。S公司长期以来各项规章制度不健全，部门之间的职责界限不清晰，部门之间往往存在着扯皮问题。②“元老”就是“老大”。S公司是由家族企业发展而来，公司成立之初的元老级的人物虽然目前身居高位，但素质都普遍不高。随着公司的发展，这些人在公司中的特权也越来越大，这些人在公司一些事情上的决策权都是说一不二的。由于公司缺乏较好的用人环境，致使一些优秀的员工刚来到公司没有几天就离开了公司。组织中的“新鲜血液”普遍认为与这些“老大”没有办法交流。③ 营销单调。进入21世纪后市场环境发生了很大的变化，但是公司在营销方式上还是一些非常老套的东西，几十年如一日的营销方式给合作伙伴的印象是该公司没有强劲的成长势头，在招标采购的模式下S公司面临的竞争就会更加白热化，顾问公司认为S公司与采购商之间的关系没有很好地协调。④ 缺乏研发。研发部门的工作不能跟进市场的变化也是导致S公司竞争力不足的重要原因之一。但是调查结果认为，研发部门总觉得公司对其不够重视，研发部门非常想为公司做事情，但由于资金、人员等各方面的关系并没有协调好，所以造成了“巧妇难为无米之炊”的问题。为了解决S公司存在的问题，顾问公司提出了如下解决办法供S公司参考：① 转变治理方式。公司的当务之急就是要使得公司制度由“人治”转向“法治”，按照“合理分权、充分授权、有效控权”的原则调整组织的管理结构。② 优化留人机制。公司要树立正确的用人机制，在整个公司中营造“公正、公平、公开”的氛围。要在全公司成员面前树立规章制度的权威性，实行全面测评、全员培训、竞争上岗、定岗定编。③ 树立品牌意识。在全公司的内部树立大品牌意识，在日常运行中不能有小集团思想，各个方面都要围绕公司产品运作，在有效协调各方面的关系的过程中不断将该公司的产品做大。④ 培养创新力。要协调各方面的关系培养公司的研发部门成为公司发展的增长点。公司应该为研发部门提供鼎力支持，不但在资金筹措而且在人员调配等方面都要将研发部门放在公司的核心位置上，将研发部门变成公司发展的孵化平台。

案例分析

正像案例中调查公司的分析一样，S公司存在的问题是多样的，这些问题不解决，公司的发展就会受到影响。认识这些问题能单纯做表面文章还要从深入挖掘这些问题产生的原因。

（一）“人治”超乎“法治”

案例中的S公司在日常管理过程中“人治”高于“法治”已经成为了公司运营的严重障碍，当务之急就是要对这种管理方式进行改革。用“人治”的方式代替“法治”就会使得公司制度形同虚设。这种管理方式会无形中增加核心管理者的个人权利。在核心管理者主观上存在认识错误的时候就会给整个公司的发展带来灭顶之灾。案例中的W经理过于强化自己的权威，将公司中应该集体决策的事务完全由自己决定。这虽然强化了W的权利，但组织中的其他管理者就会感觉组织中布满阴云。即使W在管理中存在失误也不愿意或者不敢指出。因为指出其失误后获益的是组织整体，而一旦获损则需要提出建议的管理者个人承受。理性的经济人是不愿意以个人利益承担风险为代价而让其他人受益的。在这样的管理模式下，S公司就会进入管理者的怪圈：在管理者眼中，没有人提出问题就表明自己的管理非常得力，而这样的得力管理的后面就是人们的愠怒，进而没有人愿意真心地与管理者配合做事情。S公司表面上看似“平静的湖水”，实际上这个湖水下面既有“礁石”也有“漏斗”，在“湖面“较高的时候即S公司发展状况较好的时候，“湖底”的这些问题就会被湖水所淹没，但当湖面较低的时候即S公司发展状况较差的时候，这些问题就会浮出水面。S公司于是就没有办法一如既往地进行。W的孤芳自赏就是S的发展隐患。咨询公司分析得出的结论，对于W而言是非常客观的。“人治”超乎“法治”的扭曲发展轨迹必须尽快得以矫正。

（二）“元老”即为“老大”

案例中S公司中以W为中心的管理层都是从企业初创时期一点一点打拼过来的。这些人对公司的发展做出了巨大贡献，都成为了公司的元老级别的人物，自然应该得到组织成员的尊重。但是这些元老在工作过程中，将“元老”的身份与“老大”的姿态合二为一，在组织成员中盛气凌人。“元老”的身份是值得组织成员尊重的，但“老大”的派头就会让组织成员延误。“元老”是在为组织贡献的基础上形成的身份，因为这些人由于对组织的初期发展做出了很大贡献而具有了元老的身份，人们对“元老”的尊重实际上就是对这些人的价值的承认。“元老”是组织成员给予的身份而并不是自己确认的身份，所以能够得到组织成员的认可，这是从外到内的一种身份确认而不是从内到外的一种主观感觉。“老大”的派头是自封的，由于有了“元老”的身价而摆出“老大”的派头，这是“元老”们的一种主观感觉，而并不是组织成员对“元老”们的认可。这是“元老”们将自己的主观感觉强加于组织成员并让组织成员认可的行为。组织成员当然并非愿意从心底接受，于是组织成员就会对“老大”们阳奉阴违，“老大”们表面上很风光，但实际上已经在组织成员中间离心离德，“老大”的坏风气已经使得“元老”的身价降低。正像案例中所提到的，“老大”们会依托自己的“元老”身价在组织中间培养自己的亲信从而构建自己的圈层，用非正式组织逐渐弱化正式组织的效率。实际上W已经成为所有“老大”的“老大”，“老大”的风气正在侵蚀组织文化。

（三）“换汤”还未“换药”

案例中提到，在市场环境已经发生了较大变化的情况下，S公司仍然奉行传统的对市场进行控制的信条。这种“换汤”不“换药”的控制市场的方式对于S公司而言就是掩耳盗铃。沿袭旧有的管理方法实际上是管理者的思路存在问题。“换汤”不“换药”的做法，虽然表面上看去汤不少，但由于没有实质性的药加到汤里面，所以不能对公司达到“药到病除”的功效，公司就仍然会带病运转。表面上“药”吃得不少，但这些“药”都不会产生实质性的作用。公司没有通过改善营销方式与供货商、经销商之间进行很好的关系协调。公司运转并不是要做表面文章。“换汤”不“换药”就会使得公司管理层不勤于思考，不会主动捕捉市场的新动向，自然也不会主动挖掘公司发展中存在的潜在问题。总以为先前用这样的方式就能够占领不错的市场，但是管理学认为商战中最大的敌人不是竞争对手而是自己，不勤于思考的管理层就会使得公司逐渐丧失有利的发展时机。管理者躺在既有的功劳簿上不思进取就不会促进组织的发展，而且会给组织中的其他成员形成安于现状的思维方式。从组织的基层到中高层眼中只看到了自己的小利益，而缺乏战略思考问题的宽广胸襟。狭隘的文化于是在组织中逐渐形成。

在这种氛围下组织中的成员之间以及不同部门之间的关系很不容易得以协调，每个人都不能平衡自身利益与组织之间的关系。不知道暂时让渡利益会换取组织更高效率的发展，并且在组织发展后会得到更大的利益。

（四）“巧妇”难做“佳肴”

案例中的科研部门已经遇到了发展瓶颈，但是W并不知道采取较好的方法在各部门之间进行关系协调，为研发部门引进人才和注入资金。在每个部门或者个人都为“捍卫”自己的利益而“出招”的时候，研发部门虽然是公司发展的“咽喉”要地，但凭借自身的能力是不能够摆平各方面的关系的。在这种紧要的关头，W并没有出面协同各个部门的要员对问题进行解决，这说明S对研发部门角色的重要性并没有提到议事日程当中来。S的管理思路出了问题是导致公司进展迟缓的重要原因。从案例中的情况看，研发部门是非常希望能够为公司的发展做贡献的，但苦于没有人为其工作提供基本的平台，所以出现了“巧妇难为无米之炊”的问题。从案例中的情况看，研发部门的成员都是有能力的员工。由于目前没有较好的使其为公司做贡献的平台，所以这些人目前的工作动力并不高。这些人凭借自己的能力是没有可能协调好与其他部门之间的关系的。这样的工作只能够由比研发部门的行政级别更高的管理部门承担。但目前公司的状况是，本来应该承担该项协调工作的管理者，没有承担这种工作任务的意识，而这个问题又不能由研发部门的管理层向其上级点破。研发部门长期处于低效率运转状态，这种状态在短期内会使得这些优秀的员工感到无奈，在长期中就会选择跳槽或者极端手段。W手下的这些优秀员工并不愿意成为W工作效率不高的牺牲品。W实际上是在为S公司的发展设下陷阱。

（五）“空气”过于“污浊”

W公司表面上是管理问题，实际上是组织文化出了问题。应该履行相应职能的管理部门“不理朝政”的局面在公司内部比比皆是。在这种“空气”的笼罩下，整个公司内部正在形成一种不务实事的“氛围”，公司的“空气”开始变得“污浊”起来。这种污浊的“空气”正在让年轻有为的组织成员透不过气，大家感觉比较压抑。在这种工作氛围下，人们即使有干好工作的愿望也没有干好工作的环境。有能力干好工作的人由于没有较好的工作环境而不能干好工作，不能干好工作的人正好趁着这样的“乱世”“休息”。按照这样的逻辑，最终结果是公司中将没有真正能力工作的人选派在重要的工作岗位上。按照“劣币逐良币”的原理，作为“良币”的优秀员工最终全部被逐出市场，而得以留存的将全部是“劣币”即不愿意努力工作的员工。组织被这样一群不误正事的员工把持，注定会走下坡路。新招聘进来的工作人员马上就会被这种工作氛围所淹没，一段时间过后也就成为了这种工作氛围的推波助澜者。W无形中成为了这种“空气”的“肇事者”。由于公司中用“人治”取代“法治”、用情感取代了制度，人们为了“捍卫”自己的利益就需要不断与这些“元老级别”的“老大”靠近，因为只有这样做才能够有使得自己崭露头角的机会，组织中的成员于是不仅要精于专业技术，还要具有在复杂的人际中往来穿梭的本事。在“污浊”的组织“空气”中，所有的人都需要分出一部分精力游走于复杂的人际关系中，对利益进行“争”、“抢”，人们就更加不会有安心做事的心情，组织中的“空气”因而愈加“污浊”。

对策分析

针对公司中存在的诸多问题，咨询机构已经给出了很多恰到好处的建议。这些建议包括了转变治理机制、优化用人机制、树立品牌意识和培养创新能力等。只有组合出拳才能够对公司存在的问题进行根治。

（一）建立权力制衡机制

前面的分析表明，公司中不合理的权利布局已经成为公司发展的大患，所以当务之急就是要在公司内部建立起权利制衡机制，使得“元老”不再成为“老大”，并且使这些“老大”能够在组织成员面前变得温文尔雅。让原来拥有较多权利的管理者的权利受到约束是很不容易做到的事情，需要在公司层面构建相对完善的权利约束制度并在全公司内部执行。为了达到这样的目标，需要从以下几个方面着手考虑：① 硬化职工代表大会权利。对于公司中人事任免以及重大事项的决策等都要在职工代表大会上进行决定。各部门都要切实通过民主选举方式，选举出最能够代表职工利益的、业务能力强的、有强烈事业心的普通员工作为本部门的代表参加职工代表大会，职工代表有责任将会议上的任何风吹草动向部门内部的所有职工进行宣讲，并将全体职工的意见或者建议通过职工代表提交到公司会议上进行讨论。通过这种方式让S以及各部门的管理者不能为所欲为，其言行需要限制在全体职工的思维框架内。这是自下而上的权利约束方式。除此之外还要建立起自上而下的权利约束方式。因为公司高层考虑问题具有前瞻性，在有新设想和新举措的时候，需要将细节的东西向职工讲清楚，并让职工感到没有任何担忧之后再付诸实行，如果职工不满意，则需要进行反复完善后才能付诸实施。从而让公司管理层的决策真正能够代表广大职工的利益。② 让专业技术骨干加入管理层并赋予实质性权利。专业技术骨干考虑问题的出发点与专门从事行政管理的人员有着本质的差别，前者主要是从专业技术角度考虑公司的发展，是从被管的角度考虑问题的。后者是从管理层面考虑问题，但往往与专业技术之间的联系相违背，主要是从管人的角度考虑问题的。在专业技术人员被赋予较大权利的时候，就可以将管理者单纯从管人角度考虑问题这种不周全的思维方式矫正过来。

（二）确立部门协调制度

部门之间没有很好地进行信息沟通进而不能将彼此的工作很好地协调起来。正如前文谈及，各部门之间存在矛盾以及职权不清的问题常常存在。不是出现“三不管”的管理“真空”地带就是出现由于权利交差而造成争权夺利。公司内部有时候很多事情并不是能够划分得非常清楚的，这就需要各部门之间进行很好地配合，在利益出现冲突的时候由公司层面对各方的关系进行协调。公司层面不能寄希望各部门会主动让渡自己的利益而谋得公司的发展。公司需要在制度层面确立出现冲突的各部门之间首先进行让渡的顺序，并对首先做出让步的一方进行适当方式的激励，通过这种方式在公司内部形成互谅互让的组织发展氛围。除了在公司层面要对各部门之间的关系进一步理顺外。各部门在处理与其他部门关系的过程中应该自觉对履行的权利进行把握，公司高层在对各部门进行授权的过程中力争做到权利不交叉。将授权与考核进行紧密衔接，即在一定的时间之后，对相应的管理部门持有的权利范围之内的工作业绩进行考核，让管理者感觉到权利是一个烫手的山芋。在完成一项工作的过程中各个部门的管理者为了使得做事的成功把握度更高，自然而然相互合作的愿望就会加强。部门之间由在高层领导之下进行的被动协调变成了主动协调。

（三）合理分权授权力度

案例中出现混乱的局面的一个重要原因就在于部门之间或者相互推诿责任，或者彼此之间争权夺利。很多人都具有“吃着碗里的、看着锅里的”的心态。公司对各管理者的职权界定不清楚是造成这种局面的重要原因。这就需要在授权与分权的原则上进行重新考虑。管理学认为，分权是高层管理者将权力在底层管理者那里一定程度的分散，分权是以授权为前提的，在科层体系下高层管理者通过将自己的权利通过一定的形式分散给下属，从而让自己的下属掌握一定的权利的情况下履行相应的职责，这不但可以为自己减负，而且可以充分调动下属成员的工作积极性。下属为上级办事不但能够体现上级对下属的信赖，而且可以在很大程度上拉近不同级别的管理者之间的关系。但是在授权过程中，高层管理者往往要对多个下属同时授权，如果授权不合理就会使得下属管理者之间出现矛盾。造成案例中出现的互相扯皮或者互相推诿责任的事情。管理学认为，绝对分权和绝对集权都是不合理的。案例中“元老”变成“老大”就是绝对集权的表现，在这种不合理的权利结构下，“元老”可以为所欲为，下属没有了发言权，“元老”没有让下属进言献策的意识。所以建立合理的授权制度并让下属为上级“分忧解难”是公司发展的理性选择。但是管理者不能走向另外一个极端，即由原来的“刁难婆婆”陡然变成为“甩手管家”，管理者需要在分权的力度上做适当安排，让下属既感受到上司对自己的信任也感觉到时刻在受到上司的管束，否则就会产生“王昭君—汉元帝—毛延寿”之间的悲剧。

（四）资源布局相对均衡

案例中出现了“巧妇难为无米之炊”的问题，说明公司中具有资源布局不均衡的问题。研发部门资源不均衡只是“冰山一角”。公司中各部门的权利大小不同，在富集财富的能力方面也有很大的差别。就目前公司中存在的诸多问题而言，由于权利不对等而出现的资源不对等的问题已经非常严重，进一步发展下去所造成的结果就是，有的部门存在严重的资源限制即资源多的不知道怎样用，而有的部门则存在严重的资源匮乏问题即部门“等米下锅”。资源多的部门不一定优秀的人才多，资源匮乏的部门不一定优秀的人才少。资源多的部门存在严重的资源限制，资源匮乏部门造成严重的人才浪费。部门资源的不平衡造成部门发展不平衡，而研发部门的发展基础不足就会严重影响公司的整体发展质量。为此公司需要尽量将资源在各部门之间进行均衡布局。均衡布局的意思是：将资源尽量向核心部门和优势部门聚集，在组织中形成“人尽其才物尽其用”的局面。对于像研发部门这样的涉及全公司发展的部门，需要公司层面给予“补贴性”的支持，并在引进人才方面给予适当的考虑，以便能够让该部门得到长足发展。这样的部门在短时间内是很难看到经济效益的，甚至在很多时候研发并不能成功。公司在考虑这类部门发展的时候不能够急功近利。在保证资源布局相对均衡的同时使得公司得到均衡发展。“营养不良”会影响公司整体发展，公司的某个“器官”出了问题，表明了公司在整体上出了问题，只是在某些薄弱环节率先出现了明显症状而已。

（五）铺就人才孵化温床

不让人才流失而是让人才留下来才是公司获得持续发展的根本。案例中的企业中不是没有人才，而是现有人才不能得到合理的利用，以及人才外流的问题非常严重。这说明企业在用人、养人、留人等方面的关系没有处理好。公司谋求高效发展的目标虽然也是非常明确的，但由于各方面的关系没有处理好致使公司发展后劲不足。为了使得公司不会出现优秀人才匮乏的问题，有必要在公司内部出台相应的制度，为人才发展铺就合理的“温床”，使得员工在公司中不但能够有合适的环境为组织的发展做贡献，而且能够使得自己得到较好的发展，员工可以将工作与事业紧密结合在一起。公司需要采取的措施可以从以下几个方面考虑：① 在公司内部形成重视人才的氛围。让为公司做出贡献的组织成员不仅能够得到体面的报酬，而且有足够的机会在组织所有成员面前崭露头角，让这些优秀的组织成员的奋斗精神对组织中的所有成员产生影响逐渐成为组织的奋斗精神。② 为优秀成员“吃偏饭”。优秀的组织成员由于较高的素质和较强的奋斗精神，所以对于一般组织成员觉得已经比较丰富的资源，对于这些优秀的组织成员而言是不够用的。为了激发这些优秀员工的潜能，就需要为其配置较一般员工更加丰裕的资源，表面上看是在为这些优秀员工“吃偏饭”，实际上则是为组织的高效发展创造条件。③ 铲除不利优秀员工施展才华的因素。在优秀的组织成员得以“吃偏饭”之后，组织中会有一些阻挠势力对这些优秀成员有不同的想法，这时公司层面就需要将这些优秀成员在以往工作中做出的优秀业绩（硬条件）在公司范围内进行展示，让所有的员工感觉到心服口服。让人们意识到优秀成员在公司层面“树碑立腕”并不是公司领导感情用事，而是这些员工奋斗的结果，从而在整个组织内部形成“比学赶帮超”的局面，组织的运行状态从而不断得到改善。

案例思考题

1. 案例中的“人治”问题主要表现在哪些方面？
2. 你对案例分析中提出的见解有何看法？
3. 你对管理中由于制度设计不合理而出现的“巧妇难为无米之炊”问题是怎样看的？
4. 你认为给优秀成员“吃偏饭”合理吗？谈谈你的看法？
5. 你认为在管理者如何处理“元老”问题？

案例 2：评奖制度协调后由“明争”转为“暗斗”

案例简介

年度评奖对于组织中的任何一个人而言都是非常重要的，虽然管理层在每次评奖的时候都要尽量考虑各方面的因素，以便尽量将奖励授予最应该得到的人，但往往还是会出现问题的。Q 公司在年终评奖过程中就遇到了这样的问题。Q 公司一年一度的评奖时间又到了。鉴于公司在以往评奖中曾经出现过各种各样的问题，公司今年在评奖过程中打算对以前实行的方法进行改变。以往评奖程序是这样的：公司层面首先按员工的一定比例对部门下达优秀指标，然后部门领导组织本部门内部的专家评委对本部门的参评员工进行评审，让所有评委理解公司的评优精神，然后专家评委用投票方式进行表决，得到选票最多的员工将被评为优秀，人们习惯上称这种评选优秀的方式为“投票评选制”。但是用这种方法评出的得奖者往往并不是公司中的最优秀成员。后来公司层面对评奖过程进行了分析，大家讨论不公平的评奖结果出现的原因，大家认为在评选之前实际上谁应该被评选为优秀大家都心知肚明，评选过程应该没有实质性意义，因为一年来谁的成绩突出大家都了如指掌，部门领导认为以投票方式进行选评只是走一下过场而已。但是从评选结果来看，评选已经不是简单地走过场了，谁优秀还是不优秀已经不由被评选者的成绩说了算，而是由评委的投票权说了算。评选结果表明，评委的投票倾向已经与被评选者本身的成绩不一致了，这说明评委的投票心情有了偏向。但当投票结果出来后却让人大失所望：该被评为优秀的员工没有被评为优秀，不应该被评为优秀的员工反而评选上了。部门管理者也感觉到评选过程有问题，但既然集体决策的结果已经出来就不能再反悔，部门领导就将这样的评选结果上报了公司层，部门内真正优秀的员工由于没有被评为优秀而愤愤不平，但也只能如此，民心难违。为了将年终评优工作做到更加公正客观，公司曾经做过一定程度的调整。第二年再进行评优时部门管理者S在让大家领会了公司的评优精神后，开始对每个申报评优的员工的申报材料进行审核，事先对材料进行评审是较以前年份做法的创新。让所有的评委首先熟悉并审核参评员工的材料是否符合条件，将符合条件的材料留下，不符合条件的材料筛掉。大家对每个员工的材料了如指掌后开始投票，但是投票结果出来后又非常令人惊诧，不仅投票非常分散，而且又使得不该被评为优秀的员工当选为优秀，业绩非常突出的员工又一次落选。这种年终考核制度下，实际上只是对优秀人才的选拔进行了微调，但这种微调并没有使得制度得到实质性改变，所以最终出现了与原先几乎一样的结果。制度微调并没有达到相应的效果，部门领导S也感到茫然，这也是优秀的组织成员感到非常茫然的。第三年评优的时候部门管理者S一改原来的投票评选方式，改投票为审核。目的在于对评委的个人倾向性进行适当的约束，让评委的个人行为趋向于公正客观。人们习惯上称这种评选方式为“审核评选方式”。评优程序与前两年基本相似，只是对所有专家评委交代：本次评优不施行投票制，评委的责任在于对每位员工的材料进行审核，在审核的基础上对每个参评人员的参评材料进行排序，材料最硬的排在前面，材料软的排在后面，在每个指标中按照排在第一的数量较多的员工首先胜出第一位优秀员工，然后再在剩下的员工中间如法炮制评选出第二位优秀员工，以此类推，直到用完公司下发的名额为止。但是所有评选委员对这样的评选方式都是心存意见的，只是不愿意当面表达这种意见而已。因为这种审核制度并不是在座所有评审委员的意愿表示，而是主管领导一个人的意思表达，排序和定指标的方式有很大的倾向性，评选完后，评选结果确实与先前出现了很大差别，但每位评委专家对该种评选方式都心存意见只是不表达而已，但是这次得以评选上的都是该部门内的头头脑脑，一些业务非常优秀的员工对S的这种做法大都非常不满。管理者S认为这次评选实现了最大程度的公正，但大家看S的眼神与以前有了很大不同，S有些疑惑不解。

案例分析

从案例中评选优秀的过程可以发现存在诸多问题，这些问题综合看起来主要是因为主观替代了客观所造成的。表面上看，部门管理者在想尽一切办法使得评选过程做到公正客观，但这样的评选方式和评选结果与参评者的愿望是大相径庭的。

（一）不能有效遏制私立性动机

案例中表面上看S对制度的推进好像是不断在将制度推进，使得制度更加趋近于公正和合理。但每次制度变迁实际上只是在表面上做文章，根本问题没有解决。从管理学的本意而言，制度的作用在于在群体中实现正义，排斥非法侵犯利益应得者利益的行为，所以公正地执行制度就会在组织内部树立正气压倒邪气，进而保证组织的进步效率。这是Q公司的S管理者需要实现的目标也是所有的组织成员需要实现的目标，但是这样的目标并没有实现。每一次制度改进都给优秀的组织成员创造了一个希望，但是评选完之后又都是一个希望的破灭过程。Q公司的评优过程乍一看没有问题，但仔细分析一下其中的玄机就会被洞悉。投票是由具有私利性的人完成的，“冠冕堂皇”的制度设计并没有有效地遏制具有评选权的评委发自内心的表决权，而这种表决权是以私立性为前提的。每个评委专家都来自部门内部的不同科室，每个科室的评委都先天对自己科室的成员情有独钟，于是评委专家很自然对本科室的参评员工进行庇护。当评委专家持有这种心理时在评选过程中就已经让私利性动机战胜了制度公正。每个部门的评委专家都希望来自自己部门的员工被评上，于是就给自己部门的参评员工投票，投票结果很分散就可想而知了。这种分散的投票结果不但不能够将组织中最优秀的成员选拔出来，而且可以将每个评委的思考问题的私立性前提进行充分暴露。于是看似非常公正的投票程序实际上在评委的心理底层已经篡改了投票准则，使得自己心中的投票规则与组织制定的投票规则发生了偏差，使得投票规则更加能够倾向于自己意志的表达，以感情取代了制度后的评优结果自然就会出乎人们的预料。这不但会使得管理者出乎意料而且会使得组织成员非常失望。

（二）评奖局面形有实无

管理者在不断地推进评优制度，三年的评优分别采用了三种方法，这中间管理者S也在极力探索一种相对公平的评奖制度，但是每次制度改进都没有达到预期目标。管理者S在三年内对评优方法进行了两次变化，每一次看似都在向公平逼近，但都只是在表面上做了变通而没有实质性的变化。S的制度改进导致评奖局面形有实无，大家表面上一本正经地再做一件评选优秀人才的事情，但实际上每个人都是“心怀鬼胎”，在做一件利己而不利组织的事情。也许S切实是在努力做制度改进，但在其他的组织成员眼中S并不是真心实意地做制度推进。首先谈第一次变通，由原来的直接投票变化为让评委专家首先熟悉每个参评员工的材料再进行投票，表面上看似程序非常严谨和公正，实际上与第一次没有什么差别，因为审材料和写投票是两码事。所有人都会在“说一套”和“做一套”之间进行很好地权衡，S的制度改进关键的是很好地让大家做到了“说一套”，但并没有能够有效地控制大家按照说的去做。大家在审材料时都表现出非常严肃的表情并且尽量说些公正的话。但这些都是在逢场作戏，都是给别人看的。在投票时仍然按照自己的思维方式进行，即大家在投票时完全可以不按照审材料时所说过的话进行。投票是匿名进行的，S无法控制每个评委填写选票的权利，“做”与“说”不一致的情况就会导致并不科学的评选结果。审材料费虽然费时费力但全部被形式化，每个评委都显得非常公正客观，但内心想什么大家都不知道。这种评选过程倒不如说实际上大家在一本正经地游戏制度。其次是第二次变通，不施行投票制而施行审核制。在审核材料时大家对同一材料的看法会出现意见不一致，这时大家的意见是有倾向性的，每个人都希望将与自己亲近的人的材料画在圈内，以保障其获准率较高。这种倾向性自然会在投选票的时候体现出来。围绕同一个问题展开无效的争论不仅浪费了时间而且很难保证评价结果的公允性。这样的评奖过程与其说是“评”倒不如说是“分”。

（三）审核标准忽左忽右

一般而言，评奖过程中的评审标准应该是事先定下来的。在评选过程中就不应该再变动评选标准。或者说评选标准应该在评选期之初事先定下来的，以便能够让人们按照既定的标准在较长一段时间内准备，评奖实际上不是在评的一刹那，而在于通过这样的评价结果让组织成员在一个评选期之内做好工作，以便能够达到比学赶帮超的工作局面。在评审材料的过程中专家评委在对同一个问题展开争论的过程中，一方面说明材料本身的性质很难把握，另一方面说明材料的评价标准不客观，两个方面都很棘手。评委对一些评审材料的性质很难把握，问题不在于材料本身而在于评价标准有问题。评价标准本身具有了让评委左右逢源的机会，这也许是S没有预料到的。在这种“模糊”评选规则下评委们就具有了按照自己的想法进行“再创作”的空间，而这样的空间实际上是在游戏组织制度。因为有很多材料是擦边性质，很难说不属于参评范畴也很难说完全属于，或者很难界定在多大程度上属于。对于这样的材料在评优工作展开之前没有进行充分界定，这就会导致专家评委需要花费更多的时间进行讨论。根据前文分析，这种讨论实际上也并不涉及实质问题，如果评委专家中为参评人员说话的人多，则其擦边材料被纳入参评范围的可能性就较大，但是对于那些替其说话的人少的参评者而言就没有那么幸运。所以这样的评选过程就具有了很大程度上的人气影响，在这样的影响下，很多人在平时接触中就会更加注重人际关系的培养，于是在评选过程中就会将客观的制度掺杂更多的人情色彩。这样就会导致同样是参评者且同样是靠擦边材料竞争，入选优秀员工的机会就会有很大差别。刚直不阿的真正精于专业的优秀员工反而不能成为入选者。对于后者，是指用感情依据替代制度依据而言，评选结果的不合理性自然就会增强。

（四）参评者进行自我评选

在评选过程中还存在着一个非常重要的问题即参评者自我评选的问题，关于这一点前文没有谈及。如果参评者本身也是评审委员，则在评审中自然能够“近水楼台先得月”，在同样的竞争实力下，评审委员的身价自然就是一个非常重要的砝码。根据案例中的情况，在年终评选优秀时，参与竞争的都是高手，其中专家评委自然也有时参与其中。评审委员这时就扮演着双重身份：专家评委既是投票者也是参评者。这种情况自然对其他的非评委参评优秀者不公平，但是管理者S不能拒绝专家评委作为普通员工身份参加优秀员工的评选。对于不是评审委员的参评者而言，往往成败之差就在于这样“神圣”的一票。普通的参评者由于不具有评委的身价，所以在评选优秀的过程中往往都会成为“边缘人”，某个评委本次不参加评选，但为了增加下次参加评选的成功程度，在有评委参与优秀评选时很可能就会发生照顾评委的情形，因为每个评委在未来的评选过程中都有参与优秀评选的可能，这次照顾其他人就是为后来其他人照顾自己埋伏笔，大家也会对这样的事情心有灵犀。优秀评选的初衷虽然是评选出组织中的优秀人才，但最后却演变成为了评委之间相互照应的情形。虽然局外人已经对这样的评奖过程表示不满，但碍于情面是没有人愿意将这样的问题挑明的。S也就会默认组织中的成员对这样的评选结果表示无异议。那么这样的优选会实际上已经变成了“分赃会”。在利益分割之前分割者已经基本确定，只是利益获得者的时序安排而已。某一评奖中这些人得奖，另外一次评奖中那些人得奖。“局外人”得奖的机会就会非常渺茫。非评委员工每次参加优秀评选都感觉到有被宰的感觉，因为每次参加优秀员工的评选自己都在充当分母。优秀员工评选被局内人垄断成为阻塞新人进入大雅之堂的适度障碍。

（五）既有团队变成乌合之众

既有团队在这样的评奖制度下被搞得乌烟瘴气。人们不但是在争抢荣誉更是在争抢利益。经济人就会在这样的纷争下将整个组织搅闹得鸡犬不宁。人们不但是在争抢看得见的利益而且还在争抢看不见的利益。这种争抢的火药味就会在组织的发展过程中愈演愈烈，人们在组织中的空气还比较清洁的时候，还抱着用正统的思路思考问题的幻想，但是在组织中已经乌烟瘴气的时候，即使最正统的人也会想通过左道旁门达到目的了。优秀的当选者不但会得到荣誉，而且相伴随的还有很多看得见和看不见的收益。看得见的收益即物质奖励，这是被评选上优秀之后马上能够见到的直接收益。除此之外还有看不见的间接受益，包括晋升职称的机会，下一次被再次评为优秀的可能性，被领导赏识进而在仕途上得以升迁的机会，代表部门出席公司级职工代表大会进而与公司领导在该工作场合直接接触的机会等。人们热衷于评优实际上看重的不是荣誉，而是物质收益，最重要的是那些当下看不见的物质收益。所以优秀当选者的直接收益相对于间接收益而言非常微不足道。员工在评优秀时火药味极浓的原因也在于优秀获得者的间接收益而不在于直接收益。真正优秀的员工能够在评选优秀的过程中希望自己对组织的贡献得到管理者的认可，得到管理者的认可也就是得到组织所有成员的认可。参评者都希望通过被评为优秀而圈住更多的间接收益。在竞争过程中中青年员工的竞争激烈程度甚于老职工，因为年轻职工正在处于其事业的成长阶段，更加希望出人头并尽量增加成功的机会。组织成员之间的激烈竞争自然会在相当程度上减弱合作和默契，虽然组织成员表面上的一团和气在短时间内还能够得到维系，但组织内部合作发展的文化氛围实际上正在瓦解。组织的成长动因自然就会减弱。

对策分析

案例中的S希望通过不断完善制度而达到协调评选优秀过程中各方面的关系的目的，但事实上这样的目的并没有达到。考核是每个组织每年都必须进行的事情，考核过程公证与否关键在于制度和执行制度的人，两个方面都很重要。有时候制度虽然很好但执行制度的人却没有严格履行制度的责任心，再好的制度最终也只能是付诸东流。制度完善并且执行制度的人也铁面无私是最为完美的状态。如果制度很完善合理但执行制度的人抱有私心，考核结果很难令人满意。制度和执行制度的人两个方面都很差的状况一般不会发生，这主要取决于核心管理者的责任心。案例中的S责任心很强，但由于手下的一帮衙役“不务正事”，S的美好幻想无法实现因为任何一个组织要发展都必须建立相对公正的制度，组织发展才能够得以维持。

（一）让“外行人”评价内行

常言道“内行人看门道，外行人看热闹”，但是案例中的情况表明，内行人很多时候正是由于太专业，从而做了很多不该做的事情。这种“偷梁换柱”的事情往往都是内行人才能够做得来的。这些事情对于一个外行人而言是很难做到的，所以让一个外行人去做这些内行人做的事情时，外行人就单只会从一些表面的数据进行评判，而不会考虑深层次的专业问题。这应该是S需要的结果。通过用“外行人评价内行人”的方法，可以更多地避免专业方面的深层次问题，而只是根据参评者所提供的一些数据结果进行评价。这就需要在评选之前将各种评价制度做到非常细致，让进行评价的“外行人”根据参评者所提供的数据就能够非常容易地做出评价，“外行人评价内行人”从而得以按部就班地实施。为了做到让“外行”评价内行，公司高层可以将各部门汇聚上来的材料，经过编号后分发到其他部门进行评价，然后根据各部门评价的结果进行综合考虑，评价结果遵循“大数定律”原则。这种方法下的评价结果就能够在很大程度上避免案例中发生的“形有实无”的毛病。部门管理者也就可以尽量开脱自己的责任，碍于情面而不好写评价分数的问题就此可以克服。“外行+编号”的匿名评审方法就可以尽量避免人情因素，使得“外行”真正能够按照评价要求“秉公办事”，从而将部门内真正应该当选为优秀的员工成为优秀获选者。

（二）盲审参评人材料

案例中存在的诸多问题导致基于感情纠葛而造成的不公允现象，是因为大家都知道谁在评审和谁在参加评审。于是就会发生在评审前参评者和评委之间拉关系、评审中评委为自己或者为自己的利益相关者打高分的不正常行为。为了避免这类情况发生，可以采用对参评材料盲审的方法。部门管理者S要求参评者在上报自己的参评材料时匿名上报，规定在上报材料中不能透露与自己身份有关的信息，如果故意透露与自己的材料有关的信息则取消该参报人的参评资格。参评人上交自己的参评材料时可以以打印方式也可以以邮件方式。如果采用打印方式，只需要按照参评规定上交的格式和内容将需要上报的材料投递到指定的地方即可（如办公室临时设的信桶），只可在无人观看的时候投递。如果是采用邮件方式投递，则参评者可以将事先整理好的材料发到指定的邮箱中即可。S可以制定上报材料的最后期限（精确到分秒）。到了最后期限，由相关负责人取来所有材料进行系统整理，然后准备评审。进入评审阶段后，要求所有参评者不能担任评审委员，同时S要随机地自外单位聘请一定数量的相关专家进行评审（信息不外露）。这样参评人员和评审专家之间就做到了双方都无法知道对方的信息。在盲评的过程中就可以在很大程度上避开远近亲疏关系，同时在座的所有人都不是参评者，所以大家就可以畅所欲言，敢于表达自己的真实想法。这样评审出来的结果应该相对接近于大家所期望得到的结果。

（三）割断利益链给考核制度减负

据案例分析，利益链纠葛是造成考核结果不公平的主要原因之一，在评委投票之前甚至在看参评员工的材料之前实际上就已经决定要选谁了，这种“未卜先知”的投票方法自然视考核制度为“儿戏”。从正常人的思维逻辑看，每个参评专家自然也知道其他评委的想法，虽然不能使其他参评员工的利益最小化，但通过少投其他参评者的票并多投利益相关者的票，就可以为利益相关者增加一些胜算的把握，所以投票分散的考核结果就可想而知了，为此就需要想出办法割断利益链。方法可以有很多种，除了前文述及的“参评人回避＋外聘专家”的盲审方法外还可以采用其他多种方法。

1. 公司下属各部门评委间互评

首先按照前文所叙述的方式让部门内部所有参评员工按照要求将自己的材料呈报到部门办公室（材料中不能透露任何有关参评者的信息），分别编上号码备案。当X公司的所有部门的材料都准备就绪后，公司将属下的各个部门用抓阄方式两两配对，随机的安排评审部门和被评审部门，配对结果以及开始评审的时间在评审前很短时间内通知评委，避免期间节外生枝。同一个被评审部门要参加两次这样的盲评（中间不能透露任何信息），如果两次评审的结果基本相同，则结果可以初步定下来。如果两次的评审结果相去甚远，则需要重新进行盲评，直到两次评审的结果基本相似为止。这样的评审工作比较费时费力，但结果相对比较客观。

2. 非参评员工间互评

该种方法的意思是指：公司下属各部门间具有副高级以上职称的非参评员工间互评。这种方法相比前一种方法更科学和有效。因为公司规模比较庞大，如果说管理层之间具有经常相互接触的机会，但普通员工之间相互接触的机会就比较少，普通员工之间相互不太了解，加以各自的材料都是匿名呈报的，同时各位参与评价的员工都不对参评员工进行评价，所以在执行评价制度时会相对比较客观。由于普通员工数量更大，多个普通员工给某个参评员工的打分相对比较接近实际。通过这种方式也可以割断利益链。利益链被割断，考核制度就可以减负。考评者和被考评者都可以在一个非常平静的心态中完成自己的工作。大家就会将考评事宜作为一项工作来对待，而不是看作利益分割来对待。

3. 采取滚动方式进行评价

案例中的评价方法是在年终的时候实行一次性评价，这种评价方法的主要缺点在于：评价出现偏差之后会对员工在一年中的工作业绩进行歪曲，这会使得员工的工作积极性大大降低。但是如果将员工一年中的工作表现分解为几个阶段，例如分解在四个季度内进行评价，这样就需要在三个月内评价一次。这样做虽然会加大公司层面的工作量，但对于员工而言是比较公平的。在一年中的四次评价中即使有一次出现了偏差，也不会在四次评价中都会出现偏差，而且会将每次评价结果都与奖励结合在一起，每次获奖的额度都不会很大。即使一次评奖有偏差，参评人员也不会有太大的情绪。但是年终一次评价就意味着奖励也一次性发放，如果在评奖中出现偏差就意味着员工一年中的工作业绩得不到合理的确认。一次性评价具有将错误放大的效应。这不但会使得在本次评选中的参评人员非常失望，而且会对其他的未来将要参评的人员产生示范效应。

案例思考题

1. 案例中提及的“明争”与“暗斗”是什么意思？
2. 你对案例分析中提及的解决对策有什么看法？
3. 你身边发生过“外行人”评价内行的事情吗？你对这个问题如何看待？
4. 你觉得在评优过程中应该如何设计评价标准？
5. 你觉得应该如何遏制评委在评优过程中的私立性动机？

第十章

控制管理

本章内容提要

控制是管理的最后一项基本职能，其本质在于及时发现计划与实际之间的差距并找出原因，并适时地进行补救，从而使得计划不断完善。从一般意义上讲，控制是组织在动态变化的环境中，为了确保实现组织目标而对各种促成组织目标的行为进行及时地检查、监督和纠正偏差的管理行为。控制对于组织的发展至关重要，控制保证组织目标的实现，及时改正缺点并提高组织的运行效率，从而在各方面和各层次上推动着组织创新。科学的控制应该是一个程序化的过程，这个过程应该贯穿于管理全过程。一个完整的控制需要包括如下几个步骤：制定标准、衡量绩效、纠正偏差。按照不同的标准可以将控制划分为不同的类型。根据控制的环节可以分为前馈控制、反馈控制和现场控制。管理者对组织实施控制的过程中应该坚持明确目标、留心偏差、处理及时、做事灵活、经济节约等做事原则。一个完整的控制系统包括控制的目标、主体、客体以及手段等。人们在管理实践中已经积累了丰富的控制方法，包括预算控制、生产控制、财务控制等。PDCA 循环方法比较典型的控制方法，四个字母分别代表计划、实施、查核、处置。

一、控制的概念

控制是一种不断地对照计划而对现有的组织行为进行检查并使之符合于预定计划的行为。所以控制就是使组织的行为符合于计划的过程。控制就是要不断地发现偏差并纠正这种偏差的行为。组织发展过程中的控制职能具有非常重要的作用：① 保证计划如期进行。计划的重要作用就是通过纠偏保证组织目标能够按照预定计划完成。组织为了在变化了的环境条件发展自己，就需要不断增强适应性，管理者需要不断地对组织行为进行调试和校准，使得稍微偏离了组织的正常发展方向的组织行为得以适时地矫正，从而保证组织能够按照预定轨迹运行。② 提高组织工作效率。组织行为如果偏离了正常轨迹，即使组织成员再努力工作也不会实现组织目标，如果一条道走到黑只能使得组织这个“火车”偏离预定目标越来越远。在对组织行为进行有效控制的情况下，就能够保障组织成员不会浪费资源，将宝贵的资源用在最合理的方面，从而最大限度地保障了组织的运行效率。③ 让组织主动适应环境。控制在能够保证组织行为符合计划的同时，也具有对未来进行前瞻性控制的作用。管理者只有预测到组织按照既定行为发展，即预测未来会发生什么状况的时候，才会对组织的现有行为进行控制，以便在正确区分和把握组织正确行为的过程中保证组织的正确发展方向。在此过程中管理者是在充分发挥自己的聪明才智让组织主动适应环境的过程。④ 强化主管领导问责。控制是分级的，但最终的控制权掌握在高层主管手中。高层主管最终决定了企业的发展方向。所以组织经营失败的责任也应该由高层主管承担。控制是一种权利也是一种风险，主管领导在承担了这样的风险的同时也享受着相应的利益。一旦出现经营风险的问题，就要对主管领导进行问责。所以控制职能对于管理者而言具有一定程度的约束作用。

二、控制的过程

科学的控制应该是一个程序化的过程，这个过程应该贯穿于管理全过程。一个完整的控制需要包括如下几个步骤：制定标准、衡量绩效、纠正偏差。

（一）制定标准

标准是施行控制的依据，在实施控制之前需要建立相对完善的指标体系。控制的标准应该是在有关专家的集体协商前提下制定出来的。因为组织的发展目标具有一定的稳定性，所以控制的标准也应该具有一定的稳定性。不仅如此，控制标准还应该具备一定的权威性。不具有权威性的控制标准是不足以服众的。制定控制标准的方法多种多样，一般比较常用的方法包括统计测定法、经验评估法、工业工程法等。统计测定方法是根据企业的历史数据并与同类企业进行对比而确定下来的；经验评估法是根据以往的经验进行判断的基础上进行评定的标准；工业工程法是以严格的技术参数和在工业过程中实际测得的数据为依据而确定的标准。

（二）衡量绩效

衡量绩效就是将实际业绩与事先制定的衡量标准进行比较，用比较得出的结论对实际工作业绩作出评价。在比较过程中有几个因素可以直接影响控制的效果：业绩的测定、标准的把握、管理者的责任心。由于比较过程是用实际绩效与预先设定的标准进行比较，所以绩效的测定情况如何对于比较的结果影响很大，用不同的方法测定员工的绩效得出的结果可能有所差异，所以在对员工的绩效进行测定的时候一定要有切实的、可操作的制度。在用预先设定的标准对实际绩效进行比对的时候，对预先设定的这个标准的理解程度不同，也会影响比对的结果。所以一定要让政策的执行者对“标准”进行很好地理解和把握。中间涉及到第三个问题就是管理者的责任心，管理者的责任心决定了各种制度的执行情况。在执行控制职能的过程中管理者一定要有对组织负责和对组织成员负责的心态，只有这样才不会将控制职能流于形式。

（三）纠正偏差

经过将实际业绩与预先设计的指标相比较后，如果发现组织发展状况确实出现了与预先设计不相一致的地方，这时首先需要做的就是看一看这个偏差是否在允许的误差范围之内，如果在允许的范围内，则组织内的一切工作照常进行，否则就应该调查出现偏差的原因，并据此找到解决问题的办法。一般情况下采取的措施包括如下几个方面：①改进工作方法。发现既有工作方法中存在的漏洞，用更加完善的工作方法替代既有的工作方法，使得组织工作进一步推进。②管理者进行自我检查。管理者的领导风格以及在工作中的具体思路也可能存在一定的问题，也许问题的原因不在于员工。管理者进行自查是从根本上解决问题的方法。③对既有计划进行调整。在弄清楚问题出现的原因并且找到切实可行的办法后，就要着手用新的工作方案替代既有的工作方案，从而使得组织的发展步入正轨。

三、控制的特点

根据前文，控制的目标就在于让组织行为符合于计划，所以控制就需要不断地把握组织的发展动向，管理者为了实现对组织行为的有效控制，就需要不断地跟踪组织行为，掌握最新的信息，以便能够使得控制发挥实质性的作用。控制具有动态性、目的性、整体性、时效性、前瞻性等特征。就动态性而言，控制并非一次性完成，而是要伴随组织的发展变化不断进行调整，使得组织的发展状况能够与周围变化了的环境相协调，所以控制中就包含了时间参数，控制都应该是动态的，静态的控制就失去了意义；就控制的目的性而言，控制是为了达到组织发展的目的而存在，控制的本质并不是为了展示管理者的权威，控制是在管理者掌握一定权力的基础上对组织资源进行优化配置并保证组织按照既定方向发展的行为；就控制的整体性而言，控制应该是着眼于组织发展的全过程和全方位考虑的，每一项新政策的出台都需要从组织整体协同发展的角度考虑，注重整体性是控制非常重要的特征之一；就控制的实效性而言，控制必须是在组织发展中出现问题的第一时间内发现问题并对问题进行处理，只有这样才能够挽回或者避免组织发展中可能出现的损失。控制的时效性特征在很大程度上就决定了控制的质量；就控制的前瞻性而言，控制必须是立足现在和着眼于未来的，将组织的现在与未来进行很好地结合，控制好现在以使为未来发展铺平道路。

四、控制的类型

按照不同的标准可以将控制划分为不同的类型。根据控制的环节可以分为前馈控制、反馈控制和现场控制。①前馈控制。前馈控制是防患于未然的控制方式，是在问题还没有出现之前就采取有效控制措施的控制方式。通过观察情况、掌握事情的发展规律从而把握事态的变化趋势，在没有出现问题以前采取措施，并将可能发生的事情消除在萌芽状态，这是前馈控制的重要特点。前馈控制并不是左右管理者都能够做到的，这种控制方式能够防患于未然，能够将组织的损失降到最低，但需要管理者具备敏锐的洞察力，能够及时发现问题并对之巧妙地进行处理。②现场控制。现场控制是指在某项活动进行的过程中，管理者需要对正在进行的互动给予必要的指导和监督，现场纠正可能出现的各种问题，使得日常行为能够按照规定的要求进行。现场控制需要管理者具有敏锐的观察力，并且能够当机立断。现场控制集中表现如下几个方面：引导下属高效率工作；保障计划的顺利实现；对发生的偏差及时采取措施给予纠正；对以前未曾出现过的新问题设计出较好的对策。现场控制虽然稍微逊色前馈控制，但是由于能够及时控制事务的发展态势，所以不会给组织发展造成过多损失。不是任何情况都适合现场控制的，现场控制需要在必要的前提下完成，包括：管理人员具备较高的管理素质；下属人员的积极参与；高层管理对下属的积极授权；各层管理人员认真履行职责；及时发现偏差并得到纠正。管理者只有足够的威严、权利，并且能够做到令出即行，组织成员政令统一，上下齐心，才能够保证现场控制的时效性。③ 反馈控制。反馈控制是亡羊补牢的方法。管理人员对已经出现问题并造成一定程度损失的方面及时采取措施遏制，防止事态进一步恶化。该种控制方法虽然较前面两种控制方法并不高明，但是能够将已经给组织造成的损失进行有效遏制，并能够积极想出一些应对措施。这对于组织的发展还是有积极意义的。在管理实践中最常用的反馈控制措施包括财务报告、产品质量控制等。

五、控制的原则

控制是管理的一项重要职能，为了保障该项职能在管理实践中发挥较高的效用，管理履行控制职能的过程中必需坚持如下原则：① 明确目标。管理者一定要知道控制的目标是什么，管理者实施控制工作的主要职责在于保障组织目标的实现，所以控制职能履行的过程需要明确控制的目标，控制的目标不清晰就会使得控制的效率降低，并在一定程度上使得控制失去了应有的意义。② 留心偏差。管理者在履行控制职能的过程中需要注意所控制的目标与实际运行中出现的偏差以及偏差的程度，只有这样管理者才会及时把握控制的重点，管理者据此对控制目标实施的控制力度也是有差别的。控制不是针对所有项目普遍撒网而是针对关键项目。所以高效的控制必需目标明确，任何种类的控制都可能包涵多项目标，其中只有某些极少的项目是关键的。有效地锁定目标有利于将有效的资源用在刀刃上，这实际上就是在为组织节省资源。除此之外，控制还需要注意做好处理例外事件的准备。管理者虽然费劲心机做好各项预测，但也并不是能够将各种可能的事情都能够掌控在预料之中的。③ 处理及时。控制职能如果不能做到有效和及时就失去了意义。控制的及时有效原则不但需要管理者能够及时得到准确的信息，而且还要充分估计到可能出现的变化。为了做到控制的及时高效，就需要采用相对客观的衡量方法，管理者在施政过程中尽量排除自己的主观因素。从组织整体的角度和从相对客观的角度考虑问题，避免出现偏差或者用个人的偏见造成对整个组织状况判断的失误。④ 做事灵活。控制虽然是按照既定的制度进行的，并且控制的核心是既有的计划，但这并不意味着控制就完全是刚性的，让控制稍微有一些弹性也是非常必要的。控制职能的高效与控制系统的灵活性经常联系在一起，控制的灵活性是指应变技术的方案设计需要留有一定的后备力量，其间可以采用多种灵活多变的控制方式达到控制的目的。⑤ 经济节约。控制需要根据组织的承受能力进行，因为控制职能的实施需要以一定成本为依托。实行控制措施需要以企业的经济承受力为限制量力而行。不同的控制手段需要组织付出的代价也会存在很大的差别，虽然某些控制手段可能效果非常好，但由于目前组织的财力等方面的原因也许并不能付诸实现，并且如果强力实行会给组织带来严重的财政负担，以至影响组织的后续发展，这种控制手段也不能算作一种很好的控制手段。实行控制措施并不是要为企业“涂脂抹粉”而是要从内在品质上为企业的“身心”做“调理”。

六、控制系统和方法

（一）控制系统

一个完整的控制系统包括控制的目标、主体、客体以及手段等。① 控制目标。即控制所要达到的预期目标，组织发展预期不同控制所要达到的目标也不完全一样，目标会包括多个层面和多个层次。管理者应该根据组织的实际情况进行设计。控制目标不能盲目效仿其他企业。② 控制主体。即各级管理者及其职能部门，控制主体是控制行为的发出者。组织中不同层级的管理部门涉及的管理职能存在很大差别，中、低层管理者主要进行常规的、例行的、程序化的控制，而高层管理者主要进行非常规的、例外的、非程序化的控制。不同层级的管理者在履行控制职能的过程中要各司其职，上下级都不能越权行事。③ 控制客体。即控制的对象，管理者为了达到控制的目标，就需要明确控制的对象。组织中的不同成分在组织发展中扮演着不同的作用，所以管理者一定要从众多的组织要素中提炼出“猎物”，这不但包括静态的组织成分而且包括动态的过程，包括组织中的资源也包括组织活动的内容。④ 控制手段。即控制应该采取的具体行动方案。针对不同的事务，管理者需要采取不同的行动方案。包括控制机构、控制方法等多方面的内容。只有针对具体问题对症下药才能够达到理想的效果。

（二）控制方法

人们在管理实践中已经积累了丰富的控制方法，包括预算控制、生产控制、财务控制等。在对员工进行考核的过程中比较典型的方法包括 BSC（平衡计分卡）方法、360 度方法以及 KPI 方法等，通过这些方法都能够对员工的行为进行有效的控制。除此之外比较典型的控制方法要算 PDCA 循环方法了，PDCA 四个字母分别代表 Plan（计划）、Do（实施）、Check（查核）、Action（处置），这是从事持续改进（改善）所应遵行的基本步骤。PDCA 计划循环法一般可分为四个阶段和八个步骤。四个阶段分别是：计划即建立改善的目标及行动方案；实施即依照计划推行；查核即检查是否达成预定计划；处置即标准化作业程序。这四个阶段不断循环运转，PDCA 在不断地运转循环中是组织运行状态不断优化。PDCA 不断地循环往复形成一个轮子的状态，叫做戴明论。PDCA 的意义就是永远不满足现状，管理者必须持续不断地设定新的挑战目标以带动 PDCA 循环。PDCA 八个工作步骤是：提出设想→决策方案→下达计划→落实任务→检查质量→科学分析→提出办法→查找遗漏。提出工作设想，即在收集有关资料的基础上确定方针和目标；提出决策方案，即从中选择一个最理想的方案；下达计划，即根据将提出的方案中需要做的各种事情进行具体化；落实任务，即根据规定的计划任务，具体落实到各部门和有关人员；检查质量，即检查计划的执行情况，评价工作成绩；科学分析，即对已发现的问题进行科学分析，从而找出问题产生的原因；提出办法，即对发生的问题应提出解决办法，好的经验要总结推广，错误和教训要防止再发生；查找遗漏，即将尚未解决的问题转入下一轮 PDCA 工作循环予以解决。PDCA 循环法已经被管理实践家所认可，这种方法在实际操作过程中具有“大循环套小循环”和“螺旋式上升”的特点，管理者在对组织进行动态控制过程中能够感觉到组织进步的轨迹。专家认为，一个企业或单位是一个 PDCA 大循环系统；内部的各部门或处室是一个中循环系统；基层小组或个人是一个小循环系统。这种逐级分层就很好地将企业的各个层面紧密联系在一起，从而很好地协调发展。PDCA 方法要求企业不得中途中断，否则方法就无法顺利实施。这也在一定程度上对管理者提出了较高的要求。

本章思考题

1. 什么是控制？你对控制的概念是怎样理解的？
2. 简述控制的特点。
3. 简述控制的类型。
4. 简述控制的原则。
5. 简述控制的方法。

管理故事

故事1：逆境求生——沸水中的不同

人们经常抱怨自己的生活艰难，好像别人都没有遇到过自己曾经遇到过的坎坷。实际上每个人遇到的问题各有不同。一个儿子对自己的父亲就经常抱怨自己的生活多么艰难，以致经常不知道应该怎样应付生活，日常生活中的诸多困扰使得这个儿子已经厌倦了对生活的抗争。儿子的父亲是位厨师，这一天将儿子带进厨房，当着儿子的面，在三口锅中放入水并生起旺火开始烧煮，在三口锅中分别放上了胡萝卜、鸡蛋和咖啡豆。

父亲在做这些事情的时候一句话也没有说，只是一味地做事情，儿子感到父亲有些莫名其妙。父亲过了一段时间以后，分别将煮过的胡萝卜、鸡蛋和咖啡舀到碗中，对儿子说：“你看到了什么？”儿子还是感到不理解：“我看到了胡萝卜、鸡蛋和咖啡。”父亲并没有多说话，只是让儿子观察一下胡萝卜、鸡蛋和咖啡较先前有何不同。儿子非常果断地回答父亲：“胡萝卜较先前更软了，可以非常轻松地剥去胡萝卜的外皮；鸡蛋较先前更硬了，虽然外皮没有什么变化；咖啡豆已经完全融入了水里面，已经看不见纯粹的咖啡豆了。”父亲对儿子的回答非常满意，并且补充到：“胡萝卜先前非常坚硬，但经过烧煮变得软了，鸡蛋虽然原来非常软弱，但经过烧煮后变得坚硬了，咖啡豆较前面两个更加独特，在经过烧煮之后改变了水的品质，如上三者被放入水中烧煮，经过这样的逆境之后三者发生的变化不同。其中鸡蛋的品质和咖啡的品质是值得学习的”。

儿子在进入厨房之前还对父亲的行为感到不解，但是谜底现在揭穿了，父亲实际上是在给自己上了一堂人生哲理课。父亲的目的自然是想让自己学习鸡蛋甚至是咖啡的品质。由柔变刚乃至改变逆境才是儿子应该具备的品质，也只有具备这样的品质才能够做到不怨天尤人，从而将自己的全部精力投身到改变自己的生活景况中去。

故事中的父亲并不是一位伟大的哲学家，父亲只是通过厨房中三种食品经过烧煮之后变化的道理给儿子展示了一个人在逆境中求得生存应该具备的优秀品质：不能够倒下去，而是应该与逆境做斗争以便战胜逆境甚至是改变逆境，朝向自己需要的方向发展。父亲用三种食品代表了在经历磨难后三种不同类型的表现：有的在困难面前倒下了，有的在困难面前变得更加坚强了，有的甚至改变了逆境从而使得逆境向着有利于自己的方向发展了。一个组织的发展总会出现一些不尽如人意的地方。因为组织的发展环境在时刻不停地发生着变化，这对于组织成员和组织的管理者都是考验，如果组织的管理者不能很好地应付这种考验，则可能在困难面前倒下。管理者所需要做的不是怨天尤人，而是认真分析周边的情况，找到使得组织获得新生的机会。

现实中在逆境中求得生存机会的实例比比皆是。史玉柱已经成为个人创业史上的奇迹，也是在逆境中谋求生存发展的楷模。在由汉字录入软件发家并将自己的着眼点转向房地产的过程中碰壁后，背负着巨债的史玉柱却说，一定会偿还所有债主的债，这是史玉柱的信誉也是史玉柱的为人。为了能够东山再起，在苦海中摸索。在试验成功脑白金后自己的财富迅速积累，史玉柱的名字也由“今年过节不收礼，收礼只收脑白金”的广告词而红遍大江南北，自己当时承诺的还清债主的债的诺言得以兑现。这时的史玉柱已经是一个成绩斐然的成功企业家。企业家的精神就在于不满足现在，要使现有的财富能够得到最大限度的升值并找到升值的渠道，这才是企业家的本色。脑白金只是老年保健品，如果能够打开青少年保健品市场甚至青年人保健品市场，不就使自己的事业更加海阔天空吗？黄金搭档在这样的情况下诞生，在这样的创业思维下史玉柱从一个辉煌走向另外一个辉煌。

从汉字录入软件到房地产开发，从脑白金到黄金搭档，史玉柱有过失败也有辉煌，其间“咖啡的品质”是史玉柱生命的全部，仅仅满足目前的成绩不仅会使企业家颓废更会使企业走向死亡。同样，牛根生是另外一个“逆境中求生存”的典范，在以每天超越一名的速度三年内成为乳品行业巨头的过程中，牛根生不满足现状，并给自己的事业制定了辉煌的蓝图，蒙牛的发展有三个：只做乳品不做其他；要做一个上市公司；要做一个百年老店。这三个蓝图不但是牛根生的愿望也是蒙牛人的愿望，不仅是牛根生的创业精神从而也是蒙牛的创业精神，这是一种永无止境的开创的精神，在这种精神的指引下蒙牛走向了世界，蒙牛成为了国人的骄傲。

20 世纪 80 年代末成为上海个人首富的杨怀定（杨百万）在 1989 年辞职在家深处逆境，但是能够发挥自己的聪明才智，积极把握市场经济给自己创造的生财机会是杨怀定的优秀品质，这就是“鸡蛋精神”或者“咖啡精神”，在不断探索中使自己的事业从一个辉煌走向另外一个辉煌。通过购买国库券挣得第一桶金的时候，一般人就会因为“早晨一进证券交易所晚上一出来就能挣上一年的工资”而高兴得七天七夜睡不着觉，而杨怀定想的则是“如果在另外一个地方能够将国库券低价买进高价卖出，一年的工资不就又赚回来了吗?”。在苦苦搜寻中，终于在安徽合肥发现了这样的国库券，于是连夜坐火车到合肥购买国库券并连轴转地做起了买卖国库券的生意。就像杨怀定自己所讲，“金钱的魔力如此大!”，后来对杨怀定的经历仔细琢磨非常感慨，感慨的不是老杨挣钱多，而是感慨每天都要拎着几十斤的人民币往来于车站和证券交易所之间，双手都磨出了老茧。老杨的创业精神在股票市场上创造了神话。这些都是成功的创业者或者管理者所应该具备的精神。

企业发展并非一帆风顺，管理者需要具有抗御风险的能力，使得企业在逆境中获得发展。逆境管理的主要思想着眼于将企业经营活动中的管理失误行为，目标在于揭示企业在顺境状态中对可能出现的问题进行识错防错并发现治错化错的措施。管理职能包括预警职能、矫正职能与免疫职能，也就是说管理具有前瞻性、预警性特点，管理的着眼点不止于现在而在于未来。预警功能即对管理行为与管理周期活动进行监测、识别、诊断与警报的一种功能。对可能的错误行为或可能的波动失衡状态进行识别与警告，以此来规范企业管理系统的秩序。矫正职能即对管理失误和管理波动进行预控和纠错的功能。对管理失误与波动进行主动的预防控制并纠正其错误，促成管理过程在非均衡状态下的自我均衡。免疫职能即对同类同性质的失误行为和管理波动局势进行预测或迅速识别并有效对策的功能。当管理过程中出现失误征兆时能准确地预测并迅速运用规范手段予以有效制止或回避。

故事2：管理制度——顺应还是改变

用一根细长的链子将一个大象栓在水泥柱上的场景看起来非常可笑，但游人惊奇地发现大象非常安稳地爬卧在水泥柱旁边。当然游人非常担心大象可能挣脱铁链对游人进行攻击。但事实上这种担心是不必要的。马戏团的老板在大象还非常小的时候就用这样一根铁链将小象拴在水泥柱上，小象非常小的时候凭借当时的力气是不能够挣脱铁链的束缚的，于是小象就一直顺从地被栓在水泥柱旁。随着小象一天天长大，象还是以原先的思维方式思考自己，即使自己的身躯已经非常大了，但还是非常顺从地听任主人将自己绑在水泥柱旁。因为象已经习惯了这种束缚，直到在长成大象时也不会有什么挣脱链子的愿望。同样道理，训虎的人也是用非常细小的链子拴住老虎，因为老虎非常小的时候就是用这样的链子被拴着，在长大后就习以为常了。所以在马戏团表演的时候经常会看到老虎和大象非常顺从的样子。

大象和老虎给人们的感觉非常威猛，但是仅仅凭借一条小链子就能够进行约束，而且这样威猛的动物都表现得如此顺服。在组织的发展中实际上这个链子就代表了制度，在组织的发展中一定要在员工刚一进入这个组织的时候就让其很好地领会组织的制度并认真服从组织的制度，习惯就会成自然。在被管理者成长的过程中就会严格执行组织制度。如果在一开始的时候没有让组织成员很好地理解组织制度，并且没有严格地履行该项制度，则在成员成长的过程中就会通过各种方式触犯制度以致使组织制度形同虚设。

组织发展正规化需要从最开始进行，而不是在出现了问题之后进行补救。人们在思考问题时都有思维定势的习惯，故事中的老虎和大象也遵循这种情况。在日常生活中我们也经常会看到这样的情形。小女孩生下来后父母就会极力设计其女性的层面，在其成长中要特别强调女性特点，穿的、用的等都倾向于女性内容，小女孩从最小的时候就开始接受这种教育，以致在其长大之后就会自然而然地用女性的思维方式做事情，这也是习惯成自然。人们的思维方式一旦形成后就很难改变，考虑问题时虽然还会有所变通，但是这种既定的思维方式会成为今后此人思考问题的主导方向。

习惯成自然并不等于墨守陈规，甚至是一意孤行。老虎和大象本来是森林中的老大，但是由于成长中一直都被链子拴着，从来就没有挣脱链子的愿望，所以成为马戏团老板的"乖乖虎"和"乖乖象"。老板给自己足够的食物可以使得自己衣食无忧。老虎于是就没有草原上的威猛，大象也失去了草原上的彪悍。长期的生活经历就会使得大象和老虎很难改变既有的思维方式。相信马戏团的大象或者老虎看到了草原上非常威猛的大象和老虎的时候或许会感到非常惊讶，因为这些原本属于自己的东西离开自己太久远了。老虎和大象是在老板的锁链下成长起来的，所以长大后的老虎和大象就要倾尽全力为老板做事情：做好老板安排的每一次表演，因为只有这样才能得到老板更多的赏识从而得到更多更好的食物。老虎和大象的这种思维方式越强就会越加遵守老板手中的链条规则。老板的这种思想在组织发展中就是"好的员工是被调教出来的"。

优秀的员工需要培养。所以管理者的责任不仅在于用人，而且在于养人。要按照自己的思路培养需要的员工。大象和老虎都曾经是桀骜不驯的，但是在经过驯兽师的长期训导最后都变成了"小乖乖"。管理者需要在最一开始的时候就要严格对待制度，并让员工履行制度，员工才能够习惯成自然。驯兽师在训练老虎的过程中经常会有一些擦伤，如果让老虎舔食流出的鲜血，就是驯兽师履行制度的违规操作，终究有一天老虎会兽性大发，并将驯兽师作为自己的美餐。所以驯兽师的目的既然是训练老虎，按照训练的目的做事，就不要分散老虎的注意力。组织中的管理者只有严格遵守制度才能够保障自己的权威，只有约束下属严格按照制度做事才能够维持自己的权威。

管理者与被管理者之间的地位是不对等的，任何一个被管理者都具有冲破管理者约束的倾向，就像刚刚被链子绑在水泥桩上的老虎或者大象具有挣脱束缚的愿望一样。管理者就需要有对下属进行约束的能力和技巧。马戏团的驯兽师在训练老虎的时候，老虎的表现如果很好，则驯兽师就会喂食其喜欢吃的食物以示奖励，驯兽师就是用这种方法将威猛的老虎调教成比较驯服的乖乖虎。组织成员中也会存在类似老虎或者大象的威猛下属，这些下属对于管理者而言是管理的难题，管理者如果想把"链子"拴在这些桀骜不驯的员工的脖子上，就需要通过制度以及合适的奖赏使其"驯服"，并且让这些下属感觉到自己的政策都是合理的。"顺服"被管理者后让其能够感觉到自己发展的希望，这时被管理者就能够从内心顺服管理者。

老虎或者大象式的下属在选择被管理者的"链子"拴着还是挣脱问题上，虽然取决于老虎或者大象本身，但管理者的管理技巧以及思维方式等也起着非常大的作用。为此管理者需要精于琢磨让管理者臣服自己的管理艺术，并进而打造出优秀团队，在双方的默契配合中推动组织的发展。

经典案例

案例1：以“消费者为上帝”的服务质量控制方法

案例简介

N公司的老板M开始认识到高质量的客户服务对于公司发展的重要性，M认识到客户服务质量与产品的信誉和企业的利润是直接关联在一起的。N公司在调查中发现，公司的每张质量信用卡早到客户手中一天，公司就会多获得50美分的收入，在一年的时间内公司就会由此得到近两百万美元的纯收入。这对于公司而言绝对是一件大事情。随着公司业务的拓展由于客户服务质量而产生的纯利润还会逐渐增加。“产品的信誉就是企业的生命”的信条已经深入到N公司中每位员工的心中。但是M认为提高客户的服务质量单凭一张质量信誉卡还是远远不够的，要从产品的更多层面入手让消费者感觉到公司是发自内心地为其服务的。公司的管理层在长期与客户打交道的过程中发现，一些顾客对产品有怨言但并没有投诉，而公司在调查中并没有将这部分客户的意见反应给公司的管理部门。公司的管理层于是认为公司的市场调查结果是有缺陷的。公司通过这种方式调查出的客户已经不能完整地反映出客户的实际问题，于是公司打算对控制程序进行彻底检查并使得这个控制程序得到进一步完善。公司在对客户服务质量控制方法进行改革的过程中强化了及时性、准确性和信息灵敏性三个层面。经过改革之后公司的业务有了一定的起色，但经过一段时间之后M发现有些问题还是没有解决，这些问题主要表现在：高层主管的控制思想在中低层管理者那里不能很好地落实；售后服务人员与管理部门的指令不合拍；组织成员认为售后服务是工作人员的额外任务；一些员工在为消费者提供服务的过程中收取额外费用。M觉得公司在对消费者提供服务的过程中存在的问题很大，说到底是工作的责任心和工作态度的问题。公司成员的思维还是停留在传统状态，一直认为为消费者提供实物产品就是公司服务的全部，没有将实物产品之外的非物质服务作为自己的份内之事。于是M开始思考从管理层面进行制度建设的问题，力求完善后的制度能够激发中低层管理者的服务意识，将非实物形态的客户服务也纳入到工作职责之中，并让所有的员工都认识到这是其份内之事而不是额外负担。M打算将这样的制度纳入到员工的绩效考核体系中，并成为考核员工工作成绩的一项重要指标。

案例分析

N公司在控制服务质量层面存在问题，经过一段时间的调整公司业务虽然有了起色，但并没有达到预期成效。M的判断是正确的。如果这些问题不及时解决，会影响公司的长远发展。综合案例中的各种情况可以认为N公司存在的主要问题表现在以下几个方面：

（一）将潜在问题等同于没有

案例中的N公司对客户的服务宗旨是没有错的。公司的相关部门在做市场调查的过程中也是非常用心的，但由于工作思路存在问题使得调查的结果与公司所需要的结果之间存在一定的误差。其中一个最重要的问题就是“将潜在问题等同于没有”。消费者在消费产品的过程中并不是都能够将产品的存在的问题及时反映到公司中来的。大多数消费者在产品的缺陷能够忍受的范围内时默默地承受了下来，并且将这些存在一定缺陷的产品按照自己理想中没有缺陷的产品使用。公司在调查中按照传统的调查方法只是将那些不能被消费者接受的产品的缺陷浮出水面，而将那些被消费者认为的“不是主要缺陷”的缺陷潜伏了下来。这些本来应该由企业承担的成本却由消费者承担了起来，消费者自然会感到不公平。但在商家面前消费者很多时候学会默默承受。消费者的最佳选择就是下次在购买同类产品的时候尝试选择其他品牌，从而将N公司的产品弃之一边。“将潜在问题等同于没有”实际上就是置消费者的利益于不顾，商家不为消费者着想，消费者自然就不会为商家“投票”。商家在短时间内看似省事了，但是在长期内实际上是费事了。产品由于丧失了或者降低了产品的信誉而“放弃”了市场。N公司在进行市场调查的过程中只调查已经浮出水面的问题，而不顾商家已经意识到的但消费者没有意识到的问题，这样的产品迟早是会被淘汰出局的。消费者在向商家付费购买产品的同时，实际上也付出了一定的费用购买商家的诚信。当商家没有诚信的时候，消费者就会感到上当受骗。N公司没有对客户关系进行很好地控制，为公司的进一步发展埋下了安全隐患。

（二）将份内之事视为额外负担

案例中的情况表明，很多员工一直还认为对产品进行质量跟踪和对消费者进行售后服务并非公司份内之事，而是产品对消费者的“恩惠”，认为这项业务是在产品应有的业务之外的附加业务。这自然是公司成员的认识误区。这种认识误区在普通员工中间存在，在中低层管理人员中间也是存在的。不对这个问题进行及时解决，并对组织的发展状况进行及时把握，就会使公司的业务受到挫折。在激烈竞争的情况下，产品竞争的手段应由原来的单纯的“硬产品”竞争已经逐渐扩展为目前的“软产品”竞争，“周到的客户服务”已经成为“软产品”内容的重要组成部分。N公司中的中低层管理者普遍具有“额外负担”的认识，这种认识方式已经变得非常落后了。这种认识方式存在，说明了公司中的绝大部分成员还没有将工作与事业紧密地结合在一起。管理者还没有主动地发现并处理公司在日常运行中存在的问题。N公司的发展方向完全由M进行掌控的局面可以想象得出来。组织中的绝大部分成员都处于“拨一下动一下”的局面。N公司在发展过程中没有养成为消费者主动服务的意识。N公司没有将尽量多的应该为消费者服务的内容转变成为自己的责任。商家在一定程度上还是排斥消费者的，在商家与客户的关系中商家不愿意承担更多的责任，就意味着不能主动与客户建立起以消费者服务为宗旨的客户关系。这相当于商家在自己堵自己的路。高层管理者单独凭借自己的能力是无法对这些下属进行有效控制的。

（三）中低层管理人员逢场作戏

中低层管理人员表面上在严格按照高层管理者的意思行事，但在实际操作过程中并没有为消费者送上周到的服务，这与M的要求是有很大差距的。N公司中的中低层管理者实际上是在“游戏”M的管理思路。M的管理思想虽然非常符合N公司的发展情况，但是这种以消费者为本的管理思想并没有在所有的员工中间乃至中低层管理者那里得到落实，这说明N公司内部存在政令不一的问题。“中低层管理人员逢场作戏”使得

M的思想没有得到根本落实。中低层管理者如果将M的思想认真落实，就会加大自己的工作量。在个人受益与增大的工作量之间没有进行直接挂钩的情况下，中低层管理人员就不会主动做事。进行客户调查本来是公司应该主动做好的事情，但由于没有相关的制度激励，致使员工都不情愿主动做事。因为在组织中员工工作的一般心理是：承担了较多的工作后就要报以更多的薪水；在收入不变的情况下承担较少的工作就会相对增加自己的所得；在别人没有承担较多的工作时自己是不情愿承担较多的工作的。所以中低层管理人员逢场作戏的问题，表面上是不愿意承担更多的工作，但实际上则是公司的既定制度不合理，没有通过制度调整让管理相对更加人性化。在这种情况下管理者就逐渐感到鞭长莫及，虽然用尽一切办法对下属进行控制，但实际上并没有达到理想的效果，下属会通过各种巧妙的变通方式使得控制职能掺水。

（四）一线人员没有真正理解管理制度

管理制度很多时候并没有将事情规定得非常具体，而只是在某些方面进行了一些方向性的规定。一线人员在执行制度的时候就会非常随意，组织制度中已经进行了明文规定的，就严格按照制度办事。而对于没有进行明文规定的、只是做了一些策略性的规定的方面，由于在行为过程中具有了更多的自主权，而在很多时候沿着与组织的目标相反或者不一致的方向进行，致使组织的制度规定打折扣。组织成员在理解管理制度的时候有偏差就会使得组织运行出现障碍，组织缺乏效率或者没有效率的状况到处存在。案例中的一线管理人员在履行公司制度的时候，对公司制度的理解与公司制度的初衷存在偏差，致使公司制度出现了效率损失。在公司制度规定不是非常具体的时候，一线管理人员就此将“没有明确的”公司制度理解为按照自己的意志行事，在管理者个人风格与公司的发展目标并不一致的情况下，就会使得管理人员按照自身的愿望做事的可能性增加，在个人利益与组织利益发生矛盾的时候，个人就会出现“近水楼台先得月”和“将在外君命有所不受”的情形。这些一线管理人员在潜意识中认为：只有管理者在自己的面前的时候制度才能严格执行，而自己不与管理者面对面的时候，组织的制度就变成了“抽象的虚无缥缈的东西”而不能对自己的行为形成约束，这时的组织制度就完全没有了价值。组织运行中效率的高与低就完全不取决于制度而取决于一线人员的自觉，在一线管理者不是十分自觉的时候，组织发展就会完全偏离正轨。

对策分析

（一）严格绩效考核制度

为了使得公司中的每一位管理者在建立客户关系过程中能够严格按照既有的制度行为自己，使得每个人在公司制度规定的并不是非常明确的时候也按照公司的意愿行为自己，这时就需要从严格考核制度做起。在考核内容中不仅要包含管理人员已经做出的成绩，而且将应该做出的而没有做出的成绩也应该考虑在内，即将员工的“所能为者”与“可能为者”等都纳入到考虑范围中，更加全面地反映一线成员的工作作风和工作成绩。虽然目前实践中的诸多考核指标形硬实软，但一定要想办法让这些被软化的指标得以硬化。在对员工进行考核的过程中很大程度上能够做到死钉可卯，让某个员工自己承担的责任不能推脱给他人，从而将责任、权利与考核过程紧密结合在一起。在严格考核制度过程中不仅要将纸上的考核文件做到细致周全，而且还要对考核过程和进行考核的人进行把握，让从事考核的管理者不是从自己的角度考虑问题，而是剖开自己，从公司的角度考虑问题。为此公司在下一步工作中需要做到：① 进一步使得考核制度系统化。鉴于N公司的特殊性质，要将员工在建立客户关系方面的能力作为考核的重点，包括客户回访满意度、客户对工作人员的技术水平以及服务态度的评价、员工处理客户问题的及时程度等。这种考核制度就将员工的成绩与自己的全方位表现紧密联系了起来。② 建立客户回访制度对员工的工作表现进行评价。在客户购买产品一个月、六个月和一年之后，公司由专门的人员对客户进行回访，调查客户在使用产品过程中存在的问题以及这些问题得到及时解决的程度。公司需要对客户服务人员进行编号，在对消费者提供服务的时候需要佩戴胸牌。在为消费者提供服务之后，要实行签字制度，同时将自己的姓名以及工作编号写在“客户服务单”上，被服务的客户也要在单证上签名。公司的相关职能部门专司对客户服务人员的工作状况进行回访，员工的工作业绩90%由消费者说了算。虽然公司的管理者在对员工的绩效评价方面也有一定的抉择权，但主要的抉择权力并不掌控在管理者手中，而是由消费者说了算。管理者的权力只在于制定相应的制度，让公司中的所有成员在既定的制度框架内行为自己。管理者通过适当的措施让消费者参与到考核员工的阵营当中来。这种方法由于能够很好地体现对消费者的体贴，所以消费者非常愿意参与到这种管理措施的制定当中来。

（二）将控制职能与激励制度结合在一起

对员工的行为进行约束是通过严格的绩效考核制度完成的，但管理者在此过程中不能将管理制度仅仅停留在对员工的控制层面，严格的控制是为了有效的激励。所以在严格设计控制措施的同时还要辅以相应的激励措施，只有这样公司的员工才会感觉到受到了公正的待遇，并且在这种相对合理的激励制度下将公司的工作氛围维持在更加高效的水平。所以在公司的控制制度设计中，最为重要的就是要将员工的符合公司需要的行为与有效的奖励措施结合起来，为此公司需要在如下几个方面考虑问题：① 按照客户的评价对员工进行分等。按照客户对员工的评价将员工分为优秀、良好、合格、不合格四个等级。优秀等级的评价标准是：客户对员工的服务非常满意，在客户签字的单子上对各项服务项目都表示非常满意，在公司进行匿名回访的时候客户明确表示非常满意。良好的评定标准为：客户在某些项目上表示并不是非常满意但可以接受，但是在绝大多数项目上表示非常满意，在对客户匿名回访得到的数据中表示不满意的消费者的比例不能超过2%。合格的评定标准是：在良好的评定标准基础上，强化匿名回访的消费者的不满意率，如果这个比率高于2%但低于10%则视为不合格。在前面的基础上如果消费者的不满意率达到了10%以上则该员工的工作被评价为不合格。② 赋予相应等级员工不同的薪酬待遇。如表10－1中详细说明了员工的评价等级以及相应等级的员工的薪酬待遇。随着公司不断发展，这个表格中的权重数值要不断做出调整，尤其是在公司的效益明显增加的时候，权重的变化要倾向于优秀员工，为之增加更多的权重，为良好员工增加较少的权重，而合格员工的权重不变，不合格员工的权重要适当降低。这样的激励和惩罚并施的措施，能够很好地激发组织中不同层面员工的工作积极性。尤其是能够使得优秀员工的表现更好，从而在全公司中能够形成很好的示范作用。使得表现较差的员工不断主动改善自己的行为，让员工觉得“虽然领导不在自己身边，但领导的眼睛却在观察着自己”，让员工无时无刻不在以此制度框架为准则严格要求自己的行为。

表 10－1　员工的评价等级与薪酬待遇

持续时间 / 评价等级	当年考核	连续两年	连续三年	连续四年	连续四年以上
优秀	1.15	1.35	1.55	1.75	2.50
良好	1.05	1.15	1.25	1.35	1.50
合格	1.00	1.00	1.00	1.00	1.00
不合格	0.90	0.70	0.50	0.00	0.00

注：表中数据为以正常工资为基数的权数。权数大于 1 表示奖励，权数小于 1 表示惩罚。在制度设计中突出鼓励优秀员工。对于表现良好的员工也要适当鼓励，连续两年表现为良好的员工的权数相当于当年表现为优秀的员工的权数（1.15），连续四年良好的员工的权数相当于连续两年表现优秀的员工（1.35）。在优秀与良好交叉出现的时候，要以相应年份确定的最高权数为准。例如一个员工连续两年为良好，但到第三年表现为优秀，则其权重应该为“两年良好的权重”加上当年优秀的权重即（1.15＋1.15）－1＝1.30。假如一个员工连续三年表现为优秀，但到第四年表现为良好，则其权重应该为（1.55＋1.05）－1＝1.60。其他各种情况依此类推。

（三）让员工主动为客户发现潜在问题

在商家将产品售卖出去之后，一般的思维方式就是“得到钱就万事大吉”，至于消费者在消费该产品的过程中会出现什么问题，并不是商家需要关心的事情。在出现问题的时候消费者自然会找到商家的门上。商家不是主动而是被动地为消费者处理问题，就会让消费者消费该产品的时候感到有诸多不便。所以建设“让员工为消费者主动发现问题”的制度，就会让员工工作更加积极和主动。在案例中可以看到，员工将主动为消费者发现问题视为自己的额外工作，这是与公司战略相违背的。从案例中知道，一线员工普遍认为，能够完成消费者遇到的问题就已经很对得起消费者了，几乎所有的一线员工都不愿意主动发现问题并为消费者将这些问题消灭在显性化之前。因为员工认为这样做实际上就是增加了自己的额外负担，在没有增加个人收入而增加工作额外负担的情况下，没有任何员工愿意做这样的事情。为了让员工能够主动为消费者提供服务，公司需要在该方面做制度改进：将员工的个人收益与主动为消费者消除潜在问题相挂钩。在员工为消费者提供上门服务的过程中，在消费者信息反馈表当中专门设置一栏，在该栏中特别强化上门提供服务的员工为消费者及时提出避免安全隐患方面的建议以及措施等项内容，消费者要在该栏中签署相关建议。这个建议要作为公司对该员工进行绩效评价的重要依据，并在优秀员工的评选过程中添加该项指标，以此强化员工为消费者提供“额外服务”的兴趣。

案例思考题

1. 你觉得案例中真正能够做到“消费者就是上帝”吗？
2. 案例中存在的问题主要有哪些？

3. 你认为案例分析中提出的措施可以操作吗？

4. 你在日常消费中经常会遇到哪些问题？你希望商家为你做些什么？

5. 你觉得应该怎样将“额外服务”变为“份内服务”？

案例2：多面领导内部控制制度失败始末

案例简介

A集团公司成立后，由于成长速度非常迅猛，马上就成为了业界学习的标兵。来自全国30个省市的近两百名党政领导到该集团公司学习。这个成长十分迅速的专司商业销售的A集团公司在成长之初当时还名不见经传的王总还闹出了不少笑话。20世纪80年代集团公司的总裁老王还是一个无名小辈，生活非常拮据，就连穿着也从来没有刻意雕琢过。一次在召开一个专门研究组建A集团公司的重要会议的时候，老王就因为穿着过于寒酸而被酒店的保安拦在了门外，争执了很长时间酒店保安仍然不让老王进入酒店开会。会议召开许久后人们仍然不见老王露面，于是有关领导开始责成办事人员到酒店门口寻找老王，办事人员在得知情况后与保安说明了情况并将老王领到了会议现场。会后人们对老王说，经理是穿出来的，并强烈建议老王要在穿着方面注意一些。人们都认为，连自己的服装打扮都不能处理得当的人是不能经营好一个公司的。会后总经理老张责成秘书带领老王到级别较高的商场按照一万元的标准从上到下、从里到外对老王进行包装。这一包装却为成就日后名声鹊起的A集团公司打下了伏笔。会议决定让老王出任A集团公司的经理，老王于是开始走马上任。A集团公司是股份制企业，与国有企业相比较没有后盾，这是个劣势也是个优势。优势就表现在老王可以突破既有的经营窠臼着手进行改革创新。在经营管理中，老王实行半军事化模式，用人方面讲究“无情管理有情领导”的理念。老王在上任之初就投入了巨额广告费，铺天盖地营造A集团公司的猛烈攻势。在经营产品的过程中做到“人无我有，人有我新”，以排山倒海之势击败竞争对手。A集团公司为了做到“新”字当头，不惜重金精于店铺装修，以致将“新”只停留在表面。老王在开店后就以低价方式销售产品，而在产品销售一空之后紧接着就是供货商催债。在这样的经营思路下老王的资金链终于断裂。在自己的公司慢慢成长起来之后，老王看着这帮元老级的管理者有些碍眼，于是想尽一切办法将其一个个踢开。老王用这种方法管理企业不但没有使自己的天地更加广大，反而树敌颇多。为了对付这些竞争对手，老王开始实行挤压政策，频于奔命的老王开始由最初的叱咤风云者逐渐气焰消失殆尽。在公司处于上升势头的过程中，老王一改原先的艰苦朴素、温文尔雅以及精于创新的风格，特别讲究“生活质量”，对自己的属下也主要采用金钱激励的方式。老王的这种做法使得企业在制度建设层面逐渐开始滑坡。尤其是在用人问题上发生了一百八十度大转弯，奉行以貌取人、任人唯亲和随意用人的原则，柜台前的服务人员要求外表非常漂亮，但是这些人往往对商品都不能很好了解，而且服务态度也往往存在问题，有人向老王反映了这样的事情，但老王仍然坚持“以貌取人”的原则，并强调说买东西首先就要给消费者一个光鲜的外表，而做到这一点就要从服务员开始做起。大家对老王的这种做法表示很无奈。集团管理层在管理过程中缺乏风险意识，没有设置风险管理机制，致使集团公司抗御风险的能力极低。在诸多错误经营理念下A集团公司最后终于导致衰败。后来有关专家分析认为，A集团公司最后失败的原因是多方面的，综合起来主要包括：控制环境缺乏、主管领导缺乏风险意识、缺乏有效的内部监督机制、不同层级的管理层之间信息沟通不顺畅、控制机制名存实亡。该集团公司经营失败的汲取的经验教训表现在：强化主管领导的品行和价值观的塑造、健全企业的人事政策并提高员工素质、建立良好的沟通系统、充分发挥企业内部的审计监督功能。

案例分析

A集团公司的王总在集团公司发展的过程中，从最开始的艰苦朴素和求真务实的工作作风转而发展为最后的独断专行，致使集团公司最后瓦解。老王的目的虽然很好，想通过排山倒海之势控制市场，但最终的结果是"来也匆匆，去也匆匆"。王总在经营A集团的过程中存在的问题是非常明显的。

（一）以貌取人

案例中的王总在公司之初的用人策略还是符合管理学的一般原理的。在人才利用过程中强调"无情管理有情领导"。这不但可以充分利用公司的人力资源，同时还可以做到严格组织制度。制度上无情就是为了用同一的制度对组织内部的所有员工进行无差别管理。让所有的组织成员在一个相对公平合理的环境中发展自己。有情领导的目的在于在相对刚性的组织制度之外，有足够的人情味，让组织成员感受到组织的温暖。但是这样的用人原则并没有坚持到最后，随着公司的不断发展，王总在用人的原则方面发生了较大的偏移，逐渐用"以貌取人"取代了"唯才是举"。公司虽然是服务性质的企业，但用员工的相貌完全取代其他指标进而对员工做出评价并不是非常科学的。事实上在管理中已经暴露出了一些问题。一些相貌很好的员工在工作过程中面对消费者有时发生态度问题。并且这些员工的文化素质不高，对产品性能等问题不能很好地做出解释。由于自身的素质存在问题，所以在业务上不够熟练，在给消费者介绍产品时经常出现"说不清、道不明"的情况。企业为消费者提供满意的服务不能光注重外表，当这些"美丽的天使"在向消费者耍态度以及业务不熟练的时候，消费者反而并不认可其表面的美丽。单纯追求表面形象使得公司在做事过程中过于形式化，这对于为消费者提供周到服务的企业宗旨背道而驰。

（二）任人唯亲

公司发展之初依靠严格的管理制度和科学的用人方略，使得公司的发展势头非常迅猛。但是随着公司发展逐渐趋于成熟，王总开始觉得这些昔日与自己共患难的难兄难弟成为扩展业务的障碍。这些人总会为王总找到做事过程中的诸多毛病。王总在创业初期对这些苦口良言还是能够听得进去的。但是随着公司发展进入成熟阶段后，王总感觉到各种业务已经能够按部就班地运转，自己不再向先前那样疲于奔命了。开始着手将这些"足智多谋"的"家伙"踢出核心领导圈层，然后将自己的亲信置换上来。这时候王总的用人原则已经完全背离了管理学的一般原则。做企业并非过家家，而是要凭实力的，实力的来源就是过硬的素质。虽然企业发展已经步入正轨，但这并不意味着企业在日常运作中不会出现问题。在出现问题的时候就需要有远见卓识的人才对其进行处理。而将这些昔日共同打江山的元老全部被撤下来换上自己的"至亲"后，这些至亲并不一定具有按照科学的人才选拔标准选拔上来的人才所具有的才能，这些"人才"只有"吃饭”的能力而没有“做饭”的能力。王总这样做表面上看可以将企业的利益合手在自己的手下，但殊不知在这样的做法下企业会越来越萎缩，企业的收益从而个人的收益不是在变大而是在变小。王总表面上是在做一件非常明智的事情，实际上是在作茧自缚。

（三）你死我活

王总推广自己的市场势如破竹。在拓展自己的市场的过程中有些方面是值得继续坚持的，例如以“新”字当头拓展市场就达到了比较好的效果。但是在坚持这一点原则的后期就逐渐变了味，“新”主要是在追求形式，以致为了达到迅速拓展市场的目标而不惜廉价出售自己的产品，虽然达到了在短时间内拓展市场的目的，但随后也使得供应商与自己断绝了联系。王总这样风风火火地拓展市场目的就是“你死我活”。王总在此过程中全然忘却了“商场虽然是竞争但也是合作”的道理。公司为了扩展自己的地盘，采取了非正常方式对付竞争对手，这些方法在短期内看似有效，但从长期看实际上是在自绝后路。以“你死我活”的方式扩展市场进而达到对市场进行控制的目标，最后的结果是树敌太多。既然A公司抱有与其他公司不合作的态度，则其他公司与A公司也就没有合作的必要。“你死我活”最后导致“你死我死”的两败俱伤的结局。专家认为，在生意场上没有常胜将军，一个人在某个地方得到的最终还会在其他地方失去，生意场上不变的定律就是永远在变。A公司在控制市场的过程中虎视眈眈，为了装潢店面不惜斥资达到目的，目的就是要将自己的对手“拍扁”。这种排山倒海的阵势在短时间内为A公司营造出了势不可挡的态势，但是在这种阵势之下自己的既有合作伙伴也会对自己抱有几分芥蒂，当自己的合作伙伴不能放心地、全身心地与自己开展合作的时候，就意味着A公司开始走下坡路。

（四）专行拒谏

王总在自己的生意进展非常顺利的时候就不能听进苦口良言了。王总在这时候实际上已经用个人领导取代了集体领导。在企业运行中不但不能及时地检查自己的错误，而且别人对自己的忠告也不能听进去。管理者闭目塞听说明公司在运转过程中已经出现了问题。王总带领公司的一行人经过艰苦奋斗取得了不小的成绩，但就此养尊处优并且对组织成员的建议置之不理，就会让所有的组织成员对王总感到非常失望。这不仅包括已经进过言的人，而且包括没有进过言的人，让这些人欲言又止。专行拒谏的结果是让想说话的人不敢说话和不愿意说话。王总在这样的管理思路下实际上是想让自己变成“睁眼瞎”。在事业处于辉煌的时候，很多管理者会像王总一样不能听进反话，正如案例中的王总一样，认为别人说反话就是在降低自己的威信，闭目塞听的错误做法让自己的虚荣心占据了上风。王总在公司成立初期非常平易近人，穿着朴素到让别人都感觉到寒酸的程度。那时候的王总虽然如此，但自己并没有感觉到寒酸。对任何事情都能够做到处之泰然的王总不但在内心深处容易接受其他人，而且也让其他人感觉到自己容易接受。组织内部的所有成员实际上就是在这样的基础上形成了一个团队。一个团队的形成往往并不完全是依托管理者的行政权力，而是要建立在管理者的领导风格以及个人魅力基础上。但是王总在管理风格方面已经使自己距离员工越来越远了。让所有的员工不得不重新认识这样一个昔日朝夕相处的“战友”。

（五）没有梯队

案例中提到，王总在后期用人的过程中逐渐将自己的“眼中钉”排挤掉，但是王总的得力干将相继被排挤掉这种事实与集团公司的迅速成长之间形成了巨大反差，集团的迅速成长需要很多精良的管理人才，但是被剩下的员工都还不能很好地驾驭市场。为了给迅速发展起来的集团公司补缺管理人才，王总就不断用“矬子里面拔将军”的方式将下面的“奶油小生”提拔为各级管理者，这些新提拔上来的人对任何事情都一抹黑，不用说给王总提问题了，就连王总的“指示”还要领会好半天才能够明白过来。王总虽然切实感觉到这些人并不像被排挤掉的那些人那样“好用”，但这些“新人”都发自内心地听自己的，很少有人对自己提出反面意见。王总的这种用人方法很快将既有的人才梯队搞垮，“旧人”已去，而“新人”又不能很好地胜任工作，这使得王总感到做事力不从心，虽然听自己的话的人多了起来，但得力助手逐渐变少了。自己身边对这些“新人”起传帮带作用的人也越来越少。公司虽然还能够照常运转，但实际上已经没有了人才梯队。人才梯队对于组织的发展至关重要，而 A 集团公司在公司规模迅速增长的过程中“核心成员”迅速减少，这与公司成长的一般规则是相违背的。但是在做这些事情的过程中王总并没有感觉到随后会给公司发展造成的安全隐患。没有注意建设优秀的梯队和不愿意保留既有的相对合理的梯队的做法，使得王总在公司扩展的过程中逐渐遇到诸多瓶颈。

（六）缺乏沟通

在公司规模进一步扩大的过程中，公司的领导也越来越多。但是在此过程中并没有在整个公司内部建设起一种相对合理的信息沟通制度，以便能够在这样相对顺畅的公司制度下做到公司信息上通下达。在上下级信息沟通不方便的情况下，各个部门之间开始有小集团思想，为了保持自己的利益很多时候会损失其他部门的利益。出于个人之间的恩怨在公司发展中一些部门之间采取不合作的态度，以致使得公司损失很多有利的发展机会。一些部门内部在发展中存在的问题长期得不到上级部门协助解决。在召开相关工作会议的时候，大家谈及的都是成绩，很少有人愿意在津津乐道的王总面前谈问题。况且大家都在揣测王总的心思，感觉着王总喜欢让大家说什么大家就开始说什么。大家每每感觉到这样的公司大会实际上就是表扬会或者干脆就叫做歌功颂德会。本来召开会议的目的是让大家通通气并且针对存在的一些核心问题进言献策，但这样的会往往在最开始的时候就会走板。真正存在问题并急于解决这些问题的部门只是在心里着急，表面上还是要逢场作戏。没有问题的部门真高兴，有问题的部门假高兴。反正在王总面前都是高兴。王总也并不愿意弄清楚到底是哪些人真高兴哪些人假高兴。这样的会议在表面上看来大家交流很多但实际上交心很少。在这样的沟通模式下，案例中的公司只能是将问题逐渐积累了下来，“看破红尘”的人就会寻找自己的出路，“良鸟择木而栖”的跳槽事件在公司中就屡见不鲜了。

对策分析

案例中存在的诸多问题表明，导致集团公司走下坡路不但有客观原因而且有主观原因，但是案例中的情况表明，主观原因已经远远占据了上风，为了扭转公司的局面，需要从主观方面做起挖掘实质问题：

（一）用制度取代情感

制度相对于情感更加客观，制度对于所有人都适用，而情感只对某些人适用。制度的覆盖面很宽，可以影响到组织中的所有成员。情感则具有专属性，情感是在组织中的某些个体间建立起来的并为了维护小范围的利益而进行的私人之间的沟通，情感的东西是不能公诸于世的，而制度的东西总是要暴露在光天华日之下。根据前面分析，案例中的王总就是在公司的发展中逐渐用感情的东西取代了制度，从而使得公司逐渐滑坡的。为了使得制度能够在所有的组织成员中得到严格执行，就需要从以下几个方面着手开展工作：① 严格用人制度。人才是组织发展的基础，没有了优秀的人才组织是难以维系的。公司在发展中用人过于随意。为了避免这种情况就需要公司高层管理者协同中层管理者，在选聘人才的过程中制定出一套比较客观的原则性的东西。用这样的制度对管理者的个人行为和情感因素进行约束，让组织中的管理层逐渐意识到组织引进人才不是某个管理者的个人行为，而是组织行为。组织最终能否进人应该是组织集体意志的表现，而不应该是王总个人的意愿。② 工作总结制度。组织在工作一段时间后（例如一个月），就要对这一段时间内存在的问题进行归纳总结，这些问题就包括了王总的管理思路问题。大家可以通过匿名方式指出管理中存在的问题，并经过办公人员进行归纳分类后，在公司高层会议上进行讨论，涉及的相关人员要及时反省自己在工作中存在的问题并做出整改的建议，这样就不会使得这些问题继续存在下去。③ 人才蓄水池制度。案例中的优秀人才被挤跑之后，公司就成为了一个没有人才支撑的空壳子。于是公司在安排管理人员的时候就出现了随时抓差的问题。为了避免这样的问题就需要建设人才蓄水池。公司有人离开很正常，但这些人离开之后需要有合适的人补充进来是很重要的。公司需要随时将合适的人才补充到门下，即使当前还不能用到，但只要是按照公司的发展趋势推测能够用得着的，就要补充进来。

（二）合作中体现竞争

案例中的公司在扩展市场的过程中主张“你死我活”，虽然最初市场扩展很迅速，但在后期就出现了问题。只有竞争没有合作的市场扩展方式最终会使得一个企业迷失方向。所以公司下一步的工作就是要与自己的竞争对手建立合作伙伴关系，公司需要做的工作主要包括：① 给合作伙伴留下缺口。利益是企业之间进行合作的永恒主题，为此公司不要在做任何事情的时候将自己的业务触角伸得过远，并且将各种事情做完，一定要主动为自己的竞争对手留下一些缺口，让竞争对手感觉到有与公司进行合作的可能。不要将利益看得过重，只有将一定的利益空间主动留给竞争对手才能让竞争对手看到自己与其进行合作的诚意。② 让竞争对手给自己做事。竞争对手之间的关系是比较微妙的。竞争对手之间不但要通过竞争分食蛋糕，还要通过合作将这个蛋糕做大。竞争对手通过市场规则建立分食蛋糕的机制，在这个机制中大家都觉得有利可图，每个竞争对手在努力为自己挣得较多蛋糕的同时也让其他人多得到了蛋糕，这需要以蛋糕逐渐变大为前提。“让竞争对手为自己做事”是竞争对手之间由单纯的竞争转变为合作的竞争的一个非常重要的着眼点。公司在运营中要让自己的竞争对手感觉到自己有某些东西是对方非常需要的，而为了满足这个需要就要主动与公司合作并为公司做能够提高公司竞争力的事情。

（三）让老板受到约束

案例中的王总太过为所欲为了，以致用个人的思路代替了组织的发展思路，这种情况尤其是在组织发展后期表现得更加强烈，所以需要在公司中建立相应的机制对老板的行为进行约束才可以，这不但是组织中其他成员的需要，也是为公司的发展未来负责着想。让王总的行为受到约束是非常必要的，为此公司在发展中应该做到如下几个方面：① 2/3 表决通过制。王总的主观臆断、独断专行已经对公司的发展形成了不良影响，所以公司在下一步运行中需要通过“2/3 表决制”方式对王总的行为进行约束，即在公司的高层管理者中只有达到了 2/3 以上的成员赞成某项决议的时候，公司才能够通过某项决议，王总想法只能是对公司的发展方向提出建议，即使是一些好的想法，也只有在公司会议通过的时候才能够付诸实行。② 建立建议黑盒子。鉴于管理者与被管理者之间的权利不对称，被管理者不好直接向管理者表白什么。但是当所有的组织成员都具有这种心态的时候就很难促进组织发展了。为此可以通过建立“建议黑盒子”的方式达到这样的目的。公司可以在适当的地方安置一个意见箱，所有的组织成员在需要向管理层进言献策的时候，可以将成形的意见或者建议投放到这个意见箱中。由于递交者与管理层并不直接见面，所以在谈问题的时候可以尽量直白，这样有利于敦促问题得到及时解决。管理者并不知道这些建议是哪位提出，即使想给此人“穿小鞋”也无从下手。

案例思考题

1. 案例中王总“判若两人”的做法有哪些？
2. 你是如何理解“竞争”与“合作”之间的关系的？
3. 案例中的王总过于独断专行，你觉得应该如何对其权力进行限制？
4. 对公司的元老“卸磨杀驴”会造成哪些不良后果，谈谈你的想法？
5. 如果你的老板非常类似于王总，你将有哪些好的对策？

参考文献

[1] [德] 马克斯·韦伯．经济与社会．林荣远译．北京：商务印书馆，1997.
[2] [美] A. D. 钱德勒．看得见的手．北京：商务印书馆，1987.
[3] [美] D. A. 雷恩．管理思想的演变．北京：中国社会科学出版社，1995.
[4] [美] D. A. 雷恩．孔令济译．管理思想的演变．北京：中国社会科学出版社，1997.
[5] [美] D. 肯尼迪．黎红雷等译．美国企业文化．广东：广东高等教育出版社，1989.
[6] [美] F. W. 泰罗．曹丽顺译．科学管理原理．北京：中国社会科学出版社，1984.
[7] [美] F. X. 贝尔等．企业管理学．上海：复旦大学出版社，1998.
[8] [美] H. A. 西蒙．李柱流等译．管理决策新科学．北京：中国社会科学出版社，1982.
[9] [美] H. 孔茨等．郝国华译．管理学．北京：经济科学出版社，1993.
[10] [美] H. 西斯克．段文燕等译．工业管理与组织．北京：中国社会科学出版社，1985.
[11] [美] L. 彼德．彼德原理．北京：中国文联出版社，1996.
[12] [美] L. 查兰．执行．北京：机械工业出版社，2003.
[13] [美] L. 米勒．尉腾蛟译．美国企业精神．北京：中国友谊出版公司，1985.
[14] [美] M. 波特．陈小悦等译．竞争战略．北京：华夏出版社，1997.
[15] [美] O. 戴尔．孙耀君等译．伟大的组织者．北京：中国社会科学出版社，1991.
[16] [美] P. 科特勒．营销管理：分析、计划、执行和控制．上海：上海人民出版社，1999.
[17] [美] P. 圣吉．郭进隆译．第五项修炼．上海：上海三联书店，1994.
[18] [美] R. 布莱克，J. 穆顿．领导难题．方格解法．北京：中国社会科学出版社，1998.
[19] [美] R. 卡兹等．孟光裕译．哈佛管理论文集．北京：中国社会科学出版社，1985.
[20] [美] S. P. 罗宾斯．管人的真理．北京：中信出版社，2003.
[21] [美] S. P. 罗宾斯．黄卫伟等译．管理学．北京：中国人民大学出版社，1997.
[22] [美] S. P. 罗宾斯等．管理学．北京：清华大学出版社，2001.
[23] [美] S. 戴维斯等．沈德彝等译．北京：新华出版社，1993.
[24] [美] S. 瑟罗．周晓钟译．资本主义的未来．北京：中国社会科学出版社，1998.
[25] [美] T. 彼得斯等．管维立译．寻求优势．北京：中国财政经济出版社，1985.

[26] [美] W. E. 哈拉尔. 冯韵文等译. 新资本主义. 北京：社会科学文献出版社，1999.
[27] [美] W. J. 邓肯. 赵亚麟等译. 伟大的管理思想. 贵阳：贵州人民出版社，1999.
[28] [美] W. 大内. 孙耀君等译. Z 理论. 北京：中国社会科学出版社，1984.
[29] [美] 德鲁克. 创新与企业家精神. 北京：企业管理出版社，1989.
[30] [美] 弗雷德. R. 戴维. 战略管理. 北京：经济科学出版社，2001.
[31] [美] 郭士纳. 谁说大象不能跳舞. 北京：中信出版社，2003.
[32] [美] 哈罗德. 孔茨，海因茨. 韦里克. 管理学. 北京：经济科学出版社，1993.
[33] [美] 赫伯特. 西蒙. 管理决策新科学. 李柱流等译. 北京：中国社会科学出版社，1982.
[34] [美] 加雷思琼斯. 管理学基础. 北京：人民邮电出版社，2004.
[35] [美] 迈克尔. 波特. 竞争战略. 北京：华夏出版社，1997.
[36] 伯恩斯. 领袖论. 北京：中国社会科学出版社，1996.
[37] 蔡世馨等. 管理学. 大连：东北财经大学出版社，2001.
[38] 蔡树堂. 企业战略管理. 北京：石油工业出版社，2001.
[39] 陈传明等. 管理学原理. 北京：机械工业出版社，2007.
[40] 陈荣秋. 生产与运作管理. 北京：高等教育出版社，1999.
[41] 陈思明. 现代薪酬学，北京：立信会计出版社，2004.
[42] 陈伟. 创新管理. 北京：科学出版社. 1996.
[43] 戴淑芬. 管理学教程. 北京：北京大学出版社，2005.
[44] 单凤儒. 管理学基础. 北京：高等教育出版社，2003.
[45] 董速建，董群惠. 现代企业管理. 北京：经济管理出版社，2002.
[46] 范军编. 百年管理事典. 北京：中华工商联和出版社，2003.
[47] 贺强等. 西方管理思想宝库. 北京：中国广播电视出版社，1995.
[48] 侯炳辉主编. 企业信息化领导手册. 北京：北京出版社. 1999.
[49] 胡军. 跨文化管理. 广州：暨南大学出版社，1996.
[50] 黄锐. 高颖. 管理是什么. 北京：中国经济出版社. 2004.
[51] 李启明. 现代企业管理. 北京：高等教育出版社，1999.
[52] 廖泉文. 人力资源考评系统. 济南：山东人民出版社，2000.
[53] 罗锐韧. 哈佛管理全集. 北京：企业管理出版社，1999.
[54] 毛蕴诗编. 管理学原选读. 大连：东北财经大学出版社，2005.
[55] 毛蕴诗译. 管理学原理. 大连：东北财经大学出版社，2004.
[56] 孟祥林. “以虚衔欺骗骨干员工”管理模式的困扰. 中国人力资源开发，2009 (1)：61～63.
[57] 孟祥林. D 公司留住人才的制度设计. 南华工商学院学报，2008 (2)：34～49.
[58] 孟祥林. F 集团公司激励方案的问题与对策. 中国人力资源开发，2005 (10)：65～69.
[59] 孟祥林. JS 公司目标管理的问题与优化策略. 北京经济管理干部学院学报，2006 (4)：55～58.

[60] 孟祥林．M公司绩效考核中存在的问题及策略分析．中国人力资源开发，2004（11）：73～77.
[61] 孟祥林．M公司人力资源管理制度的问题与改革对策．中国人力资源开发，2007（11）：64～67.
[62] 孟祥林．分层滚动绩效考核：博弈机制、实施效果与对策分析．北京经济管理干部学院学报，2008（1）：34～38.
[63] 孟祥林．分层滚动考核的问题与改进．中国人力资源开发，2002（7）：72～74.
[64] 孟祥林．骨干跳槽的谜团．企业管理，2008（3）：57～59.
[65] 孟祥林．警惕极端化考核．企业管理，2007（5）：36～39.
[66] 孟祥林．目标引发的冲突．企业管理，2006（10）：71～73.
[67] 孟祥林．权利制衡的互动考核：N机械厂的管理问题与策略分析．山东科技大学学报：社会科学版，2008（2）：62～66.
[68] 孟祥林．由日本IBM公司的薪酬期望值管理引发的思考．中国人力资源开发，2005（1）：64～67.
[69] 钱德勒．看的见的手－美国企业的管理革命．北京：商务印书馆，1994.
[70] 钱德勒．企业规模经济与范围经济．北京：中国社会科学出版社，1999.
[71] 钱学森等．论系统工程．长沙：湖南科技出版社，1982.
[72] 冉斌．薪酬方案设计与操作．北京：中国经济出版社，2003.
[73] 芮明杰．管理学．上海：上海人民出版社．1999.
[74] 宋维明．管理学概论．北京：中国林业出版社，1999.
[75] 孙成志．孙皓．管理学．北京：中国金融出版社，2004.
[76] 孙耀军．西方管理思想史．太原：山西经济出版社，1990.
[77] 王凤彬，李东．管理学．北京：中国人民大学出版社，2003.
[78] 王利平．管理学原理．北京：中国人民大学出版社，2003.
[79] 吴照云．管理学．北京：经济管理出版社，2003.
[80] 西蒙．管理行为．北京：北京经济学院出版社，1988.
[81] 邢以群．管理学．杭州：浙江大学出版社，2006.
[82] 许庆瑞．管理学．北京：高等教育出版社，2001.
[83] 杨锡怀．企业战略管理．北京：高等教育出版社，1999.
[84] 张玉利．管理学．天津：南开大学出版社，2004.
[85] 郑晓明．现代人力资源管理导论．北京：机械工业出版社，2002.
[86] 周健临．管理学教程．上海：上海财经大学出版社，2002.
[87] 周三多．管理学——原理与方法．上海：复旦大学出版社，2003.
[88] 周秀淦，宋亚非．现代企业管理原理．北京：中国财政经济出版社，1998.
[89] 周祖城．管理与伦理．北京：清华大学出版社，2000.

后　记

本书是笔者在多年从事《管理学原理》、《战略管理实物》、《管理学》、《管理学基础》、《人力资源管理》、《人力资源管理案例分析》、《管理学理论与案例》等课程的教学实践的基础上编写的。笔者在长期的教学实践和与企业合作进行课题攻关的过程中发现企业管理中有很多需要切实解决的实际问题，单纯停留在理论层面并不能解决问题。这些问题有些是实践者意识到不能解决的，有些是实践者遇到了但不愿解决的。笔者在诸多研究报告中针对相关实际问题提出了具有开创性的解决思路，事实表明能够给企业解决诸多实际问题。当然学术研究与管理实践还是存在很大差别的。本著作的案例都是从管理实践中精选出来的，为了行文方便，一律将案例原型的企业名称，管理者的真实姓名隐去，以便能够达到畅所欲言、提出的妙招能够根除企业病症之目的。著作中的观点仅代表笔者的一家之言，也希望能够在读者阅读之余与本人探讨。本书中的所有观点仅作为学术探讨之用，希望能够得到学界同仁的共同探索。

如果说本人在该书中能够有所进步，也是建立在学界同仁已经取得的成果的基础上，《管理学》是一门复杂的学问，正像著名管理学家西蒙所说，决策贯穿管理过程的始终。可以说管理者每天应对的问题就是决策，无论是大决策还是小决策。管理者才是研究管理学的实践家，作为书斋里的教书先生，长期的工作主要是理论教育，实践经历无论如何也不如企业家，所以本著作表述的一些看法肯定有一些不着边际的地方，书中谈及的方法不但不能触及问题的实质，而且可能给人以飘若浮云的感觉。所以著作中不可避免地会与学界同仁的观点相抵触，希望能够得到学界同仁的批评和指正。

读者在阅读了本书中的“管理故事”分析之后，也许不免会感觉到本人的想法有些怪诞。但本人一向感觉用故事的方式表达管理学思想不但能够让人容易接受，而且让人们在分析之余产生无限遐想。阅读故事的人可以按照既有的分析思路进行再度创造。这也是本人写管理故事的初衷。由于水平有限，故事的分析并不到位。欢迎广大读者提出批评并不吝赐教，以利笔者再度有所提高。

其实夫人曹建华女士是我的所有作品的第一个读者，写作中我的一些怪诞的想法每每遭到夫人的批评，但对于这些我都感到无尽的快乐，因为夫人对我的批评就是对我的鼓励，是对我的成果的认可。每当一部新的作品问世的时候，夫人总是高兴地拿给我看，因为她知道看到自己的作品变成铅字时是我最大的快乐。平时我只知道坐在电脑前一个字一个字地将自己的想法敲在屏幕上，而夫人却把可口的饭菜已经摆在了饭桌上，是她默默地承担起了全部家务、赡养老人以及抚养儿子的重担。忙碌地工作和学习期间，对于这些我很少顾及，现在想起来如果没有这样一个坚强的后盾，我的著作是很难顺利完成的。应该说，书稿是我的作品更是夫人的作品，书稿中凝结了夫人的辛勤汗水。

同时也感谢我的学生们，是他们在课堂上与我针锋相对地交流管理思想，他们不加保留地将自己的思想奉献给我，使我在本著作的写作中有了更多的灵感，从而使得著作的内容更加丰富。学生是我一生中最可宝贵的财富，有了你们我才快乐，我才会感觉到不知疲倦地写出我的想法，并通过认真备课与你们交流思想，希望你们在读完此书之后能够给我以批评和指正，以便我能够有更大程度的提高。感谢你们！

由于著作出版时间紧迫以及本人的能力有限，书中错误和疏漏在所难免，敬请各位读者能够海涵和谅解，也希望读者能够提出宝贵意见和建议，以便在出版后期著作时极力克服，以期能够提高著作质量。

孟祥林

2012 年 3 月于华北电力大学